高职高专金融类创新型"十三五"规划系列教材
辽宁省职业教育改革发展示范校建设成果

JINRONG FUWU LIYI

金融服务礼仪

（第二版）

伏琳娜　安　畅　孟庆海◎编著

中国金融出版社

责任编辑：张菊香
责任校对：李俊英
责任印制：丁淮宾

图书在版编目（CIP）数据

金融服务礼仪/伏琳娜，安畅，孟庆海编著．—2版．—北京：中国金融出版社，2021.1
高职高专金融类创新型“十三五”规划系列教材
ISBN 978-7-5220-0660-4

Ⅰ.①金… Ⅱ.①伏…②安…③孟… Ⅲ.①金融—商业服务—礼仪—高等职业教育—教材 Ⅳ.①F830

中国版本图书馆CIP数据核字（2020）第134548号

金融服务礼仪（第二版）
JINRONG FUWU LIYI（DI-ER BAN）
出版
发行 中国金融出版社
社址 北京市丰台区益泽路2号
市场开发部 （010）66024766，63805472，63439533（传真）
网上书店 http://www.chinafph.com
（010）66024766，63372837（传真）
读者服务部 （010）66070833，62568380
邮编 100071
经销 新华书店
印刷 保利达印务有限公司
尺寸 185毫米×260毫米
印张 19.5
字数 460千
版次 2012年4月第1版 2021年1月第2版
印次 2021年1月第1次印刷
定价 43.00元
ISBN 978-7-5220-0660-4
如出现印装错误本社负责调换 联系电话（010）63263947
编辑部邮箱：jiaocaibu@yahoo.com.cn

第二版前言

礼仪是人类为维系社会正常生活而要求人们共同遵守的最起码的道德规范，它在人们长期共同生活和相互交往中逐渐形成，并且以风俗、习惯和传统等方式固定下来。对个人来说，礼仪是一个人思想道德水平、文化修养、交际能力的外在表现；对社会来说，礼仪是一个国家社会文明程度、道德风尚和生活习惯的反映。服务礼仪是各服务行业人员必备的素质和基本条件，是服务人员在工作岗位上，通过言谈、举止、行为等，对客户表示尊重和友好的行为规范和惯例。简单地说，服务礼仪就是服务人员在工作场合适用的礼仪规范和工作艺术。服务礼仪是体现服务的具体过程和手段，使无形的服务有形化、规范化、系统化。对于服务人员来说，做好服务工作，不仅需要职业技能，更需要懂得服务礼仪规范，热情周到的态度、敏锐的观察能力、良好的口语表达能力以及灵活、规范的事件处理能力往往会让服务环境更为融洽。

金融行业服务是建立在规范的职业礼仪基础之上的。随着全球产业结构的重心向服务化方向转移，“经济服务化”的发展速度正在加快，金融等高端服务业已经广泛和深入地渗透到人们的工作和生活中。礼仪在现代工作、生活中发挥着越来越重要的作用，良好的礼仪规范不仅可以有效地展现个人的教养、风度和魅力，给人留下深刻的第一印象，以改善人际关系，更好地实现自身在社会中的存在价值，还能够提升金融行业的服务形象，从而在金融市场中展现行业的独特魅力，以全面提升行业的竞争力和社会公信度。遵守礼仪规范有利于增强员工的沟通交往能力，有利于提高整体素质，有利于坚持“以客户为中心”的服务宗旨，更有利于提高服务水平和服务质量。卓越的金融企业除了要做好微笑服务、站立服务、限时服务外，更重要的是要推行人性化的优质服务。金融企业只有做到以标准化、个性化服务为前提，以人性化服务为最高境界，才能在激烈的市场经济竞争中取得主动权。

《金融服务礼仪（第二版）》以金融工作为主线，结合当今金融职业特点和礼仪发展的最新趋势，通过对礼仪在金融服务过程中各种基本要素的通俗讲解，以图文并茂的立体表现方式，生动展示了金融服务人员在职业礼仪方面必备的基本素养，努力做到内容翔实具体、理论性与实践性相统一，并且有较强的操作性和实用性。本教材内容涵盖了礼仪修养的基础理论，金融服务行业员工基本形体礼仪、仪容礼仪、服饰礼仪、日常交际礼仪，金融服务行业员工客户服务礼仪，金融服务行业营业网点接待礼仪、办公室礼仪，金融服务行业公务礼仪，金融服务岗位业务活动礼仪规范及涉外服务礼仪等各个方面。本次修订遵循“精练、必需、实用”的原则，对相关内容进行了增减修订，更新了相关案例。

本教材可作为普通高等院校（高职高专、应用型本科）、民办高校及本科院校举办的二级职业技术学院金融、财会专业及其他相关专业的服务礼仪课程教学教材使用，也可供五年制高职学生使用，还可作为金融从业人员学习了解金融服务礼仪知识、提高素质、加强修养的参考书。金融服务人员可以通过本教材的学习，更好地了解、掌握和运用礼仪知识，在金融服务过程中使无形的服务有形化、规范化，实现以人为本、尊重和满足金融客户的优质服务目标。

本教材共分九个项目，由辽宁金融职业学院的伏琳娜、安畅和孟庆海共同编著，本次修订由伏琳娜副教授负责整体规划、设计、布局、总纂定稿，伏琳娜、安畅和孟庆海共同完成资料的整理与更新。

在本书的编写过程中，我们参考了国内外大量相关教材、著作、文献和期刊，并吸收了其中的部分研究成果，在此对这些作者表示衷心的感谢。在编写过程中还得到了辽宁金融职业学院领导及中国金融出版社编辑的大力支持与热情帮助，在此对各位编辑校对人员认真负责的态度表示衷心的感谢。

由于本书涉及内容较多，加之编者水平有限，难免出现纰漏，敬请业内专家、学界同仁和广大读者批评指正，以使本书得到不断改进和完善。

编者

2020 年 5 月

目　录

项目一
礼仪修养的基础理论

【案例导入】

北京某大学的小刘毕业后在一家外企工作，这也是她应聘的第一份工作。与求职中屡屡受挫的同学相比，她可以说是一次成功。当别人向她讨教经验时，她说，细节决定成败的道理在找工作时也适用。

小刘应聘的是美国一家保健品公司，当时公司只招聘客服助理一人。为顺利进入面试，小刘开始做简历准备。她说，现在很多大学生从网上下载简历，没有新意，容易被企业冷落。为此，她写简历时，结合招聘职位沟通能力要强的特点，强调自己食品专业出身，性格开朗，尤其突出曾任校园就业指导服务中心助理团外联部部长、副主席职位等诸多细节，表明自己沟通能力强，适合客服岗位。

简历投递一周后，小刘和 20 多名应聘者一道顺利过关。复试时，小刘特意找了件整洁的衣服穿上，穿衣问题虽是小节，却体现了对他人的尊重。她还特地提前半小时到达，守约不是大事，却能给人严谨的好印象。复试由总经理亲自主持，是一对一的交谈，小刘刚开始也很紧张，因为与一起前来应聘的同学比，她的优势并不特别突出。当主考官要求她介绍下自己有什么特点时，小刘冷静下来。她拿实例回答考官：大三下学期，除了准备英语六级和期末考试，她每天还要抽两小时到社团工作，由于合理安排工作和学习时间，在完成工作的同时，英语六级考试也顺利通过。在学校担任社团工作期间，她负责联系用人单位来学校举办讲座和招聘活动，这对没有任何关系的她是一种挑战。她经常从网上挑选、联系、邀请用人单位，在这个过程中，虽遭遇挫折，却在很大程度上锻炼了她的抗挫折能力。

面试完毕时，她把椅子轻轻搬回原位。这时，主持面试的总经理脸上产生了微妙的变化，并热情地说再见。

因为这个细节，她成为唯一被录用的应聘者。招聘经理后来告诉她，面试时，考官都会观察应聘者是否迟到。那天她不但没有迟到，还是应聘人员中唯一一个把椅子搬回原位的应聘者。这个小小的举动决定了她最后的胜出。

【学习目标】

◎ **能力目标**

1. 能够掌握金融服务礼仪修养的基本准则。
2. 能够清楚金融服务礼仪的主要内容。

◎ 知识目标

1. 掌握礼仪的含义、特征和功能。
2. 了解金融服务礼仪修养的必要性。
3. 清楚金融服务礼仪修养的基本准则和主要内容。

◎ 素质目标

1. 作为金融服务人员具备基本的沟通能力和语言表达能力。
2. 清楚了解培养金融服务礼仪修养的途径，并向之努力。
3. 明晰金融服务礼仪和应注意的几种关系，并在社交中熟练运用。
4. 掌握金融服务行业员工应具备的服务意识和服务素养。

任务1 礼仪的含义、特征和功能

【工作任务】

礼仪的含义、特征和功能

【知识准备】

中国具有5000年文明历史，素有“礼仪之邦”之称，中国人也以其彬彬有礼的风貌而著称于世。礼仪文明作为中国传统文化的一个重要组成部分，对中国社会历史发展产生了广泛而深远的影响，其内容十分丰富，涉及的范围十分广泛，几乎渗透到社会的各个方面。从礼仪的文化内涵来看，礼仪是人们思想道德的重要组成部分，也是反映社会精神文明的重要形式，它不仅可以反映一个人的精神面貌，也同样是一个民族道德风尚的体现。从礼仪的本质来看，礼仪反映了人与人之间的恭敬谦让之心，尊重爱护他人之举，待人接物的仪式，廉洁俭朴的风范以及文明高雅、不卑不亢的处世之道。因此说，礼仪修养是人们对人际交往行为规范和准则的认知程度和水平的综合检验。

一、礼仪的概念

礼仪是指处于社会关系中的人在相互交往中共同认可和遵守的行为规范和准则，它自始至终以一定的约定俗成的程序、方式来表示尊重对方的过程和行为，是人类历史发展过程中闪烁文明理念的一种文化。

礼仪是礼节、仪式的统称。礼，是一种道德规范。孔子说过：“礼者，敬人也。”在人际交往中，既要尊重别人，也要尊重自己，此即礼者敬人。为了表达这种充满尊敬的“礼”，还需要一定的表达方式，即“仪”。仪，就是恰到好处地向别人表示尊重的具体形式。如果没有礼，就没有仪。中国作为一个具有悠久文化的文明古国，早在《礼记·曲礼》中就记载有大量古代礼仪，“礼仪”一词，很早就被作为典章制度和道德教化使用。我们现在所说的礼仪，在我国古代就叫做“礼”。《康熙字典》里把“礼”解释为：“履也，所以事神致福也。”《礼记》中说：“礼也者，理之不可易者也。”孔子也曾经说过：“礼者理也。”由此可见，古代人把礼仪就理解为道理，讲礼就是讲理，讲礼仪就是讲道理，就是谦让。礼仪之举，就是专指正确的人与人之间各种关系的道理。因此，礼仪就是人们在长期社会实践过程中，不断总结提炼，而成为定型了的人与人之间关系中应该遵守的规矩，这就是我们现在所说的礼仪的真谛。

在对礼仪的追溯中可以发现，礼仪包含两层含义：一是指一个时代的典章制度；二是指人们在社会交往中，由于受历史传统、风俗习惯、宗教信仰、时代潮流等因素的影响而形成的，既为人们所认同，又为人们所遵守，以建立和谐关系为目的的各种符合礼的精神、要求的行为准则或规范的总和。

既然礼仪是一种行为准则或规范，就起到了约定俗成的作用。流传至今，仍被人们认同和遵守的“入乡随俗、入境问禁”就很能体现礼仪的准则或规范作用。“入乡随俗”讲的是到一个地方要尊重那里的风俗习惯、风土人情，“入境问禁”讲的是到一个地方去先要了解那里的文化背景、风俗忌讳。只有尊重、了解和身体力行，才是有礼的。

讲究礼仪的目的，是为了实现社会交往各方的互相尊重，从而达到人与人之间关系的和谐。作为21世纪的中国人，特别是处在金融领域的工作人员，礼仪可以有效地展现施礼者和受礼者的教养、风度与魅力，体现个人对他人和社会的认知水平、尊重程度，而加强礼仪文化的培养和形成，有助于我们更好地走向市场、走向世界，更好地与国际接轨。实现有礼有节的交往，创造“人和”的境界。

一言概之，现代礼仪是现代人用于沟通思想、联络感情、促进了解、达成共识的一种行为规范。

二、礼仪的特征

礼仪的特征主要有规范性、限定性、可操作性和时代性等。

（一）规范性

礼仪是人类在社会生活的基础上产生的行为规范，全体社会成员均离不开一定礼仪规范的制约。这种行为规范制约着人们在社会活动中的言谈举止，并通过这种行为衡量和判断一个人对礼仪的掌握和运用程度。现代交往礼仪的内容已渗透到社会的政治、经济、文化领域，渗透到人们的日常生活中。例如，大到一个国家的庆典，小到一个家庭的普通宴请，均要讲究礼仪规范，遵守礼仪的约定俗成。

在生活中，许多礼仪的存在具有很强的规范性，每时每刻都在约束着人们的行为，反映着人们对真诚、善意、美好的愿望和追求。比如，礼仪中最简单的问候语“您好”，就几乎成为全世界通用的一种问候礼节，具有规范性。

（二）限定性

礼仪的内容决定了它适用的时间、地点和场合，离开了特定的范围，离开了施礼的对象，也就无所谓礼仪。比如一个人在家静静地写作或一个人静静地欣赏沙漠的日出日落，在这种特殊的场合，人们反而可以从喧闹的尘世回归心灵的安宁和大自然的空旷。但这种时候太少了，大量的社会交往决定了人们已经很少有属于自己可以支配的时间，即使是深更半夜，也可能有呼叫的电话。

礼仪的限定性实实在在地确定了在需要礼仪的时间、地点和场合，必须展示礼仪的风度、教养和美德。例如，与客人的初次见面，与客商的商务交往，与外宾的商务谈判等，强调的是在什么场合，面对什么样的客人，哪种礼仪最适用、最能体现礼仪的规范和准则。

（三）可操作性

礼仪最本质的内涵是对人的尊重。“百里不同风，千里不同俗”，虽然各国的文化背景不同，所形成的礼仪习惯或方式不同，但尊重对方的本意是相通的，所谓“礼者敬人也”。虽然说各民族、各地域的风俗习惯、礼仪文化各有千秋，但万变不离其宗。以问候致意为例，有脱帽点头致意的，有拥抱的，有双手合十的，有手抚胸口的，还有脸颊相触的，当然最普遍的是握手致意。只要注意各民族、各地域的风俗习惯、礼仪文化，这些表达内容的具体形式，也都是可以掌握和运用的。

（四）时代性

任何国家的礼仪都具有鲜明的本民族特色，都是对本国礼仪传统继承和发展的结晶，因而具备时代的特色。正是由于不同时代的礼仪文化所表现的内容和形式有所不同，因此礼仪文化在不同时代的继承和扬弃的基础上，都会有所创新和发展。

礼仪是随着时代的发展而发展，随着时代的进步而进步的。这种发展性表现在两个方面。一是民族的传统文化、风俗习惯的扬弃过程，促使礼仪文化在本民族内部形成新的内容和形式。比如以服务新型人际关系、促进社会交往为主要内容的礼仪文化，适应的是社会发展的需要，丰富的却是礼仪文化的内涵。二是频繁的国际交往，必须融合符合国际惯例和规则的礼仪文化。因此，原有的民族礼仪与国际不同民族交往中产生的新的礼仪，就必须相融相汇，形成一整套对外交往的礼仪。民族性与国际性的共存共通共处，成为21世纪礼仪的一大特色。

可以说，每个时代的礼仪文化都是时代变迁的缩影和写照。礼仪文化为时代服务，因时代的需要而变革。

时代性的另一层意义在于与国际社会惯例和规则的接轨。随着国家对外交往的不断扩大，各国的政治、经济、思想、文化等诸种因素相互渗透，我国的传统礼仪自然在与国际惯例的接轨中被赋予许多新的内容。这种国际礼仪文化的大融合，体现了21世纪礼仪文化的新的时代特色。随着全球经济的市场化、国际化，通过国际惯例和准则，民族礼仪逐渐成为各民族之间交往必须遵守和尊重的“地球村”礼仪。这种礼仪文化的培养和形成，有助于我们国家走向世界，更好地与国际接轨。

三、礼仪的功能

礼仪作为人类文明的重要组成部分，它的主要功能体现在两个方面：一是内强素质，外塑形象；二是礼待他人，创造“人和”。

（一）内强素质，外塑形象

现代社会重视礼仪，现代社会讲究礼仪。掌握礼仪、运用礼仪，是为了适应开放型社会的需要，是为了适应市场经济和新自由时代发展的需要。内强素质、外塑形象是对每个现代文明人的要求。现今流传一句话：教养体现于细节，细节展示素质，细节决定成败。礼仪可以有效地展示个人的文明教养、风度和魅力，体现个人对他人和社会的认知水平、尊重程度，是个人学识、修养和价值的外在表现。由此构成的素质，是当代文明人的标志。

一个受社会认可的文明人，才能在社会活动中、在与他人交往中如鱼得水，并通过个人的风度展现形象，成为一个受社会欢迎的人。在当代经济型社会中，形象是对外交往的门面和窗口，无论你为之服务的是一个经济组织，还是个体经济实体，良好的形象带来的都将是良好的社会效应。

（二）礼待他人，创造“人和”

现代社会讲究礼仪，讲究礼待他人，为的是创造“人和”的工作环境和创业环境。

礼待他人就是与他人打交道，与他人沟通是比较困难的，而创造“人和”则更困难。礼仪最本质的灵魂是对他人的尊重，礼仪最重要的核心也是对他人的尊重。掌握礼仪、运用礼仪，最重要的就是学会尊重。

礼待他人，一定要恰到好处地把你的尊重和友善表达出来。你不表达，就会影响有效的沟通。而不能有效地沟通，就无法创造“人和”。这就是礼仪的魅力所在。

礼仪的魅力在于施展，施展的目的在于创造“人和”境界。否则，礼仪就仅仅是一套僵化的程序和动作而已。

【综合实训】

某公司总经理询问人力资源部主管为什么要录用一个没有任何推荐人的小伙子，人力资源部主管如是说：“他带了许多介绍信，神态清爽，服饰整洁，在门口蹭掉了脚下带来的土，进门后随手轻轻地关上了门，当他看到残疾人时主动让座，进了办公室，其他的人都从我故意放在地板上的那本书上迈过去，而他却很自然地俯身捡起来并放在桌上，他回答问题简洁明了、干脆果断，难道这些不是最好的推荐人吗？”

问题：小伙子在应聘中遵守了哪些礼仪规范？

任务2　金融行业员工礼貌礼仪修养

【工作任务】

子任务2－1：金融服务礼仪修养的必要性

子任务2－2：金融服务礼仪修养的基本准则和主要内容

子任务2－3：培养金融服务礼仪修养的途径和应注意的几种关系

子任务2－1　金融服务礼仪修养的必要性

【知识准备】

一、礼仪修养的必要性

礼仪修养的必要性主要表现在以下两个方面。

（一）规范礼仪行为

行为是人类活动的特征，是人类有意识、有目的的活动，是人类所特有的生存方式。人类的行为，具有复杂的表现形式和多样的层次结构。根据人类生活实践的主要形式，行为一般可分为经济行为、政治行为、法律行为、道德行为以及日常生活行为等。这些行为的每一类又可划分出若干层次的行为类型。而礼仪行为，则既可以被看做是人类行为的一个独立层次，同时，它又渗透在人类的其他行为之中。礼仪对于行为的研究和考察主要是研究和考察人类社会行为中的礼仪行为和各种社会行为的礼仪意义。

所谓礼仪行为，就是人们在一定的礼仪意识的支配下，在人与人之间的交往过程中所表现出来的行为。例如，人们在日常交往过程中，相互表示问候、致意、致谢、祝愿和慰问等，这便是礼仪行为的具体表现。

礼仪行为的基本特征在于它是个人和组织对他人和社会礼仪需要的自觉认识和自由选择的表现。这就是说，一方面，礼仪行为必须是基于对他人和社会礼仪需要的自觉认识而表现出来的行为，没有这种认识，就不能构成礼仪行为。即人们在社会生活中，为了求得自己的生存和发展，总是要以各种形式与他人和社会发生种种交往联系。在交往过程中，人们要使自己获得他人和社会的尊重，达到交往的目的，首先必须尊重别人，按照一定的礼仪原则和规范行动。自觉地认识这种礼仪关系并付诸行动，就是礼仪行为。另一方面，礼仪行为必须是行为主体自由选择的结果。即作为一种礼仪行为，必须是由行为主体根据自己的意志所作出的选择，人们在自己的意识中甚至可以抛开礼仪的干涉，但在行为上终究要受礼仪的支配。

正因为礼仪行为具有自觉性和选择性的特征，才使得人们的礼仪修养不仅成为可能，而且成为必要。通过礼仪修养可以使人们的行为逐渐符合礼仪的原则和规范，引导交往活动趋于美好。自私自利、心胸狭窄、谈吐粗俗、举止放荡等行为，是无交往可言的。相反，宽以待人、严于律己、豁达大度、恭敬谦让等行为，却可以促使交往的成功。而这种良好的礼仪行为的形成，必须借助于人们的礼仪修养。

（二）培养礼仪品质

礼仪品质，是指一定的社会礼仪原则和规范在人的思想和行动中的体现，是人在礼仪行为中所表现出来的比较稳定的特征和倾向。一般来说，礼仪品质具有以下基本特征：

1. 礼仪品质和礼仪行为密切联系，离开了一定的礼仪行为，就不能构成礼仪品质。礼仪行为是礼仪品质的客观内容，礼仪品质则是礼仪行为的综合表现。一定的礼仪行为持续不断地进行，形成一定的礼仪习惯，进而构成一个人的礼仪品质。而一定的礼仪品质只有通过礼仪行为才能表现出来。

2. 礼仪品质是一种自觉意志的行动过程。人的礼仪品质不仅仅是一种礼仪习惯或习性，更重要的还是一种自觉意志的行动过程，是审慎地凭借意志的选择而得的习性，是在行为的每一场合和每一时期，都能凭借一定的判断和选择、凭借自觉意志控制和处理感情与行为的结果，是一个人自由意志的凝结。

3. 礼仪品质是在礼仪行为整体中表现出来的稳定特征和倾向。人们的礼仪行为，不单是个别行为动作或举动构成的行为整体，也是各个活动领域和各个活动时期的一系列行为结合起来构成的行为整体。因此，一个人的礼仪品质不但体现在他的某个持续进行的行为中，更充分地体现在他的一系列行为所构成的行为整体中。从这个意义上可以说，礼仪品质就是一个人的一连串礼仪行为，是一个人在礼仪行为整体中所表现的稳定的特征和一贯的倾向。

礼仪品质的形成不是先天的，人天生无所谓有礼或无礼，所谓礼仪品质的形成，既不能离开一定的社会环境和物质生活条件，也不能离开人们的生活实践和主观修养。它是在一定的社会环境和物质生活条件中，通过一定的社会生活实践和教育的熏陶，以及个人自觉的修养逐步形成和培养起来的。由此可见，礼仪修养对于培养一个人的礼仪品质起着十分重要的作用。

二、金融行业加强员工礼仪修养的意义

金融行业是现代社会的一个重要组成部分，是传播文明的重要窗口之一，加强金融行业员工礼仪修养，主要有以下几个方面的意义。

（一）有利于建设和谐社会

金融行业服务范围广泛，员工的风貌会直接影响整个社会，讲究金融礼仪，对于社会主义精神文明建设，对于当前构建和谐社会将产生积极的作用。

（二）有利于提高员工的整体素质

要做好金融工作，关键是要有一支思想素质和业务素质好的员工队伍。讲究金融礼仪，不仅能促进员工素质的提高，也是形成一个有凝聚力的企业文化环境的重要途径。

（三）有利于提高金融行业的核心竞争力

在金融产品同质化的今天，金融行业的竞争日益激烈，在要求金融行业必须开拓新业务的同时，更要重视服务水平的提高，以高质量的服务赢得客户。我们每一个工作人员的仪表风度、言谈举止，都在公众中塑造着所在金融实体的整体形象，反映了金融行业的服务水平。因此，讲究金融礼仪修养及规范，是增强金融行业核心竞争力的重要内容。

金融行业员工要提高自己的礼仪修养水平，首先，要充分认识到提高礼仪修养对提高自己的整体素质、维护行业良好信誉、提高金融服务水平具有重要的作用；其次，应该学习礼貌、礼仪、礼节的基本知识，并且在日常工作生活中注意运用，通过反复实践以后，把礼仪礼节的基本知识转化为员工内在的素质。

子任务 2-2　金融服务礼仪修养的基本准则和主要内容

【知识准备】

一、金融服务礼仪修养的基本准则

金融行业的员工首先是社会公民，作为文明公民，每个人都应懂得并切实遵守人际交往中的基本准则，以此作为礼仪修养的主要内容。礼仪修养的基本准则归纳起来大致有以下几个方面。

（一）遵守社会公德

公德，是指一个社会的公民为了维护整个社会生活的正常秩序而共同遵循的最起码、最简单的公共生活准则。公德的内容包括尊重妇女、爱护儿童、关怀体贴老人、遵

守公共秩序、救死扶伤等。遵守公德表现了人与人之间基本的相互尊重以及对社会的责任感，所以，遵守公德是文明公民应该具备的品质。

（二）遵时守信

遵时，就是要遵守规定或约定的时间，不能违时或失约。守信，就是要讲信用，对自己的承诺认真负责。现代社会工作节奏快，时间就是生命，时间就是效益，这早已被世人所认同。违时无疑会给对方造成各方面的损失，也是对对方的不尊重。在日常生活和工作中，一个人难免会对他人许下这样或那样的承诺，或是达成各种契约。"言必信，行必果"，这是对自身价值的肯定，也是对自身人格的尊重和肯定。因此，违时、失约、不守信用等，都是失礼的行为，是人际交往中的大忌。在金融行业服务工作中，如果自己和客户约定了时间或是作出了承诺，一般不应轻易变动，而应想方设法去做到。即使实在不得已需要更改时，也须提前打招呼并作出令人信服的解释，尽量避免给对方造成麻烦或使对方产生误解。凡是需要承诺的事情，要量力而行，不能仅仅为了顾及面子就随便答应，事后又不负责任地随意毁约。一旦言而无信，尤其是养成了习惯，对别人造成不便固然是一方面，同时也会影响金融行业的良好信誉和业务开展，损害自己的形象和声誉。

（三）真诚谦虚

人际交往中，需要诚心待人、心口如一、谦恭虚心，不能自以为是。社会生活中常常可以见到这种现象，越是博学多才的人，修养越好，待人处事自然大方，善于听取别人的不同意见，即使是比较尖刻的意见，也给予对方以表达观点和看法的机会，显得平易近人、虚怀若谷。这样做，并不使人感到其无能，而是从普通平凡的小事中感受到其高尚的人格。社会上也有一些人，在人际交往中或在公共场合，喜欢自吹自擂，趾高气扬，卖弄学问，夸夸其谈，唯我独尊，听不得半点不同意见。这种自以为是的言行，其实正是缺乏修养的外在表现，这样便不容易在人际交往中获得真正的成功。作为金融服务行业员工，在工作中要诚心诚意地对待客户，对待客户指出的疑难问题，要态度诚恳、耐心细致；处理客户投诉，要真心真意，尽力帮助客户解决实际问题。

（四）热情适度

热情是指对人要有热烈的感情，使人感到温暖；适度是指对人热情的表现要有一定的分寸，恰到好处，使人感到亲切自然。热情的人往往使人觉得容易接触，也愿意接近交往。一个人如果对任何人、任何事都摆出十分冷漠、不屑一顾的样子，首先在神情上就是拒人于千里之外。其实有的人本意并非如此，也不是非要摆什么架子，但却容易造成误会。因此，要想获得人际交往的成功，就不应待人冷若冰霜，处事漫不经心，而应加强礼仪修养，使自己待人处事表里如一、热情自然。当然，在金融服务行业工作和日常人际交往中热情要适度，要与双方的地位、身份和实际情景相符。作为金融服务行业工作人员，对客户热情服务是理所应当的，但这种热情并不意味着无原则，更不能混淆员工与客户的界限，而是要在坚持工作原则、工作程序的基础上热情周到地服务。

（五）理解宽容

在人际交往中，理解和宽容是十分重要的，这也是礼仪修养的基本功之一。理解，就是懂得别人的思想感情，理解别人的立场、观点和态度，能够根据具体情况体谅别人、尊重别人，对别人的喜怒哀乐心领神会。宽容，就是大度，宽宏大量，能容人，在非原则问题上，能够原谅别人的过失。

要真正做到理解别人，并不是一件容易的事情，特别是需要理解与自己立场、观点和态度不同的人，理解自己看不惯的人，理解有缺陷、有自卑感的人，理解与自己志趣性格完全不同的人时，就更是如此，这确实是需要下一番工夫的。理解的前提是要宽容。要告诫金融服务行业员工，待人处事以宽容的态度，宽容并不是懦弱的表现，而是一种正义的行为，正义的行为往往具有巨大的感化力量。大千世界，芸芸众生，我们不可能要求所接触的人都能够按照我们自己所定的标准统一行事，或是处处必须使自己满意，尤其是有的人下意识或不经意地在待人处事时有这样那样的不敬乃至失礼行为，遇到这种情况，如果不能宽容，就很难使交往继续下去。宽容别人，不但能缓和气氛，有助于改善交往环境，显示自己良好的礼仪修养，而且能在相当程度上潜移默化地影响对方。在金融服务过程中，也可能遇到一些因为对金融服务行业的规章制度不理解，有不礼貌行为的客户，这就要求员工要多理解客户，宽容大度，这样才能真正赢得客户的信任。

（六）互尊互助

互尊就是人与人之间要互相尊重，互助就是人与人之间要互相帮助。在人际交往中讲究礼仪，并不是虚伪的客套，而是为了表达对别人的尊重。在现实生活中，尊重应该是相互的、礼尚往来的。一位美国人托马斯·哈里森曾经说过："我是个人，你亦如此，没有了你，我便不是个人。只因为有了你，才有了语言产生的可能；只因为有了语言，才可能有思想；只因为有了思想，才可能有人性，是你给了我重要性。因此，我重要，你亦如此，我若是贬低了你，便是贬低了我自己。"你尊重别人，别人自然也就尊重你，你根本就无意尊重别人，却企盼着处处受到别人的尊重，显然是不大可能的，这是常识性的概念，然而却往往容易为一些人所忽略。

人生在世，不是生活在真空里，谁都有可能遇到困难。自力更生去克服困难固然是十分可贵的精神，但如果能寻求到帮助，这对于遇到困难的人来说，恰似"久旱逢甘霖"，无疑是莫大的慰藉。而帮助别人，即助人为乐的人自然也会得到尊重。帮助别人既是礼仪行为，也反映了一个人具有较高的道德情操。如果全社会都能"我为人人，人人为我，从我做起，从现在做起"，重在行动，不尚空谈，那么社会风气就会越来越好。

金融服务部门，要尽量创造条件为客户提供舒适方便的环境，不断推出满足客户需求的业务种类；在设计业务流程的过程中，要充分考虑如何方便客户、如何减少客户的等待时间、如何满足特殊客户（如残疾人、外国人）办理业务时的特殊需求，以全面提高金融业的服务水平。

二、金融服务礼仪的主要内容

礼仪服务是出于对客户的尊重和友好，在服务中要注重礼仪、礼节，讲究仪表、举止、语言，执行操作规范。它是主动、热情、周到服务的外在表现，是客户在精神上感受到的服务。

（一）主动服务

主动服务，就是要服务在客户开口之前，一个简单的服务即包含着这样一种意义：主动服务表现了金融服务行业功能的齐全与发挥，主动服务也意味着要有更强的情感投入。有了金融服务行业的服务规范和工作标准，只能说是有了为达到一流服务而应具备的基础条件，并不等于就有了一流的服务。员工们只有把自己的情感投入一招一式、一人一事的服务中去，真正把客户当做有血有肉的人，真正从内心上理解他们，关心他们，才能使自己的服务更具有人情味，让客户倍感亲切，从中体会到金融行业的服务水准。

（二）热情服务

热情服务，是指金融行业员工因对自己从事的职业有明确的认识，对客户的心理有深切的理解，因而富有同情心，发自内心地、满腔热情地向客户提供的良好服务。服务中多表现为精神饱满、热情好客、动作迅速、满面春风。

服务态度好坏的评价，与热情、微笑、耐心等都有关系，但以上这些还不是服务的实质内容。衡量服务态度的根本标准在于是否有积极主动解决客户要求的意识和能力，是否能完善地提供具体的服务。

（三）周到服务

周到服务，是指在服务内容和项目上，做到细致入微，处处方便客户、体贴客户，千方百计地帮助客户排忧解难。这些服务是实质性的，客户能直接感受到的。周到服务还体现在不但能做到做好共性规范服务，还能做到做好特色服务。在当前金融业竞争日益激烈的情况下，对金融业而言，最根本、最有效、最持久的竞争手段，是通过向客户提供竞争对手无法学到或短期内无法仿效的、客户需要的、金融行业可以长期坚持下去并能促进盈利的服务。

周到服务还要求有更为灵活的服务。金融服务业的规章制度和服务规范，只是解决了服务的技术标准和大致的行为规范问题，而金融业的服务对象却是千差万别的活生生的人，员工面对的是瞬息万变的事物。一流的服务不应仅仅把客户当成流水线上的半成品，一成不变地照搬规范，而应是在规范的基础上创造性地、灵活地处置各种意外情况，尽量满足客户突发而至的各种需求，从而给客户留下深刻的印象。

周到服务还要求有更具体、更细致的服务。客户到金融机构办事，寻求的不只是办理业务本身，更重要的是享受到金融机构优美的环境、周到的服务。这就要求金融服务业能从客户的角度出发考虑问题，根据他们的不同需求提供有针对性的服务。满足客户内在要求，才能体现出一家金融机构的服务水准。

案例1-1

101%的服务

有一次，一位客户在肯德基用餐时，需要服务员为她拿一把汤勺，服务员微笑着答应了。很快，那位服务员回来了，手里却不见汤勺，只有一张洁净的餐巾纸。客户生气了，刚要开口询问，就在这时，那位服务员伸出手掌，翻开了餐巾纸，客户会心地笑了，因为她看到雪白的餐巾纸上静静地躺着一把汤勺。

无疑，这位服务人员受到了上司的嘉奖，因为他不只做到了客户想要什么就给什么，还想到了客户没有要求的。他的小小举动，让客户看到了一流的服务。他的用心，让客户觉得肯德基做到了101%的服务。

（四）仪表端庄

仪表，简单说就是指人的外表，包括容貌姿态、穿着打扮、举止风度等。金融行业员工的仪表不仅体现其本人内在的修养、气质，而且也体现着金融行业的精神风貌。

这里我们着重谈谈对衣着服饰的要求，详细内容详见本书项目三。总的来说，穿着服饰应该做到四个协调、一个有利于，即要和年龄协调，要和形体条件协调，要和职业协调，要和环境协调，要有利于方便快捷地为客户服务。作为金融行业工作人员，上班时的穿着应该庄重、文雅，发型、打扮要符合职业特点，修饰、化妆适当，保持精神焕发，整洁大方。有条件的金融机构应该统一着职业装，既体现金融业文明、安全、值得信赖的整体形象，同时也体现了对客户的尊重。

（五）待人礼貌

柜面服务礼仪首先要求待人礼貌。这主要是强调行为举止要体现出“四心”，即诚心、热心、细心和耐心。

1. 诚心，就是要诚恳待人，想客户所想，急客户所急，虚心听取意见，不断改进工作。客户到金融机构办理业务，除了希望听到文明亲切的语言，受到热情周到的接待以外，更希望能迅速、准确地办好业务。所以，我们提倡“微笑服务”，同时提倡“效率服务”，准确快捷地办好业务，减少客户等候时间，这就体现了一个“诚”字。要是因为金融机构方面的原因，增加了客户等候的时间，就应该主动向客户道歉。

在业务繁忙时，为了尽快办理业务，一般不必要每次起立迎送客户，但是在向客户道歉、需要特殊关照客户以及听取客户意见时，都应该主动起立，以体现诚恳和尊重的态度。

还应注意在递出单证或现金时，应有礼貌地递到客户手里，不扔不摔，成捆的现金不便直接递到客户手中时，也应有礼貌地向客户示意。

金融机构工作人员不能因忙于处理内部事务而让客户长时间等候。在办理业务时间，看书报杂志、聊天等行为更是纪律所不允许的。

2. 热心，需要发扬“一团火”精神，主动热情地为客户服务。金融机构开办的各种业务种类繁多，特点各异，应根据客户的具体情况，主动热情地进行介绍，当好客户的参谋。

如果客户要求办理的业务不属自己经办，就要明确告知经办此项业务的人员和地点，不要随口说“到那边去问”。

热心也体现在对待客户一视同仁，做到生人熟人一样亲切，存款取款一样热情，金额大小一样欢迎。

3. 细心，就是要在细微处见精神，处处体现周到、细致、关心、方便。比如为客户提供纸笔、墨水、印泥、擦印章布、老花镜等一些服务用具，发现储户的存折破损主动粘贴或更换等。

4. 耐心，是指办理业务不怕麻烦，执行规章制度做好解释。金融机构业务种类和服务项目繁多，服务对象广泛，在柜面服务时也会遇到很多复杂情况，对有不同要求的客户，应诚恳热情、耐心细致地满足其合理要求。金融机构的各种规章制度是保障业务顺利进行、维护客户和金融机构双方合法权益的保证，应严格执行。在执行的过程中应该注意向客户做好宣传解释，即使发生纠纷时，也要以克制忍让、冷静耐心的态度来对待，做到“得理也让人”。

另外，在处理紧急突发事件时，要保持冷静，尽可能地在保证人身安全和资金安全的基础上，为处理案件提供有益的帮助。

正是我们每一个金融机构工作人员奉行文明礼貌守信，廉洁奉公尽职，热情周到快捷的服务，才使金融机构能够得到客户的信任。

（六）语言文明

语言是心灵的窗户，是人们交流思想感情的重要工具。常言说，良言一句三冬暖，恶语半句六月寒。这就是说，不同的语言、语气有着不同的效果。

我们在柜面服务时，应该讲究语言艺术，做到亲切、准确、得体。

1. 亲切，就是要和颜悦色，诚挚热情，使用好“十字”文明用语（请、您好、谢谢、对不起、再见）。我们提倡“微笑服务”，让笑意写在脸上，尊称不离口，请字在前头，以微笑和亲切的语言铺设起金融机构和客户之间感情的桥梁。

2. 准确，就是要口齿清楚，语言表达既通俗易懂，又合乎规范。对客户不应使用金融机构内部术语，比如我们把支票、凭条等凭证都统称为传票，要是对客户也这样说，就会让人家弄不明白了。

3. 得体，就是要根据不同的对象和不同的场合，采取恰当的表达方式。比如针对不同的对象采用相应的尊称，对某些比较敏感的问题更要注意分寸。

子任务 2-3　培养金融服务礼仪修养的途径和应注意的几种关系

【知识准备】

一、金融行业员工培养礼仪修养的途径

礼仪修养是一个自我认识、自我磨炼、自我提高的过程，是通过有意识的学习、仿效、积累而逐步形成的，需要有高度的自觉性。如果一名金融行业员工在金融系统内工作单位，只是迫于行规的压力才对客户致意问候，似乎是彬彬有礼，而离开工作单位，换了环境就举止轻浮，谈吐不雅，这实际上是礼仪修养缺乏的表现。金融行业员工只有把礼仪修养看做是自身素质不可缺少的一部分，是事业发展的基础，是完美人格的组成，才会真正有自觉意识的主动性。

培养良好的礼仪修养可以通过以下途径。

（一）自觉养成文明习惯

人的习惯可以在无意中形成，也可以通过有意识的学习和培养，依靠社会健康的舆论导向和良好的环境习得。习惯一旦形成，就会成为无意识的行为表现出来，“好习惯，好形象”，自觉地养成良好的行为习惯是金融行业员工培养礼仪修养的重要途径。

（二）主动接受礼仪教育

礼仪教育是使礼仪修养充实完美的先决条件，因此，主动接受礼仪教育和培训是十分必要的。通过礼仪教育和培训，可以懂得常识、树立标准、分清是非、明辨美丑，这就使金融行业员工礼仪行为的形成有了外因条件，为进一步提高自我修养的内因创造了条件。通过礼仪教育，促使金融行业员工经过努力、不断磨炼，产生强烈的提高自我修养的愿望，最后达到处处讲究礼仪的目的。

（三）广泛涉猎科学文化领域，学习礼仪方面的知识，使自己博闻多识

现代科学文化发展很快，要适应社会发展，仅仅满足于一般的文化水平显然是远远不够的，涉猎广泛，具备多方面的知识，对于人际交往是大有益处的。一般来说，讲文明、懂礼仪、有教养的人大多是科学文化知识丰富的人。这种人逻辑思维能力强，考虑问题周密，分析事物透彻，处理事件得当，在人际交往时能显示出特有魅力而不呆板，不会给人以浅薄的印象。

我国有悠久的礼仪传统，古代、近代、现代的典籍中，有浩繁的有关礼仪礼节的知识，随着改革开放的不断深入和扩大，我国对外交往也日渐增加。各国的礼仪风俗等千差万别，因此金融行业员工有必要注意收集、整理、学习和领会，以利于在实践中运用，久而久之，则能使自己的礼仪修养提到新的高度。

（四）积极投入金融实践，逐步养成文明礼仪的习惯

礼仪修养是一个从认识到实践的不断反复的过程，通过反复，不断提高。仅仅从理论上弄清礼仪的含义和内容，而不在实践中运用是远远不够的。要使自己成为一个知礼、守礼、行礼的人，就必须把对礼仪的认识运用到实践中去，并注意运用所学知识搞好金融服务和社交活动，同时，对自己的行动再进行反省，并把从反省中得到的新认识再贯彻到行动中去，如此不断循环，从而达到提高礼仪修养的目的。

总之，实践在礼仪修养中起着极其重要的作用，实践的方法是礼仪修养的根本方法。人们的礼仪修养只有在交往实践中才有可能形成。任何礼仪修养如果不与实践相联系，必然是无所作为的。

二、金融礼仪修养应注意的几种关系

讲究礼仪修养，不能仅仅停留在礼仪本身。良好的礼仪修养不仅离不开具体的交往实践，而且与个人对自己在社交中角色地位的认识成正比。同时，礼仪修养又同道德和美存在着密切的联系。

（一）金融礼仪修养与社交角色的关系

金融礼仪修养的目的之一，是要通过修养，使个人的言行在社会交往活动和金融活动中与自己的身份、地位、社交角色相适应，从而被人理解、被人接受。社会对于不同的社交角色提出了不同的行为规范和行为模式。

在社会交往活动过程中，随着主客关系和社交对象的变化，角色也在发生相应的变化。一个人扮演的不是一个社交角色，而是几个社交角色。按照一个人在社交中角色扮演的时间长短看，有些角色是与生俱来的，如一个人所处的民族、所具有的性别、家庭出身等这类角色将伴随人的终生。有些角色是凭借个人的社会生活获得的，这种角色是人在人生中的某一阶段扮演的，有变异性的特点。这类角色中有些扮演时间比较长，如

父亲、母亲、丈夫、妻子、兄弟姐妹以及各种职业角色等，而有些则比较短，如庆典上的嘉宾、婚丧嫁娶中的来宾、谈判者、拜访者等。既然每一个人在社会交往过程中都扮演着不同的社会角色，那么重视角色定位，加强角色的礼仪修养，就有着十分重要的意义。同时，这也为我们加强角色的礼仪修养提供了客观的依据。

在社会生活和社交活动中，每个人都要按其所具有的身份、地位并为实现其存在价值而完成一系列行为。当经理就要有经理的样子，做临柜人员就要有临柜人员的样子。角色不仅给个人确定自己的行为提供了规范，而且为人们相互识别、相互交流、相互评价、相互理解提供了标准。人们在社会交往中往往需要以不同的身份出现，这种身份的变化就是角色的变化，其行为必须符合社会对这一角色所认同的规范。混淆角色及其行为规范是不礼貌的，甚至会遭到舆论的谴责。

社交角色不同，所应遵循的礼仪要求也就不同。不同的角色之间，如上下级之间、男女之间、亲朋之间、主宾之间、同事之间等，其礼仪是有差别的。正式场合和非正式场合的礼仪要求也是有差别的。在人与人之间的交往活动中，社交成功的重要标志是个人使自己的行为与他人和社会的期望相符合，社交角色的实现，是建立在个人对自己的角色认识的基础上的。例如一个行长，在银行内部他是管理者，管理着若干部门，其礼仪要求主要体现在听取汇报、检查工作、指导员工、决策规划等方面，要求他能平等待人、科学决策、说话和气等，对外，当他面对客户时，则是一名“推销员”，要求他热情真诚、彬彬有礼、大方得体，可见这两种角色的礼仪要求是不同的。在社交活动中，要把角色扮演得恰到好处，礼貌有加，事事得体，这并不是一件容易的事情。因此，金融行业员工一方面要重视社交角色定位，增强角色意识；另一方面要加强自己的礼仪修养以适应多种角色的不同礼仪要求。

（二）金融礼仪修养与道德关系

道德是一定社会或阶级调整人和人之间以及个人和社会、阶级、国家、民族之间关系的行为准则和规范的总和。它以善和恶、正义和非正义、公正和偏私、诚实和虚伪等范畴来评价人们的行为，调整人们之间的某些关系。道德最突出的特点在于，它是依靠社会舆论的力量，依靠人们的信念、习惯、传统和教育的力量来维持的。在社会生活中，道德具有极其广泛持久的作用。从广阔的政治生活到婚姻家庭生活，从对整个社会的态度到个人的品质和作用，道德存在于人与社会发生关系的一切领域。

要使金融行业能有正常的秩序，社会生活能够正常进行，金融行业员工就得克制自己的欲望，约束自己的行为，遵守人类共同的生活规则，把自己的欲望和行为限制在不妨害社会整体和他人利益的合理范围之内。这就需要道德，需要加强金融行业员工的道德修养。

礼仪，作为一种行为准则和规范，是人类社会为了维系社会正常生活而共同遵守的最起码的道德行为规范，是道德的重要内容之一。礼仪和道德有着密切的联系，一般说来，一个有道德的人，往往是一个知礼、守礼、行礼的人，他必定时时处处按照一定的礼仪规范行事。同样，一个人在任何时候、任何场合，针对任何对象，都能体现礼仪的风范，那么他对于自身的道德要求必定是十分严格的。从这个意义上来说，道德和礼仪具有同一性，加强道德修养对提高金融行业员工的礼仪素质和礼仪水平有决定性的作用，个人礼仪素质是由思想道德修养和具体的礼仪规范所决定的。因此，金融行业员工在加强自身礼仪修养的同时，必须提高自身的道德修养，以高尚的道德修养作为自身礼仪修养的基础。有德才会有礼，缺德必定无礼。

（三）金融礼仪修养与美的关系

作为一个客观的对象，美是一个感性具体的存在，它一方面是一个合乎规律的存在，体现着自然和社会发展的规律，另一方面又是人的能动创造的结果。所以美是包含或体现社会生活的本质、规律，能够引起人们特定情感反应的具体形象，如社会形象、自然形象和艺术形象。由此可见，就其本质而言，美并不是事物的某种与人无关的自然属性，也不是意识、精神的虚幻投影，而是事物的一种社会属性。这也就是美的客观社会性。美的客观社会性，是建立在人与自然之间的物质变换这个感性现实的客观社会性活动的基础之上的，不通过人的感性现实的客观社会性活动，美也就不可能产生。所以，美的客观社会性，实质上是来自社会实践本身的客观社会性。

世界上的美是千姿百态的。自然美、社会美和艺术美是美的三种基本形态。它们的共同特点是具有蓬勃向上的活力，象征着光明与进步，可以通过人的感觉感知。金融行业员工有可靠、端庄的美，演员有艳丽、奔放的美，教师有庄重、文雅的美，医生有亲切、整洁的美，农民有勤劳、朴实的美。美从它产生时就以天然的魅力和强大的感染力吸引和影响着人类，并将无比宽阔又绚丽多姿的美的世界展示给我们，我们因此而获得精神上的愉悦和享受。同时，认识美可以节制和规范人的情感。

礼仪也是一种美。礼仪可以节制和规范人的行为。礼仪是人类社会实践的产物，是人们在日常生活和交往过程中为了保持社会的正常秩序而形成的一种规范，它又体现在人们的实践过程之中。礼仪在客观上就具有能引起人们愉悦等情感反应的属性，因而具有美的价值。礼仪一方面具有鲜明的形象，另一方面又具有社会功利性。同时，它还凝结着人类的理想、智慧和创造力量，具有有利于人类生存和相处、有利于社会进步和发展的性质。这也就是说，良好的礼仪能使人感到完美，继而对相关金融行业产生美好想象并产生兴奋的情绪，进而产生积极的态度和行为，获得交往的成功。而缺乏礼仪则会使人感到粗俗和丑陋，使人产生冷落和厌恶的情绪，从而导致消极的态度和行为。

礼仪之美也是千姿百态的，主要有仪表美、精神美、言行美、环境美等，这些基本的方面构成了礼仪美的整体形象。我们所进行的礼仪修养，包含着美的修养，这是我们在礼仪修养过程中应该加以重视的。

【综合实训】

情境一：某公司和外商洽谈一个合作项目，外商在考察了该公司后，比较满意，准备投资1000万美元。洽谈结束后，外商在该公司办公大楼电梯上发现了一处痰迹，回国后便寄回一封信，拒绝签订合同。信中说，该公司的职工素质值得怀疑。投资这样的公司，收益难以保障。

情境二：一位西装革履的男士进入一写字间，问一名立于门口的小姐："请问这是××公司吗?"该小姐不理，与周围一男一女交谈，道："李姐，王哥，跟你说我昨天……"

问题：从上述两个情境分析员工素质对公司的重要性。

任务3　金融服务行业员工应具备的服务意识和素养

【工作任务】

子任务3－1：金融服务行业员工应具备的服务意识

子任务3－2：金融服务行业员工应具备的服务素养

子任务3－1　金融服务行业员工应具备的服务意识

【知识准备】

服务意识和服务能力的区别就在于，服务意识是愿不愿意做好的问题，而服务能力则是能不能做好的问题。金融机构应该从思想上统一服务人员的意识，纠正消极被动为客户服务的思想，培养积极主动地为客户解决问题的服务意识。

服务意识是满足客户潜在需求的服务能力。为了能够及时、准确地识别客户的潜在需求，服务人员需要主动关注客户，察言观色，通过主动与客户沟通来发掘客户的潜在需求，从而尽可能满足客户的需要。

随着客户对服务需求的提升和市场竞争的加剧，过去那些由行业属性决定的客户服务，已不能与现在向客户提供的全方位客户服务同日而语了。服务意识是各种类型的企业都应具备的。具体来说，服务意识应贯穿企业的业务流程之中，根植于每一位员工每一天的行动之中。服务人员可能觉得客户很难满足，客户的要求很高，可我们是否曾审视过自己的思维和意识？在向客户提供最好的产品或服务时，我们是否想真心地向所有的客户提供自己最优质的售前、售中和售后服务呢？只有在内心深处拥有强烈的服务意识，你的一举一动才能打动客户，客户才会回报你，才会对企业忠诚。

一、金融机构服务人员应具备的服务意识

（一）重视客户，用心为客户服务

很多客户的心理是“我使用你的产品和服务，是觉得还不错，是给你一个赚钱的机会”，他们潜意识里最在意的是你对他们的尊重和关注。所以在与他们沟通和交流时，首先出现在你脑海里的应是“我一定要为这个客户服务好”，“我怎样才能让这个客户满意而归”的意念，而不是“怎样才能让客户掏完腰包就把客户打发走”。如果你的服务让客户感觉没有受到重视和尊重，你就有可能会失去这个客户，更严重的是他们会将自己的感受传播给身边的亲人和朋友，那你失去的将是更多的客户。

（二）耐心周到地为客户服务

由于客户的性格特征、喜好、年龄、经历等各不相同，不同的客户沟通方式和处事习惯有所差异。服务人员应该根据不同的客户耐心地为客户办理业务、解答咨询，提供热情周到的服务。

（三）重视客户并通过行动和语言表达出来

例如，金融机构服务人员在接待客户的时候说敬语、亲和的语音语调、讲究礼貌礼

节、用心倾听客户的感受等，这些细微的动作和言行都会让客户感受到你的重视和关怀。服务人员只有从潜意识里认识到客户服务的重要性，才能在行动中不自觉地表现出来并让客户感受到，而不是虚情假意地表现出频繁的恭维，没有实际的行动，反而让客户非常反感。

（四）积极主动为客户着想

积极的人是主动的，消极的人是被动的。积极的人是主动的改变者，他们依据原则作出决定，敢于为自己的决定负责；而消极的人总是轻易说出“我不行”，这种语言完全体现出一种不负责任的态度，他们永远摆脱不了环境的束缚。金融机构服务人员身负为客户服务的责任，应该积极主动地为客户着想，为他们解决问题。其实，在我们的工作和生活中，每时每刻都有许多我们很容易就能做到的、让客户感动的小细节，问题在于我们是不是用心去发现。要让我们的服务感动客户，首先我们必须热爱自己的工作，绝对不应有为了工作而工作、为老板工作的想法，只有真正把工作当做一种乐趣，当成自己的职责，才会全身心地投入。只有用心投入才会注意许多别人忽略的细节。只有用我们的真心、热心和爱心，时时刻刻牢记“客户至上”的服务宗旨，才会最终实现101%的服务效果，从而留住客户的心。

二、金融机构服务人员应走出的服务意识误区

（一）服务就是按制度办事

这种错误的意识就在于将服务简单地理解为按制度做好各自的分内事，机械、僵化地执行规章制度。服务的过程是一个人与人交往的过程，服务的主体是客户，服务过程中潜移默化地渗透着人际交往的艺术。试想一下，如果我们在面对客户时对客户生硬地说“这是我们公司的规定”“我们公司规定这种情况不能退货”“你这种情况我们处理不了”等，客户会是什么感觉？我们在这里所讲的并不是不执行公司的规章制度，而是如何积极主动地从客户的角度思考，采用客户能够接受的方式为客户耐心地、人性化地服务。

（二）“我没有错，都是他们的错”

对于客户提出的不满和异议，有的服务人员就是不愿意承认错误，而过分强调他人或客户的责任，归罪于外，说来说去自己没有错都是客户的错，到最后让客户感觉到自己的不满是不可能得到处理的。从客户的角度而言，服务人员代表企业的形象，没有服务人员和企业之分，客户会认为“反正是你们的过错给我造成了不满和损失”，客户不会去分辨这是业务部门的错还是维护部门的错，对客户来说谁受理了自己的不满，谁就应该负责解决，而不是去追究这是谁的责任。

子任务3-2　金融服务行业员工应具备的服务素养

【知识准备】

一、个人修养

个人修养是一种自我暗示，是一种为人处世的态度，能让人的自我意识或思想产生

持久的变化，从而帮助你实现个人目标。

（一）尊重为本

作为一名服务人员，尊重为本是最基本的要求。俗话说得好："尊重客户是一种常识，尊重上级是一种天职，尊重同事是一种本分，尊重下级是一种美德，尊重所有人是一种修养。"

（二）谦虚诚实

谦虚是人的一种美德。服务人员需要掌握全面的专业知识，可现实工作中有的服务人员往往认为客户说的话都是外行话，对客户不屑一顾，甚至不懂装懂，这样就会让客户产生强烈的反感。对知识的学习是永无止境的，诚恳谦逊地与客户沟通并不会暴露自己的不足，反而是能够赢得客户认同和尊重的基本素养。

（三）宽容

忍耐与宽容是面对无理客户的法宝，也是一种美德。服务人员需要有包容心，要包容和理解客户。真正的客户服务必须照顾客户本人的喜好和情绪。客户的性格不同，处事的方法和方式也不同，服务人员在提供服务的过程中难免会遇到态度恶劣的客户，服务人员也会因此受委屈，但要牢记自己的职责，用自己的宽容去感化客户，这样的客户一旦被服务人员的服务感动，更容易成为优质的客户、忠诚的客户。

（四）诚信

对于服务人员，通常很多企业都有要求：不轻易承诺，说到就要做到。服务人员不要轻易地承诺，随便答应客户的任何要求，否则会给自己的工作造成被动，但是服务人员必须要牢记自己的承诺，一旦答应客户，就要尽心尽力去做到，对于通过自己努力也无法做到的，应该主动向客户道歉并说明原因。

（五）勇于承担责任

工作中有时会出现客户投诉或是被客户误解的情况，此时同事之间若相互推卸责任，会给客户造成不好的印象。金融服务人员是金融业的服务窗口和缩影，对外代表的是金融业的形象和品牌。因此，服务人员不能说这是哪个部门的责任，一切的责任都需要通过"我"把它化解，对客户要勇于承担责任，在内部认真调查和处置，千万不要让客户感觉你在"踢皮球"。

二、心理素质

心理素质是指人类在长期社会生活中所形成的心理活动在个体身上积淀的心理倾向、特征和能动性。良好的心理素质是服务人员综合素质的重要组成部分，一个情绪不稳定、性格孤僻、人际关系紧张的服务人员通常不可能为客户提供热情、友善、亲和的服务。

（一）积极的心态

服务人员往往会因为工作中被客户误解，或是感觉每天周而复始的工作很枯燥，心态和情绪或多或少会受到消极的影响，这是很常见的，也是很正常的。关键是要保持一种积极的心态，这就需要服务人员懂得自我调整心态，进行情绪调节，比如以积极主动的心态与客户交流、与同事交流，不断感受工作带给自己的快乐等。最重要的是要保持积极的心态面对客户和同事，用真诚和热情赢得他们的认同、关注和信任。

（二）自我情绪控制

情绪的自我掌控和调节能力是指什么呢？比如，每天接待 100 个客户，可能第一个客户就把你批评了一顿，因此心情变得很不好，情绪很低落，而你也不能回家，因为后边 99 个客户依然在等着你。这时候你会不会把第一个客户带给你的不愉快转移给下一个客户呢？这就需要金融服务人员及时调整自己的情绪。因为对于客户，你永远是他的第一个，你应该以热情周到的服务迎接每一位客户。如一些企业客户服务中心的在线服务人员，专门接听电话，一天要受理几百个投诉和咨询。与几百个形形色色的客户打交道，你需要对每一位客户都保持同样的热情度，要做到这点很不容易。只要中间有一个环节出了差错，与客户产生不愉快，就很难用一种特别好的心态去面对下面所有的客户。因此，优秀的客服人员具备过硬的心理素质非常重要。

三、专业素质

专业素质是指员工为完成其基本职责所必须具备的素质，分为营销类专业素质、技术类专业素质、客户服务类专业素质等。金融服务人员需要掌握客户服务礼仪、客户沟通方式、产品知识、产品相关法律法规等。

（一）丰富的行业知识及经验

丰富的行业知识及经验是解决客户问题的必备武器。不管做哪个行业都需要具备专业知识和经验，能跟客户进行专业知识的沟通，成为自己产品的专家，能够解释客户提出的问题，为客户提供专业的帮助。因此，金融行业服务人员要有很丰富的金融行业知识和经验。

（二）优雅的形体语言表达技巧

掌握优雅的形体语言表达技巧，能体现出服务人员的专业素质。优雅的形体语言表达技巧指的是内在的气质通过外在形象表露出来。举手投足、一言一行都表现出服务人员的专业素养和职业形象。

（三）思维敏捷

金融服务人员要具备对客户心理活动的洞察力。对客户心理活动的洞察力是做好服务工作的关键所在，服务人员思维要敏捷，懂得察言观色，具备敏锐的洞察力，洞察客户的心理活动。

四、综合素质

综合素质，就某种意义上说，应该包括一个完整健康的人格和较强的工作能力、成熟稳定的心理素质和外在优雅的形象气质。

（一）独立处理工作的能力

优秀的服务人员要能够独当一面，具备独立处理工作的能力。一般来说，金融机构都要求服务人员能够独当一面，这就要求服务人员能自己去完成好本职岗位规定的工作内容。

（二）分析解决各种问题的能力

优秀的服务人员不但需要做好客户服务工作，还要善于思考，提出工作的合理化建议，有分析解决问题的能力。

（三）协调人际关系的能力

优秀的服务人员不仅要协调好服务人员与客户、金融机构与客户的关系，还要善于协调与同事之间的关系，以达到提高工作效率的目的。人际关系的协调能力是指在工作中如何协调与客户、与同事的关系。有的时候，同事之间关系紧张、不愉快，会直接影响到客户服务的工作效果。

【综合实训】

20 世纪 40 年代的台湾地区，电话还不普及，买米要到街上的米店去买。这对客户来说，真是很不方便，很多时候是到了煮饭的时候，才发现没米了。当时的米店是要等客户上门才有生意做。

在了解米市的情况后，一家小米店的老板小王想出了一套“服务到家”的经营手法。当有客户来买米时，他会提议：“你买的米，我帮您送到家里。”因为当时来买米的通常都是妇女和老人，客户当然欣然接受。

小王将米送到客户家中，并把米倒进客户的米缸中，这时，他就细心记下客户家里米缸的容量。接着，小王了解客户家里有几个大人、几个小孩，一天的用米量大概有多少。

打那以后，小王根据收集的客户吃米信息，计算出客户家里米的用量，就知道每次需要送多少米，而且客户的米在吃完之前，就能将米送到，不久以后，小王就积累了许多“固定”的长期客户，加上客户相互传播，小王服务周到的美名渐渐“一传十，十传百”，他的生意很快就兴旺起来，越做越大。多年后，小王变成了今天台湾地区家喻户晓的王永庆。

问题： 结合上述案例回答服务人员应具备的服务意识有哪些。

思考与练习

1. 金融行业为什么要加强员工礼仪修养？
2. 金融服务礼仪修养的基本准则和主要内容有哪些？
3. 金融服务行业员工应具备的服务意识和服务素养有哪些？
4. 金融服务行业应通过哪些途径培养员工的礼仪修养？

项目二
金融服务行业员工基本形体礼仪

【案例导入】

周恩来总理堪称仪态美的典范。青年时代他在南开中学读书，南开中学教学楼的镜子上印着“镜铭”：面必净、发必理、衣必整、钮必结；头容正、胸容宽、肩容平、背容直；颜色勿傲、勿暴，勿怠；气象宜和、宜静、宜庄。

周恩来自年轻时就按“镜铭”上的要求去做，加强修养，努力做到仪态美，在半个多世纪的革命生涯中，形成了独特的被称为“周恩来风格”的体态语，可谓“举手投足皆潇洒，一笑一颦尽感人”，给人以不可抗拒的吸引力。

英国作家韩素音曾经称赞周总理是十分富有魅力的领导人。基辛格也称周恩来是“难能可贵地既具有敏锐的机智又具有个人的魅力”。周总理之所以具有这种吸引千百万人的魅力，当然首先是由于他高尚的品德、卓越的思想和才华，以及他对于自己的人民和国际社会所做的杰出贡献。而他的风度、气质，及至他的仪表和言谈举止，也无不给世人留下难以忘怀的记忆。

周总理的气质、风度、仪表和举止，继承了我们中华民族五千年文化的优秀传统，他是我国人民在国际舞台上当之无愧的杰出代表。

分析：

美的仪态是在长期的自觉实践中形成的，美的仪态是一个人个性、修养的外在表现，它给人以巨大的吸引力。

达·芬奇说：“从仪态了解人的内心世界、把握人的本来面目，往往具有相当的准确性和可靠性。”姿态是身体所表现的样子，风度则是内在气质的外在表现。人的举手投足、一娉一笑，都是自成体系的，并具有传情达意的功能。通过仪态，一个人可以向他人传递学识与修养等信息，并能够交流思想，表达感情。所以在社交中必须讲究仪态美。

（资料来源：赵永生．大学生礼仪［M］．北京：冶金工业出版社，2008：26.）

【学习目标】

◎ **能力目标**

1. 根据金融行业员工站姿、坐姿、走姿、蹲姿、手势等基本要求，调整自己的仪态。

2. 掌握规范的手势标准和手势礼仪。

3. 掌握手势礼仪的禁忌事项。

◎ 知识目标

1. 了解形体美的含义。
2. 掌握形体美的评价标准。
3. 掌握金融行业工作人员仪态礼仪的基本知识与要领。
4. 明确金融行业工作人员仪态礼仪的重要性。

◎ 素质目标

1. 作为金融行业工作人员掌握正确的站姿、坐姿、走姿和蹲姿。
2. 懂得能够正确使用常用手势。

任务1 站姿礼仪

【工作任务】

子任务1－1：标准站姿和常见站姿

子任务1－2：不同场合的正确站姿和不良站姿

子任务1－3：站姿训练

子任务1－1 标准站姿和常见站姿

【知识准备】

随着社会的不断发展、物质生活条件的逐步改善、社会文明程度的日益提高，人们对礼仪倍加推崇。礼仪是人类交往的"润滑剂"。一举一动，一言一行，都能反映一个人的礼仪修养与素质。无论是个人还是企业，要想立足社会取得良好的发展，缺少交往的礼仪规范是行不通的。形体礼仪作为金融行业员工的基本礼仪之一，直接关系到金融行业员工的外在形象，影响金融服务行业的整体形象。培养良好的形体礼仪规范不仅有利于金融企业的文化建设，也有利于本职工作的开展及金融业自身的发展。

面对竞争激烈的金融行业，每个员工要在所有显在或潜在的公众对象面前，严格按照现代礼仪的基本要求，规范好自己的言谈举止，懂礼仪，增强服务意识，通过形体礼仪的训练和提升，塑造金融从业人员良好的形象，从而树立企业良好的形象，获得公众的信任和赞许。只有这样，金融企业的社会效益和经济效益才会逐步显现出来。

站姿无论是在社交场合，还是在日常交往中，都是一种最基本的举止。站姿的优劣，可以传递出一个人的学识与修养等信息。站立是静态造型的姿态，是优美仪态的起点，因此，站姿不仅要挺拔，还要优美典雅。

一、标准站姿

标准的站姿，从正面看，全身笔直，精神饱满，头顶上悬，双目平视，面带微笑，脖颈挺直，两肩平齐，两臂放松自然下垂，两小腿并拢，身体重心落于两腿正中；从侧面看，头要正，颈要直，双目平视，下颌微收，挺胸收腹，腰背挺直，手臂放松自然下垂，整个身体庄重挺拔（见图2－1）。

站姿的要领有以下三点：一要平，即头要平正，双肩与地面保持水平，两眼平视；二要直，即腰要直，腿要直，后脑勺、背部、臀部、脚后跟成一条直线；三要高，即重心要上拔（好像头顶有根绳子向上拉的感觉），看起来显得高。

图2－1　标准站姿

从审美的角度来看，由于男女性别的差异，站姿的美也有一定的差异性，主要表现在其手位与脚位有时会存在一些不同。

男士在工作中站立时，要注意表现出男性刚健、英武、潇洒、强壮的风采，力求给人以一种“阳刚之美”的感觉。作为金融行业的男性员工，在服务时应较多采用双手背后式站姿，其要领是双手轻握放于背后腰处，双脚可呈“V”字或平行式站姿。

女士在工作中站立时，则要注意表现出女性轻盈、妩媚、娴静、典雅的韵味，要努力给人以一种“阴柔之美”的感觉。因此，女性员工在工作中站立时一般将双手相握或相叠放于腹前，双脚可呈“小八”字或“丁”字式站姿。

二、常见站姿

站姿也可以随着时间、地点、身份的不同而变化，但须遵循自然大方、端庄得体的原则，并适合自身的特点。站立太累时，可变换姿势，将身体重心移到左脚或右脚上。

（一）以手位的不同对站姿进行分类

1. 双手侧放式。双腿微微分开，挺胸抬头，收腹立腰，双臂自然下垂，下颌微收，双目平视，这是金融行业工作人员在接待客户等情况下使用的站姿（见图2－2）。

2. 双手前腹式。挺胸直立，平视前方，双腿适度并拢，右手搭在左手上或左手搭在右手上，双手在腹前交叉，其他与基本站姿要求相同（见图2－3）。

图2－2　双手侧放式站姿

图2－3　双手前腹式站姿

3. 双手背后式。这种站姿是男性员工常用的一种站姿。挺胸收腹，两手在身后交叉，右手搭在左手腕部或左手搭在右手腕部，两手心向上收（见图 2 -4）。

（二）以脚位的不同对站姿进行分类

1. 双脚“V”字式（男子站姿）。双脚尖张开为 45 ~60 度左右，呈“V”字形。其他与基本站姿要求相同（见图 2 -5）。

图 2 -4　双手背后式站姿

图 2 -5　双脚“V”字式站姿

2. 双脚“丁”字式（女子站姿）。右脚向前将脚跟靠左脚内侧中间位置或左脚向前将脚跟靠右脚内侧中间位置成“丁”字步。其他与基本站姿要求相同（见图 2 -6）。

3. 双脚平行式（男子站姿）。右脚向右横迈一小步或左脚向左横迈一小步，两腿分开（注意不要分得太开，以免不雅）。两脚平行，比肩宽略窄点。其他与基本站姿要求相同（见图 2 -7）。

图 2 -6　双脚“丁”字式站姿

图 2 -7　双脚平行式站姿

案例 2 -1

不同站姿所反映的心理特征

心理学家研究表明：双腿并拢站立者，给人的印象是可靠、意识健全、脚踏实地而且忠厚老实，但表面上有时显得有点冷漠；两腿分开尺余，脚尖略朝外偏的站姿，表现出站立者果断、任性、富有进取心，不装腔作势；双腿并拢站立，一脚稍后，两足平置地面，则体现出站立者有雄心，性格暴躁，是个积极进取、极富冒险精神的人；站立时一脚直立，另一脚则弯置其后，以脚尖触地，则说明站立者情绪非常不稳定，变化多端，喜欢不断的刺激与挑战。

站立姿势还有正面与侧面之分。相比较而言，正面姿态所反映的特征，是人们通过学习和对自身经验的总结、积累而形成的；而侧面姿态，一般被认为是仍然保留着出生时的原始姿态倾向和特征，表现出原始的感情和幼年、少年时期的心理活动以及与生活有关的心理倾向。如那种挺胸直背、身体后仰、膝盖绷直的侧面姿态，就是一种充满力量和紧张的姿态，暗示着站立者积极努力地适应现实的倾向。

（资料来源：http：//wenku. baidu. com/view/ea543f27482fb4daa58d4b17. html。）

子任务 1 -2　不同场合的正确站姿和不良站姿

【知识准备】

一、不同场合的正确站姿

在不同的场合需选择相应的站姿，才能展现金融从业人员良好的职业形象。

（一）在各种仪式中

如在升国旗、奏国歌、接受奖品、接受接见、致悼词等庄严的仪式场合，应采取严格的规范站姿，而且神情要严肃。

（二）在发表演说、新闻发言、报告宣传时

为了减少身体对腿的压力，减轻较长时间站立导致的双腿疲倦，可以用双手支撑在讲台上，两腿轮流放松，但身体仍要保持挺直。

（三）在主持文艺活动、联欢会时

在主持文艺活动、联欢会时，应将双腿并拢，女士也可站成“丁”字步，上体前倾，腰背挺直，臀微翘，双腿叠合，亭亭玉立，富有女性魅力，体现女性姿势的优美。

（四）门迎人员

门迎人员往往站的时间很长，男士双腿可以稍平分站立，不宜超过肩宽，女性应保持“丁”字步的站姿，在保持身体直立的基础上，以更换左右“丁”字的方式，身体重心在双腿间交换，以使一条腿暂作休息；而手位动作根据性别不同女性双手交叉或相叠放于腹前，男士一般背后交叉，右手放到左手的掌心上，挺胸收腹。

（五）在礼仪活动中

在礼仪活动中的站立应比门迎人员更趋于艺术性和优雅，一般可采取立正的姿势或“丁”字步。如双手端物品时，上手臂应靠近身体两侧，但不必夹紧，下颌微含，面带微笑，给人以优美亲切之感。

（六）在非正式场合

在非正式场合男士站姿可用“随意式”或“潇洒式”的站姿。如遇亲朋好友或在一些娱乐场所应潇洒、活泼，才能融洽地进行沟通和交流。过于严肃和一本正经，会让人觉得很难接近，有拒人千里之嫌。但采用“随意式”或“潇洒式”站姿时仍要保持身体的直立，抬头、挺胸、收腹。女士站立的时间较长时，可通过身体重心在左脚或右脚上的变换来进行调节，使腿部得到休息，保持良好的站姿状态，但上身须始终保持正直。

二、不良的站姿

不良的站姿就是金融从业人员在工作岗位中不应出现的站姿，他们姿态的萎靡或不雅不仅会影响个人形象，也会影响金融机构的企业形象，进而间接影响金融机构及员工的利益。错误的站姿大致有以下几种。

（一）身体歪斜

例如头不端正、肩斜、身歪、腿曲或是膝部不直，不但会看上去东倒西歪，直接破坏人体的线条美，而且还会令人觉得该员工颓废消沉、萎靡不振、自由放纵，会使个人和企业形象大大受损。

（二）弯腰驼背

这是一个人身躯歪斜时的一种特殊表现。除去腰部弯曲、背部弓起之外，大都还会伴有颈部弯缩、胸部凹陷、腹部挺出、臀部撅起等一些其他的不良体态。凡此种种，显得一个人缺乏锻炼、健康状况不佳、无精打采，往往对个人形象的损害更大。

（三）趴伏倚靠

在工作岗位上，服务人员要确保自己“站有站相”，就不能在站立时自由散漫，随便偷懒。在站立之际，随随便便地趴在一个地方，伏在某处左顾右盼，倚着墙壁、货架而立，靠在桌柜边上，或者前趴后靠，都是不允许的。

（四）双腿大开

不管是采取规范的站姿，还是采取变化的站姿，金融行业服务人员均应切记双腿在站立时分开的幅度，一般情况下双腿并拢最好，如要分开也是越小越好。尤其是女性员工在着裙装服务时，双腿应尽量并拢，否则有不雅之感。而男士即使是双腿分开，通常也要注意双腿分开的距离不要宽于本人的肩部，要使自己的站姿富有美感，切勿使其过度“分裂”，这样做体现了对他人的尊重。

（五）脚位不当

金融行业服务人员在工作岗位上站立时，正常情况下，双脚呈现出“V”字式、“丁”字式、平行式等脚位，通常都是允许的，“人”字式、蹬踏式等脚位则是不允许的。“人”字式脚位，指的是站立时两脚脚尖靠在一处，而脚后跟之间却大幅度地分开。有时，这一脚位又叫“内八字”。蹬踏式，则是指站立时为图舒服，在一只脚站在地上的同时，将另外一只脚踩在鞋帮上、踏在椅面上、蹬在窗台上、跨在桌面上。

（六）手位不当

在站立时，与脚位不当一样，金融行业服务人员的手位如果不当，同样也会破坏站姿的整体效果。站立时不当的手位主要有将手放在衣服的口袋内，将双手抱在胸前，将两手抱在脑后，将双肘支于某处，将两手托住下巴，手持私人物品。

（七）半坐半立

在工作岗位上，金融行业服务人员必须严守自己的岗位规范，该站就站，该坐就坐，绝对不允许在需要自己站立之时，为了贪图舒服，而擅自采取半坐半立之姿。

（八）浑身乱动

在站立时，是允许略作体位变动的。不过从总体上讲，站立乃是一种相对静止的体态，因此不宜在站立时频繁地变动体位，甚至浑身上下乱动不止。手臂挥来挥去，身躯扭来扭去，腿脚抖来抖去，都会使一个人的站姿变得十分难看而有失稳重。

案例2-2

如何从站姿判断人

每个人都有自己习惯的站立姿势。美国夏威夷大学心理学家指出，不同的站姿可以显示出一个人的性格特征。

站立时习惯把双手插入裤袋的人：城府较深，不轻易向人表露内心的情绪。性格偏于保守、内向。凡事步步为营，警觉性极高，不肯轻信别人。

站立时常把双手置于臀部的人：自主心强，处事认真而绝不轻率，具有驾驭一切的能力。他们最大的缺点是主观，性格表现固执、顽固。

站立时喜欢把双手叠放于胸前的人：这种人性格坚强，不屈不挠，不轻易向困境压力低头。但是由于过分重视个人利益，与人交往经常摆出一副自我保护的防范姿态，拒人于千里之外，令人难以接近。

站立时将双手握置于背后的人：性格特点是奉公守法，尊重权威，极富责任感，不过有时情绪不稳定，往往令人莫测高深，最大的优点是富于耐性，而且能够接受新思想和新观点。

站立时习惯把一只手插入裤袋，另一只手放在身旁的人：性格复杂多变，有时会极易与人相处，推心置腹。有时则冷若冰霜，对人处处提防，为自己筑起一道防护网。

站立时两手双握置于胸前的人：其性格表现为成竹在胸，对自己的所作所为充满成功感，虽然不至于睥睨一切，但却踌躇满志，信心十足。

站立时双脚合并，双手垂置身旁的人：性格特点诚实可靠，循规蹈矩而且生性坚毅，不会向任何困难屈服低头。

站立时不能静立，不断改变站立姿态的人：性格急躁、暴烈，身心经常处于紧张的状态，而且不断改变自己的思想观念。在生活方面喜欢接受新的挑战，是一个典型的行动主义者。

（资料来源：http：//www. kaixin001. com/repaste/75928486_ 2088020817. html。）

子任务1－3　站姿训练

【知识准备】

形体美是指人的形体作为审美对象所表现出来的容貌和体型的美。形体美包含两方面的含义：一是作为自然美的范畴，人体在正常状态下的形体结构、生理功能和心理过程的协调、匀称、和谐的统一；二是指形体美作为社会美的范畴，充分显示出人类蓬勃向上的生命活力。总的来说，先天生理条件是形体健美的基础，后天长期、全面、严格的训练以及在一定社会环境中形成的个性、气质等起着重要的作用。

训练1：综合性训练。

在形体室的训练镜前面练习正确的站姿，并配以礼仪的微笑，不但能使不良站姿一览无余，还可以练习亲和、令人舒服的礼仪微笑。在练习过程中，面对训练镜，首先是身体肌肉做到既紧张，又放松；其次做到挺胸抬头、下颌微收，头顶上悬（感觉好像有条绳子向上牵引），肩下沉，收腹立腰，腹肌与臀肌形成夹力，髋上提，还要练习不同手位和脚位的配合；最后要结合脸部表情的练习，重点是微笑的训练。

训练2：靠墙站立练习。

要求：脚跟、小腿、臀部、双肩、后脑勺五点都要紧贴墙壁，每次坚持15～20分钟即可。

训练3：背靠背两人练习。

要求：背靠背，以双方的臀部、肩背、后脑勺为接触点，每次坚持15～20分钟。

训练4：头顶书本练习。

按站姿要求站立，头上顶一本书，为防止书本掉下来，自然会挺直颈部，身体直立，每次训练坚持20～30分钟。

金融从业人员应注意将正确的站姿体现在日常的生活、工作中，融入自身日常的行为举止中，养成良好的习惯。只有正确的动作与自然习惯相结合，才能运用自如，分寸得当，使人感到既有教养又不造作的良好风度。男性表现出刚毅的阳刚气概，女性体现出优雅、娴静、温和的美好气质。

【综合实训】

小张入职某银行不久，经银行业务指导推荐，他邀约了潜在客户王先生见面。见面后，小张一边热情而紧张地作自我介绍，一边习惯性地将双手插在裤兜里，并不停地抖动双腿，变换着站姿。客户王先生则一直蹙紧眉头上下打量着小张，对小张所说的话全无兴趣。

问题：你觉得小张的做法存在哪些问题？标准的站姿应该是什么样的？

任务2　坐姿礼仪

【工作任务】

子任务2－1：标准坐姿和几种常见的坐姿

子任务2－2：不同场合的坐姿和不良坐姿

子任务2－3：坐姿训练

子任务2－1　标准坐姿和几种常见的坐姿

【知识准备】

坐姿指的是人在就座以后身体所保持的一种姿势。具体的方法是将自己的臀部置于椅子、凳子、沙发或其他物体之上，以支持自己身体的重量，双脚则需放在地上。坐姿，从根本上看，应当算是一种静态的姿势。坐姿同样有美与丑、优雅与粗俗之分。正确的坐姿能给人一种优雅端庄的感觉，因此要“坐有坐相”，做到端正、舒展、大方。坐是日常生活、社交的姿势之一。

坐的动作和姿势多种多样。不同的坐姿反映不同的心理状态，虽说我们不能把某种坐姿作为固定的模式来反映某种心理状态，但从坐姿可以作出大致的判断。

例如心理学家就曾总结出，人在落座时，不同的心境、不同的个性，其动作的大小、快慢、轻重各不相同。一般来说，同自己熟悉要好的亲友会面时，性格开朗的人，落座时动作幅度大，速度快；同初次交往的人相会，会见尊长时，个性文静的人，落座时动作小而轻缓。大喜大怒时，性格强悍的人、不拘小节的人，落座时动作大而猛；悲怨沉思时，性格谨慎的人，落座时动作小而迟缓。

一、标准坐姿

（一）规范坐姿

1. 入座时要做到轻、缓、稳，即落座时声音要轻，坐下的动作要缓，稳稳地坐下。女士入座更要注意娴雅，若是着裙装，应用手将裙子稍向前拢一下，不要坐下来后再站起来整理衣服。

2. 正式场合一般应从椅子的左侧入座，离座时也应从椅子左边离开；如果椅子位置不合适，需要挪动椅子的位置时，应当先把椅子移至欲就座处，然后入座。坐在椅子上移动位置，是有违社交礼仪的。

3. 入座时神态应从容自如，做到双目平视，嘴微闭，下颌微收，面带微笑。

4. 落座后，应坐在椅子的2/3处或1/2处，不要坐满整个椅子，也不要坐在椅子边上。坐时不可前倾后仰或歪歪扭扭，两腿不可过于叉开，也不可长长地伸出去，不可高跷起二郎腿，也不可大腿并拢，小腿分开，或腿不停地抖动。

5. 坐相要端正，上体自然垂直，两腿自然弯曲，双脚平落地上，双膝并拢，双脚距离与肩宽大致相等。

6. 双肩放松并保持水平，双臂自然弯曲，两手放在双膝上，掌心向下，挺胸、立腰，双腿弯曲，女士一定要双膝并拢，男士双腿不用并拢，但两腿之间的距离也是有讲究的，要略比肩窄。

7. 就座时，身体重心垂直向下，不要偏右或偏左。

8. 起立时，右脚或左脚先向后收半步，然后起身。

9. 女士落座双膝必须并拢，双手自然弯曲放在膝盖或工作台上。坐在有扶手的椅子上时，双手除放在工作台上稍事休息外，男士也可将双手分别搭在扶手上，而女士则最好只搭一边，以示高雅。

10. 女士可选用上体与腿同时转向一侧，面向对方形成优美的“S”形坐姿。

（二）女士坐姿

女士就座时，应双腿并拢，以斜放一侧为宜，双脚可稍有前后之差，即若两腿斜向左方，则右脚放在左脚之后；若两腿斜向右方，则左脚放置右脚之后。这样人正面看来双脚交成一点，可延长腿的长度，也显得颇为娴雅。女士分腿而坐显得不够雅观，腿部倒“V”字式也是不提倡的，女士若穿裙装应有抚裙的动作。一般来说，在正式社交场合，要求女性两腿并拢无空隙，两腿自然弯曲，两脚平落地面，不宜前伸。在日常交往场合，女性大腿并拢，小腿交叉，但不宜向前伸直。

女士怎样才能做到优雅地叠腿而坐呢？在基本坐姿的基础上，双腿可略向前伸直，脚踝相叠，保持坐姿平稳，双腿同时轻轻离地向回收，相叠部位由脚踝过渡到膝盖，双腿向一侧倾斜，略微调整。在美观的基础上，以稳定、舒适为宜。

（三）男士坐姿

男士就座时，双脚可平踏于地，双膝亦可略微分开，双手可分置左右膝盖之上，男士穿西装时应解开上衣纽扣。一般正式场合，要求男士两腿之间有一拳的距离。在日常交往场合，男士可以跷腿，但不可跷得过高或抖动。

欧美国家的男士叠腿而坐时，是把小腿部分放在另一条腿的膝盖上，大腿之间是有缝隙的，但注意脚不要跷得太高，以免鞋底正对旁边的客人。在与欧美国家人士交往时，需注意对方的习俗，这样更有助于双方的沟通。

二、几种常见的坐姿

在日常生活中，人坐在椅子上总是要不断变换姿势的，以手位和脚位的不同变化可以搭配出不同的优雅坐姿，下边介绍几种常用的坐姿。

1. 正襟危坐式。上身与大腿，大腿与小腿，小腿与地面，都应当成直角，双膝双脚适度并拢。这也是最传统意义上的坐姿（见图2－8）。

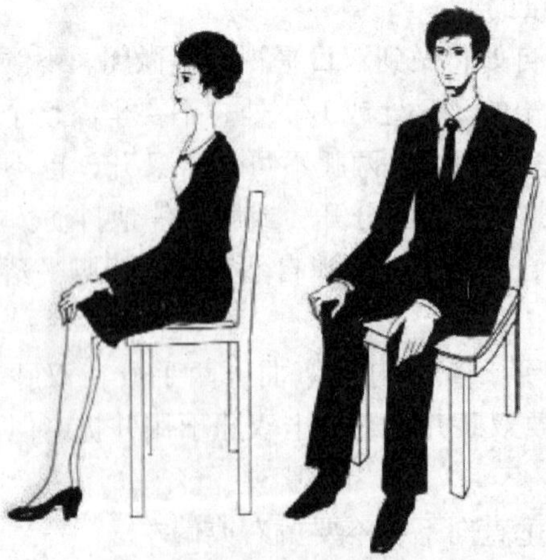

图2－8　正襟危坐式坐姿

2. 双手叠放式。右手搭在左手上或左手搭在右手上，叠放于小腹前，也可叠放于左腿或右腿的大腿上。其他要求与基本坐姿的规范要求相同（见图2－9）。

图2－9　双手叠放式坐姿

3. 双腿斜放式。坐在较低的沙发或椅子上时，若双腿垂直放置，膝盖不可高过腰，否则极不雅观。这时最好采用双腿斜放式，即双腿完全并拢，然后双脚或向左或向右斜放，斜放后的腿部与地面约成45度夹角，这样，就座者的身体就会呈现优美的"S"形（见图2－10）。

4. 双腿叠放式。左小腿垂于地面，全脚落地，右大腿搭在左大腿上，右小腿向里收，右脚面绷直，反之亦可。其他要求与基本坐姿的规范要求相同（见图2－11）。

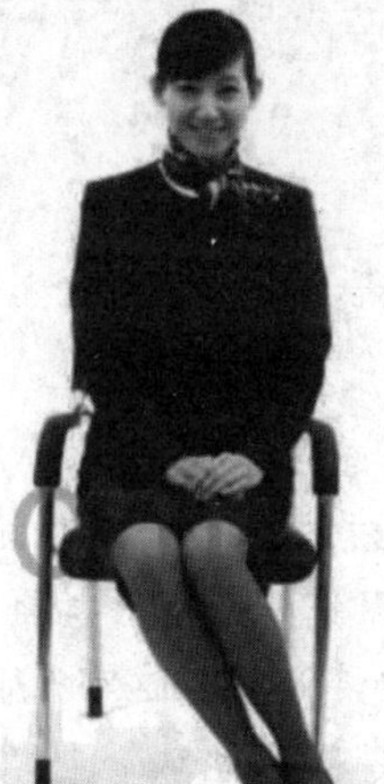

图2－10　双腿斜放式坐姿

图2－11　双腿叠放式坐姿

5. 双脚交叉式。双脚交叉式也称“S”形坐姿，双脚后撤半步交叉，脚尖点地，或双脚前伸半步交叉。其他要求与基本坐姿的规范要求相同（见图2－12）。

6. 双脚前后式。右脚或左脚向后撤半步，或者右脚或左脚向前伸半步，形成一前一后的脚位，两腿内侧紧靠。其他要求与基本坐姿的规范要求相同。

7. 双脚尖点地式。双膝并拢，双脚向后撤半步，双脚尖点地；或双膝并拢，双脚向右后伸出，双脚尖呈前后点地（左脚尖在右脚尖的左前方）；或双脚向左后伸出，双脚尖呈前后点地（右脚尖在左脚尖的右前方）。其他要求与基本坐姿的规范要求相同。

8. 双腿平行式（男式坐姿）。双膝展开，双脚分开，比双肩略窄些。双小腿垂直于地面。其他方面要求与基本坐姿的规范要求相同（见图2－13）。

图2－12　双脚交叉式坐姿

图2－13　双腿平行式坐姿

案例2－3

坐姿可反映性格特征

你觉得怎么样坐着最舒服？你的这个不经意间的坐姿可能会“出卖”你，它会透露出你的性格特点和内心秘密等一些信息。

美国的心理学家经过长期的观察和研究发现，坐姿会透露出一个人的心理秘密。

正襟危坐，两脚并拢并微微向前，整个脚掌着地：说明你为人真挚诚恳，襟怀坦荡。你的特点是做事有条不紊，但容易较真，力求周密而完美，有时甚至有洁癖倾向，这难免拘泥于形式而显得呆板。虽然从外表看来，你有些冷漠，但这都是假象。你是个古道热肠的人。你只做那些有把握的事，从不冒险行事，因此缺乏足够的创新与灵活性。

跷着二郎腿坐着，无论哪条腿放在上面，你都很自然：说明你还比较自信，懂得如何生活，周围的人际关系也比较融洽。

跷着二郎腿坐着，并且一条腿勾着另一条腿：说明你为人谨慎、矜持，没有足够的自信，做事甚至有些犹豫不决，而周围人会认为你的性格太复杂。不过由于你的吸引力和分寸的把握度还不错，所以你能够让大家正确地评价你并喜欢你。

脚尖并拢，脚跟分开地坐着：说明你做事易犹豫不决，有时过分得一丝不苟将影响变通性。你习惯独处，交际只局限在你感觉亲近者的范围内。不过，你很有洞察力，能以最快的速度对他人的性格作出准确的分析和判断。只是有时你会过高评价自己的能力。

把双脚伸向前，脚踝部交叉：当男人显示这种坐姿时，通常还将握起的双拳放在膝盖上，或双手紧抓住椅子扶手；而女性采用这种坐姿时，通常在双脚相碰的同时，双手会自然地放在膝盖上或将一只手压在另一只手上。那说明你喜欢发号施令，天生有嫉妒心理。所以，说老实话，你可能是个很难相处的人。研究表明，这还是控制感情、控制紧张情绪和恐惧心理，很有防御意识的一种典型坐姿。

腿脚不停抖动，而且还喜欢用脚或脚尖使整个腿部抖动：这种人最明显的表现是自私，凡事从利己角度出发，对别人很吝啬，对自己却很纵容。但你很善于思考，能经常提出一些意想不到的问题。

敞开手脚而坐的人：暗示了你可能具有主管一切的偏好，有指挥者的气质或支配性的性格，也可能是性格外向，有时不知天高地厚。女性若采用这种坐姿，还表明她们缺乏丰富的生活经验，所以经常表现得自以为是。

（资料来源：http：//www. 0379jk. com/xlbt/jkcs/xlcs/20090422/113536. shtml。）

子任务 2 - 2　不同场合的坐姿和不良坐姿

【知识准备】

一、不同场合的正确坐姿

谈判、会晤时，场合一般比较严肃，适合正襟危坐式的坐姿，但不要过于僵硬，要给人以既端庄又舒服的感觉。要求上体挺直，立腰收腹，端坐于椅子中部，双手放在桌上、腿上均可，双脚为标准坐姿的摆放。

倾听他人教导、传授知识或指点时，若对方是长者、尊者、贵客，坐姿除了要端正外，还应坐在座椅、沙发的前半部或边缘，身体稍向前倾，这样的肢体语言表现出一种谦虚、迎合、尊重对方的态度。

在比较轻松、随意的非正式场合，应显得轻松、自然一些，全身肌肉可适当放松，可不时变换坐姿，如双腿斜放式、双腿叠放式、双脚前后式等以做休息。

对金融行业员工而言，无论是工作还是休息，坐姿都是经常采用的姿势之一。因此，学习与训练坐姿时，金融行业员工必须首先明确两点：一是允许自己采用坐姿时，才可以坐下；二是在坐下之后，尤其是在客户面前坐下时，务必要自觉地采用正确的坐姿。

（一）入座的要求

入座，又叫就座或落座，它指的是人们坐到座位上去的行为。金融行业员工在入座时的基本要求有八个：

1. 在他人之后入座。出于礼貌，与他人一起入座或与对方同时入座，而对方又是自己的客户时，一定要先请对方入座，自己切勿抢先入座。

2. 在适当之处入座。在大庭广众之处就座时，一定要坐在椅、凳等常规的位置。坐在桌子上、柜台上、地板上，往往是失礼的。

3. 在合“礼”之处就座。与人同时就座时，应当注意座位的尊卑，并且主动将上座相让于人，以示礼貌。

4. 从座位左侧就座。假若条件允许，就座时最好从座椅的左侧接近它。这样做是一种礼貌，而且也易于就座。

5. 向周围人致意。在就座时，若附近坐着熟人，应主动跟对方打招呼。若身边的人不认识，也应当向其先点点头。在公共场合，想坐在别人身旁，则还应先征得对方首肯。

6. 毫无声息地就座。就座时，要减慢速度，放松动作，尽量不要坐得座椅乱响，噪声扰人。

7. 以背部接近座椅。在他人面前就座，最好背对着自己的座椅，这样就不至于背对着对方。得体的做法是先侧身走近座椅，背对座位，右腿后退一点，以小腿确认一下座椅的位置，然后随势坐下。必要时，可以一手扶住座椅的把手。

8. 坐下后调整体位。为使自己坐得舒适，可在坐下之后调整一下体位或整理一下衣服。但是，这一动作不可与就座同时进行。

（二）离座的要求

在离座时，主要的要求有五条：

1. 先有表示。离开座椅时，身旁如有人在座，须以语言或动作向其先示意，随后方可站起身来。一蹦而起，有时会惊扰他人。

2. 注意先后。与他人同时离座，须注意起身的先后次序。地位低于对方时，应稍后离座；地位高于对方时，则可首先离座；双方身份相似时，才允许同时起身离座。

3. 起身缓慢。起身离座时，最好动作轻缓，无声无息，尤其要避免拖泥带水，弄响座椅，或将椅垫、椅罩弄掉在地上。

4. 站好再走。离开座椅后，先要采用基本的站姿。站定之后，方可离去。要是起身便跑，或是离座与走开同时进行，则会显得自己过于匆忙。

5. 从左离开。有可能时，站起身后，宜从左侧离去。与“左入”一样，“左出”也是一种礼仪。

二、不良的坐姿

在客户面前落座时，金融行业员工一定要遵守律己敬人的基本规定，绝对不能采用不良的坐姿。对金融行业员工来说，以下这些坐姿都是需要避免的。

1. 仅以脚跟触及地面。就座后如果以脚触地，通常不允许仅以脚跟触地，而将脚尖跷起。

2. 随意跷腿。坐下之后跷起腿来未必不可，但正确的做法应当是两条大腿相叠，并且不留空隙。如果跷起“二郎腿”来，并且留有大大的空隙，就不妥当了。

3. 腿部抖动摇晃。在别人面前就座时，切勿反复抖动或是摇晃自己的腿部，免得令人心烦意乱，或者给人以不够稳重的感觉。如果发现自己的腿不自觉抖动起来，也许是坐姿令自己的身体不是很舒服，可以选择换一种坐姿。

4. 双腿直伸出去。在坐下之后不要把双腿直挺挺地伸向前方。身前有桌子的话，则要防止把双腿伸到其外面来。不然不但损害坐姿的美感，而且还会有碍于人。

5. 腿部高跷蹬踩。为了贪图舒适，将腿部高高跷起，架上、蹬上、踩踏身边的桌椅，或者盘在本人所坐的座椅上，都是不妥的。

6. 脚尖指向他人。坐后一定要避免使自己的脚尖直指别人，跷脚之时，尤其忌讳这一动作。令脚尖垂向地面，或斜向左、右两侧，才是得体的。

7. 双腿过度叉开。面对别人时，双腿过度叉开是极不文明的。不管是过度叉开大腿还是过度叉开小腿，都是失礼的表现。女士无论何种坐姿，都切忌两膝盖分开，男士也切忌将双腿叉开过大。

8. 瘫坐、靠坐、歪坐、前俯后仰、东倒西歪，这样会给人以懒散的感觉。

9. 跷腿、跷脚或将双膝分开。工作场合不要跷二郎腿，否则会显得有些放肆。

10. 过于放松或瘫坐在椅子内。离座时，须以语言或动作向对方示意，随后轻起离座，切忌一跃而起。

11. 将双腿或单腿置于高处。有人坐定后为图舒服，将双腿或单腿置于高处，有时甚至还会将其抬到身前的桌子、椅子或沙发上，会给人以极其不雅的印象。

12. 以脚蹬踏他物。坐下来之后，脚部一般都要放在地上。要是用脚在别处乱踩乱蹬，甚至踏于高处，通常是不合适的。

13. 将手夹在腿间。有些人坐下来之后往往将双手夹在两腿之间，这一动作会令其显得胆怯或害羞。

14. 双手环抱于胸前。有一部分人习惯将双臂交叉环抱于胸前，但这一动作给人以敌意、自我防卫的肢体语言，很不礼貌。

15. 将手部置于桌下。就座后，身前有桌子时，双手应置于桌面上，单手或双手放于桌下，都是不允许的。

16. 双手抱在腿上。双手抱腿，本是一种惬意、放松的休息姿势，故而在工作中不可取。

17. 上身向前趴伏。坐后上身趴伏在座椅或本人大腿上，都仅限于在休息时，而不宜在工作场合出现。

18. 将头部靠于椅背上。以头靠在椅背上，自然是为了稍事休息，但在工作岗位上或与客户见面时都是不可以的。

案例2-4

办公室运动防疲劳

在办公室长期坐着工作的人，易产生腰背酸痛、下肢肿胀、坐骨神经痛等办公室“座椅病”。办公室保健操，可使您10分钟内消除疲劳。

1. 坐在椅子上，伸直身体，做一次深呼吸，紧腰收腹。保持姿势2~3秒，重复4~8次。

2. 坐在椅子上伸直身体，两肩向后用力使背肌收紧，两肩、肿骨靠拢。保持姿势4~6秒，重复4~8次。

3. 坐在椅子上，两手撑住椅面，用力支撑，尽量把自己身体抬起。保持姿势3~4秒，重复4~8次。

4. 坐在椅子上，身体紧缩收腹，双手用力支撑，收紧臀大肌，并使臀部从椅子上微微抬起。保持姿势4~6秒，重复4~8次。

5. 坐在椅子上，双手叉腰，两脚踩地，左右转动腰部至最大幅度，重复8~12次。

6. 坐在椅子上，双腿轮流屈膝向上提起，双臂屈肘于体侧，交替前后摆动，模仿跑步动作，重复30次。

7. 坐在椅子上，伸直身体，两脚踩在地上，脚跟尽量提起。保持姿势6秒，重复8~12次。

子任务2-3　坐姿训练

【知识准备】

要想使坐姿端庄、优美，可以加强坐姿的训练。坐姿可以通过训练镜分解坐姿的步骤进行训练以及利用纸张做坐姿的腿部训练。

训练1：镜前练习入座前的动作。

我们首先背对训练镜，练习入座动作。入座时，走到座位前面再转身，转身后右脚向后退半步，然后轻稳地落座，收右脚。要求动作轻盈舒缓，从容自如。我们也可以面对训练镜，练习入座动作。以站立在座位左侧为例，先左腿向前迈一步，右腿跟上并向右侧迈一步，走到座位前，然后左腿并右腿，接着右脚后退半步，轻稳落座；入座后右腿并左腿成端坐姿势，双手在虎口处交叉，右手在上，轻放在一侧的大腿上。

训练2：镜前练习入座后的端坐姿势。

动作要求在正确坐姿的基础上，配合面部表情，练习坐姿的直立感、稳定性等综合表现，达到既让自己觉得坐得舒适又让镜中画面端庄、优雅，让人看起来有自然舒服的感觉。

训练3：镜前练习腿部、脚部造型。

在上身姿势正确的基础上，练习腿部的造型，按要领逐一练习双腿垂直式（正襟危坐式）、双腿叠放式、双腿斜放式、双腿交叉式、双脚前后式等坐姿。

训练4：坐姿腿部的造型训练。

在上身姿势正确的基础上，练习腿部的造型。强调女士双膝不能分开，可以用一张A4纸夹在双膝间，做到起坐时不掉下。

训练5：镜前练习离座动作。

离座起立时，右脚先向后退半步，然后上身直立站起，收右腿。从左侧还原到入座前的位置。

任务3　走姿礼仪

【工作任务】

子任务3－1：标准的走姿和保持优雅走姿的注意事项

子任务3－2：不同场合的走姿和不良走姿

子任务3－3：走姿训练

子任务3－1　标准的走姿和保持优雅走姿的注意事项

【知识准备】

走姿是指一个人在行走过程中的姿势，也叫做步态。如果说端正文雅的坐立姿态是一种静态美，那么轻盈矫健的行走姿态则是人的一种动态美。没有什么行动可以不涉及行走，银行金融活动也不例外。行走时的姿态是以优雅、端庄的站姿为基础的。一般来说，行走时步履应自然、轻盈、敏捷、稳健。“行如风”是人们对矫健走姿的赞美，行走的姿态应像风一样轻盈掠过，轻松、有力而富有弹性。虽然金融工作大部分是在坐和站中完成，但正确的步态既是完成工作的仪态组成，也是展现金融行业从业人员整体形象的重要组成。

行走中的姿态，男士应显出阳刚之美，在工作场合给人以充满自信的感觉，表现出镇定自如的气度，而女士要显示出阴柔之美，在保持步态轻盈的同时，注意体现优雅、自然、大方。

一、标准走姿

标准的走姿，上身基本保持站立的标准姿势，身正颈直，收腹立腰，腰背笔直，面带微笑；两臂以身体为中心，前后自然摆动，前摆约35度，后摆约15度。肘关节自然弯曲，手掌朝向体内，手指自然弯曲；起步时身子稍向前倾重心落前脚掌，脚跟一定要等膝盖伸直再落地，脚尖向正前方伸出；女士行走时轨迹要成为一条线，而男士行走时轨迹要成为两条平行线。行走时，上体的稳定与下肢的频繁规律运动形成对比和谐、干净利落、鲜明均匀的脚步，形成节奏感。此外，还要注意步幅、步高、步速。步幅和步速要以出行的目的、环境和身份等因素而定。

下面的动作口诀体现了走姿的要领：双眼平视臂放松，以胸领动肩轴摆，提髋挺膝小腿迈，跟落掌接趾推送。

二、保持优雅走姿的注意事项

金融行业员工在行进之时，应当特别关注下述几个主要要领：

第一，最基本的走姿是使自己的脊背和腰部伸展放松，并使脚跟首先着地。行走时移动的中心是腰部，而不是脚部，所以行走应被首先视为腰动，而不是脚动。挺胸，抬头，收腹，使身体略微上提；双目平视前方，面带微笑；双肩水平，双臂自然摆动；身体前移时重心始终在脚掌前部。应当上体前驱，借以带动脚动。

第二，行走时腿不伸直是无法走出漂亮的姿势来的，因此在走动时务必要使膝盖向后方伸直。如果膝盖伸直了，腿也就自然而然地随之伸直了。

第三，方向明确。在行走时，必须要保持明确的行进方向，尽可能地使自己犹如在一条直线上行走。若做到此点，往往会给人以稳重之感。具体的做法是行走时一直以脚尖正对着对方，形成一条虚拟的直线。每进一步，脚跟都应当落在这一条直线上，不左右摇摆。行走时应上身挺直，目视正前方。在腰际以上，不允许摇摇晃晃。

第四，行走时要有一定的节奏。行走的速度也应当不紧不慢，保持节奏感。男士若想给人以严肃、威严的印象，需挺起腰板，摆平脑袋，步伐大而稳健；若想给人以儒雅、谦和的印象，则可以放慢、放轻脚步；若希望让人觉得你年轻、富有活力，就要尽可能地增加步履节奏感。女士行走同样需要节奏。无论怎样，不要拖沓萎靡。

第五，行走时应使脚尖略为展平，脚跟首先触地，通过后跟将身体的重心移送至前脚，促使身体前移。须注意的是，行走时的注意力应集中于后脚，而不是向前跨出的那只脚上。

第六，服务操作中行走线路靠右；如遇客户相向而行，应自然注视对方，主动点头致意或问好，并主动放慢速度以示礼让，即使事情紧急，也不与客户抢道而行。

第七，步幅适度。步幅，又叫步度，它指的是人们每走一步时两脚之间的正常距离。步幅一般以前脚的脚跟与后脚的脚尖相距一个脚长为宜，性别不同和身高不同会有一定差异。男士穿西服时，走路的步幅可略大些，以体现出挺拔、优雅的风度；女士着套裙、旗袍和中、高跟鞋时，步幅宜小些，免得看起来不雅。一般而言，男子每步约40厘米，女子每步约36厘米。与此同时，步子的大小还应当大体保持一致。

第八，步高、步速适度。步高指行走时脚抬起的高度，不宜过高，也不宜过低。步速也就是行走速度，男士一般为110步/分钟左右，女士为120步/分钟左右，如遇急事，可加快步速，但不能奔跑。每个人都应当懂得稳重大方和不妨碍他人的重要性，在公共场合，即使遇上急事，也轻易不要表演“百米冲刺”。稍微快走几步则是许可的。走路不要用力过猛，女士穿着钉有铜跟的高跟鞋行走时尤其不要忘记这一点。

子任务3-2　不同场合的走姿和不良走姿

【知识准备】

一、不同场合的走姿

需要金融行业员工掌握的行进姿势主要包括陪同引导、上下楼梯、进出电梯、出入房门、变向行走和其他情况下的走姿。

（一）陪同引导

陪同，指的是陪伴着别人一同行进。引导，则是指在行进之中带领别人，有时又叫做引领、引路或带路。当职场中的工作人员在自己的工作岗位上陪同引导客户或工作往来人等时，应注意本人所处的方位。若双方并排行进时，金融行业工作人员应居于左侧；若双方前后行进时，金融行业工作人员应居于对方左前方约一米的位置，整个身体半转向宾客方向，保持两步的距离，遇到上下楼梯、拐弯、进门时，要伸出左手示意，并提示请客人上楼、进门等。当客户不熟悉行进方向时，一般不应请其先行，同时也不应让其走在外侧。还要注意协调行进速度。在陪同引导客人时，本人行进的速度须与对方相协调，切勿我行我素，走得太快或太慢，要照顾对方的速度。并要及时关照提醒。陪同引导客人时，一定要处处以对方为中心。每当经过拐角、楼梯或道路坎坷、照明欠佳之处时，须关照提醒对方留意，切不可以不吭一声，而让对方茫然不知或是不知所措而带来不便。最后还要注意采用正确的体位。陪同引导客人时，有必要采取一些特殊的体位。请对方开始行进时，应面向对方，稍许欠身，并伸手示意，在行进中与对方交谈或答复其提问时，应以头部、上身转向对方。

（二）上下楼梯

上下比较高的楼梯时，金融行业员工应当遵守一些有关的具体规定。以下四点须特别予以注意。

1. 减少在楼梯上的停留。楼梯上来往的人很多，所以不要停在楼梯上休息、站在楼梯上和人交谈或是在楼梯上慢慢悠悠地走。

2. 坚持“右上右下”原则。上下楼梯、自动扶梯的时候，都不应该并排行走，而要从右侧上。这样，有急事的人就可以从左边的急行道通过。

3. 注意礼让别人。上下楼梯时，不要和别人抢行。出于礼貌，可以请对方先走，但当自己陪同引导客人时，上下楼梯时就要走在前面。

4. 如果是陪客人上楼，陪同人员应该走在客人的后面；如果是下楼，陪同人员应该走在客人的前面。

（三）进出电梯

金融行业办公地点许多都设在高楼大厦里，金融行业员工免不了要经常使用电梯。在使用电梯时，大致上应当注意以下四个问题。

1. 使用专用的电梯。假如本单位有这样的规定，就一定要自觉地遵守。有可能的话，工作人员不要和来访客人混用同一部电梯。

2. 牢记“先出后进”。乘电梯时，一般的规矩是里面的人出来之后，外面的人方可进去。不守此规，出入电梯时人一旦过多，就会出现混乱的场面。

3. 照顾好客人。金融行业员工负责陪同引导客人进入电梯时还有一些特殊要求。如果是乘坐无人操作的电梯，金融行业员工必须“先进后出”，以方便控制电梯；如果是乘坐有人操作的电梯，应当“后进后出”。金融行业员工在乘电梯时碰上了并不相识的来访客人，也要以礼相待，请对方先进先出。

4. 尊重周围的乘客。进出电梯时，应该侧身而行，免得碰撞别人、踩踏别人。进入电梯后，要尽量站在里面。人多的话，最好面向内侧，或与别人侧身相向。出电梯前，应该提前换到电梯门口。

（四）出入房门

进入或离开房间时，要注意以下细节。

1. 先通报。在出入房间时，特别是在进入房门前，一定要通过轻轻叩门、按铃的方式，向房内的人进行通报。贸然出入或者一声不吭，都显得冒冒失失。

2. 以手开关。出入房门，务必要用手来开门或关门。最好是反手关门、反手开门，并且始终面向对方。用肘部顶、用膝盖拱、用臀部撞、用脚尖踢、用脚跟蹬等方式开关门都是不好的做法。

3. 后入后出。和别人先后出入房门时，为了表示自己的礼貌，应当自己后进门、后出门，而请对方先进门、先出门。

4. 出入拉门。平时，特别是陪同引导别人时，还有义务在出入房门时替对方拉门或是推门。在拉门或推门后要使自己处于门后或门边，以方便别人的进出。

（五）变向走姿

变向走姿，即变向行姿，是指在行走中，需转身改变方向时，要采用合理的方法，体现出规范和优美的步态。注意先转身体，随后再转头，并同时向他人告别、祝愿、提醒、寒暄等。金融行业员工所采用的变向走姿，主要包括除常规前行之外的后退、侧行、前行转身、后退转身等。

1. 后退。金融行业员工后退步与人告别时，应当先后退两三步，再转身离去，退步时脚轻擦地面，步幅要小，先转身后转头。若扭头就走，或先转头或头与身同时转向，都是失礼的。

2. 侧行。在行进时，有两种情况需要侧身而行。一是与同行者交谈之时。具体做法是，上身宜转向交谈对象，距对方较远一侧的肩部朝前，距对方较近一侧的肩部朝后，身体与对方身体之间保持一定距离。二是与行人狭路相逢时。此刻宜两肩一前一后，胸部转向对方，而不应背向对方。

3. 前行转身。在前行中要拐弯时，要在距所转方向远侧的一脚落地后，立即以该脚掌为轴，转过全身，然后迈出另一脚。向左拐时，要右脚在前时转身，向右拐时，要左脚在前时转身。

4. 后退转身。后退转身，即在后退之中转身而行。它分为三种：一是后退右转。先退行几步后，以左脚掌为轴心，向右转体 90 度，同时向右迈出右脚。二是后退左转。先退几步后，以右脚掌为轴心，向左转体 90 度，同时向左迈出左脚。三是后退后转。先退几步，以左脚为轴心，向左转体 180 度，然后迈出右脚；或是以右脚为轴心，向右转体 180 度，然后迈出左脚。

（六）其他情况下的走姿

1. 参加喜庆活动，步态应轻盈、欢快，有跳跃感，以反映喜悦的心情；

2. 参加吊丧活动，步态要缓慢、沉重，有忧伤感，以反映悲伤的情绪；

3. 参观展览、探望病人，周围环境安静，不宜出声响，脚步应轻柔；

4. 进入办公场所登门拜访，在室内这种特殊场所，脚步应轻而稳；

5. 走入会场、走向话筒、迎向宾客，步伐要稳健，大方，充满热情；

6. 举行婚礼、迎接外宾等重大正式场合，脚步要稳健，节奏稍缓；

7. 办事联络，往来于各部门之间，步伐要快捷又稳重，以体现办事者的效率、干练；

8. 陪同来宾参观，要照顾来宾行走速度，并善于引路。

案例 2－5

不同的走姿所反映的心理特征

心理学家史诺嘉丝发现：走路大步，步子有弹性及摆动手臂，显示出一个人自信、快乐、友善及富有雄心；走路时拖着步子，步伐小或速度时快时慢则相反；喜欢支配别人的人，走路时倾向于脚向后踢高；性格冲动的人，走路时倾向低头急走；而拖着脚走路的人，通常是不快乐或内心苦闷的；女性走路时手臂摆得高，则显示出她精力充沛和快乐。

（资料来源：http：//www.0379jk.com/xlbt/jkcs/xlcs/20090422/113536.shtml。）

二、不同着装的走姿

所穿服饰不同，步态应有所区别。一般来讲，直线条服装具有舒展、庄重、大方、矫健的特点，而以曲线条为主的服装则显得妩媚、柔美、优雅、飘逸。走姿要展现服装的特点。

（一）穿西装的走姿

西服以直线为主，应当走出穿着者挺拔、优雅的风度。穿西装时，后背应保持平正，两脚立直，走路的步幅可略大些，手臂放松伸直摆动，手势简洁大方。行走时男士不要晃动，女士不要左右摆髋。

（二）穿旗袍的走姿

行走时，要求女士身体挺拔，胸微含，下颌微收，不要塌腰撅臀。走路时，步幅不宜过大，两脚跟前后要走在一条线上，脚尖略微外开，两手臂在体侧自然摆动，幅度也不宜过大。站立时，双手可交叉于腹前。

（三）穿裙装的走姿

穿着长裙显出女性身材的修长和飘逸美。行走时要平稳，步幅可稍大些。转动时，要注意头和身体相协调，调整头、胸、髋三轴的角度。穿着短裙，要表现轻盈、敏捷、活泼、洒脱的风度，步幅不宜过大，但脚步频率可以稍快些，保持轻快灵巧的风格。

（四）穿高跟鞋的走姿

女士穿着高跟鞋时，行走要保持身体平衡。具体做法是直膝立腰、收腹收臀、挺胸抬头。需要注意的是，膝关节千万不要前屈，臀部不要向后撅。一定要把踝关节、膝关节、髋关节挺直，行走时步幅不宜过大。

三、应避免的不良走姿

1. 行走时，不要低头，不要摇头晃脑或左顾右盼，不要左右摇摆和摇头晃肩；
2. 行走时，双臂摆动的幅度不要太大，切忌左右摆臂；
3. 行走时不要腆肚塌腰，更不要扭腰晃臂；
4. 行走时，脚尖始终超前，不要向前扔小腿，不要走内八字或外八字，不要拖着双脚走路，以免给人拖泥带水的感觉；
5. 行走时切忌屈膝，也就是脚跟一定要等膝盖伸直后再落地；
6. 多人一起行走时，不要勾肩搭背，更不要排成一横排，边走边说，若有急事要超过前边的行人，不可跑步，要大步超过，并转身向对方致歉；

7. 行走之时速度切忌过快或者过慢；

8. 走交叉步时，臀部摆动应自然，幅度不要过大，更不得扭腰；

9. 行进中身体重心放平，不能太过前倾，也不要太过后“坐”；

10. 不要将双手插在衣裤口袋里，也不要背着手行走；

11. 双手摆动应自然，不要将双手贴着裤缝走路。

子任务 3－3　走姿训练

【知识准备】

通过镜前训练，掌握正确的行走方法，矫正不良的走姿并用头顶书本的方式练习行走的稳定性，循序渐进地培养完善优美的走姿。

训练 1：通过训练镜矫正不良走姿。

走路切忌内八字步和外八字步；忌弯腰驼背，歪肩晃膀。走路时不可大甩手，扭摇摆臀，大摇大摆，左顾右盼；双腿不要过于弯曲或走曲线；步子大小适宜，不要过大或过小；不要脚蹭地面、后脚跟拖在地面上或双手插在裤兜行走。通过训练镜矫正以上不良走姿。

训练 2：行走稳定性练习。

在保持正确站姿的基础上，两臂侧平举，头顶一本书，先慢后快地练习行走的稳定性，并及时矫正不良的走姿。我们可以试着将一本书放在头顶上，放稳后再松手。接着把双手放在身体两侧，用前脚慢慢地从基本站立姿势起步走。这样虽有点不自然，但却是一种很有效的方法，关键是走路时要摆动大腿关节部位，而不是膝关节，才能使步伐轻捷。

训练 3：通过训练镜练习动作表情的协调性。

加强和巩固练习者上下肢动作的协调配合，同时结合面部表情进行训练镜前练习。在走姿练习过程中，无论是朝哪个方向行走都应注意形体的变化，应做到先转身、后转头，以达到整体动作的完美协调。

案例 2－6

小细节大文明：走姿礼仪

中国有句古话叫做“站如松，行如风”，说明了走姿的重要性，走姿最能体现一个人的心情、态度和修养。它是站姿的延续性动作，也是一个人的气质体现。

走姿的基本要求是走得正确而自然、优雅而风度、轻捷有节奏，能反映出积极向上的精神状态。在行走时，上身基本保持站立的标准姿势，挺胸收腹，腰背笔直。两臂以身体为中心，前后自然摆。前摆约 35 度，后摆约 15 度，手掌朝向体内。起步时，身子稍向前倾，重心落前脚掌，膝盖伸直。脚尖向正前方伸出，双目平视，收颌，表情自然平和。

男士步履有力展现阳刚之美；女士步履优雅展现阴柔之美。男士要步履雄健有力，不慌不忙，展现雄姿英发、英武刚健的阳刚之美。女士要步履轻捷优雅，步伐适中，不快不慢，展现出温柔、矫健的阴柔之美。

两人行走以右为尊以前为尊；男女同行遵照男左女右原则。如果是两个人一起行走，行走的规则是以右为尊，以前为尊。比方说和客户或上司一同行走的时候，就应该站在他们的左侧，以示尊重。如果是一位男士和一位女士同行，那么就应该遵照男左女右的原则。如果三人同行，都是男性或都是女性，那么以中间的位置为尊，右边次之，然后是左边。

室外行走照顾好同行人；切忌左顾右盼拉拉扯扯。如果在室外行走，应该请受尊重的人走在马路的里侧。如果道路比较拥挤狭窄，应该注意观察周围情形，照顾好同行的人。同时要保持良好的仪态，不能因为在户外就左顾右盼、四处张望或是推推搡搡、拉拉扯扯，不论多么熟悉的同事和客户，在大庭广众之下也应该保持职业人士的端庄仪态。

踩到他人要及时道歉；别人碰到自己多体谅。如果人群拥挤不小心碰到他人、踩到他人或绊倒其他人的时候，要及时道歉，并给予必要的帮助。如果别人无意识地碰到自己或妨碍到自己，应小心提醒并予以体谅。

道路上不能三人以上并排行走；“女士优先”是绅士行为体现。在道路上行走，不能三人以上并排，这样会妨碍其他的行人和车辆通行，同时也是不安全的做法。到达电梯口、车门口或房门口时，男性也应该快走两步为女士服务。在不太平坦的道路或是上下比较高的台阶时，男性也应该适当帮助女士。“女士优先”是国际通行的礼仪规则，同时也是绅士行为的体现。

一个人时靠右侧行走，将左侧留给急行的人。当一个人行走时，要靠右侧行走，将左侧留给急行的人，乘坐扶梯时也是这样。走路时要因场地而及时调整脚步的轻重缓急，不能把地板踩得“咚咚”作响。无论遇到多么紧急的事情，也不能体现在脚步的重量上，可以用加快步伐频率的方法提速。

不积跬步，无以至千里；不积小流，无以成江海。文明细节虽小却是“天大的小事”，唯有从点滴小事做起，我们才能让文明在全社会蔚然成风，文明才能真正成为一种感染力、凝聚力、推动力，进而升华为一种城市的名片，一种国家的形象，一种民族的精神。

（资料来源：https：//www. sohu. com/a/195670211_ 99960371。）

任务4　蹲姿礼仪

【工作任务】

子任务4－1：标准蹲姿和几种常见的蹲姿

子任务4－2：蹲姿的注意事项及不良蹲姿的纠正方法

子任务4－1　标准蹲姿和几种常见的蹲姿

【知识准备】

蹲姿是由站立姿势变化而来的相对静止的体态。蹲姿只是金融服务人员在比较特殊的情况下所采取的一种暂时性的体态。蹲姿在工作和生活中用得相对不多，但最容易出错。在平日的工作和生活中，人们在拿取低处的物品或拾起落在地上的东西时经常会运用到蹲姿，不雅的蹲姿，例如臀部后撅、两膝分开等大大影响了形体的美观性。一个人的蹲姿也能体现出其教养和风度。如何在蹲下身去的时候也不失优雅，给人自然、得体、大方的印象，就有必要了解蹲姿的礼仪。

影星林志玲在一次签约仪式上发生小意外，主办方为林志玲加冕的皇冠不慎掉地。由于礼服较短，又站在高出地面一米的舞台，不方便捡起，专业模特出身的林志玲却应对自如，成功把捡东西变成了优雅仪态的秀。

一、标准蹲姿

（一）基本蹲姿要求

1. 下蹲拾物时，应自然、得体、大方，不遮遮掩掩。

2. 下蹲时，两腿合力支撑身体，避免滑倒。

3. 下蹲时，应使头、胸和较低那条腿的膝关节大致呈 90 度，使蹲姿优美。

4. 女士无论采用哪种蹲姿，都要将腿靠紧，臀部向下。

正确的蹲姿如图 2－14 所示。

图 2－14　基本蹲姿

（二）蹲姿的要领

1. 当要捡起落在地上的东西或拿取低处物品的时候，不可有只弯上身、翘臀部的动作，而是首先走到要捡或拿的东西的左边，右脚向后退半步后再蹲下来。脊背保持挺直，臀部一定要蹲下来，避免弯腰翘臀的姿势。

2. 捡拾物品时，两腿展开平衡下蹲，是不雅观的姿态。男士两腿间可留有适当的缝隙，女士则要双腿并紧，穿旗袍或短裙时需要更加留意，以免尴尬。

3. 下蹲时注意内衣不可以露、不可以透，否则会严重影响你的姿态美。

4. 保持正确的蹲姿需要注意三要点：迅速、美观、大方。

二、四种常见的蹲姿

（一）高低式蹲姿

男性在选用这一蹲姿时往往更为方便，当然，女士也可选用这种蹲姿。

这种蹲姿的要求是下蹲时，双腿不并排在一起，而是右脚在前，左脚稍后。右脚应完全着地，小腿基本上垂直于地面；左脚则应脚掌着地，脚跟提起。此刻左膝低于右膝，左膝内侧可靠于右小腿的内侧，形成右膝高左膝低的姿态。采用此种蹲姿时，女性应并紧双腿，男性双腿之间可有缝隙，但距离要适当。臀部向下，基本上用左腿支撑身体（见图2－15）。

（二）交叉式蹲姿

交叉式蹲姿通常适用于女性，尤其是穿短裙的人员，它的特点是造型优美典雅。基本特征是蹲下后两腿交叉在一起。

这种蹲姿的要求是下蹲时，右脚在前，左脚在后，右小腿垂直于地面，全脚着地；右腿在上，左腿在下，二者交叉重叠；左膝由后下方伸向右侧，左脚跟抬起，脚掌着地；两脚前后靠近，合力支撑身体；上身略向前倾，臀部朝下（见图2－16）。

图2－15　高低式蹲姿

图2－16　交叉式蹲姿

（三）半蹲式蹲姿

一般是在行走时临时采用。它的正式程度不及前两种蹲姿，但在需要应急时也可采用。基本特征是身体半立半蹲，主要要求在下蹲时，上身稍许弯下，但不要和下肢构成直角或锐角；臀部务必向下，而不是撅起；双膝略为弯曲，角度一般为钝角；身体的重心应放在一条腿上；两腿之间不要分开过大。

（四）半跪式蹲姿

半跪式蹲姿又叫做单跪式蹲姿。它也是一种非正式蹲姿，多用在下蹲时间较长，或为了用力方便时。双腿一蹲一跪，主要要求在下蹲后，改为一腿单膝点地，臀部坐在脚跟上，以脚尖着地。另外一条腿，应当全脚着地，小腿垂直于地面。双膝应同时向外，双腿应尽力靠拢。

子任务4－2　蹲姿的注意事项及不良蹲姿的纠正方法

【知识准备】

一、蹲姿注意事项

1. 不要突然下蹲。蹲下来的时候，不要速度过快。当自己在行进中需要下蹲时，要特别注意这一点。

2. 不要离人太近。在下蹲时，应和身边的人保持一定距离。和他人同时下蹲时，更不能忽略双方的距离，以防彼此“迎头相撞”或发生其他误会。

3. 不要方位失当。在他人身边下蹲时，最好是和他人侧身相向。正面他人，或者背对他人下蹲，通常都是不礼貌的。

4. 不要毫无遮掩。在公共场合，尤其是身着裙装的女士，一定要避免下身毫无遮掩，特别是要防止大腿叉开。

5. 不要蹲在凳子或椅子上。有些人有蹲在凳子或椅子上的生活习惯，但是在公共场合这么做的话，是不能被接受的。

6. 女士在下蹲时一定要双膝并拢，不要做出“厕所式蹲姿”，很不雅观。

二、不良蹲姿的纠正方法

下蹲时一般都有特定的场景，例如在整理工作环境、给予客人帮助、提供必要服务或是捡拾地面物品的时候是允许下蹲的。从一个人的蹲姿可以看出这个人的受教育程度和教养，所以切忌不良蹲姿出现。我们可以通过以下三项实训内容纠正不良蹲姿。

实训一：通过训练镜，纠正不良蹲姿；

实训二：三人一组纠正组员不良蹲姿；

实训三：女士在下蹲时用一张 A4 纸放于两膝之间，纠正不良蹲姿。

任务 5　常用手势礼仪

【工作任务】

子任务 5－1：规范手势的标准、要求及基本手势和常用手势操作

子任务 5－2：使用手势的禁忌事项和其他注意事项

子任务 5－1　规范手势的标准、要求及基本手势和常用手势操作

【知识准备】

手的魅力并不亚于眼睛带给人的感受，手是人体最灵性的器官。如果说人的眼睛是心灵的窗户，那么手就是人心灵的触角，是人的第二双眼睛。

手势是指表示某种意思时用手所做的动作，是一种表现力较强的体态语言，在传递信息、表达意图和情感方面发挥着重要作用。它可以加重语气，增强感染力。它既可以是静态的，也可以是动态的。手势除了在人际沟通时能起到辅助作用，表达一定的思想内容外，还可以表现出言谈者高雅的气质与风度。

手势表现的含义非常丰富，表达的感情也非常微妙复杂，如招手致意、挥手告别、拍手称赞、拱手致谢、举手赞同、摆手拒绝；手抚是爱、手指是怒、手搂是亲、手捧是敬、手遮是羞等。手势的含义，或是发出信息，或是表示喜恶、表达感情。在客户服务

过程中，能够恰当地运用手势传情达意，会为专业的形象增添光彩。

一、规范手势的标准

手势的规范标准为：五指伸直并拢，掌心斜向上方，腕关节伸直，手与前臂形成直线，以肘关节为轴，弯曲 140 度左右为宜，手掌与地面基本形成 45 度角。

手势美是一种动态美，其基本要求是自然优雅，规范适度。适度是指手势不宜过多，幅度不宜过大。

二、正确使用手势的要求

手势使用的总体要求是准确、规范、适度。

（一）手势的使用必须准确

在社交生活中，为避免手势使用不当引发交际双方沟通障碍甚至误解，必须注意手势运用的准确。用不同的手势表达不同的意思，并使手势与语言表达的意思一致。例如，鼓掌也是一种手势，在欢迎客人到来、他人发言结束或观看体育比赛、文艺演出时，应用右手手掌拍左手掌心，但不要过分用力或时间过长，否则有起哄、捣乱之嫌，让人尴尬。

（二）手势的使用要规范

在一定的社会背景下，每一个手势都有其约定俗成的动作和要求，不能乱加使用，以免产生误解，引起麻烦。如介绍某人或为宾客引路指示方向时，应掌心向上，四指并拢，大拇指张开，以肘关节为轴，前臂自然上抬伸直。指示方向时，上体稍向前倾，面带微笑，自己的眼睛看着目标方向，并兼顾宾客是否意会到目标。切忌用手指来指点，因为这样含有教训人的意味，是不礼貌的。又如在谈到自己时，可用右手掌轻按自己的左胸，那样会显得端庄、大方、可信。为他人介绍的手势、递名片的手势、“请”的手势等也要规范。

（三）手势的使用要适度

与人交谈时，可随谈话的内容做一定的手势，这样有助于双方的沟通。但手势动作的幅度不宜过大，一般手势高不过耳际，低不及腰部，横向宽度不超过 80 厘米，更不要手舞足蹈，以免适得其反，显得粗俗无修养。同时，手势的使用也不宜过多而应有所节制，并非多多益善，如果使用太多或滥用手势，会让人产生反感。尤其是手势与语言、面部表情以及身体其他部位动作不协调时，会给人一种装腔作势的感觉。

总之，手势的运用要准确、规范、适度，才能给人一种优雅大方、彬彬有礼的感觉，才能真正体现出尊重和礼貌。

三、基本手势和常用手势操作

（一）基本手势

1. 自然垂放。垂放，是最基本的手势。其做法有二：一是双手自然下垂，掌心向内，叠放或相握于腹前；二是双手伸直下垂，掌心向内，分别贴放于大腿两侧。该手势多用于站立之时。

2. 持物。持物，即用手拿东西。其做法多样，既可用一只手，又可用双手，但最关键的是，拿东西时应动作自然，五指并拢，用力均匀。不应翘起无名指与小指。

3. 背手。多见于站立、行走时，既可显示权威，又可镇定自己。其做法是双臂伸到身后，双手相握，同时昂首挺胸。

4. 指示。这是用于引导来宾、指示方向的手势。其做法是以右手或左手抬至一定高度，五指并拢，掌心向上，以其肘部为轴，朝一定方向伸出手臂。

5. 夸奖。这种手势主要用于表扬他人。其做法是伸出右手，翘起拇指，指尖向上，指腹面向被称道者。但在交谈时，不应将右手拇指竖起来反向指向其他人，因为这意味着自大或藐视。以之自指鼻尖，也有自高自大、不可一世之意。

6. 鼓掌。鼓掌，是用于表示欢迎、祝贺、支持的一种手势，多用于会议、演出、比赛或迎候嘉宾。其做法是右手掌心向下，有节奏地拍击掌心向上的左掌。必要时，应起身站立。但是，不应以此表示反对、拒绝、讽刺、驱赶之意，即不允许“鼓倒掌”。

（二）常用手势操作

1. 横摆式。迎接来宾做“请进”“请”时常用横摆式。其动作要领是右手从腹前抬起，以肘为轴轻缓地向右摆出，到腰部并与身体正面成45度时停止。五指并拢，手掌自然伸直，手心向上，肘微弯曲，腕关节要低于肘关节。站成右丁字步，或双腿并拢，左手自然下垂或背在后面。头部和上身微向伸出手的一侧倾斜，目视宾客，面带微笑，表现出对宾客的尊重、欢迎。

2. 直臂式。需要给宾客指方向或做“请往前走”手势时，采用直臂式，其动作要领是将右手由前抬到与肩同高的位置，前臂伸直，用手指向来宾要去的方向。一般男士使用这个动作较多。注意指引方向，不可用一个手指指出，显得不礼貌。

3. 斜臂式（斜摆式）。请来宾入座做“请坐”手势时，手势应摆向座位的地方。手要先从身体的一侧抬起，到高于腰部后，再向下摆动到距身体45度处，使大小臂成一斜线。

4. 曲臂式。当一只手拿东西，同时又要做出“请”或指示方向时采用。以右手为例，从身体的右侧前方，由下向上抬起，至上臂离开身体45度的高度时，以肘关节为轴，手臂由体侧向体前的左侧摆动，距离身体20厘米处停住。掌心向上，手指尖指向左方，头部随客人由右转向左方，面带微笑。

5. 双臂横摆式。当举行重大庆典活动，接待较多来宾做“诸位请”或指示方向的手势时采用。表示“请”可以动作大一些。其动作要领是将双手由前抬起到腹部再向两侧摆到身体的侧前方，这时面向来宾，指向前进方向一侧的臂应抬高一些，伸直一些，另一只手臂稍低一些，弯曲一些；若是站在来宾的侧面，则两手从体前抬起，同时向一侧摆动，两臂之间保持一定距离。运用手势时还要注意与眼神、步伐、礼节相配合，才能使宾客感觉到这是一种感情投入的热诚服务。

6. 递接物品。

（1）递送物品时，应注意双手为宜，不方便双手并用时，也要采用右手，以左手递物被视为失礼之举；递给他人的物品，以直接交到对方手中为好；若双方相距过远，递物者当主动走近接物者；在递物于人时，应当为对方留出便于接取物品的地方，不要让对方感到接物时无从下手；将带有文字的物品递交他人时，须使之正面面对对方；将带尖、带刃或其他易伤人的物品递于他人时，切勿将尖、刃直接指向对方，合乎礼仪的做法应当是使其朝向自己，或是朝向他处。

（2）接取物品时，应注意目视对方，而不要只顾注视物品；一定要用双手或右手，绝不能单用左手；必要之时，应当起身而立，并主动走近对方；当对方递过物品时，再以手前去接取，而切勿急不可待地直接从对方手中抢取物品。

7. 用手势介绍某人、某物或某个方向时，应当掌心向上，四指并拢，大拇指张开，以肘关节为轴，前臂自然上抬伸直。指示方向时，上体稍向前倾，面带微笑，视线始终随手指的方向移动，并兼顾对方是否意会。

8. 用手势与人打招呼、致意、欢迎、告别时，要注意将手尽量伸开，要根据场景控制手势力度的大小、速度的快慢与时间的长短。

9. 借助手势谈论自己时，可将手掌轻轻按在自己的左胸，这样显得端庄、大方、可信。

子任务5－2　使用手势的禁忌事项和其他注意事项

【知识准备】

一、使用手势的禁忌事项

（一）易于误解的手势

易为他人误解的手势有两种：一是个人习惯，但不通用，不为他人理解。二是因为文化背景不同，被赋予了不同的含义。比如，伸起右臂，右手掌心外向，拇指与食指合成圆圈，其余手指伸直这一手势，在英美表示"OK"，在日本表示钱，在拉美则表示下流，不了解的人就很容易误会。

（二）不卫生的手势

在他人面前搔头皮、掏耳朵、剜眼屎、抠鼻孔、剔牙齿、抓痒痒、咬指甲、修指甲、揉衣角、搓泥垢、摸脚丫等这样一些手势，均极不卫生，自然是不当之举。

（三）不稳重的手势

在公共场合双手乱动、乱摸、乱举、乱扶、乱放，或是咬指尖、折衣角、抬胳膊、抱大腿、拢脑袋等，是应当禁止的不稳重的手势。

（四）失敬于人的手势

掌心向下挥动手臂，勾动食指或除拇指外的其他四指招呼别人，用手指指点他人，都是失敬于人的手势。其中，指点他人，即伸出一只手臂，食指指向他人，其余四指握拢这一手势，因有指斥、教训之意，尤为失礼。

二、其他注意事项

1. 与人交流，手势不宜太多，动作不宜太大，切忌"指手画脚"和"手舞足蹈"，这样会给对方忙乱不稳重的感觉。

2. 不可用手指指自己或对方的鼻子，或用手指指点他人。

3. 运用手势时，一定要考虑到地区的差异，同一种手势在不同国家、不同地区和不同民族中具有不同的含义，切忌乱用，以免造成不良后果。

4. 打招呼、致意、告别、欢呼、鼓掌属于手势范围，应该注意其力度的大小、速度的快慢、时间的长短，不可过度。

5. 一般来说，掌心向上的手势有诚恳、尊重他人的含义，掌心向下的手势意味着不够坦率、缺乏诚意等；攥紧拳头暗示进攻和自卫，也表示愤怒；伸出手指来指点，是要引起他人的注意，含有教训人的意味。因此，在介绍某人、为某人引路指示方向、请人做某事时，应该掌心向上，以肘关节为轴，上身稍向前倾，以示尊敬。这种手势被认为是诚恳、恭敬、有礼貌的。

案例 2－7

中外手势的不同含义

向上伸大拇指：这是中国人最常用的手势，表示夸奖和赞许，意味着“好”“妙”“了不起”“高明”“最佳”。在尼日利亚，宾客来临，要伸出大拇指，表示对来自远方的友人的问候。在日本，这一手势表示“男人”“您的父亲”。在韩国，表示“首级”、“父亲”、“部长”和“队长”。在墨西哥、荷兰、斯里兰卡等国家，这一手势表示祈祷幸运。在美国、印度、法国，则是在拦路搭车时横向伸出大拇指表示要搭车。在印度尼西亚，伸出大拇指指东西。但在澳大利亚，竖大拇指则是一个粗野的动作。

向下伸大拇指：世界上有相当多的国家和地区都使用这一手势，但含义不尽相同。在中国，把大拇指向下，意味着“向下”“下面”。在英国、美国、菲律宾，大拇指朝下含有“不能接受”“不同意”“结束”之意，或表示“对方输了”。墨西哥人、法国人则用这一手势来表示“没用”、“死了”或“运气差”。在泰国、缅甸、马来西亚、印度尼西亚，拇指向下表示“失败”。在澳大利亚，使用这一手势表示讥笑和嘲讽。在突尼斯，向下伸出大拇指，表示“倒水”和“停止”。

向上伸食指：世界上使用这一手势的民族也很多，但表示的意思不一样。中国人向上伸食指，表示数目，可以指“一”，也可指“一十”“一百”“一千”这样的整数。在日本、韩国、菲律宾、斯里兰卡、印度尼西亚、沙特阿拉伯、墨西哥等国，食指向上表示只有一个（次）的意思。在美国，让对方稍等时，要使用这个手势。在法国，学生在课堂上向上伸出食指，老师才会让他回答问题。在新加坡，谈话时伸出食指，表示所谈的事最重要。在缅甸，请求别人帮忙或拜托某人某事时，都要使用这一手势。在澳大利亚，在酒吧、饭店向上伸出食指，表示“请来一杯啤酒”。在缅甸、马来西亚，这一手势表示顺序上的第一。在中东，用食指指东西是不礼貌的。

向上伸中指：2000 多年来，罗马人一直称中指为“轻浮的手指”。事实上，单独伸出中指的手势在世界绝大多数国家都不意味着好事情，普遍用来表示“不赞同”、“不满”或“诅咒”之意。在美国、澳大利亚、突尼斯，这种手势有侮辱之意。在法国，表示行为下流龌龊。在沙特阿拉伯，表示恶劣行为。在新加坡，表示侮辱性行为。在菲律宾，表示诅咒、愤怒、憎恨和轻蔑。在中国，表示对方“胡扯”或对对方的侮辱。不过，在缅甸和尼日利亚，向上伸出中指表示“1”，在突尼斯表示“中间”之意。

向上伸小指：在中国，这一手势表示“小”“微不足道”“最差”“最末名”“倒数第一”，并且引申而来表示“轻蔑”。在日本，表示“女人”“女孩”“恋人”。在韩国，表示“妻”“妾”“女朋友”。在菲律宾，表示“小个子”“年少者”“无足轻重之人”。在美国，表示“懦弱的男人”或“打赌”。尼日利亚人伸出小手指，含“打赌”之意。但在泰国和沙特阿拉伯，向对方伸出小手指，表示彼此是“朋友”，或者表示愿意“交朋友”。在缅甸和印度，这一手势表示“想去厕所”。

伸出弯曲的食指：这一手势是英美人惯常用的手势，表示招呼某人过来。这个手势在中国表示“9”。在缅甸表示“5”。在斯里兰卡表示“一半”。在墨西哥表示“钱”或“询问价格”。在日本，表示“小偷”或偷窃行为。在韩国表示“有错”“度量小”。在印度尼西亚，表示“心肠坏”“吝啬”。在泰国、新加坡、马来西亚，表示“死亡”。在新加坡，伸出弯曲的食指，还表示拳击比赛的“击倒”。

大拇指和食指搭成圆圈：将大拇指和食指搭成一个圆圈，再伸直中指、无名指和小指。这一手势在美国和英国经常使用，相当于英语中的“OK”，一般用来征求对方意见或回答对方所征求的话，表示“同意”、“赞扬”、“允诺”、“顺利”和“了不起”。在中国，这个手势表示数目“0”或“3”。在法国，表示“零”和“一钱不值”。在泰国，表示“没有问题”。在印度，表示“对”“正确”。在荷兰，表示“正在顺利进行”“微妙”。在斯里兰卡，表示言谈礼仪“完整”、“圆满”和“别生气”。在日本、韩国、缅甸，表示“金钱”。在菲律宾，表示“想得到钱”或“没有钱”。在印度尼西亚，表示“一无所有”“一事无成”“啥也干不了”。在突尼斯，表示“无用”“傻瓜”。在希腊、独联体，这个手势被认为是很不礼貌的举止。另外，有些国家用这一手势来表示“圆”“洞”等。

伸出食指和中指：在欧洲绝大多数国家，人们在日常交往中常常伸出右手的食指和中指，比划作“V”形表示“胜利”，“V”是英语单词“Victory”（胜利）的第一个字母。传说，“V”字形手势是第二次世界大战期间由一位名叫维克多·德拉维利的比利时人发明的。他在1940年底的一次广播讲话中，号召同胞们奋起抵抗德国侵略军，并动员人们到处写“V”字，以表示胜利的信心。从此“V”字手势不胫而走。

尤其当时英国首相丘吉尔在一次游行检阅中使用了这一“V”形手势，使这个手势迅速地广泛地流传开来。不过，做这一手势时务必记住把手心朝外、手背朝内，在英国尤其要注意这点，因为在欧洲大多数国家，做手背朝外、手心朝内的“V”形手势是表示让人“走开”，在英国则指伤风败俗的事。在中国，“V”形手势表示数目“2”、“第二”或“剪刀”。在非洲国家，“V”形手势一般表示两件事或两个东西。

伸出食指和小指：在欧洲大多数国家，人们向前平伸胳膊，再伸出食指和小指做成牛角状，用来表示要保护自己不受妖魔鬼怪的侵害。在非洲一些国家，这种手势若指向某人，则意味着要让那人倒霉。在拉丁美洲许多国家，把伸出食指和小指的手竖起来，则表示“交好运”。但在意大利，这一手势表示自己的老婆有了外遇。

中指和食指交叉相叠：在中国内地，中指和食指交叉相叠表示数目“10”和“加号”，在中国香港，这一手势则表示“关系密切”。在英国、美国、法国、墨西哥、新加坡、菲律宾、马来西亚，这一手势表示“祝愿”“祈祷幸运”。在澳大利亚，表示“期待”“期盼”。在斯里兰卡，表示“曲折”和“邪恶”。在印度，表示“结束”“完成”。在荷兰，表示“发誓”“赌咒”，或指“对方撒谎”。在尼日利亚，表示东西或数字“相加”。

屈伸手指：在拉丁美洲、英国、美国、意大利、西班牙、葡萄牙、突尼斯以及亚洲、非洲部分地区，人们伸出下臂，稍微抬起，手心向上屈伸手指，表示“让人走过来”，但这一手势在中国是用做招呼动物或幼儿的。中国人招呼人的手势是：将手臂前伸，手心向下，屈伸所有手指，然而这一手势在英美等国又是招呼动物的。

摆手：在欧洲，人们见面时习惯用“摆摆手”来打招呼。其具体做法是向前伸出胳膊，手心向外，但胳膊不动，只是用手指上下摆动。如果欧洲人左右摆动整只手，则表示“不”、“不对”、“不同意”或“没有”。但是美国人打招呼时总是摆整只手。在世界许多地方，摆手表示让人走开。在希腊和尼日利亚，在别人脸前摆动整只手意味着极大的侮辱，距离越近侮辱性越大。在秘鲁，左右摆动整只手则表示“到这儿来”。

搓手：在欧美国家，摩搓双掌，表示“完成了所做的事”。在非洲，人们常用“搓手”这一手势来表明自己与某件事毫不相干、没有关联。其具体做法是用左手手心搓右手手背，从手腕一直搓到手指尖。

双手拇指相绕：在英美等国，双手大拇指不停地有规律地互相旋绕，表示“无事可做”“闲极无聊”之意。

（资料来源：http：//www. sznews. com/wenming/2008 – 09/02/content_ 3224272. htm。）

【综合实训】

某金融职业学院的毕业生小王到一家保险公司面试，由于是第一次面试，所以小王非常重视，事先准备了厚厚的一份简历。到了面试单位，小王无比紧张，低着头走进了面试的会议室，不敢正眼看面试考官。面试考官让小王坐下后，开始进行提问，小王由于紧张双腿不停地发抖，两手一直在揉搓着衣服的衣角。面试结束后，小王起身时还不小心将椅子碰倒了。

虽然小王具有很好的求职硬件，但是却忽略了一些基本的礼仪。可想而知，小王的这次面试没有成功。

问题：面试时应克服哪些不良的走姿和坐姿？

分组练习：

1. 将学生分为6人一组，从一个面试者的角度来演示进入面试场所，入座、离座的姿态。

2. 在教室前面放三张桌子，然后找三个学生模拟考官，对面放一张椅子，供面试者使用。让面试学生模拟面试的站姿、坐姿、走姿。

思考与练习

1. 简述日常工作中有哪些不正确的站姿、坐姿、走姿和蹲姿。
2. 简述入座和离座的要求。
3. 保持优雅走姿的注意事项有哪些？
4. 蹲姿有哪些注意事项？
5. 正确使用手势的要求有哪些？

项目三
金融服务行业员工的仪容和服饰礼仪

【案例导入】

说起穿衣礼仪，26 岁的杂志社记者张小姐有一段至今令她无法忘记的尴尬经历，从某种程度上来讲甚至是一种屈辱。张小姐说，记得她刚进杂志社不久，领导安排她去采访一位某民营企业的老总，女性。听说这是一个既能干又极有魅力的女性，对工作一丝不苟，对生活却是极其享受，最关键的是，即使再忙，她也不会忽视身边美好的东西，尤其是对时尚非常敏感，对自己的衣着及其礼仪要求极高。这样的女性，会让很多人产生兴趣，还未见到她，仅仅是听了介绍，张小姐就已经开始崇拜她了，所以非常高兴能来做这个专访。事先张小姐做了大量的准备工作，采访纲要修改了多次，内心被莫名的激动驱使着，始终处于兴奋状态。到了采访当天，穿什么衣服却让张小姐犯愁。要面对这样一位重量级的人物，尤其是位时尚女性，当然不能太落伍了。张小姐说，她从来就不是个会打扮的女孩，因为工作和性格关系，平时穿衣都是怎么舒服、方便就怎么穿。时尚杂志倒也看，但也只是凑热闹而已。现在，还真不知道应该穿什么衣服才能让自己在这样一位女性面前显得更时尚些。终于在杂志上看到女孩穿吊带装，那清纯可人的形象打动了她，于是张小姐迫不及待地开始模仿起来。那天采访时，张小姐穿了一件紧身吊带装，热裤，打了个在家乡极其流行的发髻，兴冲冲地直奔采访目的地。当她站在该公司前台说明自己的身份和来意时，明显看到了前台小姐那不屑的眼神。她再三说明身份，并拿出工作证来，才勉强被带进了老总的办公室。眼前的这位女性，高挑的身材，优雅的举止，得体的穿着，让她怎么看怎么舒服。虽然张小姐不是很精通衣着，但在这样的场合，面对这样的对象，她突然感觉自己的穿着就像个小丑，来时的兴奋和自信全没了。还好，因为采访纲要准备还算充分，整个采访过程还比较顺利。结束前，她问这位女老总，在日常生活中是如何理解和诠释时尚、品位和魅力的。女老总告诉她，女人的品位和魅力是来自内心，没有内涵的女人，是散发不出个人魅力，也无法凸显品位的。而时尚不等同于名牌、昂贵和时髦，那是一种适合与得体。说完这话，女老总微笑地看着张小姐。此时张小姐感到自己无地自容，采访一结束，便逃似地奔离了女老总的办公室。

分析：

俗话说："穿衣戴帽，各有所好。"意思是自己喜欢穿什么样的衣服那是个人的事情，与别人没有关系。但是作为职场中人来说，你的衣着却不仅仅是个人的事。因为，你的衣着要和你的职业身份相符合，身上所穿的衣服，不仅代表了自己的品位，还代表着单位的形象，代表着对别人的尊重。在社交场合，从某种意义上说，你的衣着就是一封无言的介绍信，向你的交往对象传递着各种信息，别人可以从你的衣着上看出你的品位、个性甚至你的职业状况。

张小姐作为杂志社记者，由于刚走入社会，平时不太注意穿着，所以分不清什么是“时尚”，什么是“时髦”，穿衣不会根据自己的职业、体型、审美趣味来进行选择，以为时髦的东西就是时尚，不仅不能引领时尚，反而使自己的衣着打扮严重地和职业、身份不相符，缺乏应有的审美品位，所以难免招来前台小姐鄙视的眼光，让自己感到尴尬。根据惯例，在对外的正式交往中，每个人都必须时时刻刻注意维护自己的形象，特别是给初次见面的人的第一印象。

（资料来源：http：//wenku. baidu. com/view/43a6d4c55fbfc77da269b14f. html。）

【学习目标】

◎ **能力目标**

1. 能够根据不同的场合要求恰当地化妆。
2. 能够根据不同的场合要求正确设计发型。
3. 能够根据不同的场合要求正确搭配服饰。

◎ **知识目标**

1. 深入了解仪容礼仪对良好职业形象塑造的重要作用。
2. 理解仪容礼仪的含义、基本内容和要求。
3. 掌握服饰穿着的要求，掌握着装的 TOP 原则、饰物的搭配原则。
4. 掌握金融从业人员工作着装的具体要求和规范。

◎ **素质目标**

1. 金融行业工作人员在工作时要能够正确选择和修饰个人发型。
2. 金融行业工作人员要熟练地掌握仪容修饰技巧与方法。
3. 金融行业工作人员要掌握职业淡妆的具体操作及化妆技巧。
4. 掌握工作场合职业着装的原则及特定场景的要求。
5. 结合自身特点正确进行服装的选择及饰物的搭配。

任务1　仪容礼仪

【工作任务】

子任务1－1：仪容的含义和仪容礼仪的原则
子任务1－2：面部和肢体的修饰技巧
子任务1－3：发型和化妆的修饰技巧

子任务1－1　仪容的含义和仪容礼仪的原则

【知识准备】

金融行业都有文件对金融行业员工的仪容仪态进行规范。全体金融行业的从业人员在自己的工作岗位上，必须按照金融行业的行业特点，对自己的仪容仪表进行必要的修饰和维护。根据金融行业的职业特点，金融从业人员仪容礼仪的重点应主要放在面部、肢体、发部修饰三个方面。

一、仪容的含义

（一）仪容的概念

“仪容”一词最早出自《东观汉记·明帝纪》：“臣望颜色仪容，类似先帝。”仪容主要指一个人的外观容貌，它是由发式、面容以及所有未被服饰遮掩、暴露在外的肌肤构成的。五官端正、肤色健康、身体各部位比例匀称是构成仪容的三个基本要素。五官端正是指面部五官分布均匀，三庭五眼布局合理（见图3－1）；肤色健康是指皮肤或白或红或黝黑，而且光滑、亮泽；身体各部位比例匀称是指头与躯干、上身与下体、三围尺寸、四肢比例的协调，而且身体既不能过胖，也不能过瘦。

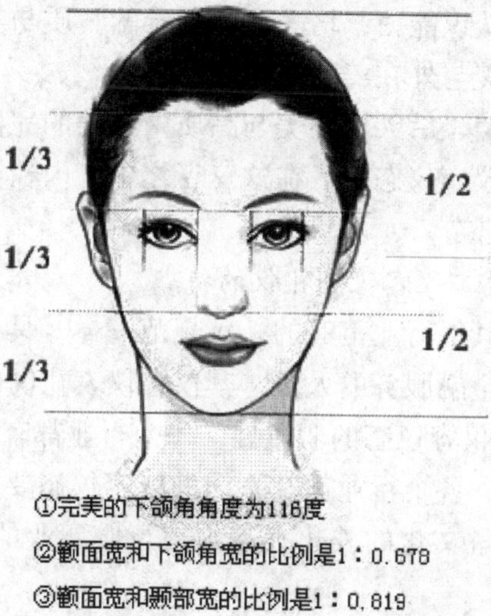

图3－1　标准的东方美女三庭五眼图

仪容礼仪是指个人结合自身职业特点对自己的外观容貌所进行的装扮与修饰，使之能很好地体现行业特点，提升单位形象。在人际交往中，每个人的仪容都会引起交往对象的特别关注，并将影响到对方对自己的整体评价。完美的第一印象是光明前途的敲门砖，因此，注重仪容方面的礼仪细节，是拥有良好人脉之必需。

金融行业员工仪容修饰礼仪是金融行业文化的直观外在表现。在个人的仪表问题之中，仪容是重点之中的重点。对于仪容礼仪的学习、掌握是客户服务的基本要求。

一个人的仪容仪态依赖于人的内在气质的支撑，取决于后天所接受的训练和培养，是审美意识的外在表现。同样任何一种身体姿势都不单单只是一种肢体形态，它还真实地映射出人们内在的品质与修养。在人际沟通与交往过程中，仪态用一种无声的体态语言向人们展示了一个人的道德品质、礼貌修养、人品学识、文化品位等方面的素质。因此，金融行业从业人员无论是在工作岗位上还是在日常生活与社会交往中，都应注重自身的仪容仪态。无论展现何种仪容仪态，其表现都应尽可能给人以亲切、优雅之感。

一个人的容貌是先天的，具有不可变性，但是仪容却是可变的，具有可修饰性。相对于容貌，仪容更强调“仪”字，也就是说更注重人的礼仪与品质修养。仪容仪态有三层内涵。

1. 先天美。先天娇美的相貌、美妙的身材无疑会给人带来美感，令人赏心悦目，但仅有这些并不意味着拥有大方高雅的仪容仪态，拥有大方、自然、优雅的仪容仪态关键不在先天，人们在成长中形成的品质素养才是关键。

2. 修饰美。仪容仪态修饰美是指个人对仪容仪态进行必要的修饰，塑造出更加美好的个人形象。适当而必要的修饰不仅是尊重他人的重要表现，也是自尊自爱的具体表现。但是修饰美也最终受各自价值观、审美观的左右和支配。

3. 内在美。这是仪容仪态美的核心，是仪容仪态美的基础。仪容仪态内在美是指通过努力学习，不断提高个人的文化修养和艺术素养，特别是不断提高个人的思想和道德修养，提高对美的内涵的认识能力，培养自己高雅的气质与美好的心灵，使自己表里如一、秀外慧中，达到内在美与外在美的融合统一。

仪容仪态之美是先天美、后天修饰美与品质内在美的完整结合，忽视了其中的任何方面，都不能构成真正的仪容仪态美。在这三者之中，内在美是仪容仪态美的核心和关键，是最终起决定作用的部分。

（二）金融服务行业员工仪容仪态礼仪的特点

金融行业礼仪与所有其他行业范畴的礼仪规范一样，具有大体一致的概念原则与表现形态，但作为提供专业金融服务的人员，其仪容仪表礼仪也有其特殊性。

1. 金融服务行业员工仪容仪态的职业性。每个行业都有其特有的文化，仪容仪态是行业文化的重要组成部分，各个行业都有不同的仪容仪态要求。金融行业有其自身的仪容仪态规范，这是银行金融文化的外化，是与银行金融业的功能和业务范畴分不开的，具有鲜明的职业特性。

2. 金融服务行业员工仪容仪态的商务性、服务性。金融业最终还是从属于服务业，其职业特性有别于传统的第一产业和第二产业，具有鲜明的服务特性。随着金融体制的改革，以及国内金融市场市场化程度的不断提高，银行作为企业法人单位，面对国内外行业的竞争态势日益激烈，员工服务越来越多地带有商务色彩，这通过银行员工的仪容礼仪得到明显表现。

3. 金融服务行业员工仪容仪态的统一性。着装统一是世界范围内所有银行金融部门的相同要求。

二、仪容礼仪的原则

仪容礼仪的原则主要包括自然、美化、协调、适体性、整体性和TOP原则。

（一）自然的原则

自然是要求容貌修饰要以清淡为主，生动自然，妆而不露、化而不觉，达到“清水出芙蓉，天然去雕饰”的境界，给别人以天生丽质的感觉。切忌人工痕迹过重。

（二）美化的原则

美化是要求在了解自己容貌的基础上，通过专业的修饰对容貌进行适度的矫正。得法的修饰，扬长避短，达到美化效果。切忌画蛇添足。

（三）协调的原则

协调是强调容貌的修饰要与发型、服饰、所从事的职业及所要去的场合环境相一致。同时，化妆的各个部位也要协调，不同部位的颜色要过渡好。

（四）适体性原则

适体性要求仪表修饰与个体自身的性别、年龄、容貌、肤色、身材、体型、个性、气质及职业身份等相适宜和相协调。

（五）整体性原则

整体性要求仪表修饰先着眼于人的整体，再考虑各个局部的修饰，促成修饰与人自身的诸多因素之间协调一致，使之浑然一体，营造出整体风采。

（六）TOP 原则

时间（Time）、场合（Occasion）、地点（Place）原则，简称 TOP 原则，即要求仪表修饰因时间、场合、地点的变化而相应变化，仪表与时间、环境氛围、特定场合相协调。

子任务 1－2　面部和肢体的修饰技巧

【知识准备】

一、面部修饰技巧

（一）眼部的清洁及眼镜的佩戴

俗话说“眼睛是心灵的窗户”，眼睛也是被他人注意最多的地方。重视眼部的用眼卫生与清洁，除了要及时除去自己眼角的分泌物，也要特别注意眼病的预防和治疗。一旦患眼病，应及时治疗、休息，绝不可与工作对象直接接触。因视力原因需在工作时佩戴眼镜的，应选择适合自己的镜架和镜片，在室内一般不应佩戴颜色过深的镜片，镜架也不宜太夸张。平时还应注意眼镜的清洁，尤其是镜片要保持明净。太阳镜只适合在户外活动时佩戴，不要在室内工作时佩戴。

（二）耳部的清洁

金融行业的工作人员每天应进行耳部的清洁除垢，作为男性员工尤其要经常修剪耳孔周围的茸毛，以免影响整体形象的美观。耳部的清洁及耳毛的修剪应隐蔽进行，不应在工作时或有他人在场时进行。

（三）鼻部的清洁

注意鼻腔内卫生，及时清洁鼻腔内的分泌物。毛发较重的人士要注意经常修剪鼻毛，但绝对不能当众揪拔。

（四）注意口腔及周围的卫生

牙齿是口腔的门面，牙齿的清洁是仪容美的重要部分。每天刷牙要坚持做到“三个三”，即每天刷三次牙，每次刷牙宜在餐后三分钟进行，每次刷牙的时间不应少于三分钟。定期去专业口腔医疗机构清洗自己的牙齿，尽量少抽烟，不喝浓茶和浓咖啡。在社交场合进餐后，切忌当众剔牙，可以用手掌或餐巾掩住嘴角，然后再剔牙。除此之外，平时不宜食用葱、蒜、韭菜、虾酱等气味刺鼻的食物，以防止因饮食引起口腔异味。

另外，双唇的饱满滋润也是一个人精神面貌的体现，作为金融行业的工作人员，平时应注意呵护自己的双唇，避免出现开裂、暴皮现象。

（五）剃须修面

剃须修面是展示职场男士形象的一大亮点，也是职业男士每天必做的个人清洁工作。金融行业的男性员工一定要坚持每天上班前剃须，个别女性员工若唇上汗毛过于浓重，也应作相应的处理，以保持面部的整洁。

二、肢体修饰技巧

肢体，也就是四肢。肢体修饰即上肢与下肢的修饰礼仪。

（一）上肢的修饰

1. 手臂的修饰。手臂的清洁是对手臂修饰最基本的要求，要注意双手和手臂的清洗和养护，一般情况下，不允许员工的手臂上总是发生粗糙、开裂、红肿、生疮、长癣，或者创伤不断等情况。在一些特殊的工作岗位服务时，为了卫生保洁，按规定员工必须戴上专用的手套，忘记戴或有意不戴，都是坚决不允许的。另外，在工作需要穿着肩部外露的服装上岗服务时，注意不要让腋毛外露，若手臂其他部位长有较为浓密的汗毛，也应当采取行之有效的方法将其去除。

一般情况下，为了工作的方便，除了手表，员工手臂上不可以随便佩戴其他的装饰品，比如手链、小饰品之类的东西一般是不可以在上班时间佩戴的。

2. 指甲的修饰。首先，指甲长短要适度。员工的手指甲通常不宜长过其指尖，否则即算超长，必须予以剪除。金融行业员工对于修剪自己的手指甲，要养成“三天一修剪、每天一检查”的良好习惯，并且一定要做到坚持不懈，特别注意不要当众修剪指甲。其次，不要涂抹彩色指甲油。这主要是针对女性员工，出于保养指甲的目的，允许金融行业员工平时使用无色指甲油。但不允许在工作岗位上涂抹彩色指甲油，或者在指甲上进行艺术绘画。在工作之余，这样固然无可厚非，但若是在工作岗位上如此这般，往往令客户难以接受。另外，男性员工在手臂上刺字、刻画，更是不适宜的。

3. 掩盖手臂缺陷。

（1）掩盖较粗手臂。

① 使用逐渐收窄的袖型和插肩袖。

② 使用中等长度的袖口并和袖身颜色一致。

③ 不要使用太紧或太肥大的袖子。

④ 不要使用较短的袖子，尤其是紧身袖口的袖型。

（2）掩盖过于细长的手臂。

① 选用有水平方向的装饰如褶皱、落肩、翻口或有克夫的袖型。

② 选用克夫与袖身色彩对比且较宽的款式。

③ 不要选用插肩袖。

（二）下肢的修饰

员工下肢礼仪除了着装和姿态礼仪之外，还必须注意对自己下肢进行必要的修饰，如常清洁、常换鞋袜、进行必要的遮掩等。

1. 杜绝“两赤两露”。

（1）赤脚。这主要包括两个方面：一是金融行业员工上班时间必须穿皮鞋，不能穿拖鞋或者袒露脚部的鞋子。运动鞋、休闲鞋也是不被允许的。二是金融行业员工在工作时，通常不允许赤脚穿鞋，一定要穿上袜子。提出这一要求，既是为了美观，也是为了在整体上塑造金融行业员工的形象。

（2）赤腿。金融行业员工的下肢如直接暴露在他人的视线之内，最好不要光腿。假使由于气候过度炎热或工作性质比较特殊而光腿的话，必须注意选择长于膝盖的短裤或裙子。

（3）露趾。金融行业员工在选择鞋子时，不仅要注意式样、尺寸，还须特别注意的是，自己在穿上鞋子后，无论是否穿袜子，都不宜让脚趾露在外面。尤其是窗口岗位上的金融行业员工，工作时一般不允许穿露趾的凉鞋或拖鞋。

（4）露跟。与不允许露趾的理由一样，金融行业员工在工作岗位上暴露自己的脚后跟，也会显得过于散漫。金融行业员工通常不应穿着无后跟或脚后跟裸露在外的鞋子。

2. 下肢修饰四个注意。金融行业员工在对自己的下肢进行修饰时，需要注意以下几个问题。

（1）修遮腿毛。这主要是针对少数女性员工而言的，一些女性员工腿部会长出一些腿毛。假若碰到此类情况，但因工作需要又要穿裙子，最好将腿毛去除，或是选择色深而不透明的丝袜加以遮掩。

（2）注意修剪趾甲。金融行业员工要经常检查并认真修剪自己的趾甲。

（3）注意忌化彩妆。许多时尚女性喜欢在脚部化彩妆，即在脚趾甲上涂抹彩色指甲油或描画图案。此种做法对于在金融行业就职的女性来说，是不宜采用的。

（4）掩盖较短腿型。

① 选用刚过膝盖或小腿的裙子。

② 选用配有垂直的装饰如前门襟、褶皱或折线的裤子。

③ 选择配有宽腰头的裙子或裤子。

④ 选用鲜艳色彩的上衣，明显的首饰，使视线上移。

⑤ 不要穿有水平线装饰的衣服，如翻领等。

子任务1-3　发型和化妆的修饰技巧

【知识准备】

一、发型修饰技巧

（一）发型修饰的基本知识

头发是人体的制高点，能够吸引他人的注意力。因此，头发整洁、发型大方是个人礼仪对发式美的最基本要求。整洁大方的发式给人留下神清气爽、容光焕发的印象，而头发散乱则会给人以萎靡不振的感觉。无论男女，只有所选的发式与自己的脸形、肤色、身材相匹配，与自己的气质、职业、身份相吻合，做到扬长避短，才是合适的发型。

金融行业的员工进行个人头发的修饰，不仅应遵循一般性要求，同时还必须严守本行业、本岗位的特殊性要求。整洁干净的头发是金融行业工作人员个人形象的最基本要求，直接影响他人对自己的评价。为了确保自己头发的整洁，维护个人和金融机构的良好形象，金融行业的工作人员必须对自己的头发常清洗、勤修剪、常梳理、慎染烫以及少戴头饰。

（二）金融行业员工选择发型的原则

发型就是头发在经过一定修剪整理之后所呈现出来的形状。一个人的发型选择是否妥当，往往要考虑此人的年龄、性别、身材、脸形、发质、服饰，体现个人的性格、气质、修养等特征，更与其所从事的职业密不可分。金融机构大多不会对员工发型进行强制性的规定，但多会给出一些发部造型意见。员工在选择自己发型时，应该首先以自己的工作性质为首要考虑因素，由工作性质决定自己的发部造型。金融行业员工选择发型的原则主要有：

1. 庄重大方。一般来说，金融行业从业人员在选择自己的发型时，必须有意识地选择那些简约、明快、便于迅速整理成型的发型。特别注意，不要选择使自己显得过于时髦，尤其是那些强调标新立异的发型。在选择发型时，应当有意识地使发型符合金融工作诚信稳重、简洁明快、知性儒雅的行业特点，体现庄重而保守、职业而练达的整体风格。发型只有与金融行业从业人员的身份相称和吻合，才能得到客户的信任。关于头发的颜色，也应该选择那些既起到提高精神和使肤色亮丽，又易于大众接受的颜色。无论是发型还是发色，务必牢记必须令其与自己所从事的金融行业相符，与自己的岗位相符，与自己的身份相符。

2. 长度适当。金融行业的工作性质决定了工作人员头发的长度不能随意而为。总的要求是：长短适当，以短为主。除极特殊情况，男性员工一般不允许剃光头发。在现代社会中，无论是东方还是西方，男性发式长度一般以发长 5 ~ 7 厘米为宜，这个长度也是男性健康形象、文明程度的标志之一，自然也就成为个人礼仪规范有关发式的一条约定俗成的细则。常规要求，绝对不允许男性员工工作时长发披肩，或者梳发辫。男性员工在修饰头发时，除了考虑个体脸形、五官、身材等客观因素外，必须做到：前发不覆额、侧发不掩耳、后发不触领。女士的发型虽然并不拘泥于短发或直发，但也应注意要相对保守一些，不能过分张扬和花哨。若是长发最好挽成发髻，这样会给人整洁、干练的感觉，头发的颜色要自然，不要染成过分鲜艳扎眼的颜色。

二、化妆修饰技巧

（一）化妆的基本知识

化妆是一种通过使用美容用品，来修饰自己的面容、美化自我形象的行为。简单地说，化妆就是有意识、有步骤地来美化自己。金融行业工作人员在与客户交往过程中，由于化妆与维护单位形象和对交往对象表示尊重有关，因此金融界对于员工化妆问题，尤其是对女性员工的化妆问题，往往会有一定的规范和许多具体的要求。“淡妆上岗”

是金融行业女性工作人员在化职业妆时必须遵循的基本规范和原则，以自身面部客观条件为基础，扬长避短，追求“妆而不露、化而不觉”的境界，达到自然大方、精致典雅的面部修饰效果。

对金融行业的工作人员来讲，在职业场合用特定的化妆用品进行仪容的修饰、装扮，既能展示自己的职业形象和精神面貌，同时也表示对他人的尊重。具有简洁、明朗、用色单一、线条清晰、妆型略带棱角特征的职业淡妆是现代女性职业形象的重要标志。因此金融行业的女性员工在为上岗服务而化职业淡妆时应遵循相关的职业化妆原则，了解和掌握基本的护肤化妆知识和技能，有助于提升自己在金融活动和社交生活中的个人形象。

（二）金融行业员工化妆的原则

要想化好脸部的妆，首先必须掌握脸部化妆的基本原则。

1. 扬长避短。化妆一方面要突出脸部最美的部分，使其显得更加美丽动人；另一方面要掩盖或矫正缺陷或不足的部分。金融行业从业人员的化妆固然有着美化自身形象的重要作用，但是在化妆前也要根据自身的特点，既要扬长，适当地展示自己的优点，更要避短，认真地掩饰自己的缺点，弥补自身不足。应该明确，化妆的重要作用不只是扬长，还要避短，这对于金融行业从业人员来说同样重要。

2. 自然真实。化妆要自然协调，不留痕迹。金融行业人员的岗位化妆，应该说是一种简妆。一般情况下，化妆时修饰的重点主要是嘴唇、面颊和眼部。对于其他部位，化妆时从简或不予考虑。化妆的程度要适合自己本职工作的实际需要，而不是按照个人的偏好来化妆。

3. 认真负责。在化妆时也不可片面追求速度、敷衍了事，而是要采取一丝不苟的态度，有层次、有步骤地进行。化妆时，动作要轻稳，注意选择合适的色彩和光线。

4. 整体配合。化妆要根据自身的特点，因时、因地制宜，切忌强求一律，应表现出个性美。要针对自身的特点进行专门设计，同时还要根据不同场合制订不同的设计方案。切忌在原来的化妆基础上再涂新的化妆品，这样做不仅会使化妆失去光泽，而且会损害皮肤。

案例 3 -1

新手学化妆技巧全攻略

对于很多刚入门或者是将要入门彩妆界的女性来说，很多彩妆的技巧，还有注意事项都是不太清楚的。为了能够让新手们早日变成彩妆高手，一定要记住以下的五点，然后再多加练习，相信你很快就会晋升为美妆高手的。

彩妆技巧一：选择适合自己色号的粉底。

作为彩妆的基础，一款好用的粉底是必需的，一款适合自己肤色的粉底是让你的妆容变得自然的关键。在购买粉底的时候，我们可在脸跟脖子的交界处进行试色，颜色越是接近肤色就越好。另外我们还应该注意选择一些质地透薄的粉底。

彩妆技巧二：掌握眼影的基本配色，最多3个色系。

眼影可以选用最基础的大地色系（咖啡色、灰色、米色）。对于新手学化妆，我们可以先从大牌的组合眼影上入手学习，使用的原则是最多3个色系，这样妆感才能柔和干净。

彩妆技巧三：巧用腮红增添红润气息。

一个小小的腮红，可是有着大大的作用。在脸颊上的那抹浅红，不仅能够让你的肤色看上去更加得红润，而且还有一定的修饰脸形的功效。而腮红涂抹位置的高低，也是会让我们的妆容产生可爱、俏皮、成熟、妩媚的不同变化。

彩妆技巧四：刷好睫毛很重要。

睫毛是眼妆的重要组成部分，无论是淡妆还是浓妆，睫毛都是让我们的眼睛变得有神的关键。因此挑选一款好用的睫毛膏是必需的，最好是能够挑选持久不晕染的口碑品牌。另外在刷睫毛膏之前最好是能够先用睫毛夹把睫毛给夹一下，这样出来的效果才会更加完美。

彩妆技巧五：打造干净自然的眉型。

一个合适的、正确的眉型，能够很好地修饰脸形。干净自然的眉型是我们所追求的，因此我们一定要保持定期修剪眉毛的习惯。自然粗眉、以棕色为主的优雅眉色是近年的眉型主流。

（资料来源：http：//makeup. cocoren. com/2011092463997. html。）

（三）化职业妆容的基本流程和技巧

在洁面、护肤的基础上完成以下几个步骤：

第一步，饰粉底。

步骤：用豆粒大小的点在脸上，涂抹均匀就可以了。要注意的是一定不能用多了。绿色和蓝色的饰粉底有很好的遮盖作用，适合脸部有斑点或其他瑕疵的人用。紫色则比较适合东方人偏黄的皮肤。白色的比较适合透明妆使用。

第二步，粉底液。与饰粉底的涂抹方式差不多。

步骤：比饰粉底多一倍的量均匀地涂抹在脸部。尤其要注意的是眼部，头发与额头的交界处要涂抹均匀。

第三步，遮瑕霜或者遮瑕液。只为面部有小瑕疵的人准备。

步骤：可以用小刷子轻轻地涂在瑕疵以及周围。这样粉底不用打得太厚也可以盖住斑点、痘痘。还有一种用法是将遮瑕液涂在双眉之间到鼻子1/3还有眼睛的下面，这样不仅可以遮盖黑眼圈还可以起到提亮的作用。

第四步，粉饼。如果在完成以上三步后，你的妆容已经达到了理想效果的话，第四步上粉饼可以省去，直接上散粉，达到提亮的效果就可以了。

步骤：用粉扑轻轻地拍打脸部，注意要均匀上粉，尤其要注意头部裸露部分都要上粉，这样看上去更精神，以达到化妆的效果。

第五步，散粉。

步骤：只要轻轻地扑打上一层散粉就可以了。尤其要注意脸与脖子的交界处。

第六步，眼睛的化妆。

眉毛：重要的是眉毛的修剪。

步骤：建议第一次修剪眉毛的时候找个比较专业的地方，以后就可以按照已经修好的形状自己打理了。再用眉刷眉粉的话效果就自然很多。

眼影：可以根据不同的服装选择颜色进行搭配。

步骤：化眼影的时候要注意色彩的过渡。比如粉红色的眼影，就要先将整个眼眶都涂上一层淡粉，然后在靠近睫毛的地方加深。完妆后要在眉骨鼻梁上扫上一层白色的散粉，可以达到凸显立体感的效果。

眼线：一般女孩子不愿意上眼线，其实上一层好的眼线可以显得眼睛更亮。

步骤：用眼线笔在睫毛根部的空当中点眼线，这样看起来会比较自然。下眼线可以用白色的眼线笔化，可以使眼睛显得更大。

第七步，唇部的修饰。

步骤：在唇正中点上要注意的是唇彩千万别涂整张嘴。

（四）化妆禁忌

由于金融工作经验不足或个性差异等原因，金融行业从业人员在化妆时也会出现这样或那样的错误做法，但随着对这些问题认识的提高、行业经验的不断积累和专业训练的不断普及，这些问题也会迎刃而解。

一般来说，金融行业从业人员化妆的禁忌主要有以下五个方面：一忌离奇出众，哗众取宠；二忌技法不当，角色缺失；三忌残妆示人，有失庄重；四忌岗上化妆，轻浮失礼；五忌指教客户，甚为不妥。

毋庸置疑，包括五官在内的整个脸部，是人类的仪表之首，人际交往中，自然是熟悉与不熟悉的人所注意的重点。因此，应当重点修饰眼部、口部、鼻部和耳部，使你的面部以整洁、卫生、简约、端庄的状态示人。

【综合实训】

王芳，某高校文秘专业高才生，毕业后在一家公司做文员。为适应工作需要，上班时，她毅然放弃了“青春少女妆”，化起了整洁、漂亮、端庄的“白领丽人妆”：不脱色粉底液，修饰自然、稍带棱角的眉毛，与服装色系搭配的灰度高偏浅色的眼影，紧贴上睫毛根部描画的灰棕色眼线，黑色自然型睫毛，再加上自然的唇型和略显浓艳的唇色，虽化了妆，却好似没有化妆，整个妆容清爽自然，尽显自信、成熟、干练的气质。但在公休日，她又给自己来了一个大变脸，化起了久违的“青春少女妆”：粉蓝或粉绿、粉红、粉黄、粉白等颜色的眼影，彩色系列的睫毛膏和眼线，粉红或粉橘的腮红，自然系的唇彩或唇油，看上去娇嫩欲滴，鲜亮淡雅，整个身心都倍感轻松。心情好，自然工作效率就高。一年来，王芳以自己得体的外在形象、勤奋的工作态度和骄人的业绩，赢得了公司同仁的好评。

王芳很会搭配自己，让自己的工作和生活都丰富多彩起来，而不是一成不变的。作为白领丽人，干练、简单、大方、成熟、知性是工作中必不可少的。如果用“青春少女妆”的话就会显得整个人很轻浮，很单纯，完全少了女性的端庄。但节假日是个放松的时刻，不需要把自己的工作带进休息中，这时“白领丽人妆”就略显古板了，没有一点青春活力。“青春少女妆”给人一种朝气蓬勃的感觉，而且使人整个身心都从一周紧张的工作中放松下来，以便下周更好地投入工作！不可否认的是，王芳非常懂得生活！

问题：

1. 从上述案例中我们可以得到哪些启示？
2. 请大家探讨在金融机构工作应如何化妆？

任务2　服饰礼仪

【工作任务】

子任务2－1：服饰的功能、着装的原则及服饰颜色搭配技巧

子任务2－2：金融从业人员工作制服、西装、套装和便装的穿着礼仪

子任务2－3：饰品的选择与佩戴

子任务2－1　服装的功能、着装的原则及服饰颜色搭配技巧

【知识准备】

一、服装的功能

从进化论出发，人类是从猿猴进化来的。猿猴显然是不穿衣服的，那么猿猴后来为什么就穿了衣服呢？由猿猴到人的进化，必要伴随这样一点，那就是毛发的脱落。随着毛发的脱落，皮肤裸露，而那个时候人还要生活在草莽之中，所以皮肤受到荆棘的刺伤是必然的事情。另外裸露的皮肤在冬天也要受到寒冷的侵袭，于是他们就找来一些东西裹在身上，于是服饰便产生了。那么原始社会时服饰的功能就是起到御寒和保护的功能。

服饰是人在长期的生存进化中所创造的服务于人的产物，在原始社会用于御寒防晒、蔽体遮羞。发展到现代文明社会，服装大体具有三个功能：第一个功能，重在实用；第二个功能，区别身份；第三个功能，表现品位。作为职场中的人来说，你的衣着要和你的职业身份相符合，身上所穿的衣服，不仅代表了自己的品位，还代表着单位的形象，代表着对别人的尊重。在社交场合，从某种意义上说，你的衣着就是一封无言的介绍信，向你的交往对象传递着各种信息，别人可以从你的衣着上看出你的品位、你的个性，甚至可以看出你的职业状况。著名影星索菲亚·罗兰就深有感触地说过：“你的服装往往表明你是哪一类人物，它们代表着你的个性。一个和你会面的人往往自觉不自觉地根据你的衣着来判断你的为人。”莎士比亚也说过：“服装往往可以表现人格。”因此，从这个意义上来说，服装就不仅仅具有蔽体、遮羞、挡风、防雨、抗暑、御寒的作用，它可以美化人体，扬长避短，展示个性，体现生活情趣，还具有反映社会分工、体现地位和身份差异的社会功用。爱美是人的天性，尤其是女性。但衣着是极其讲究个性的，并不是漂亮的衣服就适合所有人。女性的穿着打扮应该灵活有弹性，学会选择适当的时候穿适合的衣服；搭配衣服、鞋子、发型、首饰、化妆，使之完美和谐，这才是美丽的关键。最终被别人称赞，应该夸你漂亮而不是说你的衣服好看或鞋子漂亮，那只是东西好看，不是穿得好。整洁平整的服装并非一定要高档华贵，但须保持清洁，并熨烫

平整，穿起来就显得大方得体、精神焕发。整洁并不完全是为了自己，更是对他人的尊重，这是良好仪态的第一要领。不同色彩会给人不同的感受，如深色或冷色调的服装让人产生视觉上的收缩感，显得庄重严肃；而浅色或暖色调的服装会有扩张感，使人显得轻松活泼。因此，可以根据不同需要进行选择和搭配。配套齐全除了主体衣服之外，鞋袜手套等的搭配也要多加考究。如袜子以透明近似肤色或与服装颜色协调为好，带有大花纹的袜子不登大雅之堂。正式、庄重的场合不宜穿凉鞋或靴子，黑色皮鞋是适用最广的，可以和任何服装相配。饰物点缀巧妙地佩戴饰品能够起到画龙点睛的作用，给女士们增添色彩。但是佩戴的饰品不宜过多，否则会分散对方的注意力。佩戴饰品时，应尽量选择同一色系。佩戴首饰最关键的，就是要与你的整体服饰搭配统一起来。不同的工作性质，不同的单位，有着不同风格的衣着打扮，因此你要顺应主流，融合在其文化背景中，最好根据你的工作性质和特点选择装束。总之，穿衣是“形象工程”的大事。西方的服装设计大师认为：“服装不能造出完人，但是第一印象的80%来自着装。”因此，千万不要掉以轻心。

二、着装的TOP原则

着装的TOP原则指着装应该与当时的时间、所处的场合和地点相协调。

1. 时间原则。不同时段的着装规则对女士尤其重要。男士有一套质地上乘的深色西装或中山装足以包打天下，而女士的着装则要随时间而变换。白天工作时，女士应穿着正式套装，以体现专业性；晚上出席鸡尾酒会就须多加一些修饰，如换一双高跟鞋，戴上有光泽的佩饰，围一条漂亮的丝巾。服装的选择还要适合季节气候特点，保持与潮流大势同步。

2. 场合原则。衣着要与场合协调。与客户会谈、参加正式会议等，衣着应庄重考究；听音乐会或看芭蕾舞，则应按惯例着正装；出席正式宴会时，则应穿中国的传统旗袍或西方的长裙晚礼服；而在朋友聚会、郊游等场合，着装应轻便舒适。

3. 地点原则。在自己家里接待客人，可以穿着舒适但整洁的休闲服；如果是去公司或单位拜访，穿职业套装会显得专业；外出时要顾及当地的传统和风俗习惯，如去教堂或寺庙等场所，不能穿过露或过短的服装。

三、服饰颜色搭配技巧

颜色的纯度是指颜色的鲜艳度和饱和度，颜色越鲜艳纯度就越高，颜色混合次数越多纯度就越低。职业女性穿着职业女装活动的场所是办公室，低纯度可使工作其中的人专心致志、平心静气地处理各种问题，营造沉静的气氛。职业女装穿着的环境多在室内、有限的空间里，人们总希望获得更多的私人空间，穿着低纯度的色彩会增加人与人之间的距离，减少拥挤感。

纯度低的颜色更容易与其他颜色相互协调，这使得人与人之间增加了和谐亲切之感，从而有助于形成协同合作的格局。另外，可以利用低纯度色彩易于搭配的特点，将有限的衣物搭配出丰富的组合。同时，低纯度给人以谦逊、宽容、成熟感，借用这种色彩语言，职业女性更易受到他人的重视和信赖。下面，给大家介绍几种常见色彩的搭配原则。

1. 白色的搭配原则。白色可与任何颜色搭配，但要搭配得巧妙，也需费一番心思。白色下装配带条纹的淡黄色上衣，是柔和色的最佳组合；下身着象牙白长裤，上身穿淡紫色西装，配以纯白色衬衣，不失为一种成功的配色，可充分显示自我个性；象牙白长裤与淡色休闲衫配穿，也是一种成功的组合；白色褶皱裙配淡粉红色毛衣，给人以温柔飘逸的感觉。红白搭配是大胆的结合，上身着白色休闲衫，下身穿红色窄裙，显得热情潇洒。在强烈对比下，白色的分量越重，看起来越柔和。

2. 蓝色的搭配原则。在所有颜色中，蓝色服装最容易与其他颜色搭配。不管是近似于黑色的蓝色，还是深蓝色，都比较容易搭配。而且，蓝色具有紧缩身材的效果，极富魅力。生动的蓝色搭配红色，使人显得妩媚、俏丽，但应注意蓝红比例适当。

近似黑色的蓝色合体外套配白衬衣，再系上领结，出席一些正式场合，会使人显得神秘且不失浪漫。曲线鲜明的蓝色外套和及膝的蓝色裙子搭配，再以白衬衣、白袜子、白鞋点缀，会透出一种轻盈的妩媚气息。上身穿蓝色外套和蓝色背心，下身配细条纹灰色长裤，呈现出一派素雅的风格，因为流行的细条纹可柔和蓝灰之间的强烈对比，增添优雅的气质。蓝色外套配灰色褶裙，是一种略带保守的组合，但这种组合再配以葡萄酒色衬衫和花格袜，就显露出一种自我个性，从而变得明快起来。

蓝色与淡紫色搭配，给人一种微妙的感觉。蓝色长裙配白衬衫是一种非常普通的打扮，如能穿上一件高雅的淡紫色的小外套，便会平添几分成熟都市味儿。上身穿淡紫色毛衣，下身配深蓝色窄裙，即使没有花哨的图案，也可在自然之中流露出成熟的韵味。

3. 褐色搭配原则。褐色与白色搭配，给人一种清纯的感觉。金褐色及膝圆裙与大领衬衫搭配，可体现短裙的魅力，增添优雅气息。选用保守素雅的栗子色面料做外套，配以红色毛衣、红色围巾，鲜明生动，俏丽无比。褐色毛衣配褐色格子长裤，可体现雅致和成熟。褐色厚毛衣配褐色棉布裙，通过二者的质感差异，表现出穿着者的特有个性。

4. 黑色的搭配原则。黑色是个百搭百配的色彩，无论与什么色彩放在一起，都会别有一番风情，和米色搭配也不例外。

5. 米色搭配原则。用米色穿出一丝严谨的味道来，也不难。一件浅米色的高领短袖毛衫，配上一条黑色的精致西裤，穿上闪着光泽的黑色尖头中跟鞋子，将一位职业女性的专业感觉烘托得恰到好处。如果想要一种干练、强势的感觉，那就选择一套黑色条纹的精致西装套裙，配上一款米色的高档手袋，既有主管风范又不失女性优雅。如今的时尚中，米色因其简约与富于知性美而成为职场着装的常青色。与白色相比，米色多了几分暖意与典雅，不事夸张；与黑色相比，米色纯洁柔和，不过于凝重。在追求简单抛却繁复的时尚潮流中，米色以其纯净典雅气息与严谨的现代职场氛围相吻合。

案例 3－2

不同颜色的服装所带来的心理影响

了解服装颜色中包含的信息，就可以通过调整自己服装的颜色，向对方传递不同的信息或给对方留下不同的印象。不过，颜色给对方留下的印象和带来的心理效果，具有两面性，想要突出其中一面而消除另一面的话，就要通过颜色的搭配或其他因素的协调来解决。

红：红色是会给对方留下深刻的第一印象的色彩，适合初次见面或约会时穿着。开会时最好不要穿红色，会使对方难以下定决心。

粉：柔和，使对方心情平和，可以激发对方的保护欲。

橘：橘色是可以激发起食欲，并让人心情快乐的颜色。如果想邀人一同享用美食时，不妨选穿橘色的衣服。

黄：喜欢新鲜的事物，有活力。当想改善与某人的关系或者建立谈话沟通时，穿黄色的衣服会有比较好的效果。

绿：和平共处，营造和谐的氛围。当想表达和谐融洽的意愿时，绿色着装是不错的选择。

蓝：解决问题富有理性。蓝色容易使对方冷静，银行业服务人员在受理客户投诉、解决争议时可以选择穿蓝色服装。

紫红：有魅力，有品位，有点神秘感的颜色。想表达感情时，可以选择紫红色的着装。

黑：有品位，有主见，独立，庄重。对别人下达指示和命令时可以选择穿黑色衣服。

白：诚实，有个性，纯净。白色稍显冰冷，所以与人初次见面时，不宜穿白色。但白色可通过丝巾、项链、手包等其他配饰组合来消除冰冷感。

灰：独立、认真，干练。当想和别人谈判，正式地表达自己想法时，可选择灰色。

（资料来源：根据网上相关资料整理。）

子任务2－2　金融从业人员工作制服、西装、套装和便装的穿着礼仪

【知识准备】

作为金融行业的工作人员，在工作岗位上的服饰穿着通常不允许“穿衣戴帽，各凭所好”。这是因为国际上将金融界从业人士定位为保守职场人士，其整体形象应表现出权威性、信任度和缜密感。其服饰的穿着要求属于强迫性着装管理的范畴。而服饰是隶属于哲学体系中的符号学范畴，每位在社会中出现的保守职场人士着装的得体度，都暗示着个人在社会人的心目中是否留下了一种被认同的符号。因此金融行业的工作人员选择服饰应从行业的角度出发，考虑尊重服务对象、适应工作需要、塑造金融机构的形象和提高个人素质等方面的因素，由此对金融行业的工作人员的服饰有着统一的要求和限制。“相由心生、相随心生、境由心造”，一个人外在服饰的整体表达，是个人内在文化素养的外化及延伸。每个人无论从事何种职业、扮演何种角色，在穿着上应遵循相应的原则。服饰礼仪最起码的是整洁，其次是和谐，然后再与自身的特点、气质相结合，也就是说既突出个性，又顾及共性，得体而到位，才能使自己具有良好的个人形象。

作为金融行业的从业人员，考究的着装能传达认真、踏实、稳重、真诚，希望传达给对方，我是有责任的人，我是值得信赖的人。

一、金融从业人员工作制服的穿着礼仪

所谓制服是指由某一个企业统一制作，并要求公司职工统一穿着的服装。制服体现着自己所在企业的形象，反映了企业的规范化程度。

人们通常所说的职业装实际上大都是指职业制服，是人们在从事某种活动或作业过程中，为统一形象、提高效率及安全防护的目的而穿着的特定制式的服装，亦称制服。在现代服饰中，由于社会上的绝大多数人都在从事某一职业，几乎所有的人都与职业制服有联系。制服的选择、区分、风格定位多由主管部门统一制定、发放，而非穿着者自己购买。

穿上得体醒目的制服不仅是对客户的尊重，利于客户辨认，为工作提供更多便利，同时制服还有利于提升客户的信赖感，也彰显了企业的形象。

（一）制服的作用

以制服作为统一的、服务人员的规范化服装，具有以下几个方面的作用。

第一，创造独特的企业文化，树立形象。现代公共关系在规范企业形象时，有一个非常重要的概念，叫做CIS，即企业形象识别系统。我们提到一个企业，比如全聚德、东来顺、丰田、奔驰，大家脑袋里马上会有一个可供识别的企业形象。企业形象有什么可识别的系统呢？按照公共关系理论来讲，有三大识别系统。其一，理念识别系统。就是企业用来凝聚员工的理念。其二，行为识别系统。指的是企业在市场经济条件下，在社会上的一些重大举措、活动。其三，视觉可识别系统。它使企业之间彼此有别，比如厂旗，商标，员工的统一服装。比如说麦当劳，连孩子都会知道，标志是在红色背景下，一个大大的黄色的M。说到肯德基，则会令人马上想到那个白胡子老头山德士上校，戴黑框眼镜，穿白色服装。员工的制服，实际上是其企业形象可识别系统的重要一环，是企业形象构成的基本要素，所以我们提倡要穿制服。

第二，易于辨识。我们到一个单位去，往往要寻找其工作人员。穿着制服使工作人员能第一时间被客户找到，大大提高了工作效率。

第三，整齐划一。没有规矩，不成方圆。你到一家企业去，看到员工自由着装，固然体现其个性，但是也会给别人一种感觉：杂乱无章。所以工作场合要穿制服。

第四，提高企业凝聚力。人是最活跃的企业资源，也是唯一一种会自我调控生产效率的资源。一个企业只有万众一心，同仇敌忾，才能将企业的人力资源效用发挥得淋漓尽致。因此，要想提高企业效益，优先要提高员工凝聚力。当企业的员工为自己的企业而骄傲，感到企业在关心自己的利益的时候，自然而然就会加强对企业的向心力。好的职业装能够从一个侧面加强企业自豪感，体现企业对员工利益的关心。

第五，规范员工行为。无论下班时员工在干什么，上班一穿上职业装，就能使员工马上意识到自己已经进入工作状态。如果企业能够恰如其分地将职业装与员工的行为联系起来，穿职业装的过程就相当于一次“岗前会”。要提升一个人，首先是改变其信念，而后是改变其行为，这是企业员工行为管理中很重要的方法。

第六，等级差异。关键时候你去找谁？找服务生也好，找银行职员也好，他们内部有等级差。而制服可以体现这种等级差，让你能尽快找到需要找的人。

（二）制服的穿着要求

现行的制服一般都是既有款式的固定搭配，根据行业不同，在款式、色彩组合上也各有特色，但在穿着要求上，主要可参考以下四点。

1. 整齐。一套合身的制服，应达到以下的穿着效果：袖长至手腕、衣长至臀部、裤长至脚面、裙长至膝盖，领围以插入一手指大小为宜，上衣的胸围、腰围及裤裙的臀围以穿一套羊毛衣裤的松紧为宜；内衣不能外露；领带、领结、飘带和衬衫领口的吻合要紧凑且整齐。在定制制服时，一定要清楚自己的尺码，争取定到精准合体，有的人不太注重制服的合体，也不在乎身着制服所代表的含义，随意定尺码，认为差不多就行，结果往往是衣服犹如台上戏子，轻轻一抖，水袖都能甩出来，还有的尺码过小，吊胳膊吊腿好似蜘蛛侠，这样都是非常不美观和不礼貌的。作为金融行业的工作人员，每个人都是对外服务的窗口，如果身着的制服不合适，在服务过程中难免会有损行业形象。

2. 整洁。保持衣裤整洁，无异味。领口和袖口是比较容易脏的地方，因此尤其要保持干净。若不干净的制服穿上工作岗位，很可能给客户留下负面印象，严重者还可能影响业务的开展。制服在洗涤过程中，有的采用干洗，有的采用水洗，这个就要根据制服本身的材质，采用正确的洗涤方法。若采用水洗的话，可在浸泡时滴几滴衣物柔顺剂，既方便揉洗，又能为衣服留下淡淡的清香。

3. 挺括。要保持制服平整、挺括，穿之前就要熨平，穿后挂好，做到上衣平整、裤线笔挺。这样不仅美观，还能够衬托出金融行业工作人员良好的风度和气质。

4. 规范。制服不论是西服套装还是套裙，都要按既有样式规范来穿着，不要任意卷挽袖口、裤腿。一般来讲，和制服相配套的都会有领结、领带或丝巾，规范穿着时，要注意领部配饰的搭配，要注重整体的和谐美观，切忌突兀地露着脖颈。

（三）金融从业人员工作制服的穿着礼仪

一套合适的职业装不但可以增强金融从业人员工作的主动性和自信，还有利于其全身心地投入到工作状态中，可以反映着装者的工作态度，金融从业人员在着制服时需要注意的事项有：

1. 忌脏、破、皱。有许多金融从业人员把工作制服当做一套抵御灰尘的“清洁装”，袖口和衣襟抹得油光锃亮，让人根本无法从其所穿的工作制服看到金融从业人员的专业形象。所以工作制服，该洗则洗，该熨则熨，该淘汰就淘汰，忌穿脏、皱、破的制服。

2. 忌杂乱。要求着装就得统一着装，不能一半穿，一半不穿。

3. 使用与制服配套的衣饰。金融行业从业人员应注意不要佩戴过多的配饰，尤其是男性工作人员。男性的配饰，再少也不嫌少。系一条领带、戴一只手表就足够了，如果有需要选择一款样式考究的眼镜，或者有配偶或有其他意义，也可戴一枚戒指（最多一枚）。女性的配饰因行业特点，种类也不可过于繁多、花哨。饰品要与自身的身份、年龄、身材、脸形、服饰、气质相协调。如果是在金融行业最基层如服务窗口、营销等岗位，最好不要佩戴过多的头饰、首饰，而选择单位统一要求的头饰、丝巾来搭配制服。

4. 注意制服穿着的细节。金融行业从业人员在穿着制服时还要注意细节，如女性员工在穿制服套裙时，要穿长筒袜，千万不要穿短袜。袜子的颜色可以因人而异，如果双腿看起来比较丰满，可以选择深色的长筒袜，深色为收缩色，可以改变视觉感，使双腿看起来比较苗条；如果双腿看起来较苗条，则建议穿浅色的长筒袜，如肉色，浅色为扩张色，使双腿看起来丰满一些。女性员工在着制服、穿长筒袜时不能穿露脚趾的凉鞋。在佩戴工牌时，工牌应当佩戴在左侧上方离上口袋边缘一厘米处。

二、西装穿着礼仪

现代西装的形成和发展，已有近200年的历史。西装是现阶段国际国内等重要正式商务场合比较普遍穿着的一种服饰。在穿西装的同时，应对日常西装知识有所了解，从而穿出西装的品位。西装的着装效果能体现出大方简洁、端正挺括、工艺精致感和合体贴切性，并且穿着者的年龄跨度大，适宜于老中青三代。有些金融企业虽然没有统一的制装，但是会要求员工穿着西装。一套合身得体的西装，可以使穿着者显得气质稳重、风度翩翩。

（一）西装的分类

男西装主要有平驳领、枪驳领和蟹钳领几种造型，前身主要有单排一粒扣、两粒扣，双排四粒扣、六粒扣等。女西装平驳领、枪驳领比较普遍。

最正统的西装样式，上衣、裤子以及背心都是用相同面料、色彩的布料缝制而成，给人留下肃穆、端庄的印象，适宜于正式场合以及礼仪性活动。

西装分为二件套和三件套两种，同时它也受到TOP原则的制约，分为夜礼服、日礼服、晨礼服、燕尾服。男士的夜礼服，一般是黑色或近似黑色的蓝色无尾礼服，配上白色衬衫和黑色领带、领结以及黑皮鞋，有时候人们也在驳领头上纽眼中插上鲜花。而夜间正式礼服是燕尾服，因上衣的后襟像燕尾形状故而得名，并在胸前饰以红色或白色的石竹花。男士的日礼服，包括黑色上衣、马甲、黑色的条纹裤、白色衬衫、条纹领带，并配以白色小山羊皮手套、黑皮鞋等。

男士西装在不同国家有不同特点，它的款式可以分为欧式型、美式型、英式型三种。欧式型西装的特点通常讲究贴身合体，垫肩很厚，胸部做得较饱满，袖笼部位较高，肩头稍微上翘，翻领部位狭长，大多为双排扣形式，多采用质地厚实的深色全毛面料。美式型西装的特点讲究舒适，线条相对来说较为柔和，腰部适当地收缩，胸部也不过分收紧，符合人体的自然形态，垫肩不高，袖笼较低，呈自然肩型，显得精巧，一般以单排2~3粒扣为主，翻领的宽度也较为适中，对面料的选择范围也较广。英式型西装的特点类似于美式型，腰部较紧贴，符合人体自然曲线，肩部与胸部没有过于夸张，多在上衣后身片下摆处做两个衩。

（二）西装穿着礼仪

穿着西装，在正式场合，体现着身份和品位。在正式场合男士穿着西装时，必须了解衬衫、领带、鞋袜和公文包之间组合搭配的基本常识。西装穿着讲究“三个三”，即三色原则、三一定律、三大禁忌。

1. 三色原则。穿西装时，包括上衣、裤子、衬衫、领带、鞋子、袜子、皮带在内，全身颜色应该在三种之内。

2. 三一定律。重要场合穿西装、套装外出的时候，鞋子、腰带、公文包三样男士主要的饰物应为同一颜色，而且首选黑色，这也体现了男人强调的是细节。

3. 三大禁忌。三大禁忌是指在正式场合穿着西装、套装时不能出的三个洋相：一是袖口上的商标未拆；二是在非常重要的场合，穿夹克、短袖衫打领带；三是男士在正式场合穿着西装套装时鞋子和袜子不搭配（重要场合，白袜子和尼龙丝袜都不能和西装搭配，鞋应穿制式皮鞋，男士是指系带的黑皮鞋）。

（三）西装穿着的基本要求

西装造型美观，如果穿着不讲究，就会显得不伦不类，西装穿着的基本要求如下。

1. 选好和穿好衬衣。衬衣是西装最为重要的配件之一，主要对西装起衬托作用。与西装配套的，一般为有着硬质“V”形领的衬衣，其颜色有白色、纯色或竖条、方格等。在社交场合和日常生活中，最受欢迎、效果最好的衬衣是白色和纯色。在纯色中，一般又以浅蓝色最佳，不宜穿杂色或格子衬衣。选择衬衣，除应注意与西装颜色搭配外，还应注意根据自己的脖子粗细选好合适的领围尺码。合适的领围应是以在穿着后能伸进两个手指为宜。此外，脖子较短较粗者不宜选用宽领衬衣，脖子较长者不宜选用窄领衬衣。一件与西装上衣搭配合适的衬衣，其领口应比西装领子高出 1 厘米左右，袖子应比西装袖子长出 2 厘米左右。不论是长袖还是短袖，硬领衬衣都必须扎进西裤的腰内，软领衬衣则可不扎。凡与西装上衣配穿的衬衣必须将袖口的扣子扣起，凡系领带的不论是否与西装配穿也都必须将领口和袖口的扣子扣好，不能挽起袖子。

2. 系好领带。领带也是西装最为重要的配件之一，在整套西装中作点睛之笔。因此，凡在正式或比较庄严的场合，穿着西装必须系结领带。领带应系在硬领的衬衫上，其结应位于“V”形领的中间部位。各类 T 恤衫、圆领衫、“V”形软领衫等都不能系领带。所系领带的长度，应视裤子的立裆长度而定，如穿立裆短的裤子，领带尖一般在腰带扣的上方；如穿立裆长的裤子，领带尖可盖住腰带扣。如在衬衣与西装外套之间还穿着背心或羊毛衫等，要注意领带一定要放在这些衣服的里面，而绝不能放在这些衣服的外面。系领带并非一定要用领带夹，如用领带夹，其位置应在衬衣的第四与第五颗纽扣之间。在此有一点须提醒，凡穿双排扣西装时，必须系结领带，否则会贻笑大方。

3. 处理好西装纽扣。穿双排扣西装，在正规场合所有的纽扣都应扣好，只有在家或独自一人在办公室里才可将怀敞开。穿单排扣西装，其纽扣无须全扣，也可以不扣。两粒扣的只扣上面一粒或全扣上；三粒扣的，只扣中间一粒或扣上面两粒，同时也可三粒扣全扣上，显得古典些。

4. 裤缝必须挺直。无论是穿套装还是单件西服便装，裤缝都必须挺直。

5. 注意皮鞋及袜子的配套。穿西装一定要配穿西装皮鞋（硬底皮鞋），不能穿布鞋、旅游鞋或雨鞋。皮鞋的颜色应与西装的颜色相配套，一般都应深于或近于西装的颜色。凡穿着深色或中性色西装，宜与黑色西装皮鞋搭配。穿皮鞋还应配上合适的西装袜。男士的西装袜一般也宜略深一些，使它在西装与皮鞋之间显现出一种过渡。严格一些讲，白色的运动袜、半透明的丝袜、带有花式的锦纶袜等，都与西装不般配。

三、套装和便装的穿着礼仪

（一）套装的穿着礼仪

1. 合体。女士在正规的商务场合穿着应以套裙为主，上衣最短可以齐腰，裙子最长可以达到小腿中部，上衣的袖长要盖住手腕，套裙过长或过短都不适宜，关键在于合体。

2. 穿着规整。套裙要穿得端端正正。上衣的领子要完全翻好，衣袋的盖子要拉出来盖住衣袋，衣扣全部系上，不允许部分或全部解开，更不允许当着别人的面随便脱下上衣。

3. 妆容协调。日常穿着打扮讲究的是着装、面部妆容和配饰风格统一，相辅相成。穿套裙时，要维护好个人形象，可以化淡妆，尽量少戴配饰，合乎身份。

4. 举止适当。套裙最能够体现女性的柔美曲线，需要举止优雅，注意个人的仪态。当穿上套裙后，要举止优雅、大方。站要稳正、挺拔，不可以双腿叉开。就座以后，务必注意坐姿，不要双腿分开过大，或是跷起一条腿来。走路不要慌张奔跑，而只能小碎步走，步子要轻而稳。若是想取自己够不到的东西，可以请他人代劳，不必自己费力逞强，尤其是不要做力度过大或过于伸展的动作。

5. 套裙鞋袜的选择。在和套裙搭配穿着时，鞋袜也有讲究。金融行业员工切记，正式的场合不能穿凉鞋、后跟用带系住的鞋或露脚趾的鞋。鞋子的款式应该是高跟、半高跟的船式皮鞋或盖式皮鞋，既要保证穿着舒适、行走方便，也要注意美观大方。鞋跟高度应该以 3 ~4 厘米为主。鞋的颜色应与衣服下摆一致或再深一些。推荐中性颜色的鞋，如黑色、藏青色、暗红色、灰色或灰褐色。工作场合不要穿红色、粉红色、黄色等亮色的鞋。与鞋子相配的袜子也是不可忽视的，穿套裙时，应当配长筒丝袜或连裤袜，袜子一定要大小适宜，颜色以与肤色相同为佳。

（二）便装的穿着礼仪

也有部分金融机构没有严格要求员工穿着正装，这就要求服务人员具备一定的自觉性，出于服务工作的特殊性，对自己的着装做出自律，要注意以下几点。

1. 风格协调。切记不要让所穿的多件便装在风格上相差太远，尽量保持风格一致。

2. 色彩搭配。应使不同的便装在色彩方面或者统一，或者呼应，力求在总体上相互协调。若是颜色过多，互相冲突，就会显得轻佻，而失去职业人的稳重大方。

3. 面料搭配。同时所穿的数件便装在面料上应大致趋同，不要反差过大。

4. 穿着规范。如穿夹克衫时不宜配短裤；穿短袖 T 恤衫时不宜同时内穿衬衣。再如穿牛仔裤时宜配以皮鞋或运动鞋，而不宜穿布鞋或凉鞋；穿短裤、凉鞋时，一般可不必再穿袜子。

案例 3 -3

几种领带的打法

领带的起源，最早可以追溯到古罗马时期。当时的士兵出征时，他们的父母、妻子给他们的脖子上围上一条亚麻材料的 cravat，作为一种护身符的象征。现在，领带往往能代表男士们对于衣着的品位，恰当地选择与衣装搭配的领带，能完好地证明你在流行与时尚角度的审美。

领带作为男性的经典正装配饰，成了职业男性衣橱里出现频率最高的饰物。会打领带不稀奇，如果你会几种领带打法那一定会令众人刮目相看，下面图解十大领带打法，包含了平结、双环结、交叉结、双交叉结、温莎结、亚伯特王子结、简式结（马车夫结）、浪漫结、半温莎结及四手结。相信按照图片上一步一步的分解步骤与自己的勤加练习，多种领带打法轻松学。

1. 平结（Plain Knot）。平结是男士们选用最多的领带打法之一，几乎适用于各种材质的领带，完成后领带打法呈斜三角形，适合窄领衬衫。

要诀：图3－2中宽边在左手边，也可换右手边打；在选择“男人的酒窝”（形成凹凸）情况下，尽量让两边均匀且对称。

图3－2　平结

2. 双环结（Double Knot）。一条质地细致的领带再搭配上双环结颇能营造时尚感，适合年轻的上班族。

要诀：该领带打法完成的特色就是第一圈会稍露出于第二圈之外，千万别刻意给盖住了。

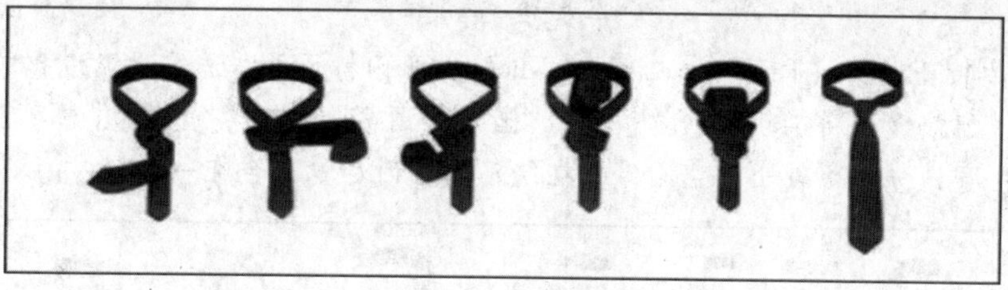

图3－3　双环结

3. 交叉结（Cross Knot）。这是对于单色素雅质料且较薄领带适合选用的领带打法，对于喜欢展现流行感的男士不妨多加使用交叉结。交叉结的特点在于打出的结有一道分割线。

要诀：注意按步骤打完领带是背面朝前。

图3－4　交叉结

4. 双交叉结（Double Cross Knot）。双交叉结可以体现男士高雅且隆重的气质，适合正式活动场合选用。该领带打法应多运用在素色且丝质领带上，若搭配大翻领的衬衫不但适合且有种尊贵感。

要诀：宽边从第一圈与第二圈之间传出，完成集结充实饱满。

图 3-5　双交叉结

5. 温莎结（Windsor Knot）。温莎结是因温莎公爵而得名的领带结，是最正统的领带打法。打出的结成正三角形，饱满有力，适合搭配宽领衬衫。该集结应多往横向发展。应避免材质过厚的领带，集结也勿打得过大。

要诀：宽边先预留较长的空间，绕带时的松、紧会影响领带结的大小。

图 3-6　温莎结

6. 亚伯特王子结（The Prince Albert Knot）。亚伯特王子结适用于浪漫扣领及尖领系列衬衫，搭配浪漫质料柔软的细款领带。“国人的酒窝”两边略微翘起。

要诀：宽边先预留较长的空间，并在绕第二圈时尽量贴合在一起。

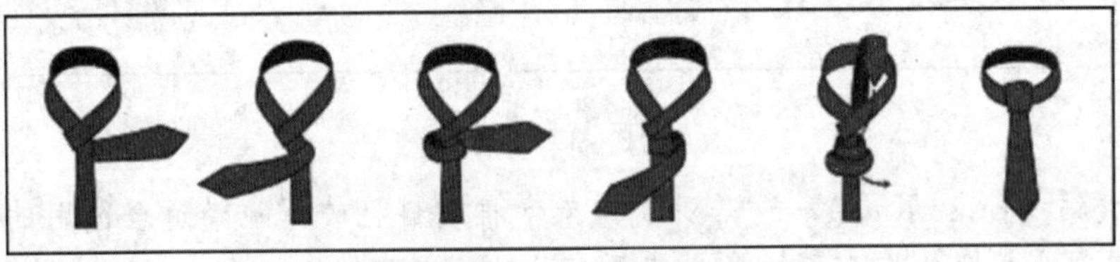

图 3-7　亚伯特王子结

7. 简式结（The Simple Knot），也称马车夫结。这种领带结非常紧，流行于 18 世纪末的英国马夫中。适用于质地较厚的领带，最适合打在标准式及扣式领口衬衫上。简单易打，非常适合在商务旅行时使用。其特点在于先将宽端以 180 度由上往下扭转，并将折叠处隐藏于后方完成打结。待完成后可再调整其领带长度，在外出整装时方便快捷。

要诀：在所有领带的打法中简式结最为简单，尤其适合厚面料的领带，不会造成领带结过于臃肿。

图 3-8　简式结（马车夫结）

8. 浪漫结（The Trend Knot）。浪漫结是一种完美的结型，故适合用于各种浪漫系列的领口及衬衫。浪漫结能够靠褶皱的调整自由放大或缩小，而剩余部分的长度也能根据实际需要任意掌控。浪漫结形状匀称，领带线条顺直优美，容易给人留下整洁严谨的良好印象。

要诀：领结下方的宽边压以皱褶可缩小其结型，窄边也可将它往左右移动使其小部分出现于宽边领带旁。

图3－9　浪漫结

9. 半温莎结（The Half－Windsor Knot），也称十字结。最适合搭配浪漫的尖领及标准式领口系列衬衣。半温莎结是一个形状对称的领带结，它比温莎结小。看似很多步骤，做起来却不难，系好后的领结通常位置很正。

要诀：使用细款领带较容易上手，适合不经常打领带的人。

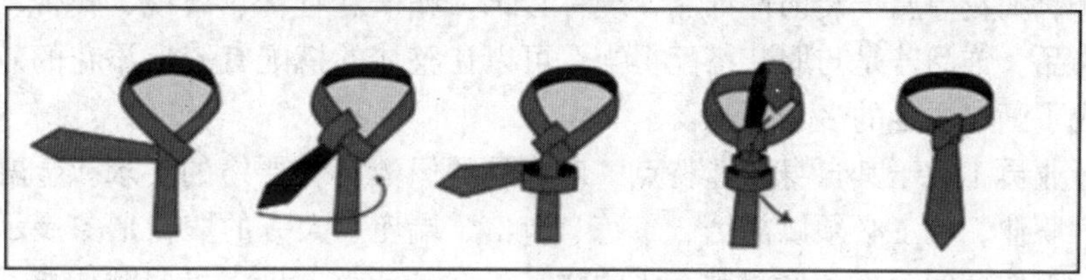

图3－10　半温莎结

10. 四手结（The Four－hand）。所有领结中最容易上手的，适用于各种款式的浪漫系列衬衫及领带。通过四个步骤就能完成打结，故名为“四手结”。它是最便捷的领带系法，适合宽度较窄的领带，搭配窄领衬衫，风格休闲，适用于普通场合。

要诀：类同平结。

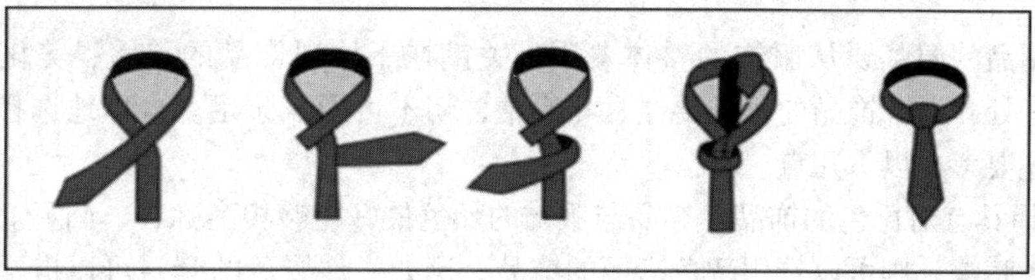

图3－11　四手结

（资料来源：http：//1150463694. blog. 163. com/blog/static/120995570200952911383762/。）

子任务2－3　饰品的选择与佩戴

【知识准备】

在衣着的整体构成中，饰品起到点缀、搭配服装的作用，饰品与服装构成了服饰的完整性。人们为了增加自己的气质而佩戴饰物，在增加美感的基础上，达到锦上添花的效果。结合自己的身份和所出席的场合，巧妙地使用首饰和饰物，是构成整体和谐的点睛之笔。但是某些饰物的佩戴并非是随意性的，它往往具有约定俗成的意义，对此，只有了解，才能在达到高雅美丽的同时，又合乎礼仪规范。

一、饰品的种类

饰品是服装以外的与服装搭配，起装饰作用的物品。饰品的特点是体积小，但效果明显，有着点缀、美化整体形象的功能，在整套服装穿着中起着增色、衬托以及画龙点睛的作用，使整体效果更加完美。饰物的选择和搭配不仅体现了人们的审美水准、欣赏能力，也反映了人们的文化素养，同时也是个性的体现。

根据饰品的作用可以将饰品划分为装饰性饰品和实用性饰品两大类。耳环、戒指、手镯、项链、胸花等属于装饰性饰品，统称首饰。帽子、鞋袜、眼镜、腰带、皮包等属于实用性饰品。饰品若是与服装搭配得当，可以让整体的搭配有锦上添花的效果；搭配不当，则成了画蛇添足的多余之物。

金融行业员工由于其自身职业特点，对饰品的佩戴有着严格的要求。金融工作作为一项严谨的职业，员工必须以简洁、干练、自信、端庄、大方的职业形象展示在客户面前，因此，工作期间，不允许佩戴夸张的物品。女员工手上最多可佩戴戒指一个，严禁佩戴一些色彩材质夸张的手镯、项链等。男员工身上一般只允许佩戴手表，手表的选择要符合自身身份及气质要求，避免佩戴过于夸张的腕表，给人感觉为人轻浮，欠缺稳重，也避免佩戴过于昂贵或过于低廉的手表，和银行员工自身不相符，尽量选择外形大气、厚重、品质精良、轻便的腕表。

二、饰品的佩戴原则

装饰用品的佩戴要从服饰的整体着手，关键在于体现饰品的点缀、美化服饰的作用，恰到好处即可。饰品的佩戴要注意巧而精，切不可画蛇添足。合理地选择、佩戴装饰用品，还要考虑以下几点。

1. 选择具有对比色的饰品。饰品与服饰的颜色最好能够相互弥补、凸显。如果服饰的颜色比较暗淡，则可以选用颜色亮丽的饰品，比如一件黑色的套裙可以搭配一条红色的丝巾。

2. 饰品与服装式样、风格统一。饰品需要与服饰的风格统一，如果不顾及风格而胡乱搭配很容易让人感到不伦不类，如西装革履却搭配幼稚有余的卡通背包。

3. 饰品有利于弥补生理上不足。饰品的使用应该起到扬长避短的作用，脸大的人，最好不要戴太小的帽子，可能会显得脸大头小；同样，如果身材瘦小的人戴一顶过大的帽子，也会给人头重脚轻的感觉；脖子较短的人，宜选用细长的项链；脖子细长的人，宜佩戴多层次或较短的项链。

4. 佩戴饰品因时、因地、因人制宜。“因时”，是根据季节变换饰品，不合时宜的饰品，不仅不符合人们的审美习惯，对身体健康也不利；一些庄重华丽的服装和闪光的饰物，是专为晚宴活动准备的，如果在白天穿戴就很不合适。“因地”，就是指佩戴装饰用品要考虑不同场合，如晚礼服在平时的工作场所中穿着就很不合适。“因人”指佩戴饰品要考虑到是否适合本人，不能一味盲目跟风。

三、饰品的使用

（一）男士饰品的使用

男士饰品的种类很少，但实用性更强，因而佩戴更要符合交际规范。男士较为常用的饰品有皮带、皮夹、名片夹、手表、笔和公文包等。

1. 皮带。皮带是男士着装必不可少的配饰，可以根据服饰的颜色、质地、款式搭配不同材质、风格和颜色的皮带。一般来讲，黑色的皮带可以搭配的服装较多。

2. 皮夹。皮夹是男士重要的随身物品，如果有经济实力，可以购买好皮料、好品牌的皮夹，颜色可选暗咖啡色和黑色，皮夹中不宜塞满东西。

3. 名片夹。名片夹用来装自己和他人的名片，以皮制的最好，金属的次之。

4. 手表和笔。在西方，手表、金笔和打火机被称做男士三大配饰，是身份的象征。男士可以戴款式简单的机械表，可配金表带或银表带，也可以配皮质的表带但颜色应与腰带颜色一致。男士在公务商务活动或交际活动中应该携带一支钢笔和一支水性笔，笔可以放在公文包内或西装上衣内侧的衣袋内，不要插在西装上衣左胸外侧的装饰性衣袋中。

5. 公文包。公文包质地以深褐色或棕色皮革质地为最佳，尽量不要选用发光发亮、图案花哨的皮包。

（二）女士饰品的使用

女士饰品种类较多，佩戴也更讲究，比较常见的女士饰品有鞋子、丝袜、帽子、手套、丝巾、皮包、胸针等。

1. 鞋子。鞋子是女士着装的重要部分。在正式交际场合，女士一般穿黑色半高跟皮鞋，绝对不能穿凉鞋，否则被视为不懂礼仪。高跟鞋也可以穿，但不要穿太高太细的高跟鞋，以免走路步伐不稳，影响形象。

2. 丝袜。穿裙子应当配长丝袜或连裤袜，在正式场合中穿裙装而不穿袜子是不礼貌的，颜色以肉色、黑色最为常用，腿较粗的女士可以考虑穿深色的丝袜。在办公室或工作场所可以预备一两双丝袜，以备钩破时急用。

3. 帽子。帽子的种类很多，如礼帽、贝雷帽、鸭舌帽、棒球帽等。女士戴帽子的讲究很多，比如参加宴会、婚礼、游园等交际活动时，帽子能增加主人的风采，还能衬托身份和品位。应根据脸形和身高选择帽子。

4. 手套。手套不仅是御寒的工具，还是衣着的重要饰品。手套颜色与衣服的颜色应相一致，如穿深色大衣，适宜戴黑色手套；在穿西装套装或夏令时装时，可以挑选薄纱手套、网眼手套和锦纶手套。

5. 丝巾。女士们根据不同场合、服装和当天的化妆、发型来选配丝巾的色泽和款式。身高者，丝巾要宽大些，花型小一些，色彩柔和一些；体型纤弱者，丝巾应短一些，花色可繁杂艳丽些。

6. 皮包。女士皮包可以分为三类：肩挎式皮包、手提式皮包、双肩背包。手提包的颜色有讲究，要与季节、服装、场合、气氛相协调。在严肃的交际场合中可使用颜色较暗、形状较方正的提包；参加舞会或宴会可使用颜色鲜艳的羊皮小包或缎面小包。夏季手提包应该小巧淡雅，冬季手提包可以是艳丽明快的。

7. 胸针。胸针可别在胸前，也可别在领口、襟头等位置。胸针要以质地、造型、做工精良为标准。胸针式样要注意与脸形协调：长脸形宜配近于圆形的胸针；圆脸形应配以长方形胸针；如果是方脸形，适宜用圆形胸针。

四、佩戴饰品需要注意的问题

（一）佩戴首饰时需要注意的问题

佩戴首饰也应遵守TOP（时间、场合、地点）原则，具体要求是：

1. 佩戴首饰要注意场合。只有在交际应酬时，佩戴首饰才最合适；上班时间以不戴或少戴首饰为好；从事劳动、体育活动和出席会议时也不宜戴首饰。

2. 佩戴首饰要与服装及本人的外表相和谐。一般穿较考究的服装时，才佩戴昂贵的首饰；穿运动装、工作服时不宜戴首饰。胖脸形的女士不宜戴耳环，圆脸形的女士戴项链应加个挂件。

3. 佩戴首饰要考虑性别因素。女士可以戴各种首饰，男士只宜戴结婚戒指。

4. 佩戴首饰要注意寓意和习惯。项链是平安、富有的象征，应根据身材和个性特点，选择适当的款式和色彩。戒指是首饰中最明确的爱情信物，佩戴戒指可表明你的婚姻状况：戴在食指上表示求婚，戴在中指上表示已在恋爱中，戴在小指上则表示自己是一个独身主义者。戒指一般只戴一枚，而且戴在左手上。手镯或手链如果在左手腕或左右两腕上同时佩戴，表示佩戴者已经结婚；如果仅在右手腕上佩戴，则表明佩戴者是自由而不受约束的。另外，手镯或手链的戴法还要考虑因各民族的习俗不同而有所区别。中国人习惯将手镯或手链戴在右手上，而一些西方人则习惯戴在左手上。一般女士佩戴手镯或手链就不用戴手表。

（二）搭配饰物时需要注意的问题

1. 围巾和帽子。围巾、帽子若与服装的风格一致，可增加整体的形象美。在冬季，人们的服装色彩较暗，可以用颜色鲜艳的围巾、帽子点缀。如果服装颜色很艳丽，可用颜色素雅的围巾、帽子以求得一种色彩的平衡。帽子还可以用来修饰脸形，长脸形的人宜戴宽边或帽檐下垂的，脸宽的人则应戴小檐高顶帽。

2. 手提包。一般要求手提包与服装相和谐。夏季提包应轻巧，冬季提包的颜色可以鲜明些；草编的手提包配上运动衫或棉布便装就十分自然得体。

3. 眼镜。如今，眼镜已不只是医疗保健品，它不仅能保护眼睛，而且还是一种饰品。一副精美的金边眼镜，会给人增添几分斯文，而大框架的眼镜则显示出一种豪放气派。

4. 胸花。胸花有金属的、塑料的、镶嵌宝石的，还有用与衣服料子相同的呢绒做的，很有情趣。女子佩戴胸花没有一定的原则，只要看上去不刺眼就行。

5. 手帕。作为一种饰物，在西装左上边口袋里，露出折成三角形、双尖形、花瓣形等形状的手帕，能给人平添几分风度。

【综合实训】

国外的一位心理学家曾做过一个实验：分别让一位身着笔挺漂亮军服的海军军官，一位戴金丝眼镜、手持文件夹的青年学者，一位打扮入时的漂亮女郎，一位挎着菜篮子、脸色疲惫的中年妇女，一位留着怪异头发、穿着邋遢的男青年在公路边上搭车，结果，漂亮女郎、海军军官、青年学者的搭车成功率很高，中年妇女稍微困难一些，那个男青年就很难搭到车。

这则故事告诉我们：不同的仪表代表了不同的人，随之就会有不同的际遇。这个问题我们可以换一个假设，你自已在商场中选购商品，根据你的消费心理，你会选择什么样的包装？你会选择购买一件包装得又脏又破的产品吗？肯定不会，因为普通消费者都认为，包装不仅仅是包装而已，它更代表了商品的质量和品位。

问题：

1. 结合所学知识论述金融行业员工在工作岗位中的着装原则。
2. 合理得体的着装对金融行业员工有哪些重要的意义？

思考与练习

1. 仪容礼仪的原则主要有哪些？
2. 金融行业工作人员面部的修饰要求有哪些？
3. 试述金融行业员工选择发型的原则。
4. 简述脸部化妆的基本原则。
5. 简述服装的功能和着装的TOP原则。
6. 金融从业人员在着制服时需要注意的事项有哪些？
7. 简述西装穿着的基本要求。
8. 佩戴首饰时需要注意的问题有哪些？

项目四 金融服务行业日常交际礼仪

【案例导入】

某公司新建的办公大楼需要添置一系列的办公家具，价值数百万元。公司的总经理已做了决定，向A公司购买这批办公家具。这天，A公司的销售部负责人打电话来，要上门拜访这位总经理。总经理打算等对方来了，就在订单上盖章，定下这笔生意。不料对方比预定的时间提前了2个小时，原来A公司听说这家公司的员工宿舍也要在近期落成，希望员工宿舍需要的家具也能向他们购买。为了谈成这件事，销售部负责人提前来了，还带来了一大堆的资料，摆满了台面。总经理没料到对方会提前到访，刚好手边又有事，便请秘书让对方等一会儿。没想到这位销售部负责人等了不到半小时，就开始不耐烦了，一边收拾起资料一边说："我还是改天再来拜访吧。"这时，总经理发现对方在收拾资料准备离开时，将自己刚才递上的名片不小心掉在了地上，对方却并没发觉，走时还无意地从名片上踩了过去。这个不小心的失误，却令总经理改变了初衷，A公司不仅没有机会与对方商谈员工宿舍的设备购买，连几乎已经到手的数百万元办公家具的生意也告吹了。A公司销售部负责人的失误，看似很小，其实是巨大而不可原谅的失误。名片在商业交际中是一个人的化身，是名片主人自我的延伸。弄丢了对方的名片已经是对他人的不尊重，更何况还踩上一脚，顿时让这位总经理产生反感。再加上对方没有按预约的时间到访，不曾提前通知，又没有等待的耐心和诚意，丢失了这笔生意也就不是偶然的了。

分析：

名片是一个人向别人介绍自己时使用的介绍信，自己是什么身份，有什么头衔，用嘴说似乎不太好意思，因此，名片就充当了介绍的功能。所以说名片就是一个人的脸面，是一个人身份、地位的延伸。A公司销售部的这位负责人，接受了别人的名片没能妥善地保管好，随意放在了桌上，临走时在匆忙之间又掉在了地上，甚至无意中还踩了一脚。这看似不经意的行为，从轻处说是对别人的不尊重，从重处说是对别人人格的侮辱。名片如人，这等于是当面给了人一嘴巴。难怪一笔即将到手的大买卖就被这小小的纸片给断送了。

（资料来源：http：//wenku. baidu. com/view/43a6d4c55fbfc77da269b14f. html。）

【学习目标】

◎ **能力目标**

1. 能够熟练掌握称呼礼仪。

2. 能够熟练运用介绍礼仪。

3. 能够熟练使用名片发放礼仪。

4. 能够熟练地掌握电话的接打和手机使用礼仪。

◎ **知识目标**

1. 掌握金融行业工作人员社交礼仪基本知识与要领。

2. 明确金融行业工作人员社交礼仪的重要性。

3. 掌握金融行业工作人员网络礼仪和书柬卡片礼仪。

4. 掌握金融行业工作人员选择、赠送、接受和拒绝礼品礼仪。

◎ **素质目标**

1. 通过良好的交易礼仪，提升金融企业形象和服务质量。

2. 通过良好的见面礼仪、日常拜访礼仪和接待礼仪，塑造金融服务行业人员良好的形象。

任务1 称呼、介绍和发放名片的礼仪

【工作任务】

子任务1-1：称呼的基本原则和技巧

子任务1-2：自我介绍和居间介绍的基本礼仪

子任务1-3：名片的发放礼仪

子任务1-1 称呼的基本原则和技巧

案例4-1

谁惹了“大姐”

一位衣着时尚的女士走进客户经理静静所在的这家银行，客户经理静静走上前来，问：“大姐，您需要帮忙吗？”女士斜看了静静一眼，没有搭理她。静静以为女士没有听清楚，抬高了声音又问：“大姐，需要帮忙吗？”这一次女士发话了：“你是谁啊？”静静意识到自己没有穿制服，但还是热情地问：“您需要帮忙吗？”女士说：“我找这里的客户经理。”静静说：“我就是。”女士转过头说“不用了”，随后走出了大厅。

（资料来源：自编资料）

【知识准备】

在社会交往中，恰当的称呼能够展现一个人的深厚涵养，令交际双方感到心情愉快，促进交际双方彼此尊重，加深了解，为深入交际打下一个良好的基础。相反，不恰当或错误的称呼，可能会令对方心生不悦甚至气愤，以致出现隔阂，影响到彼此关系的融洽，最终可能导致交际失败。

称呼指的是人们在日常交往中所采用的彼此之间的称谓语。称呼是迈向人际交往的

第一步，在人际交往中，选择正确、恰当的称呼，反映出一个人的教养水平、对对方的尊敬程度，甚至还体现出交际双方关系发展所达到的程度和社会风尚。恰当的称呼是打开交际双方彼此心扉的金钥匙。

称呼一般有三种功能：一是呼唤功能，其目的是引起对方的注意，如“小王，请来一下”；二是显示呼唤人与被呼唤人之间的关系，如“王行长，您来了”，表示上下级关系；三是表明呼唤人对被呼唤人的态度与情感，如“小王”“王明”“王明同志”“小明”“明儿”“明”等不同称呼就反映了甲对乙的不同态度和不同情感。在公共关系活动中，更看重第三种功能。在日常社交和金融工作场合，对人的称呼很有讲究。

一、称呼的类型

（一）称呼姓名

平辈的朋友、熟人、同事、同学等，彼此可以姓名相称，长辈对晚辈也可以如此称呼，但晚辈不可直呼长辈的姓名。

为了表示亲切，可以在被称呼者的姓前分别加上“老”“大”“小”字相称，而不称其名。如对长者，可称“老张”“老千”；对年幼者，可称“小许”“小孙”。对德高望重的长者，可在其姓氏后加“老”或“公”，如“郭老”“夏公”，以示尊敬。

对年龄相近的同性别朋友、熟人，可直呼其名。但对异性一般不宜直呼其名，只有对关系亲密的异性才可直呼其名，如夫妻之间、恋人之间、兄弟姐妹之间等。

（二）称呼职务

在工作中，为表示身份有别、敬意有加，可以交往对象的职务相称，这是一种最常见的称呼方法。可以仅称呼职务，如“科长”“经理”等；可以在职务前加上姓氏，如“王经理”“李科长”等；极其正式的场合中也可以在职务之前加上姓名，如“王明经理”；也有在职务前加上名字而不带姓氏的，如“广成科长”。

对带有“总”字的头衔可用简称，如“李总”“周总”。如果是副职，在称呼时一般可去掉“副”字，如“王副经理”要称“王经理”。但是，在特别正式、隆重的场合不能使用简称。

（三）称呼职称

对于有职称者，尤其具有中级、高级职称者，可以称呼职称，例如，“教授”“研究员”“工程师”等；也可以在职称前加上姓氏，如“李教授”。有时可以简化，如将“刘工程师”简化为“刘工”；正式的场合中可以在职称前加上姓名。

（四）称呼学衔

在工作中，以学衔作为称呼，可增加被称呼者的权威性，有助于增强现场的学术氛围。也可以在学衔前加上姓氏或姓名。

（五）称呼职业

可以直接称呼被称呼者的职业，但不用于称呼工人和农民。例如老师、教练、大夫、护士、律师、法官、检察官、警官和会计等。在此类称呼前，均可加上姓氏或姓名。

（六）称呼亲属

依照传统，面对外人，称辈分或年龄长于自己的亲属，可以在其称呼前加“家”

字，如“家父”“家母”。称辈分或年龄低于自己的亲属，可在其称呼前加“舍”字，如“舍弟”“舍侄”。称自己的子女，则可在其称呼前加“小”字，如“小儿”“小女”“小婿”。对他人的亲属，应采用敬称。对其长辈，宜在称呼前加“尊”字或“令”字，如“尊母”“令兄”。对其平辈或晚辈，宜在称呼前加“贤”字，如“贤侄”。

（七）称呼性别

一般约定俗成地按性别的不同分别称呼“小姐”、“女士”或“先生”；称未婚女性“小姐”，称已婚女性“女士”。

（八）泛称

1. 同志。如政治信仰、理想、爱好等相同，不分男女、长幼、地位高低，都可称为同志，多用于正式场合或工作场合。对于具有不同政治信仰、不同价值观、不同国家的人，尽量少使用或不使用。与我国港、澳、台地区的朋友见面时一般不用此称呼。

2. 老师。一般用于学校和研究机构中传授文化科学知识、技术的教师。有时人们出于对交际对象的学识、经验或某一方面的敬佩和尊重，也常常以“老师”来称呼对方，在文艺界比较常见。

3. 先生。在我国古代，一般称父兄、老师为先生，也有称郎中、道士等为先生的。有些地区已婚妇女称自己的丈夫或别人的丈夫为先生。在知识界，对有学问的女子也称先生。在西方国家，对成年男子一般都称呼先生。目前，先生一词泛指所有的成年男子。

4. 师傅。原是对工、商、戏剧行业中传授技艺的人的一种尊称，后泛指对所有有技艺的人的称谓，但不适用于知识界和文艺界的人士。

案例 4－2

得体称呼的重要性

著名传记作家叶永烈在着手写陈伯达传记时，必须采访陈伯达，采访时究竟怎样称呼陈伯达，叶永烈颇费了一番心思。采访的前一天晚上，叶永烈辗转反侧，明天见到陈伯达到底应该叫他什么呢？叫他陈伯达同志，不合适，因为陈伯达是在监狱服刑的犯人，那怎么称呼他呢？叶永烈突然灵机一动，称呼他陈老，这是再恰当不过的称呼了。果然，第二天采访时，叶永烈一声“陈老”亲切得体的称呼，令陈伯达听了感动万分，眼里充满了泪花。叶永烈也非常顺利地完成了此次采访任务。

（资料来源：赵永生．大学生礼仪［M］．北京：冶金工业出版社，2008.）

二、称呼的基本原则

1. 要合乎常规。

2. 要区分场合。在工作场合或职场上一般使用正规称呼，如称呼职务、职业或职称；在私人场合可称呼姓名。

3. 要入乡随俗。如北京人喜欢称人为“师傅”，山东人喜欢称人为“伙计”，中国人常称配偶为“爱人”等。但是，在南方人听起来，“师傅”等于“出家人”，“伙计”就是“打工仔”。

4. 要尊重对方习惯。对方习惯被怎样称呼，可以按对方的要求称呼。

案例4-3

这里没师傅只有大夫

某高校一位大学生，用手捂着自己的左下腹跑到学校医务室，对坐诊的大夫说："师傅，我肚子疼。"坐诊的大夫说："这里只有大夫，没有师傅，找师傅请到学生食堂。"学生的脸红到了耳根。

对于文化人的称谓一定要明确，这样才能减少尴尬。这样既体现了自己的文化水平，也显示了对他人的尊重。当然作为大夫也应该注意服务态度，讲究礼仪修养。对患者不当的语言应当予以宽容，批评对方要采用委婉的口气。

（资料来源：http://wenku.baidu.com/view/19f78b160b4e767f5acfcebe.html? from = rec&pos = 0&weight = 172&lastweight = 110&count = 3。）

三、称呼的技巧

1. 初次见面时，要注意使用较为正式的称呼，如称呼对方的职务、职称或职业等，也可使用泛称，如"先生""小姐""女士"等。不宜使用表示亲近的称呼，如姓名。

2. 称呼对方时要充分引起对方的注意。首先要使对方能够听清对他的称呼，其次，使对方产生愿意交往的兴趣。不可一带而过，以致对方没有听清或引起对方的误解，影响后来的交往。

3. 关系越熟越要注意称呼，如果不分场合、时机，可能引起对方的不愉快。

4. 不随意简化称呼，如将"牛处长"简称为"牛处"。

5. 要避免误读姓名和使用过时的称呼。

6. 要避免误会，主要是避免对被称呼人的年纪、辈分、婚否以及与其他人的关系作出错误判断。

7. 在非正式场合或向陌生人问询时，为表示亲近，可以亲属的称谓称呼对方，如"叔叔""阿姨""老伯伯""老奶奶""阿公""阿婆"等。

8. 对婚姻状况不明的女子可称"女士"。

案例4-4

乱用称呼造成的麻烦

王先生的一位外国客户要过生日了，王先生打算送客户一个生日蛋糕。他来到一家蛋糕店，对服务小姐说："小姐，您好，我要为我的一位外国客户订一份生日蛋糕，同时附带一份贺卡，然后麻烦你们帮我送到这个地址，您看可以吗？"服务小姐接过订单一看，忙说："请问先生，您的朋友是小姐还是太太啊？"王先生也不清楚这位外国客户结婚没有，从来也没打听过，他为难地抓了抓后脑勺，想了想说："小姐？太太？一大把岁数了，应该是太太吧。"生日蛋糕做好后，服务小姐按地址送到了酒店客房，敲门后，一女子开门，服务小姐有礼貌地说："请问，您是怀特太太吗？"女子愣了愣，不高兴地说："错了！"然后关上了门。服务小姐丈二和尚摸不着头脑，抬头看看房门号，又打了个电话给王先生重新确认了一下。女服务员认为房间号码没错，所以又敲了一遍门，房门再次打开后，服务小姐说："没错啊，怀特太太，这是您朋友王先生给您订的生日蛋糕。"那位女子大声地说："告诉你错了，这里只有怀特小姐，没有怀特太太。"啪的一声，门被用力地关上，服务小姐躲闪不及，蛋糕掉在了地上，服务小姐愣在了门外。

（资料来源：赵永生．大学生礼仪［M］．北京：冶金工业出版社，2008.）

四、称呼的禁忌

1. 晚辈直呼长辈的姓名。
2. 关系不是极为亲密，对年龄相近的异性只称呼名字而不称呼姓氏，或称呼乳名。
3. 低级庸俗的称呼，如在机关事业单位称领导为"老板"。
4. 称呼他人的绰号。
5. 呼唤他人无称呼。
6. 记不起对方的姓名或张冠李戴，叫错对方的姓名。

案例 4－5

名字的重要性

在人际交往中，一般人很容易忽视名字的重要性。大家很习惯地接过对方的名片，看了对方的职务，看了对方的公司，就是没有注意对方的名字是什么。其实在人际交往中，记住一个人的名字是对他人最基本的尊重。

有时候要记住一个人的名字很难，尤其当它不太好念时。一般人都不愿意去记它，心想：算了！就叫他的小名好了，而且容易记。王行长曾经拜访了一个名字非常难念的客户。他叫尼古得玛斯·帕帕都拉斯，别人都只叫他"尼古"。王行长告诉我们说："在我拜访他之前，我特别用心地念了几遍他的名字。当我用全名称呼他'尼古得玛斯·帕帕都拉斯先生'时，他呆住了。过了几分钟，他都没有答话。最后，他握着我的手激动地说，'王行长，我在中国生活了 15 年，从没有人会试着用我真正的名字来称呼我。'"

王行长和尼古得玛斯·帕帕都拉斯此次会谈非常愉快，而且尼古得玛斯·帕帕都拉斯很快地将自己公司的主要业务都转到了王行长所在的银行。

（资料来源：http：//wrcs. net/forum. php？ mod = viewthread&tid = 359&from = portal。）

子任务 1－2　自我介绍和居间介绍的基本礼仪

案例 4－6

自我介绍成关键

客户经理王静刚进公司不久，公司就派给她前往别家公司洽谈业务。由于她刚从学校毕业，没有工作经验，跟对方负责人谈了半个小时，对方负责人连她姓什么都不知道，只好问她："不好意思，打断一下，请问你贵姓？"王静这才恍然大悟："不好意思，刚才忘记介绍自己了，免贵姓王"。对方负责人判断这人肯定是新手，办事不可靠。便说："对不起，我们现在不需要，以后我们需要的时候一定与您联系。"

（资料来源：自编资料。）

【知识准备】

介绍是社交场合中交际双方相互了解的基本方式，无论自我介绍或居间介绍，正确地运用介绍的礼节，会使对方产生良好的第一印象。

一、自我介绍

自我介绍就是在必要的社交场合，把自己介绍给他人，使对方认识自己。

（一）自我介绍的时机

与不相识者相处一室；他人请求自己作自我介绍；在聚会上与身边的陌生人共处；交际对象对自己不了解，或无所知；前往陌生单位，进行业务联系；在旅途中与他人不期而遇而又有必要与人交往；初次登门拜访不相识的人；遇到挡驾，或请不相识者转告；初次利用大众传媒，如广播、电视，向社会公众进行自我推介、自我宣传；遇到一位知晓或久仰的人士想要与之交往；应聘求职等。

（二）自我介绍的方式

1. 应酬式的自我介绍。介绍内容只包括姓名一项，适合一些公共场合和一般性的社交场合，如邂逅、宴会、舞会、通电话时。它的对象主要是一般接触的交际对象。

2. 工作式的自我介绍。介绍内容包括姓名、单位以及部门、职务或从事的具体工作等。

3. 交流式的自我介绍。刻意寻求进一步交流沟通，希望对方认识自己、了解自己、与自己建立联系。介绍内容包括姓名、工作、学历、爱好以及与交往对象的某些熟人关系等。

4. 礼仪式的自我介绍。介绍内容包括姓名、单位、职务等。自我介绍时，应加入一些适当的谦辞和敬语，以示自己尊敬交往对象。适用于讲座、报告、演出、庆典和仪式等正规的场合。

（三）自我介绍的注意事项

1. 内容。实事求是，不自吹自擂、夸大其词或过分谦虚。

2. 态度。亲切自然、友善大方，不傲慢，不做作。

3. 心理。充满信心、胸有成竹，不自卑。

4. 语言。语气自然，语速正常，语音清晰，简约得体。

5. 时间。尽可能地节省时间，以半分钟为佳，如无特殊情况最好不要长于1分钟。

（四）自我介绍的禁忌

1. 自我介绍时，对方没有结识兴趣却不及时打住，自讨没趣。

2. 引导对方作自我介绍时直言相问，如"你叫什么名字"。

3. 对方作了自我介绍后，自己却不作自我介绍，不尊重对方。

二、居间介绍

居间介绍即社交中的第三者介绍，是以中介人的身份介绍原本陌生的人相识。介绍时，介绍人和被介绍人都应起立，以示尊重和礼貌。介绍完毕，被介绍双方应微笑点头，并由尊者主动握手致意。介绍如在会议桌、宴会桌旁进行，可不必起立，被介绍双方点头微笑或举右手致意即可。介绍时，切忌涉及个人隐私。

（一）居间介绍的顺序

必须遵守“尊者优先了解情况”的规则，先要确定双方地位的尊卑，然后先介绍位卑者，后介绍尊者。主要表现为以下几种情形：

1. 先将男士介绍给女士。例如，介绍王先生与李小姐认识，介绍人应当引导王先生到李小姐面前，然后说：“李小姐，我来给你介绍一下，这位是王先生。”注意在介绍过程中，被介绍者的名字总是后提。

2. 先将年轻者介绍给年长者。把年轻者引见给年长者，以示对前辈、长者的尊敬。比如：“张教授，让我来介绍一下，这位是我的同学汪洋。”“刘阿姨，这是我的表妹李红。”“张伯伯，我请您认识一下我的表弟赵枫。”在介绍中，应注意有时虽然男士年龄较大，但仍然是将男士介绍给女士。

3. 先将未婚女子介绍给已婚女子。比如：“张太太，让我来介绍一下，这位是李小姐。”注意当无法辨别被介绍者是已婚还是未婚时，则不存在先介绍谁的问题，可随意介绍，如“张女士，我可以把我的女朋友李小姐介绍给你吗?”

4. 先将职位低的介绍给职位高的。在实业界或公司中，在商务场合要先将职位低的介绍给职位高的。比如：“王总，这位是公司的总经理助理刘女士。”注意，这里我们先提到的是王总经理，这是因为我们把王总经理的职位看做高于刘女士，尽管王总经理是一位男士，仍不先介绍他。

5. 先将家庭成员介绍给对方。当向别人介绍自己的家庭成员时，应谦虚地说出对方的名字。这不仅是出于礼貌，而且对介绍自己的家庭成员也比较方便。比如：“张先生，我想请你认识一下我的女儿娜娜。”“张先生，请允许我介绍一下我的妻子。”

6. 集体介绍时的顺序。

在被介绍者双方地位、身份大致相似，或者难以确定时，应当使人数较少的一方礼让人数多的一方，一个人礼让多数人，先介绍人数较少的一方或个人，后介绍人数较多的一方或多数人。

若被介绍者在地位、身份之间存在明显差异，特别是当这些差异表现为年龄、性别、婚否、师生以及职务有别时，则地位、身份为尊的一方即使人数较少，甚至仅为一人，仍然应被置于尊贵的位置，最后加以介绍，而先介绍另一方人员。

若需要介绍的一方人数不止一人，可采取笼统的方法进行介绍，例如，可以说“这是我的家人”，“他们都是我的同事”等。但最好还是对其一一进行介绍。进行此种介绍时，可按位次尊卑顺序进行。

若会议主持介绍来宾，按位次尊卑顺序进行介绍。若被介绍双方皆不止一人，则可依照礼规，先介绍位卑的一方，后介绍位尊的一方。在介绍各方人员时，均需由尊到卑，依次进行。

（二）居间介绍的时机

在办公地点，接待彼此不相识的来访者；住家中接待彼此不相识的客人；与家人外出，路遇家人不相识的同事或朋友；陪同亲友前去拜会亲友不相识者；本人的接待对象遇见了其不相识的人士，而对方又跟自己打了招呼；陪同上司、长者、来宾时，遇见了其不相识者，而对方又跟自己打了招呼；打算推介某人加入某一交际圈；受到为他人作介绍的邀请。

（三）居间介绍的技巧

居间介绍，要先了解双方是否有结识的愿望，不要贸然行事。

介绍时，一般可以站在双方之间，介绍人应先说："让我来介绍一下"或"请允许我来介绍一下"。同时伴随适当的手势，礼貌地以手示意，四指并拢，拇指自然张开，指向被介绍的一方，还要注意不能背对任何一位，同时眼睛要看着要告知的人。要面带微笑，口齿伶俐，清楚地说出完整的介绍语，有时还可以用些定语或形容词，或介绍些兴趣爱好等，为双方提供说话的由头。

介绍内容通常是双方的姓名、单位和工作职务等。

（四）被介绍者的表现

被人介绍时，无论哪方，无论何人何种身份，都应起立示意，目视对方，面带微笑，全神贯注。同时可以以握手或其他致意形式边行礼边伴以诸如"您好""认识您很高兴"等礼貌用语。

（五）居间介绍禁忌

1. 介绍时不用手示意，而用手指指指点点。

2. 介绍完毕，不引导双方交谈就立即离开。

案例 4－7

适当的介绍可以消除误会

《钢铁是怎样炼成的》一书中有这样一个小故事：保尔深深地爱着安娜，两人的关系非常亲密。但保尔有一天发现安娜房里来了一位陌生的男子，两人非常亲昵，于是误会产生了，保尔断绝了与安娜的来往，爱情由此夭折了。实际上，这位男子不是外人而是安娜的哥哥，如果安娜有一个简单的介绍，误会也不会产生了。介绍可以消除不必要的误会，使人际交往顺利进行下去。

（参考资料：王华．金融职业礼仪［M］．杭州：浙江大学出版社，2006.）

子任务 1－3　名片的发放礼仪

【知识准备】

初次相识，或是自我介绍，往往要互呈名片。名片是现代社交中和金融工作中广泛使用的交际工具之一，它具有证明和介绍的功能，起着沟通和联络的作用；此外还可以用名片代作礼节性的拜访或表达某种感情，如祝贺、感谢、赠礼等。在商务往来中，名片犹如一个人的脸面。在商务交往中可以这么说：一个没有名片的人，是没有实力的人；一个不随身携带名片的人，是不尊重交往对象的人。简言之，每一名商界人士不仅必须备有名片，而且必须随时携带名片。

一、交换名片的顺序

在商务场合交换名片时，往往不止与一人交换，而通常是要与多人交换。在与多人交换名片时，应讲究先后次序：或由近而远，或由尊而卑进行。位卑者应当首先把名片递给位尊者。如果在递交名片时顺序混乱，远近不分，尊卑不分，就会给对方造成不良印象，对商务活动造成不良的影响。

二、名片的索取

一般而言，索取名片不宜过于直截了当。可行之法有四：其一，交易法；其二，激将法；其三，谦恭法；其四，联络法。

1. 交易法。交易法是指“将欲取之，必先予之”。也就是说想索要别人的名片时，最省事的办法就是把自己的名片先递给对方。“来而不往，非礼也”，当你把名片递给对方时，对方不回赠名片是失礼的行为，所以对方一般会回赠名片给你。

2. 激将法。激将法是指有的时候遇到的交往对象其地位身份比我们高，或者身为异性，难免有提防之心。这种情况下把名片递给对方，对方很有可能不会回赠名片。遇到这一情况，不妨在把名片递给对方的时候，略加诠释，如：“王总，我非常高兴能认识您，不知道能不能有幸跟您交换一下名片？”在这种情况下，对方就不至于不回赠名片。即便他不想给，也会找到适当借口让你下台。

3. 谦恭法。谦恭法是指在索取对方名片之前，稍做铺垫，以便索取名片。比如见到一位研究电子计算机技术的专家可以说：“认识您我非常高兴，虽然我玩电脑已经玩了很多年了，但是与您这种专业人士相比相形见绌，希望以后有机会能够继续向您请教，不知道以后如何向您请教比较方便？”前面的一席话都是铺垫，只有最后一句话才是真正的目的——索取对方名片。

4. 联络法。谦恭法一般是对地位高的人，对平辈，或者晚辈就不大合适。面对平辈和晚辈时，不妨采用联络法。联络法的标准说法是：“认识您太高兴了，希望以后有机会能跟您保持联络，不知道怎么跟您联络比较方便？”

三、名片的递交、接受和存放

（一）名片递交的时机

希望认识对方，被介绍给对方；对方向自己索要名片；对方提议交换名片；打算获得对方的名片；初次登门拜访对方。

（二）名片的递交

递交名片时应起身站立，走上前去，使用双手或者右手将名片正面对着对方，递给对方。若对方是外宾，最好将名片上印有英文的那一面对着对方。将名片递给他人时，应说“多多关照”“常联系”等话语，或先自我介绍。递交自己名片时应郑重其事，还应注意以下几点。

1. 不要用左手递交名片。

2. 不要将名片背面对着对方或者颠倒着面对对方。

3. 不要将名片举得高于胸部。

4. 不要以手指夹着名片给人。

（三）名片的接受

接受别人名片时，需要注意四点。对于第三点，尤其需要重视。

1. 他人递名片给自己时，应起身站立，面含微笑，目视对方。

2. 接受名片时，双手捧接，或以右手接过。

3. 接过名片后，要从头至尾把名片认真默读一遍，意在表示重视对方，对于不认识的字词，可及时向对方请教。

4. 接受他人名片时，应使用谦词敬语。如“请您多关照”。

（四）名片的收存

1. 名片的置放。在参加商务活动时，要随时准备好名片。名片要经过精心的设计，能够艺术地表现自己的身份、品位和公司形象。随身所带的名片，最好放在专用的名片包、名片夹里。公文包以及办公桌抽屉里，也应经常备有名片，以便随时使用。接过他人的名片看过之后，应将其精心放入自己的名片包、名片夹或上衣口袋内。不可把玩、乱扔乱放。

2. 名片的管理。及时把收到的名片加以分类整理收藏，以便今后使用方便。不要随意夹在书刊、文件中，更不能随便地扔在抽屉里。存放名片要讲究方式方法，做到有条不紊。推荐方法有：（1）按姓名拼音字母分类；（2）按姓名笔画分类；（3）按部门、专业分类；（4）按国别、地区分类；（5）输入手机、电脑等电子设备中，使用其内置的分类方法。

【综合实训】

请两个同学到讲台上模仿某银行客户经理初次与某客户见面时作自我介绍和交换名片的情景，然后全体同学一起来找正确与不足，针对错误的地方引导大家自由讨论，共同提出修改意见。

提示：

1. 进行自我介绍时，要简洁、清晰、充满自信，态度要自然、亲切、随和，语速要不快不慢，目光要正视对方。

2. 递交名片时要双手递过去，以示尊重对方，将名片放置于手掌中，用拇指夹住名片其余四指托住名片反面，名片的文字要正向对方，以便对方观看。

3. 接受他人名片时，应恭恭敬敬，双手捧接并道感谢。接受名片者应当认真地看看名片上所显示的内容。可以从上到下，从正面到反面重复看一遍，可以把名片上的姓名、职务、较重要或较高的职务读出声来。

任务2　常见的见面礼仪和日常拜访、接待礼仪

【工作任务】

子任务2－1：常见的见面礼仪

子任务 2-2：营销活动中的拜访礼仪

子任务 2-3：营销活动中的接待礼仪

子任务 2-1　常见的见面礼仪

【知识准备】

人与人交往的第一步就是见面。见面及见面时的问候礼节是金融行业员工留给客户第一印象的重要组成部分。初次见面，我们往往凭自己的直觉判断对方是否能够信任，是否可以继续交往、交流和沟通。心理学的研究成果表明：人们初次对他人知觉时形成的印象往往最为深刻，而且对以后的人际知觉起着指导性作用。也就是说，当不同的信息结合在一起时，人们往往重视前面的信息，而忽视后面的信息，即使人们同样注意到了后面的信息，也会倾向于认为后面的信息是非本质性的、偶然的。当前后信息不一致时，人们会屈从于前面的信息，按照前面的信息来解释后面的信息，从而形成整体一致的印象。因此，金融从业人员对见面的礼节及其礼仪规范应予以特别的重视。

我们每天都要和许多人见面，客户、同事、领导、朋友等。在不同的环境下见不同的人，我们用着不同的方式和礼节。在这里我们需要注意的是要让自己的礼仪规范在他人的第一印象中留下得体、大方的记忆。因此，为了给客户留下一个良好的印象，获得客户的信任，金融行业员工尤其需要掌握和遵循见面问候礼仪，用得体的礼节来传达真诚和尊重。

一、问候客户时的注意事项

金融行业员工在和客户见面时，首先要打招呼问候。问候时，一定要注意：说话时注视对方，保持微笑，专注地聆听，偶尔变化话题和说话方式。问候是与客户见面时最先向对方传递的信息，它是作为开场白被使用的。问候初次见面的客户，最标准的说法是“您好！很高兴认识您！”“您好！很高兴为您服务！”“您好！请问您办理什么业务?”等。与熟悉的客户见面时就不必如此客套，用语也不妨显得亲切一些、具体一些，可以说“好长时间没见了！”“可见着你了！”，还可以使用一些称赞语，如“你气色不错！”“你是越长越漂亮了！”等，如此细腻的问候一定可以留给对方深刻的印象。

问候语作为一种见面后的联系语言，它不一定要具有实质性的内容，但要求灵活多变，最重要的是要把握好分寸，需要因人、因时、因地而异。问候语要简洁，要达到尊重对方、传达友好之意的目的。在问候语言里，应该避免以下几种情况。

（一）程式化问候语过多

应避免过多地使用程式化问候语。例如与客户初次见面时说：“您的大名如雷贯耳，今日得见，三生有幸”，客户则道：“岂敢，岂敢！”搞得像演出古装戏一样，就有点不太合适。

（二）敷衍了事的问候语

敷衍了事般地打哈哈，或者戏弄客户，如“来了”“瞧您那德性”“喂，您又长膘了”等，此类问候语自然均应禁用。

（三）牵涉私人话题

见面问候不要牵涉到个人私生活、个人禁忌等方面的内容。例如，一见面就问候人家“跟朋友吹了没有”，或是“怎么还这么胖”，无论你是在开玩笑，还是在表示亲热，都会令客户感到不快。

（四）张口就问“还记得我吗”

见面时不可向仅有数面之缘的客户提问：“你还记得我吗?”对方若真的不记得了，无论是实话实说，还是假装记得却叫不出名字，彼此都会觉得非常尴尬。得体的方式应该自我介绍说：“我是某某银行的某某，我们曾在某地见过面。”

（五）慎说“代问夫人好”之类的话

如果您遇到一位好久没有联系的客户，又不太了解对方的近况，在问候时应注意不要轻易说“代问夫人好”“代问先生好”这样的话。如果对方已经离婚，或者配偶已过世，那么你的好心问候就会让对方很尴尬。此外，也要慎问对方是否还在哪儿高就等问题。因此见面应该笼统问候，比如可以说“代问家人好”“最近忙吗”等，再确定下面的话题。

二、握手礼仪

相传在刀耕火种的年代，人们经常持有石头或棍棒等武器，陌生者相遇，双方为了表示没有敌意，便放下手中的武器，并伸出手掌，让对方抚摸掌心。久而久之，这种习惯逐渐演变为今日的握手礼节。当今，握手已成为世界上最为普遍的一种礼节，握手的力量、姿势和时间的长短往往能够表达出对握手对象的不同礼遇和态度，显露自己的个性，给人留下不同的印象，也可通过握手了解对方的个性，从而赢得交际的主动权。美国著名盲聋女作家海伦·凯勒说：“我接触的手有的能拒人千里之外，也有的充满阳光，你会感到很温暖。”

（一）握手的时机和场合

应当握手的场合包括：遇到较长时间没见面的熟人；在比较正式的场合与认识的人道别；在以本人作为东道主的社交场合，迎接或送别来访者；拜访他人后辞行；被介绍给不认识的人；在社交场合，偶然遇上亲朋故旧或上司；别人给予你一定的支持、鼓励或帮助；表示感谢、恭喜、祝贺；对别人表示理解、支持、肯定；得知别人患病、失恋、失业、降职或遭受其他挫折；向别人赠送礼品或颁发奖品。有些特殊场合，比如双方交谈中出现了令人满意的共同点，双方原先的矛盾出现了某种良好的转机或彻底和解，习惯上也以握手为礼。

当你在握手时，不妨说一些问候的话。说话时语气应直接而肯定，并在加强重要字眼时，紧握着对方的手，以增强对方对你的印象。

（二）标准的握手姿势

握手时，距对方约一步远，上身稍向前倾，两足立正，伸出右手，四指并拢，虎口相交，拇指张开下滑，向受礼者握手。

掌心向下握住对方的手，显示着一个人强烈的支配欲，无声地告诉别人，他处于高人一等的地位，应尽量避免这种傲慢无礼的握手方式。相反，掌心向里握手显示一个人的谦卑与毕恭毕敬，如果伸出双手，更是谦恭备至了（见图4－1）。

图4－1　标准的握手姿势

（三）握手时间的长短

除了关系亲近的人可以长久地把手握在一起外，一般情况下应握两三下，将时间控制在三五秒钟以内。如果要表示自己的真诚和热情，也可较长时间握手，并上下摇晃几下。握手时不要太用力，但漫不经心地用手指蜻蜓点水式地去点一下也是无礼的。

握手时两手一碰就分开，时间过短，好像在走过场，又像是对对方怀有戒心。而时间过长，特别是拉住异性或初次见面者的手长久不放，显得有些虚情假意，甚至会被怀疑为想占便宜。

（四）握手的先后次序

长辈和晚辈之间，长辈伸手后，晚辈才能伸手相握；上下级之间，上级伸手后，下级才能接握；男女之间，女方伸手后，男方才能伸手相握，当然，如果男方为长者，遵照长辈与晚辈之间的握手次序。

如果需要和多人握手，握手时要讲究先后次序，由尊而卑，即先年长者后年幼者，先长辈再晚辈，先老师后学生，先女士后男士，先已婚者后未婚者，先上级后下级。

交际时如果人数较多，可以只跟相近的几个人握手，向其他人点头示意，或微微鞠躬就行。为了避免尴尬场面发生，在主动和人握手之前，应想一想自己是否受对方欢迎，如果已察觉对方没有要握手的意思，点头致意就行了。

在公务场合，握手时伸手的先后次序主要取决于职位、身份。而在社交、休闲场合，它主要取决于年龄、性别、婚否。

在接待来访者时，这一问题变得特殊一些：当客人抵达时，应由主人首先伸出手来与客人相握，而在客人告辞时，就应由客人首先伸出手来与主人相握。前者表示“欢迎”，后者表示“再见”。如果这一次序颠倒，很容易让人发生误解。

应当强调的是，上述握手时的先后次序不必处处苛求于人。如果自己是尊者或长者、上级，而位卑者、年轻者或下级抢先伸手时，最得体的就是立即伸出自己的手进行配合，不要置之不理，使对方当场出丑。

（五）握手的禁忌

我们在行握手礼时应努力做到合乎规范，避免以下禁忌。

1. 不要用左手相握，尤其是与阿拉伯人、印度人打交道时要牢记此禁忌，因为在他们看来左手是不干净的。

2. 在和基督教信徒交往时，要避免两人握手时与另外两人相握的手形成交叉状，这种形状类似十字架，在他们眼里是很不吉利的。

3. 不要在握手时戴着手套或墨镜，只有女士在社交场合戴着薄纱手套握手，才是被允许的。当然在严寒的室外也可以不脱，比如双方都戴着手套、帽子，这时一般也应先说声“对不起”。

4. 不要在握手时另外一只手插在上衣口袋里或拿着东西。

5. 不要在握手时面无表情、不置一词或长篇大论、点头哈腰、过分客套，应双方互相注视、微笑、问候、致意，不要看第三者或显得心不在焉。

6. 不要在握手时仅仅握住对方的手指尖，好像有意与对方保持距离。正确的做法是握住整个手掌，即使对异性也应这样。

7. 不要在握手时把对方的手拉过来推过去，或者上下左右抖个没完。

8. 不要拒绝握手，即使有手疾汗湿，或者手弄脏了，也要和对方解释一下，如“对不起，我的手现在不方便握”，以免造成不必要的误会。

三、拱手礼

拱手礼（或称作揖，抱拳）是我国传统的礼节。拱手礼与握手礼一样，也可以作为见面礼和分别礼。拱手礼有较为丰富的文化内涵，除了向对方表示友好外，还包含了中国人传统的美德——谦恭。在日常的交往中，人们还经常用拱手礼同对方表示谢意和歉意。

拱手礼的具体做法是右手半握拳，然后左手在胸前扶住右手，在双目注视对方的同时，相拱的双手同对方轻轻上下摇动。为了表示对对方的尊敬，可将双手抬至与额同高。行礼时，一般也应站起来。

由于拱手礼是传统的礼节，在现代较为正式的场合已不太通行（不过演艺界人士在正式场合亦时有采用），因此，金融服务人员一般不宜用拱手礼向客户致意。但若客户用拱手礼同金融服务人员示意，金融服务人员也可用拱手礼回礼，以表示自己的礼貌和不敢当。

四、鞠躬礼

鞠躬礼也是我国传统的礼节，用来向对方表示敬意。尽管鞠躬礼在我国已不再通行，但当年纪轻、身份低的晚辈拜见年纪长、身份高的长辈时，用鞠躬礼向对方表达自己的敬重还是非常合适的。金融服务人员在服务交往中也可以用鞠躬礼向客户表示敬意和歉意，譬如客户光临时可用鞠躬礼向客户表示欢迎，在服务过程中出现了不应有的差错也可用鞠躬礼向客户赔礼道歉等。

鞠躬礼的具体做法是双脚并拢，下身保持垂直；上身随腰部向下弯曲至 30 度左右；头部与双手都自然下垂；动作静止二三秒钟。

鞠躬礼是日本人见面和分别时最常用的礼节。无论是在大街上还是在室内，遇到熟悉的朋友都需行鞠躬礼；分别时，也是一边行鞠躬礼一边与对方道别。行鞠躬礼时，两腿并拢，双目注视对方的胸部位置，随着身体的向下弯曲，双手逐渐向下往膝盖方向下垂。男子双手放在身体的两侧，女子把手掌放在大腿上。日本人行鞠躬礼有很多讲究。向对方致谢弯 15 度左右；向对方表示恳切和歉意可弯 30 度左右；如果要表示悔过、谢罪或追悼就需行 90 度大礼；如果是通常的见面礼，职位低的人要比职位高的人弯得更低（如果对方的职位比你高，你要弯得比他低；如果你的职位比他高，那么你要让对方弯得比你低）。

五、合十礼

合十礼是佛教国家最为通行的见面礼节。信仰佛教的人士通常以合十礼互相致意。行合十礼时也应两脚并列；双手抬至胸前并十指合拢，指尖朝上；神情专注、稍稍低头。在致合十礼时，双手抬得越高，越表示对对方的尊重。一般来说，对长者和职位高的人，致礼时要将双手举至前额；对地位低、年纪轻的人还礼时，双手一般不应高过前胸；平辈之间互相致礼时，双手举到额头与前胸之间，通常处于鼻子的位置。

六、致意礼

致意也是人们日常交往中常用的一种交往礼仪。

1. 点头致意。当你在马路上、楼梯上、过道上或室内面对面遇到熟人，可以用点头微笑的方式与对方打招呼。点头致意时，脸朝对方，面带微笑，上身稍稍弯曲，轻轻点头。点头致意是一个比较简便的礼节，在路上行礼时可以不必止步，边走边行礼；在室内若坐着只需稍稍欠身便可，不一定完全起立。金融服务人员在服务场所遇到熟悉或不熟悉的客户也可用点头致意的方式向客户表示友好和亲切。

2. 举手致意。举手致意（或称招手致意），也是用来向熟人朋友打招呼的一种手势。当你在一定距离内看见朋友和熟人，而又没有可能或是没有必要相互走近寒暄问候时，通常用招手致意的方式与对方打招呼。

举手致意时，脸朝对方，面带微笑，同时目光注视对方；手臂上举，可全部伸直，也可在胸前略有弯曲（通常是距离较远时伸直手臂以便让对方看见，距离较近时手臂只在胸前弯曲）；手掌伸开、指尖向上朝着对方，但不摆动手臂。

金融服务人员在工作场所看见熟悉的客户，但又因工作繁忙、无暇分身，可向对方举手致意，既表示友好也表示歉意。

按社交礼仪规定：

（1）男士应先向女士致意，年轻者应先向年长者致意，下级应先向上级致意，年轻的女士应先向年长自己许多的男士致意。但致意的顺序不像介绍和握手规定得那么严格，有时也可破例。

（2）致意的方式一般为举起右手打招呼并点头；男士如戴有帽子，应施脱帽礼，或将帽子掀一下，如果是无檐软帽，则可欠一下身。

（3）致意的距离一般在三四步远，若距离较远时，也不可大声呼叫。

（4）对于在同一场合已多次见面的相识者，可简化为点头和微笑致意。

（5）行致意礼时，切不可口叼香烟或嚼口香糖，也不能把手插在衣裤兜里。

七、亲吻礼、拥抱礼

亲吻礼和拥抱礼是西方国家社交中流行的见面礼，适用于官方或民间的迎送宾客或祝赞、致谢等社交场合，用于表示欢迎、庆贺或感谢。由于经济全球化，我们与外宾的交往日益频繁，作为金融从业人员了解和掌握这些礼仪很有必要。

（一）亲吻礼

依据双方关系的亲疏程度，相互亲吻的部位是不同的。父母及长辈与子女、晚辈之间一般互吻额头；朋友、同事之间一般吻左右面颊；只有情侣或夫妻间才亲吻对方的嘴唇，以示爱慕之心。在公共场合，男女间礼节性亲吻应迅速地互贴面颊，同性间拥抱并互吻面颊。

在不同的国家，亲吻礼的形式也有所不同。如欧洲和一些拉美同家，还延续着男性亲吻女性手背的礼仪，行这种礼的时候，女性可以不摘下手套，伸出她的右手，男性微微俯身，用右手握住对方的手指部位，拿起来用嘴唇轻轻接触即可。这种礼节现在已不太流行，只有在比较隆重的场合，或对一些身份特别尊贵的妇女才行吻手礼。

（二）拥抱礼

正确的拥抱姿势是两人相对而立，上身微微前倾，各自右臂偏上，左臂偏下，右手环拥对方左后肩，左手环拥对方右后腰，两人头部及上身都向左相互拥抱，然后再换位向右拥抱，同时可用手掌轻拍对方背部。拥抱时间的长短，视关系亲疏程度而定。礼节性的拥抱一般时间很短，拥抱时双方身体也并不贴得很紧，更不能用嘴去亲对方的脸颊。

在许多国家的迎宾场合，宾主往往以握手、拥抱、左右互贴面颊的连续动作，表示最真诚的敬意和热烈的欢迎。但女青年一般不宜和男外宾，尤其是年轻的男外宾行亲吻礼和拥抱礼，一般可主动伸出右手，和对方施握手礼。

八、告别礼

挥手告别通常是在送行时用来向逐渐离去的朋友告别的。关系密切、情谊很深的亲戚朋友、家人之间需要分别较长时间时，双方在互相道别后，送行的人通常会站在原地目送对方远去并挥手致意，而离去的人在走出一段距离后也会回头向送行的人挥手告别。挥手告别表示双方之间依依不舍的情谊。

挥手告别时，通常是右手举过头顶（有时也可以双手），掌心向前，指尖朝上、手臂左右摇动。金融服务人员在与远道而来的客户告别时也可向对方挥手致意，从而让客户感受到金融服务人员的一片深情厚谊。

子任务 2－2　营销活动中的拜访礼仪

【知识准备】

拜访与接待是金融行业营销活动中不可缺少的日常礼仪活动，健康正常的拜访、迎访活动，对于建立联系、交流信息、沟通情感、发展友情，有着其他活动不可替代的作用。

一、拜访礼仪总体规范要求

拜访是一种礼节性很强的社会交流活动，有一定的礼仪规范和要求，稍有疏忽，就会失礼，影响相互间的关系和友谊，并对金融行业的整体形象产生负面效应，因此必须引起我们的高度重视。拜访是指亲自或派人到与业务有关系的单位去拜见访问某人的活动。企业间、个人与企业间都少不了这种拜访，拜访应遵循一定的礼仪规范。

（一）事先预约

拜访客户要事先约定，这是进行拜访活动的首要原则。一般而言，当你决定要去拜访某位客户时，应写信或打电话取得联系，约定宾主双方都认为比较合适的会面地点和时间，并把访问的意图告诉对方。预约的语言、口气应该是友好、请求、商量式的。在对外交往中，未曾约定的拜访，属失礼之举，是不受欢迎的。因事急或事先并无约定，但又必须前往时，则应尽量避免在深夜打搅对方；如万不得已非得在休息时间约见对方不可时，则应见到对方立即致歉，说“对不起，打搅了”，并说明打搅的原因。

（二）如期而至

宾主双方约定了会面的具体时间，作为访问者应履约守时、如期而至。既不能随意变动时间，打乱主人的安排，也不能迟到早到，准时到达才最为得体。如因故迟到，应向主人道歉；如因故失约，应在事先诚恳而婉转地说明。准时约见是国际交往的基本要求。

（三）彬彬有礼

无论是办公室或是寓所拜访，一般要坚持客随主便的原则。如到主人寓所拜访，在进入主人寓所之前，应轻轻叩门或按门铃，待有回应，或有人开门相让，方可进入。若是主人亲自开门相迎，见面后应热情向其问好，若是主人夫妇同时起身相迎，则应先问候女主人好。若你不认识出来开门的人，则应说：“请问，这是×××先生的家吗？”得到准确回答方可进门，当主人把来访者介绍给他（她）的妻子或丈夫相识，或向来访者介绍家人时，都要热情地向对方点头致意或握手问好。见到主人的长辈应恭敬地请安，并问候家中其他成员，当主人请坐时，应道声谢谢，并按主人指定的座位入座。主人上茶时，要起身双手接迎，并热情道谢。

（四）衣冠整洁

拜访做客要仪表端庄、衣着整洁。入室之前要在踏垫上擦净鞋子，不要把脏物带进主人家里。夏天进屋后再热也不应脱掉衬衫，冬天进屋再冷也应摘掉帽子。有时应脱下大衣和围巾，并切忌说“冷”，以免引起主人误会。在主人家要讲究卫生，不要把主人的房间弄得烟雾腾腾，糖纸、果皮、果核应该放在茶几上或果皮盒内。

（五）举止文雅，谈吐得体

进入普通朋友家里不要乱说、乱扔衣服。与主人关系再好，也不要翻动主人的书信和工艺品。未经主人相让，不要擅入主人卧室、书房，也不要在桌上乱翻，坐姿也要注意文雅。同主人谈话，态度要诚恳自然，不要自以为是地评论主人家的陈设，也不要谈论主人的长短和扫兴的事。交谈时如有长辈在座，应用心听长者谈话，不要随便插话或打断别人的谈话。

（六）适时告别

准备商量什么事、拜访要达到什么目的，事先要有打算，以免在主人家停留时间过长、过晚，一般以不超过半小时为宜。辞行要果断，辞行时要向其他客人道别，并感谢主人的热情招待。出门后应请主人就此留步。如有意邀请主人，可在同主人握别时提出邀请。从对方公司或家里出来后，切勿在回程的电梯及走廊中窃窃私语，以免被别人误解。

二、拜访的种类

拜访可分为办公室拜访、家庭拜访、探视拜访、请教拜访、遣人拜访、突然造访。

（一）办公室拜访

因工作需要到对方单位、办公室进行拜访，应注意以下几方面的礼节：

1. 提前预约。拜访前应提前预约，并把拜访的重要目的告诉对方。一旦对方无法安排，应主动表示等到对方有空时，再另行约定拜访的时间，即使知道对方只是托词拒绝，也应理解对方。一旦时间约定，必须准时造访，确实因特殊原因不能如约前往时，要及时向对方说明原因、表示歉意，并另行约定时间。

2. 注意仪表、仪容。到办公室拜访，穿戴要整洁大方，男士最好穿西装、系领带，女士也应穿正规的套装，以示庄重。这既是对对方的尊重，同时也表明自己对对方的重视程度。女性还须化淡妆。

3. 适时、礼貌进入。进入办公室拜访前，不管门是开着还是关着，都应先敲门，经允许后方可进入，不能未经允许擅自闯入；如办公室正在开会或者有其他客人来访时，应示意并主动退在门外等候，而不应进去站在一旁或在门口走来走去，妨碍他人。

4. 注意拜访中的礼节。如果是初次拜访，进门后应先礼貌问候，然后再自我介绍、说明来意，同时也可递上名片。当对方请坐时，应表示感谢，并在对方指定的位置上坐下，不要自作主张，坐在其他办公人员的办公席上，影响人家正常办公；如果对方站立说话时，你也应站起来以示尊重，站立时不能倚靠在别人的办公桌边。他人端茶递水时，要欠身表示谢意。不能随地吐痰，乱丢烟蒂。与别人招呼、谈话时，嗓门不要太大，声音尽量放小。

5. 掌握时间、礼貌告辞。到办公室拜访应该主要谈工作，不能无端地进入别人的工作场所打扰，更不能一味地闲聊。拜访时间不宜过长，一般在 15 分钟至半小时之间即可。谈完公事不可久坐，应立即起身告辞。告辞时，要对拜访成功的结果表示满意，对对方的热情接待表示感谢，对进一步接触表示信任和诚意。

（二）家庭拜访

1. 选择拜访时间。家庭拜访的时间以不妨碍对方为原则，时间可选择在节假日的上午，或平时的晚饭后。现在的人大多数都有看新闻联播的习惯，因此，晚上的拜访时间选在七点半以后更为合适。但也不能太晚，更不要在对方临睡的时候或吃饭时间去拜访，影响对方的休息。另外，家庭拜访还应避开对方偶然性的忙碌时间，如有重要事情。

2. 事先预约。家庭拜访应事先预约，不要成为不速之客。一般来说，如果不是盼望已久的亲友，不速之客总是不会让人高兴的，一旦时间约定后，要准时造访。遇到特殊情况不能赴约时，应事先通知对方，并表示歉意，另行约定时间。迟到和失约是非常不礼貌的。

3. 拜访的准备。一般来说，拜访都是有一定的目的性。如需商量什么事情、拟请对方做哪些工作、怎样交谈更为妥当，事先都要认真地设想和安排一下，尤其是拜访身份高者或年长者更要注意谈话的方式内容。此外，根据拜访的目的和对象，准备合适的礼品，以表示敬意，达到增进感情的目的。拜访时还应注意服装整洁、仪表端庄，尤其是初次拜访，这是对主人尊重的表现，同时也反映自身的礼仪修养。

4. 先声后人。进门时要先敲门或按门铃，即使门半掩着或者开着，也不能唐突而入，让人没有精神准备或措手不及是很失礼的。

5. 注意物品的搁放。拜访时所带的礼品或雨具等，都应搁放到主人指定的地方，尤其是雨具，如无指定的地方，可征得主人的意见后再放，切不可随便乱放。

6. 彬彬有礼。如是无约拜访，见面后应先问主人是否有时间，也许主人正忙，根本无意会客。看到主人迟疑或面露难色时，应有礼貌地告辞。对房内所有人，不论熟悉与否，都应主动打招呼或微笑点头示意。如拜访对象是年长者或身份地位较高者，应待主人坐下或招呼坐下后方可坐下。递上的茶水，应从座位上欠身，双手接过，并表示感谢，主人请吃东西时，不要过分推辞，如你不想吃，也不要做过多的解释，如是很喜欢吃的东西，也不要忙于动手，要待年长者或其他客人动手后，再取之。接过主人递过来的水果等，别忘了说声“谢谢”。注意言谈举止，不要跷二郎腿，不随地吐痰、乱弹烟灰，不要高谈阔论或毫无节制地放声大笑，更不能东走西瞧，随便翻书架，找东西，这是对主人的不尊重，万一碰到人家的秘密还会造成彼此的难堪。

7. 掌握交谈技巧。在交谈过程中，首先应尊重对方，目光注视对方，不轻易打断对方的说话、根据对方的兴趣爱好和个性特征，选择好谈话的方式和内容；善于倾听，尽可能地让对方多讲，发表自己的观点，做个忠实的听众，并对对方的谈话有所呼应，适当评说和附和。如自己谈话太多，应注意留给对方谈话或发表意见与建议的时间和机会。此外，还应注意对方的情绪与环境变化。如对方谈兴正浓，交谈时间应适当延长，反之可缩短。

8. 给予对方帮助。在拜访中，如正好遇上对方有困难，应积极予以帮助，如家中突然有人生病等，在力所能及的范围内给予协助或出主意、想办法。对朋友的事漠然置之，一走了之，会伤害彼此间的感情，影响今后的交往。

9. 不卑不亢、落落大方。做客登门，不管对方身份地位如何，在人格上和私人交往中，彼此是平等的，既不可轻浮高傲，也不可过于卑躬屈膝。不卑不亢，落落大方才是应取的态度。

10. 把握辞行时机。在与主人交谈过程中，如果发现主人心不在焉，经常皱眉，或有时长吁短叹，说明他已反感，或有急事办又不好意思下逐客令，这时应寻求“刹车”的话题并告辞。如果主人处另有新的客人来访，这时即使主人谈兴正浓，也应在与新来的客人打招呼后，尽快告辞，以免妨碍他人。告辞时应对主人款待致谢，并对自己的打扰表示歉意，若主人有长辈在家则应向长辈告辞。出门后应主动请主人留步，礼谢远送。

（三）探视拜访

探视拜访主要是指探病慰问。人难免有生病的时候，当客户、同事、亲友生病或发生了不幸的事，应及时地探望，这是人之常情，也是社交的重要内容。人在生病时，除生理上的病痛外，往往情绪也比较脆弱，心情愁闷，这时最需要安慰和关心，做好这件事往往能在加深友谊、增进了解方面收到事半功倍的效果。但是探病时也应注意一定的礼仪规范和要求，因为探病和慰问往往是在对方情绪低落的情况下进行的交往活动，此时，病人对来访者的言谈举止特别敏感，因此，应格外注意礼仪，小心谨慎。

1. 探望病人前，要了解病人的病情和心态，以便关怀、安慰病人。看到病床周围的医疗器械或病人的面容，不要大惊小怪，以免给病人增加压力，要挨床坐下，不要站在床前畏首畏尾、愁眉苦脸，给病人造成不适。在交谈中应始终让病人处于主导地位，让其多谈，不要自己夸夸其谈。要乐观、有分寸地鼓励、宽慰病人，不可提及病人不愉快或伤害病人自信心的话题。

2. 问病人的病情要特别小心。特别是病情较重或患不治之症，而病人自己又不知道，此时说话、表情、语调等方面都要非常小心，不应有半点流露，以免病人精神崩溃、丧失信心以致造成无法挽回的后果。若病人已知道自己的病情并伤心地落泪时，千万不要跟着落泪，待情绪稍稳定时，明智地将他的思绪引开，谈谈朋友对他的关心和希望，谈谈他好友的近况，谈谈他熟悉的工作进展等，让他感觉到生活并没有忘记他，朋友们仍对他寄予殷切的希望，这比空洞的“不要难过”之类的安慰要好得多，而且事后还会给他留下美好的回忆。

3. 遵守医院有关规定。按规定时间探望并根据病人的病情携带鲜花、水果或滋补品等作为礼物，对长时间卧床的病人还应带些书、画、报、杂志之类的消遣书籍。探望病人的时间不宜过长，一般为半小时左右，如果是探望挚友，时间可稍长些，病人如有所托，要尽快办好。

4. 病人患的如果是传染病，探病时应尽量避免直接接触。也可托病人的近亲或护士转送一束鲜花，写一封慰问信以表达心意，待其出院后再去家里探望，一般选在午休后的时间比较适合，告辞出门应谢绝病人送行。

5. 探望病人和慰问遭遇不幸者要注意穿着。服装应朴素，不可穿鲜艳、华丽的衣服，更不要浓妆艳抹，否则不仅难以达到探望和慰问的目的，还会让被探望者产生不愉快或反感。

（四）请教拜访

请教拜访是指因事进行咨询、请教所进行的拜访，其对象一般是长者或地位较高者、学识丰富的人。请教拜访更应注意礼貌礼节。

1. 应事先有约。拜访前应写信或打电话与对方联系，征求意见，根据对方的空闲时间确定拜访时间，并将要请教的问题告诉对方，以便对方有所准备。

2. 请教时应开门见山，不要东拉西扯。请教态度要诚恳自然，提出问题要言简意赅，听对方解答问题时应全神贯注，不要东张西望。对方解答完问题之后，要适时告辞，不要影响主人的工作和休息。别忘了真诚致谢，如“打扰您了，非常感谢您的指教”等。其余礼仪规范和要求同一般的拜访。

（五）遣人拜访

遣人拜访指无须亲自拜访，或必须去拜访某人而自己事务缠身，特遣他人前往的一种拜访形式。遣人拜访应注意的礼仪：

1. 所遣派的人员应口齿伶俐，能够准确表示自己的意图。拜访前最好将拜访要说的问题向被遣派人讲清楚，并请对方复述一遍，以保证准确无误，避免造成重要事情的误解或让对方觉得不受尊重。

2. 本人不能前往，应事先通知对方。可事先电话联系，也可写一封私人信件，以表示自己的诚意，说明自己不能前往的原因并致歉。信件一般不封口，直接交给拜访人。

3. 事后一定要抽身亲自登门拜访，或书信一封，以示谢意。

（六）突然造访

突然造访多指事情紧急，来不及事先通知对方时所做的拜访。突然造访应注意尽量避免在深夜或休息时间打扰对方，见到对方后应先致歉，说明情况，请求原谅。与主人谈话的时间尽可能减少到最短，以免过多地打扰对方。谈完事后，应立即起身告辞，并向主人再次表示歉意，其他注意事项与一般拜访相同。

子任务 2－3　营销活动中的接待礼仪

【知识准备】

接待是金融行业对外的一个文明窗口，来访人员往往直接通过这个窗口，来推断金融行业的工作作风、精神面貌、员工素质等整体形象。因此，作为金融行业工作人员必须十分重视和切实做好接待工作。

一、接待的作用

接待是金融行业的日常工作之一，国外的公共关系专家认为，接待不是摆设，而是最基本的工作投资。接待可使来访者产生某些联想，因而在公务活动中具有特殊的作用。

（一）强化客户关系

建立持久稳定的客户关系，是金融工作的目标之一。金融行业如只具备优质的金融产品和一流的服务，在市场经济的条件下，并不能完全有效地吸引客户，建立良好的客户关系。只有强化接待意识，培养“以心换心”“热情公正”的接待工作艺术，才能永久性地吸引大量客户，扩大金融行业的合作性客户队伍。

（二）强化金融行业的整体形象

客户对金融行业整体形象的判断，受首因效应、近因效应和晕轮效应等一系列心理活动的影响。所谓首因效应是指客户根据第一次获得的印象对金融行业进行总体性价值判断，并一直影响以后的看法。所谓近因效应是指公众往往根据最近的信息形成对金融行业的印象。所谓晕轮效应是指公众根据某一方面的信息来推断金融行业的整体形象，如公众对金融行业某些主要品质有了良好印象，就会得出金融行业一切都好的结论。接待主要是作用于人的这些心理机制，如果我们在接待工作中能自觉尊重客户，巧妙地运用接待技巧，始终把关怀和温暖送到客户心目中，使他们在首因效应、近因效应、晕轮效应的作用下，永久性地保持对金融行业的良好印象，就能达到强化金融行业整体形象的目的。

（三）显示金融行业的文化品位

金融接待工作虽然是平凡、普通的工作，但也能显示出金融工作人员的内在素质和修养。具有良好知识素养和文化品位的金融工作人员，在接待工作中能展现端庄优雅的风姿，给人以文化品位感，进而使人产生美好联想，形成对金融行业文化品位方面的良好印象。

（四）刺激客户消费欲望

客户的消费受制于很多因素，其中接待是一个很重要的因素。在服务性接待中，如果接待不到位，客户不满意，那么就算已经形成的消费欲望，也会顿时消失；反之，如果我们能热情周到地接待每一位客户，设身处地为客户着想，不仅会加强客户的消费欲望，而且还会激发客户产生新的需求，对金融行业而言，这就是新的客户市场的开拓。

二、接待工作的基本要求

（一）友好热情，态度诚恳

诚恳热情的态度是人际关系成功的起点，也是待客之道的首要之处。因为来访者对态度的反应是最敏感的，尤其是初次拜访。因此，在接待过程中应友好热情、态度诚恳、一视同仁。无论是厂长、经理、业务员还是投诉者，进门是客，都应予以尊重和礼遇，使来访者感受到人格的尊重，产生温暖愉快的感觉。从而就容易接受金融行业所传播的信息和倡导的价值观念。相反，如果接待人员态度不好，抱着轻视、不情愿的态度来接待来访者，势必会破坏来访者的交往情绪，影响来访者的积极互动反应。

（二）文明礼貌，热情周到

在接待工作中，工作人员作为金融行业的代表直接与来访者接触，工作人员的一举一动都会影响到来访者对金融行业的总体评价。因此，在接待工作中一定要做到文明礼貌，热情周到。尤其是对远道而来的来访者，更应嘘寒问暖，帮助解决其实际困难，消除对金融行业的陌生感和恐惧心理，造成一种良好的交往气氛，让来访者感到宾至如归的温暖，留下一个良好的第一印象。此外，由于接待是既琐碎又严谨的重要工作，在接待中还应细致入微，综合考虑问题，把工作做得面面俱到、有条不紊。

（三）朴实自然，举止大方

在接待中，工作人员一定要做到朴实自然，举止大方。既注重基本礼仪，又不至于过分做作；既不失现代人的洒脱风度，又庄重大方，从而赢得来访者的好感。在待人接物中，如过分矫揉造作、举止异常，则会引起来访者的反感和不信任，不利于形成互相信任、和谐的交往氛围。因此，在接待过程中应注意自己的言行举止。具体而言，在仪表方面应做到面容整洁，衣着得体，和蔼可亲；举止方面应表现得稳重端庄，风度自然，从容大方；在言语方面应做到声音适度，语气温和，礼貌文雅。

（四）情真意切，平等待人

接待工作是金融工作人员日常工作的重要环节之一，不能把它看成是额外的工作，接待工作具有传递信息、沟通情感和影响行为的公共关系功能，因此，在接待过程中应带着深厚的情感，不要给来访者一种冷冰冰的感觉，这不利于创造和谐友善的交往环境，更不利于来访者在情感上向贵金融机构倾斜，认同贵金融机构。情真意切，这是接待工作的基本要求。此外，在接待中还应做到平等待人，对所有的来访者都要一视同仁、平等相待，而不能厚此薄彼，不然就容易产生不信任甚至对立的情绪，从而造成客户疏远贵金融机构。

（五）不卑不亢，积极投入

在接待中，既要让来访者感觉到你的热情与尊重，又要让他看到你对本金融机构的自信心和自豪感，这就需要接待人员做到不卑不亢。在接待中，一方面要热情真诚，谦虚有礼，切忌目中无人，从而创造出融洽的交际环境；另一方面又要落落大方，自尊自信，保持自己的尊严，体现出作为金融行业的代表所特有的自豪感和自信心，从而赢得来访者的青睐。

三、接待礼仪

（一）日常接待礼仪

在日常办公时间里我们会经常接待客户来访，如是事先约定的应提前做好接待准备，如个人仪容、办公室的卫生、茶水等。重要宾客预约来访，还应事先向领导汇报，确定接待规格，落实合适的接待人员并根据来访者的意图准备好相关资料等。若是无约而至突然来访，应马上放下手头的工作，简单收拾桌面的资料，起身相迎，礼貌问候，热情招呼对方入座，并沏上热茶，然后在其一侧或对面坐下，首先礼貌地询问对方的来意，如是初次见面，还应了解对方的姓名、工作单位等。若对方提供了有关证明或材料时，应仔细阅读，耐心倾听对方叙述，目光注视对方，不轻易打断对方的谈话。如来访者说话声音过高或情绪异常激动时，应及时暗示或用手势要求对方放低声音或保持平静，可能的话，最好请对方到接待室去交谈，以免影响工作，在其他客户中造成不好的印象。

在接待来访时应认真做好来访记录。如交谈的主要内容、来访者的意图等，必要时，要向对方复述记录，看看是否有差异和需要补充的地方，以便向有关部门、领导汇报、落实和交代。对客人提出的问题和要求要认真考虑，不要立即答复，对没有把握的问题或不属于直辖权力范围以内的问题，不要轻易评说或作出许诺，应深思熟虑，向有关部门、领导汇报后再答复，以免造成被动。如不能立即答复，应诚恳地向客户说明，并把来访者的问题以记录的形式提交给有关部门或领导处理，或者直接介绍其找相关部门，并告知行走路线，或亲自引领前往，千万不要简单推诿。如对方的意见和要求不能予以满足，应委婉拒绝。总之，无论结果如何，都不能失礼和失态，一方面要尊重来宾，另一方面也要注意维护企业的利益和尊严。当来访者故意找碴或蓄意骚扰、寻衅时，应保持高度的冷静与沉着，本着“有理、有利、有节”的原则，将事端制止于萌芽状态中，并将他们劝离办公场所，以免正常的工作秩序受到干扰和破坏。千万不能惊慌失措，甚至借故开溜或推诿责任，这样只能助长其气焰，造成更大的负面影响。必要时，应迅速与公安机关取得联系。

此外，在接待时还应注意接待礼仪，做到平等待人，不论职位高低，还是熟悉与否，都应一视同仁、热情相迎、亲切招呼。如在交谈过程中，突然电话响起或有紧急事务要处理，应先向客人说明理由，暂时中断彼此交谈。接听外面电话应尽快结束，避免客人等候时间过长。若正在打电话时，有客人来访，应点头微笑并示意对方坐下。如突然来访者身份地位较高，应及时向领导汇报，从礼仪的角度讲，接待应考虑宾主双方的同级性，一般应由级别相当的领导出面接待。如领导正忙，抽不开身或有事外出，应向来宾说明，并表示歉意，同时做好接待记录工作，将接待情况及时向领导汇报。

在会客过程中如遇到又有新的客人来访，只要安排恰当，礼貌待人，同样会收到良好的效果。一般来说，首先应向后来的客人表示欢迎，但在迎接新客人之前，应向先来的客人表示歉意。然后向先来的客人介绍后来者，使之彼此相识。如果两批客人都是有事而来，在接待方法上，可视不同的情况，选择以下三种方法之一。

1. 前客后客一起接待。如果两批客人之间很熟很谈得来，且谈话的内容可以相互公开，可以对两批客人同时接待，话题应选择两批客人都感兴趣的内容。如发现有人沉默无言，则应转换话题，并迅速与之对话，以保证在场的每一个人都得到满足。

2. 按顺序分批接待。一般的顺序是先来先谈。但也有例外，如先来的客人常来常往，后来的客人难得上门；或是先来的客人无既定目的，后来的客人有要事相商；先来的客人是平级或下属，后来的客人是长者或上级等。在这种情况下，主人在征得先来的客人同意后，可与后到者先谈，但必须保证先到者有事可做，如看电视、杂志、书籍等。

3. 安排两处分别接待。如果是到家里来拜访的客人，可根据其家庭成员的关系，分别由熟悉客人的主人分两个房间进行接待；如是到单位拜访并谈业务的客人，要根据业务的性质安排不同的负责人分两处进行接待，以免互相干扰。有多批客人来访，只要我们能恰当地选择好接待方法予以接待，照样可以使客人满意。

客人告辞时应起身相送，握手告别，互道再见。一般送客应送到门口，对地形不熟的人，应主动介绍附近车辆的交通状况，对重要来宾、稀客、老人、远道而来的客人应送上车，待车启动后再挥手离别。切忌自己坐在办公桌前，嘴里说“再见!”而手中却还在忙自己的事，甚至连眼神都没有转到客人身上，这样是很不礼貌的。送客人离去时，主人应走在客人后面，否则有赶客人之嫌。

（二）重要宾客的接待

1. 迎客前期准备。在接待重要宾客的工作中，进行必要的事前准备，以求有备而行，这是做好接待工作的基础，不能省略。

（1）收集背景资料。首先必须收集来宾的基本情况资料，如来宾的人数、姓名、性别、职务、级别、年龄及带队人，来访的意图、要求、目的、任务及乘坐的交通工具，起讫日期，来访者的生活习惯、饮食爱好和禁忌。

（2）拟订接待方案。在接待来宾，特别是重要来宾之前，有必要预先拟订专门的接待方案。这样的话，可有助于避免接待工作中的疏漏，减少波折，使接待工作更好地、按部就班地顺利进行。一般情况下一个接待方案不一定要面面俱到，但是按照常规，接待方案应包括以下几项内容。

①接待方针，即接待的指导思想；

②接待规格，即接待规模的大小、隆重程度、由哪一级的领导前往迎接陪同；

③接待形式，确定迎接、宴请、会谈、参观、浏览、送行等事宜进行的形式；

④接待日程安排、接待经费开支、生活安排等。

接待方案的制订主要在于接待规格的把握，接待规格往往能反映出对来宾的重视程度和欢迎的热烈程度，主要根据来宾的身份及实际需要来确定。接待规格过高会影响正常工作，造成浪费；规格过低，又会失礼，影响双边关系。因而，接待的规格问题必须高度重视，正确把握。通常有三种类型的接待规格。

①高规格接待。指陪同比来宾职务高的接待。受接待的人员有：上级领导委派的人员，兄弟单位领导派到本单位商谈重要事宜的人员，上级领导来访，办理重要事务的人员等。

②低规格接待。指陪同比来宾职务低的一般接待。受接待的人员有多种情况：上级

领导下来调研的人员，老同志故地重游，老干部路过本地，外地参观团等。这种接待本单位最高领导出面看望一次即可。

③对等接待。即陪同与来宾职务、级别大致一样的接待，这在机关接待中常见。客人来的什么级别，本单位派相应级别的人陪同，本单位最高领导可视情况决定是否看望。

接待方案拟订后，须报上级领导或本单位领导审核，批准后，就开始准备相关事宜。如根据接待规格，预订住房，准备车辆，落实具体迎接及陪同人员。对初次来访的陌生客人，还应事先准备接站牌，如“某某银行来宾接待处”“某某先生，欢迎您!”

根据来访的目的、任务和行程准备好相关资料及场地，安排布置会议室、欢迎标语、领导欢迎词、介绍资料等，准备有纪念意义或有特色的礼品，这对接待重要宾客尤为重要。为帮助客人尽快适应当地环境，还可准备一些有关资料，如城市简介、交通图、游览图等提供给客人查阅。

2. 接站礼仪。

（1）接站。对远道而来的客人，根据客人到达的准确时间及所乘坐的交通工具，提前 15 分钟到车站、码头或机场等候。对未曾谋过面的客人，应将事先准备好的接站牌设在显眼处，让客人从远处就能看到，便于寻找。

（2）介绍。客人初到，主人宜主动与客人寒暄，首先向客人表示问候和欢迎，说一些“路上辛苦了”之类的问候语。接着将前来迎接的人员介绍给来宾，并自我介绍，便于客人称呼，随后应主动帮客人拿行李，不过对于客人手上的外套、小包、公文包或密码箱则没必要为之代劳。

（3）陪车。首先引导客人上车，打开车门，如是轿车还需扶住车框，做出“请上”的手势，座位安排应根据国际惯例。如果客人先上车坐错了位置，坐到了主人的位置上，则应顺应客人的意思，而不必请客人挪动位置。抵达目的地后，接待人员要先于客人一步下车，为客人打开车门，协助其下车。

在驱车前往客人下榻地点的途中，接待人员应主动与客人攀谈，根据对方的身份，选择恰当的谈话方式和内容，使自己谈话得体，有针对性。谈话内容一般应选择一些容易引起客人兴趣的话题，如当地的风土人情、旅游景点、近期发生的重大事件和客人即将参加的活动的背景资料、筹备情况等。

（4）安排客人住宿。将客人送至下榻地点，主动帮助办理入住手续，并将其送入房间，大致介绍日程安排，并征求客人意见，尽可能地创造条件，满足客人要求。落实好有关事项后，接待人员不宜在宾馆久留，应及时告退，留给客人休息和自由活动时间，临走时应留下联系电话，便于客人有事联系。然后，按照对等礼仪，于当天或次日安排身份相当的领导前往客人下榻处看望，以便相互熟悉。

3. 送客礼仪。首先协助客人办好返程手续，按客人意图和离去日期，提早帮助客人预订返程车票、船票或机票；若无力解决，应尽早通知客人，免得使人措手不及。其次是送行。客人离去一定要送行，送行的时间，可以在客人返程的当天，也可在前一天，视具体情况而定。在客人返程的当天送行，最好由原接待人员将客人送到火车站、机场或码头。送行人员要待车、船启动或将客人送进站，待客人身影离开视线后再离去。如果确实不能等太长的时间，应向客人说明原因，并表示歉意，如果是在客人返程前一天送行，应到客人住的地方拜访。临别之时，还应赠送一些有地方特色的礼物。

【综合实训】

在某银行办公楼的走廊上，年长的女性部门主管遇见了年轻的男性行长要握手时，应该谁先伸手？为什么？如果是在某酒店的大堂呢？情况是否相同，为什么？

要求：

1. 掌握基本的握手礼仪。
2. 把学生分成若干组（同性、异性间），按照标准和规范进行几种常见见面礼的模仿性练习，强调动作要领，注重姿势的优雅。
3. 同学之间互相点评纠正，提高运用能力。

任务3　电话的接打和手机使用礼仪

【工作任务】

子任务3-1：电话语言的总体要求和接打电话的礼仪

子任务3-2：手机的使用礼仪

子任务3-1　电话语言的总体要求和接打电话的礼仪

【知识准备】

随着电话的普及率越来越高，金融服务人员每天要接打很多电话。据美国《电话综述》（*Telephone Review*）一书，一个人一生平均有8760小时在打电话。在视频电话普及之前，人们通过电话给对方的印象完全靠声音和使用电话时的习惯，要想有“带着微笑的声音”，或者通过电话赢得对方的信任，就必须掌握使用电话的礼节与技巧。

一、电话语言的总体要求

目前大部分电话能传输的信号是声音，但这一信号载体却包含着许多信息。通过说话人的语言与声调，说话人想做什么、要做什么，是高兴还是悲伤，还有对另一方的信任感、尊重感，对方都可以清晰地感知到。因此，电话语言要求礼貌、简洁明了，以便准确地传递信息。

（一）态度礼貌友善

当我们使用电话交谈时，不能简单地将对方视做一个“声音”，而应看做是面对一个正在交谈的人。尤其是对初次交往的对象，这样一次电话接触便是你在其面前的第一次亮相，应十分慎重。因此，在使用电话时，应多用肯定语，少用否定语，酌情使用模糊用语；多用些致歉语和请托语，少用些傲慢语、生硬语。礼貌的语言、柔和的声音，往往会给对方留下亲切之感。正如日本一位研究传播的权威人士所说：“不管是在公司还是在家里，凭这个人在电话里的说话方式，就可以基本判断出其‘教养’的水准。”

（二）控制语速语调

通话时语速适中，语调温和，这种有魅力的声音容易使对方产生愉悦感。如果说话过程语速太快，则对方会听不清楚，显得应付了事；太慢，则对方会不耐烦，显得懒散拖沓；语调太高，则对方听得刺耳，感到刚而不柔；太低，则对方会听得不清楚，感到有气无力。通常打电话时说话的语速、语调和平时一样就行，即使是长途电话，也无须大喊大叫，把受话器放在离嘴两三寸远的地方，正对着它讲就可以。

（三）语言简明扼要

电话用语要言简意赅，将自己所要讲的事用最简洁明了的语言表达出来。在通话时最忌讳发话人吞吞吐吐、含糊不清、东拉西扯，正确的做法是向对方问候完毕后，即开宗明义，直言主题，少讲空话，不说废话。

二、接听电话的礼仪

接听电话是一种未曾谋面的交流，可是金融服务人员在电话里的态度与表情是能够被对方在通话的过程中完全感受到的，所以金融服务人员对此方面要引起重视。

（一）适时接电话

听到电话铃响后，应尽快去接听，通常是在电话铃响2~3声就拿起话筒，这段间隙金融服务人员可以稳定一下思绪，避免正在和同事说话的时候突然接电话，给对方造成仓促、散漫的印象。但要注意的是如果不能立即接电话，或是电话响五六声后才接，一般要向对方说明迟接的原因并致歉。

（二）态度谦和

拿起话筒即应自报家门，并首先向发话人问好。前者可验证发话人是否拨错了号，找错了人；后者表明有人正在接听，也表示礼貌。

金融服务人员在工作岗位与客户通话，主要是服务于客户，在通话问候结束后，应该立即进入主题，主动询问客户有什么问题或困难需要帮助。

在通话时，不论是何缘故，都要聚精会神地接听电话，不允许三心二意。在通话过程中对发话人的态度应当谦恭友好。当对方职位较低或有求于自己时，要态度平和，不给对方自尊心造成伤害。

当通话因故障中断后，要等候对方再拨进来，不要为此责怪对方，更不要扬长而去。通话终止时，要向发话人道再见，对方放下听筒后，自己再放下听筒。

若接听到误拨进来的电话，也应礼貌地向对方详加说明。

（三）主次清楚

当接听他人电话时，不要与人交谈、看文件、吃东西等，如自己正在会见重要客人或开会，此时确实不宜接听电话，要主动说明原因，表示歉意，并再给一个具体的时间，届时自己主动打过去。

在接听电话时，适逢另一个电话打了进来，可先对通话对象说明原因，要其稍候片刻，然后立即去接另一个电话。待接通之后，先请对方稍候，或过一会儿再拨进来，随后再继续方才正打着的电话。

在倾听客户陈述时，金融服务人员一定要注意语音语调，特别是客户在投诉时，情绪比较激动，服务人员更应该耐心、平和地为客户排忧解难，切忌与客户争吵，说出不尊重和轻视客户的话伤害客户。

对于客户讲述的重点内容需要重复确认，并且应该及时记录，当场不能答复和处理的事项应该告诉客户处理的时间和流程，并告诉客户为其跟踪处理的意愿。在作记录的时候，需要包含的内容主要有时间、客户姓名、通话要点、客户的要求和期望、答复的内容等。

（四）转接电话的礼仪

当你代接别人的电话，而对方又没有自报家门时，在你替别人转接电话之前最好能先确认对方身份，如“请问您是哪位?”或“对不起，请问您是哪里?”

转接前说：“请稍候!”如对方不便等待，可以说：“对不起，×××好像一时走不开，要是您方便的话，就让×××给您回电话。”

如被指定接电话的人正好不在时，除了向对方说抱歉外，还应采取以下方式应对：一是告诉对方什么时候可以找到他要找的人，如“对不起，×××正好不在，估计他一小时后会回来。”二是直接告诉对方什么时间再打来。三是请对方留下联系方式，便于以后主动联系。

如果不能确定被指定接电话的人什么时候回来，就可以许诺给对方回电话，如“对不起，×××不在，如果方便的话，待会儿我请他跟您联系。”当对方有事让你转告时，应把主要的事记录下来，并与对方核对一遍，以确定转告内容及何时转告。

案例4-8

代接电话的注意事项

代接、代转电话时，要注意以礼相待、尊重隐私、记忆准确、及时转达等问题。

1. 以礼相待。接电话时，不要因为对方所找的人不是自己就显得不耐烦，以“不在”来打发对方。即使被找的人真的不在，也应友好地答复：“对不起，他不在，需要我转告什么吗?”

2. 尊重隐私。代接电话时，不要询问对方与其所找之人的关系；如果对方要找的人离自己较远，不要大喊大叫；别人通话时，不要旁听，不要插嘴；当对方希望转达某事给某人时，千万不要把此事随意扩散。

3. 记忆准确。对方要找的人不在时，应向其说明后，询问对方是否需要代为转达。如对方有此请求时，应照办，对方要求转达的具体内容，最好认真做好记录。对方讲完后，应重复验证一遍，以免误事。记录电话内容主要包括通话者单位、姓名、通话时间、通话要点、是否要求回电话、回电话的具体时间等。

4. 及时转达。代接电话时，先要弄清楚对方“是谁”“找谁”这两个问题。对方不愿讲第一个问题，不必勉强。对方要找的人不在，可据实相告，然后再询问对方“有什么事情”。注意，这二者的先后次序不能颠倒。若对方所找的人在，应立即去找。答应对方代为传话，就要尽快落实。不要把自己代人转达的内容，托他人转告。

（资料来源：http：//wenku. baidu. com/view/687f4d68a98271fe910ef973. html。）

（五）通话结束时的礼仪

在主要内容表述完毕后，金融服务人员可以向客户询问“还有什么需求”或是“您还有什么需要我们帮助的”来提出结束通话的暗示。在即将通话结束的时候，金融服务人员应感谢客户给予的帮助，向客户致谢，要等客户挂断电话后服务人员才可以挂机，并在客户挂电话前说声“再见”。放下话筒的动作要轻稳，否则会使你前面的礼貌前功尽弃。

三、打电话的礼仪

（一）提前做好准备

打电话一般都有明确的目的，无事拨打电话既耗费电信资费，又打扰对方、占用别人时间。打电话时要求有良好的精神状态，站着最好，坐着也行，但不要躺着或靠在沙发上，那势必发出慵懒的声音，是不尊重对方的表现。一般不在气喘吁吁的时候打电话，更不能边吃东西边打电话。拿起听筒前，准备讲什么，思路要清晰，重点要明确，尤其给陌生者、尊者、上司打电话，更应该有备而谈。如果要谈的内容比较多，应征询对方是否有空或以商量的口吻另约时间。

（二）合理选择好时间

一是选择最佳通话时间，按照惯例，最好双方预先约定时间，或选择对方方便的时间。除有要事必须立即通告外，不在他人休息或用餐时间内打电话；二是合理控制通话时间，基本要求是“以短为佳，宁短勿长”。电话礼仪里有一条三分钟原则，就是要求打电话的人在打电话时应当自觉地遵守每次通话的时间，限定在三分钟内。除自觉控制通话时间外，必要时还应注意受话人的反应，如开始通话先询问对方，现在通话是否方便，如若不方便，另约时间再把电话打过去，倘若通话时间较长，就应征求一下对方意见，并在结束时表示歉意。在对方节假日、用餐、睡觉时，万不得已打电话影响了别人，不仅要讲清楚原因，还要说声“对不起”。

（三）注意礼貌

注意礼貌是电话礼仪中最讲究的。当听到对方声音后，首先应问候对方，然后报出自己的姓名或单位，并说出你要找的人。如果对方接电话时没有自报家门，就应先确认对方的身份再自报家门，因为对方万一不是你要找的人，自报家门就显得没有必要，通常做法是：“您好！请问是××单位吗？我是××单位的×××。”

如果对方自报家门了，你就可以根据交往的性质，选择灵活的通话方法。“您好！我是××单位的×××，麻烦你找×××科长接一下电话。”

打电话中主动自报家门是对受话人的尊重，即使是你熟悉的人接电话，也应主动报出姓名，因为接电话方往往不容易通过声音准确地确定打电话者的身份。

打错电话时要致歉，如果发现自己打错了电话，应马上说一声“对不起，我打错电话了”。

通话结束时，应礼貌道别，如“谢谢”“麻烦你了”“再见”“晚安”等。

（四）通话内容简练

发话人讲话要务实，向对方问候完毕，直言主题，少讲空话，不说废话，更不要节外生枝，无话找话。在通话时，最忌发话人讲话吞吞吐吐，含糊不清，东拉西扯。

作为发话人，要讲的话讲完了，就应当机立断，终止通话。发话人终止通话，是电话礼仪的惯例之一，也是发话人的一项义务。当使用公用电话，而身后又有人等候时，一定要自觉地尽快结束通话。

（五）若对方不在时

如你拨通电话后要找的人不在，可以选择以下几种方式应对。

在事情不是很着急，而且自己还有要找的人的其他联系方式时，可用“对不起，打扰了，再见”的话直接结束通话。

在事情比较紧急，而且自己没有要找的人的其他联系方式时，要向对方请教方便的联系方式或时间时可采用：“请问我什么时候再打来比较合适？”或“我有要紧的事，要找×××，不知道有没有其他方式可以与他联系。”不管对方是否提供了其他联系方式，都应以“谢谢，再见”结束通话。

另外还可以请求留言，在同对方关系比较熟悉，或者是有资格让对方给你回电话的情况下可以要求留言，如：“如果可以的话，麻烦您转告他，×××给他打过电话”或“请问我可以留言吗？”在得到对方的肯定回答之后，告诉对方“请让他给××××××××号码回个电话。”最后也应以“谢谢，再见”结束通话。

案例4－9

英文电话和投诉电话的处理

（1）英文电话处理

请稍等。/One moment，please. /Hold on，please.

对不起，××现在不在办公室。/I am sorry，××is not in the office now. /Sorry，××just left the office.

对不起，××在开会。/I am sorry，××is in a meeting.

对不起，××正在占线。/Sorry，××line is busy now.

请问您贵姓？/May I have your name，please?

您想留言吗？/Would you like to leave a message?

您可以过几分钟再打。/Would you call him about several minutes later?

对不起，您能再讲一遍吗？/Pardon，would you say it again，please?

您能拼一下您的名字吗？/World you spell your name，please?

谢谢您的电话，再见。/Thanks for calling，bye－bye.

没关系。/You are welcome.

（2）投诉电话处理

表示愿意协助解决问题：我是××部××，您别急，我们一定会尽力协助解决您的问题。倾听并表示回应：是，是！如果我遇到和您一样的情况，说不定比您更生气。

记录对方的资料：请问您……请您再说一遍，我会记下来以便帮您处理。

告知处理方法：您这件事情可能以……方式处理比较恰当。

自己无法处理需要请示上级：这件事我可能没有办法马上答复您，但我会尽快向我的主管请示，好吗？

案例 4 - 10

35 次紧急电话

一次，一位名叫基泰丝的美国记者，来到日本东京的奥达克余百货公司。她买了一台 sony 牌唱片机，准备作为见面礼，送给住在东京的婆家。售货员彬彬有礼地为她挑了一台未启封的机子。回到住宅区处，基泰丝开机试用时，却发现该机没有装内件，因而根本无法使用。她不由火冒三丈，准备第二天去奥达克余交涉，并迅速写了一篇新闻稿，题目是《笑脸背后的真面目》。

第二天，当基泰丝准备发出新闻稿前，忽然接到奥达克余的道歉电话。50 分钟后，一辆汽车赶到她的住处，从车上下来奥达克余的副经理及一名提皮箱的职员。两人一进客厅，又是鞠躬又是道歉。奥达克余公司不仅送来了合格的新唱片机，更送来了一盒蛋糕、一条毛巾和一张著名唱片。接着，副经理又宣读了公司纠正这一错误的备忘录。

原来，昨天下午售货员清点商品时发现错将一个空心样品卖出，她立刻报告公司警卫迅速寻找，但为时已晚。此事非同小可，经理接到报告后立即召集有关人员商议。当时只有两条线索可寻，即客户的名字和她留下的美国速递公司的名片。据此，公司连夜开始了一连串大海捞针的工作：打了 32 次紧急电话向东京各大宾馆查询，没有结果，再打电话到美国纽约快递公司总部，深夜接到回电得知客户美国父母的电话号码，接着又打电话去她父母处询问，奥达克余公司这次电话得到的是她东京婆家的电话。通过第 34 次电话，即给基泰丝婆家打电话，奥达克余公司终于找到了基泰丝。这一切，使基泰丝十分感动，她立刻重写了新闻稿，题目就叫《35 次紧急电话》。

（资料来源：刘小清．营销礼仪［M］．大连：东北财经大学出版社，2004.）

子任务 3 - 2　手机的使用礼仪

【知识准备】

手机礼仪既有固定电话礼仪的共性要求，也有一些特殊的规范。手机的基本特点在于移动性，这就意味着手机可以把噪声带到任何场合，因此手机使用者要特别顾及他人。一般手机总处在开机状态，但在开车、开会、讲话、交谈时，你就必须将手机调至静音或振动状态，这是礼仪的起码要求。在公共场合，最好不要旁若无人地打手机，而且手机应调到振动状态，以免影响他人，分散他人注意力。

手机通话要注意说话简短，长话短说，节约双方费用。当你正与别人谈话时手机铃响，应向谈话对象致歉后再打开手机接听。当你接到一个拨错号码者的电话时，也要以礼相待。

一、手机的摆放

携带移动通信工具，应将其放在适当的位置。总的原则是既要方便使用，又要合乎礼仪。

（一）常规位置

1. 可以放在随身携带的公文包之内。

2. 可以放在上衣口袋之内，尤其是上衣内袋之内，但注意不要影响衣服的整体外观。

3. 不要在不使用时将其执握在手里，或是将其挂于上衣口袋之外。

（二）暂放位置

有时自己不方便把移动通信工具放在常规的位置，可以暂作变通。

1. 在参加会议时，可将其暂交秘书、会务人员代管。

2. 在与人坐在一起交谈时，可将其暂放手边、身旁、背后等不起眼之处。

把手机挂在脖子上、腰上、手上，或握在手上，均不雅观。

二、使用手机的禁忌

（一）遵守公共秩序

1. 使用移动通信工具时，绝对不允许扰乱公共秩序，给公众带来“听觉污染”。

2. 不应在公共场合，尤其是楼梯、电梯、路口、人行道等人来人往之处，旁若无人地使用移动通信工具。

3. 不得在要求“保持安静”的公共场所，如音乐厅、美术馆、影剧院，动不动就用大嗓门对着手机喊叫。必要时，应关机，或让其处于静音状态。

4. 不允许在上班期间，尤其是办公室、车间里，因私使用自己的移动通信工具。

5. 在开会、会见等聚会场合，不能当众使用移动通信工具，以免给别人留下用心不专、不懂礼节的坏印象。

（二）注意安全

移动通信工具的使用会分散人们对别的事情的注意力，它本身还会产生电磁波。应注意使用移动通信工具时，必须牢记的安全准则。

1. 在驾驶汽车的时候，不要使用手机通话。

2. 不要在加油站、面粉厂、油库等处使用移动通信工具，免得它们所发出的信号引发火灾、爆炸。

3. 不要在病房内使用移动通信工具，以免其信号干扰医疗仪器的正常运行，或者影响病人休息。

4. 不要在飞机飞行期间启用手机，以免给航班带来危险。

5. 涉及商业秘密、国家安全的事项最好不要在手机之中使用，因为手机容易出现信息外漏，产生不良事端。

案例 4－11

铃声终于激怒了老总

总经理召集各部门经理开会，布置下一个季度的营销任务。老总刚清了清嗓子准备说话，一阵刺耳的电话铃声响了起来，李经理忙不迭地站起来跑出去接电话。老总脸上显出了愠色。会议继续进行，可不是这里在低头小声接电话，就是那里突然一声铃声。老总突然一拍桌子，把大家吓得一哆嗦。“把手机关了，我不相信关一会儿手机会死人！”

（资料来源：http：//wenku. baidu. com/view/43a6d4c55fbfc77da269b14f. html。）

【综合实训】

材料一：来电吵醒邻床病友

刘先生到医院探访病人，公司的同事来电话，铃声让另一床正闭目养神的病人睁开了眼。刘先生接起电话就谈上了工作。尽管电话时间不长，但那位被吵着了的病人一直脸色不悦。

材料二：铃声搅乱音乐会

邱女士在北京音乐厅听一场由著名大师指挥的交响乐。音乐演奏到高潮处，全场鸦雀无声，凝神谛听，突然手机铃声响起，在宁静的大厅中显得格外刺耳。演奏者、观众的情绪都被打断。大家纷纷回头用眼神责备这位不知礼者。

材料三："是个男的！"

"喂，王姐，你的电话，是个男的！"小赵接了一个电话，大声地招呼王姐过去接电话。整个办公室的人都听到了有个男的找王姐，大家都抬起头来看着王姐。王姐非常不好意思地过去接电话。

材料四：小道消息

小丽接到一个电话，"帮我叫一下小飞。"小丽听出是局长的声音，她赶紧把小飞叫来，自己就在不远处竖起耳朵听电话，她听到小飞说"好，我马上去您办公室。"小飞匆匆走了。小丽立即跑到张大姐那里："张大姐，局长叫小飞去一趟，一定是他那天喝醉酒打人的事被局长知道了，这还不得严厉处分，弄不好开除呢。"过了几天，单位里都在传小飞喝醉酒打人被局长狠狠批评了。

问题：

1. 根据上述材料简述接打电话的禁忌。
2. 代接电话有哪些注意事项？

提示：

这四则材料分别是使用手机和转接电话。手机在给我们的生活带来方便的同时也给社会带来一些问题，我们常常看到有的人在办公场所或需要安静的公共场合肆无忌惮地使用手机，招致别人的反感。在特殊场合，拨打、接听电话者要考虑其他人的感受：如果我这么做，别人是高兴还是不高兴？不断反思自己的行为得失，修正自己的行为，今后进入任何一种场合，就会有自然得体的举动。转接电话也要特别注意礼仪。转接电话不仅是帮忙叫人和记录来电者姓名和电话号码，它实际是一个如何处理好自己与来电者、自己与要接电话者之间关系的重要表现，因此转接电话需要一个职业性处理。一方面要清楚有效地把电话转接出去，另一方面不能给来电者留下不良印象，也不能给要接电话者带来麻烦。该你说的不该你说的应把握好分寸。如果对方要找的人不在，要尽量做好电话记录工作。记录内容包括什么人、什么时间打的电话、大概是要说什么事（如果对方不愿意不必强问）、对方有什么要求（一看到字条马上回电话，还是晚上再打电话等）。未经要接电话者同意不要轻易将手机号码告诉对方。如果转接到了一个敏感人物的电话，比如大家怀疑某某跟某某有特殊关系，恰好某某打电话找某某时被你接到了，这种时候千万不要捕风捉影，不要去转告第三人"谁给谁来电话了"，更不能在旁边偷听对方的电话内容。

任务4　网络礼仪和书柬卡片礼仪

【工作任务】

子任务4－1：网络礼仪的相关内容

子任务4－2：信函、柬帖和贺卡礼仪

子任务4－1　网络礼仪的相关内容

【知识准备】

网络从20世纪50年代形成发展到现在，其历程不过70多年。目前，每不到3个中国人就有一个与它亲密接触，因特网正在成为各界人士获取信息的主要通道，成为政府、企业提高工作效率的沟通平台，成为人们休闲娱乐的造梦工厂。可以说，时至今日，因特网已经改变了人们的生活方式，它正在以一种全新的方式提高着人们的工作效率和生活质量，同时也给人们带来了许多困惑、无奈，甚至伤害。这是因为人们在虚拟的网络空间中没有了平时的社会道德约束，于是网络上的种种不良行为开始滋生泛滥，进而影响了网络健康与文明。因此，提倡网络礼仪是十分迫切、十分必要的。

网络礼仪（Netiquette），是指人们在使用因特网时应共同遵守、约定俗成的道德规则。网络礼仪与网络相伴而生，也随着网络的发展而发生着变化。

一、网络营销礼仪

网络营销成本低、环节少、方式新、国际性、全天候性等特点决定了目前在大多数金融企业把网络营销作为良好的宣传媒体和营销渠道。所以，要想在因特网上让更多的客户认识我们、了解我们、选择我们，就必须遵循以下网络营销的礼仪要求。

（一）信息要真实

因特网的宣传面是相当广泛的，每天有许多人去阅读相关的信息，网上除了包括对企业与产品的介绍外，还可以说明企业的经营理念、企业文化、服务保证等。所以企业要想提高其在消费者中的知名度，就必须客观地反映自己产品的特点，注意所提供信息的真实性。

（二）主题要明确

因特网所提供的产品主要在于信息的提供，除了充分显示产品的性能、特点等内容外，更重要的是对个别需求进行一对一的营销服务。所以，在对公司及产品进行介绍时一般要有一个明确的主题，以便于有需求的客户准确地选择自己要找的信息。

（三）语言要流畅

网上公布的信息要便于阅读，语言就必须流畅。尽量别写错别字、异体字。引用数据、资料时，则最好做到精确无误。

（四）内容要简洁

网上的时间极为宝贵，所以网上的内容应当简明扼要，只要说明问题即可。

（五）承诺要兑现

目前，金融机构已率先进入信息网络，企业可通过金融机构采取更加灵活的购买付款方式，在因特网的推动下，企业可依赖金融机构的专业信息的优势，针对不同的用户采取灵活多样的付款方式，达到刺激和方便消费者购买的目的，这就需要我们提供优质的网上服务，兑现承诺。

（六）正确引用其他信息

网络上的信息转载、复制，引用有版权的文字及图片时，要与版权人联系，在征得同意后方可使用；不要随意散发不属于自己的信息；不要任意链接他人站点的内容。

二、网络广告宣传礼仪

广告是通过各种宣传媒介直接向目标市场上的客户对象（包括现有的和潜在的）介绍和销售产品、提供服务的宣传活动。金融广告旨在巩固现有客户和诱使潜在客户意识到金融企业提供的某种服务将有助于达到他所期望的目标。其主要目标是让公众熟悉企业的名称，同时向公众宣传企业所提供的产品和服务。

例如，在什么地方存放资金最为安全，如何通过贷款买一套新的住宅，委托哪家证券公司进行证券投资，在何处可以买到合适的保险等。

由于金融行业所提供的产品大多属于服务性的产品，具有无形性等特点，又由于金融行业所提供的产品类似程度很高，客户从金融业那里希望得到的不仅是忠告，更希望感受到安全和被理解，因此金融行业广告促销的重点要放在激发客户的欲望，使之愿意与企业打交道上；要注重宣传企业的信誉，以事例来赢得客户的信赖。宣传本企业的新产品和新服务，以此来突出本企业的特点和优势；强调企业的形象，以赢得更高的信誉。为此，金融行业的网络广告宣传要把握以下几个要点。

（一）要以情感人

广告宣传虽然是对自己企业及产品的一个宣传和促销，但广告语的运用只有从公众的立场出发，体现出对公众的关心、体贴和责任心，以情感人，才能被消费者所接受。

（二）要诚信

金融行业所提出的允诺应当务实，不应提出让客户产生过度期望而企业无力达到的允诺。金融行业必须实现广告中的诺言，才能取信于客户。但由于金融业服务性成分很高，其服务表现往往会因服务递送者的不同而各异，因此金融业有必要使用一种可以确保表现的一致标准的方法，即只允诺最起码的服务标准。这样既不会让客户产生过度期望，又不会对员工造成不当的压力。如果员工能做得比此标准好，客户通常会更高兴。

（三）广告语要凝练

广告语言尽可能用简洁、凝练、生动、适合目标公众的语言风格，在少量的时间内给公众以艺术享受。

金融广告的最大难题在于要用简单的文字和图形，传达所提供产品的领域、深度、质量和水准。有些金融产品广告，可以使用图像或符号来协助传递广告信息，但有些产品如银行的投资理财产品则必须给予详尽的解释，而这样做，则很可能会形成冗长啰唆的广告而干扰效果。因此，必须注意运用简明精练的言辞、图像，贴切地把握金融产品内涵的丰富性和多样性。

（四）要注意表现形式

表现形式和媒体是否与广告意图相协调，如版面设计是否合理，广告媒体的选择是否恰当等。

（五）要强调利益

能引起注意的、有影响力的广告，应当强调客户购买使用产品所得到的利益而不是强调一些技术性细节。强调利益才符合营销观念，也与满足客户需要有关。当然，所强调的利益应与客户寻求的利益一致。为此，广告中所使用的利益诉求，必须建立在充分明确了解客户需要的基础上，以确保广告的最大有利影响效果。

（六）要提供有形的线索

金融产品广告应尽可能使用有形线索（如展示本单位的员工，展示提供服务的场所、设备设施等）来作为提示，尽量结合一些可触知的物体来表现金融产品的无形特征，增强努力促销的效果。例如某保险公司的广告："买了保险，您就在保护神手中了""买了保险，您就在一把大伞下"。"手""伞"都是象征保护的可触知的物体，用它们来帮助客户理解保险提供的保护这一不可触知的内容。

三、电子邮件

收发电子邮件是社会交往、网络办公常用的方式，应注意方法和遵循相应的规则。

（一）撰写邮件

1. 格式规范。电子邮件的文体格式应该类似于书面交谈的风格，开头要有问候语，但问候语的选择比较自由，像"你好""早上好""hi"，或者仅仅是一个简单的称呼，如"张老师""李主任""晓红"等；结尾也可随意一些，如"以后再谈""谢谢你""祝你愉快"等，也可什么都不写，直接注上自己的名字。一封较为正式的邮件，还是要用与正式的信笺一样的文体。开头要用"尊敬的"或者"先生/女士，您好!"，结尾要有祝福语，并使用"此致/敬礼!"这样的格式。添加邮件主题是电子邮件和信笺的主要不同之处，在主题栏里用短短的几个字概括出整个邮件的内容，便于收件人权衡邮件的轻重缓急，分别处理。尤其是回复的信件，重新添加、更换邮件主题是要特别注意的环节。

2. 内容准确。电子邮件的内容一定要正确，包括没有错别字、病句，否则会影响表达的准确性。尤其在有附件或转发邮件的情况下，切勿忙乱中发错附件或把不该让对方知道的被转发的邮件中的内容发给了对方，那将是十分失礼的行为。

3. 语言简洁。电子邮件的内容应力求简明扼要，并注重沟通效益。一般信件所用的起头语、客套语、祝贺词等，在线沟通时都可以省略。尽量掌握"一个信息、一个主题"的原则。电子邮件的语言也应尽量做到优美，使看到邮件的人不仅能快速地了解信息，并获得视觉上的审美享受。

（二）发送邮件

1. 不要忘记写上"标题"。不要图省事或忘记写标题，电子邮件一定要注明标题（Subject），因为有许多网络使用者是以标题来决定是否继续详读信件的内容。此外，邮件标题应尽量写得具有描述性，或是与内容相关的主旨大意，让人一看即知，以便对方快速了解与记忆。

2. 于特定邮件中加上密码。有些特定的邮件内容会触犯他人，为避免不必要的纷争，可考虑在这些邮件上加密。密码学是一个极为专门的学问，在一般的电子邮件中是不会被应用的。想要知道更多跟密码有关的信息，许多网络系统均设计有特殊加密和解密的功能，只要询问网络管理者即可获知。

3. 慎重选择发信对象。确认传送信息的对象，并将副本转送人数降至最低。传送电子信息之前，须确认收信对象是否正确，以免造成不必要的困扰。若要将信函副本同时转送相关人员以供参考时，可利用副本转送的功能，但要将人数降至最低，否则，传送与副本转送的用途将混淆不清，也制造了一大堆不必要的“垃圾”。

（三）接收邮件

1. 及时接收。要养成每天打开邮件箱的习惯，并及时地接收邮件。

2. 及时回复。收到邮件后，应尽快地回复，如因工作繁忙而延误了回复日期，应在回复时致歉。

3. 邮件的保存和删除。因为信箱空间有限，而且现在有些网站还对邮件进行了自动删除管理，所以定期整理收件箱，对不同邮件分别予以保存和删除非常重要。对于有价值的邮件，必须保存，或者在复制后进行专门保留。对于与公务无关的垃圾邮件，或者已无实际价值的公务邮件，要及时删除。

子任务4-2　信函、柬帖和贺卡礼仪

【知识准备】

一、信函礼仪

信函礼仪是人们在营销活动中以信函的方式进行文字信息交流时应遵守的礼仪规范。从信函内容到结构，从信封到落款都有一定的礼仪要求，金融从业人员需要了解并按信函礼仪要求规范操作。

（一）信函的构成和种类

1. 信函的构成。信函是营销人员在日常交往过程中用来传递信息、交流思想感情的应用文书。信函一般由笺文和封文两部分构成。

笺文就是写在信笺上的文字，包括寄信人对收信人的称呼、问候、对话、祝福等。笺文是信函内容的主体，它决定信函的雅俗、繁简及风格。

封文就是写在信封上的文字，包括收信人的邮政编码、地址、姓名和寄信人的地址、姓名及邮政编码。封文是写给邮递员看的，使邮递员知道信的来源地及送达地，若找不到投递地址的收信人，仍可将信退给寄信人。

2. 信函的种类。

（1）从功能角度看，可分为公函与私函。

（2）从内容看，可分为祝贺慰问类、请求建议类、请托邀约类、表扬感谢类、推荐介绍类、事务往来类、联络汇报类及交际应酬类等。

（3）从性质看，有一般书信和专用书信。一般书信是指在人际交往中为了调整、改

善、发展人际关系，交流沟通信息的书面材料与文字；专用书信是指组织之间、组织与个人之间，因工作关系、业务联系或交际需要而往来的信件。

（二）一般书信写作礼仪

1. 书信写作的基本要求。

（1）书信写作合乎规范，用语礼貌。一是书写格式要规范。要注意笺文中的称谓、开头应酬语、正文、结尾应酬语、祝颂敬辞、署名及时间等的结构顺序和书写格式；同时，封文收信人的邮政编码、地址、姓名及发信人的地址、姓名和邮政编码等，也有一定的规范。二是书信语言要礼貌。书信是一种书面谈话，这就要讲究礼貌，使收信人有一种亲切感和尊重感。一般来说，书信的笺文中先要向谈话对象礼貌地打招呼，然后说两句对对方表示尊重或亲切的话，接着是用应酬语引出谈话正题，再就是正文，后面是结束谈话的应酬语，最后才是写信人署名及日期，这些书面谈话用语要让对方感到自然、亲切、文明礼貌、热情，同样书信封文中也应注意礼貌语言。

（2）内容应实在可信，通情达理。书信无论是写给谁看，所述内容都应实实在在，所表之情都要爽直真诚，所讲之理都须通情达理。只有信中所谈的事情真实可信，才会增进友谊、感情。所以书信的正文中究竟要向对方表示什么、述说什么、要求什么、自己今后如何打算等，都应清楚地表达出来。晓之以理，动之以情，促进双方的了解与合作，增进相互间的联系与交往。

（3）字迹要工整清晰，文辞要通顺畅达。书信是用文字来表达内容的，文字书写不仅要让别人看懂，而且要让人看着舒服、心情愉快，这要求写信人做到从书信内容到语言的书写都能够使收信人感到诚实、顺畅、亲切、真挚而优雅。要注意整体的美观大方，字迹工整，字体适度、端正、规范、清晰，切忌字迹潦草。

2. 书信笺文的书写礼仪。书信笺文一般由称谓、正文、敬语、落款及时间四部分构成。

（1）称谓。称谓是寄信人对收信人的称呼，它表示双方的关系，在信笺上单独顶格书写，以表示尊敬和有礼貌，称呼之后加冒号，以引出下文。称谓的用法有以下几种情形：一是姓氏加上称谓词，如张先生、王小姐等；二是姓氏加上头衔，如张总工程师、王总经理、李主任等；三是人名加上称谓词，如德晨兄、道光同志、小玉妹等。

（2）正文。正文就是所写书信的内容主体。一般分四部分：一是简短的问候语，即开头应酬语，用得最多的是“你好！”另起行，空两格，单独成行。二是询问对方的事情，与问候语分开，要另起段，内容视所询问事情的多少而定。三是回答对方的问题或介绍自己的事情，及要对方帮助解决的事情等，这是笺文的主体内容。四是写希望、意愿或联系之事，要求简短、自然。

（3）敬语。敬语是向对方表示祝愿、敬意或问候的话，要依据对象、书信内容、时令、场合等的不同而选择贴切的词语。现代书信祝愿用语多用“此致”“祝你”等词语紧接正文。

文末尾书写“敬礼”“近安”“进步”等词可另起一行，顶格书写。如果信笺最后剩余部分较多，而为了突出祝词的地位，则可以将“祝”“颂”“此致”等词独占一行，空四格写起，而“好”“安”“敬礼”等词另行顶格书写。

结尾祝词针对不同的对象常用不同的写法，不能对任何人都千篇一律。如平辈朋友之间可用即顺、此致、祝你安好、祝好等；长辈可用恭颂、恭祝金安、敬祝安好、敬祝安康等；晚辈可用顺祝、健康、祝你进步、祝你幸福等；商人可用财安；旅行者可用一帆风顺、旅居康乐等。

（4）落款及时间。笺文最后，要写上发信人的姓名和写信日期。署名应写在敬语后另起一行靠后位置。写信的年月日在最后一行略比落款靠右。

案例 4－12

信函参考例文

尊敬的李处长：

您好！

我是A行的客户经理，我叫王悦。

请原谅我冒昧地给您写信。虽然我们素昧平生，但您的大名和为人早已如雷贯耳。祈盼有机会与您相识。

您知道刘洋这个人吗？他可对您的成功人生非常敬佩，说您是一个总是走在时代前面的领潮人，特别是对网络经济有较深的研究，对网络金融新产品很感兴趣。刘先生有您这么明智的朋友，我为之感到非常的高兴。我和刘先生也是多年的好朋友。我们都十分佩服您的远见。最近我行开发推出了一种新的公司客户理财服务产品，我把它介绍给像您这样优良的大型集团性公司使用，他们都很欢迎。我就您公司怎样使用此产品草拟了一个方案，先寄给您了解一下。我很想下个星期去登门拜访您，再给您作详细的介绍，您看行吗？

如果您觉得方便的话，请您定个时间，让您的秘书电话通知我。我的手机号码是×××××××××××。

祝您鼠年发大财，事业兴旺，家庭幸福！

王悦

××××年××月××日

（资料来源：伏琳娜．商业银行客户经理［M］．北京：中国金融出版社，2010.）

二、柬帖礼仪

柬帖是人们在营销活动中用来告知对方的一种书面文件，主要是为了表达对所告事宜的重视和对被告知对象的尊重，包括请柬、聘书、贺卡等。

（一）柬帖的种类和特点

1. 柬帖的含义。柬帖，是对用简短的语言书写成的信札、书简、请柬、名帖等的一种统称。古代把写在竹片上的文辞称做“简”（即竹简）；对写在布帛上的文辞称“帖”；而古文是柬和简相通，只是柬可能比简在加工制作上更讲究、更精美。用纸片取代木片、竹片、布帛后，柬帖的美术装潢和用料更考究。如今的请柬、贺帖、礼帖都装帧精美，富有浓重的礼仪色彩。

2. 柬帖的种类。从柬帖的内容看，主要有喜庆帖、应酬柬帖、礼帖、谢帖等。营销中的喜庆活动如店铺开张、庆典、剪彩、揭幕等，用喜庆帖；日常道别、迎接，用应酬柬帖；有时要送礼物、礼金，就要用较考究的卡片，郑重书以有关礼物数目及文辞，称为礼帖；接受礼品想说明谢意时，可用谢帖。

从柬帖的表面形式看，有卡片式和折叠式之分。一张精美的卡片，正面印有片名，背面为空白，用于书写，就是卡片式柬帖。有的可将卡片折起来，分为内外两部分，外面印有柬帖名称与美术装饰，里面是空白，用于书写柬帖的内容，这种折叠式柬帖，多用于较郑重的礼仪活动。

3. 柬帖的特点。

（1）告知性。柬帖首先要将邀请、通报致谢的内容告知对方，特别是请柬，更应写明被邀请人的姓名、活动的名称、时间、地点等。

（2）礼节性。柬帖的格式用语都非常注意礼仪要求。

（3）规范性。无论哪种柬帖，一般都必须有严格的讲究，制品的内外设计要与交际对象、交际内容相和谐、一致，并按社会约定俗成的规范来写作。

（4）简洁性。柬帖都要求言简意赅，用词简洁，使对方一目了然。

（二）柬帖的写法与注意事项

1. 柬帖的结构与写法。柬帖由标题、正文、结尾及落款和时间几部分组成。标题一般写在柬帖的封面，如“请柬”等。有些柬帖还有起首抬头，一般起首顶格，抬头与书信的抬头书写相同，平抬顶格。

正文的内容根据柬帖的不同种类而有不同的要求。以请柬为例，请柬的正文由以下几部分组成：注明被邀请人的姓名、被邀参加的活动名称、活动的时间、地点、注意事项等。用词要准确、精练、热情、恳切、得体。

结尾处空两格写上“此致”或“敬请（恭候）”字样。再另起一行顶格写上“光顾（莅临）”。落款写在右下方，由发柬帖者署名，并要另起一行在右下方注明日期。

2. 柬帖写作中的注意事项。

（1）选购或设计制作柬帖，要注意格式与交际对象、交际内容的一致，如恭贺新春的拜年帖，或春节活动的请帖、礼帖，选择竖式且美术装潢民族文化色彩浓重的为好，而新年、元旦的庆贺帖，横竖式都可以。

（2）柬帖的写作与外表形式相协调，即竖式的柬帖应竖行书写，横式的柬帖应横行书写，竖写的自左而右移行，横写的自上而下移行。

（3）柬帖的语言力求雅致、优美、自然。

（4）柬帖中所有名称应使用全称或通用简称。

（5）打印好的有正规格式的柬帖，行文中不能用标点符号，若是以信函形式发出的柬帖，句子之间可用标点符号。

三、贺卡

贺年卡、圣诞卡、生日卡等都是用来表达赠送者庆贺之意的贺卡。互赠贺卡，形式简单却富有诗情画意，也是联络感情的一种好办法。

贺卡有现成的，也可以自己制作。现成贺卡的优点是方便快捷，适合大量发送，缺点是缺少一点人情味；自己制作的贺卡则完全没有这个缺点，人情味十足，但制作起来耗时耗力，且需要制作者具有不错的制作能力。制作贺卡和发送贺卡应注意以下几点。

（一）选择合适的内容

贺卡多种多样，形式大同小异，区别在于赠言的内容。要依据自己与对方关系的远近和性质选择最贴切的贺卡内容：亲属关系，随意亲热；朋友关系，自然亲切；恋人关系，柔情蜜意；同事关系，礼貌热情；商业关系，周到得体……一般来说，贺卡的内容一定要因人而异，不能图省事而千篇一律，那样做的效果有时甚至适得其反，让人感觉自己不受重视。

（二）及时发送

贺年卡是庆贺元旦或春节的，圣诞卡是庆贺圣诞节的，生日卡是祝贺生日的。无论什么贺卡最好让对方在相应节日的当天或提前几天收到，寄发者应估算好邮递所需的时间，提前寄出。过早了，给对方带去的喜悦，不如恰好节日那几天收到那样浓；太晚了，意义就没那么大了。

【综合实训】

某银行为存款额突破亿元举行庆功联谊会，给一些单位发送了请柬，邀请大家参加，并准备了精美的礼品，用来感谢这些单位对本行的支持与帮助。结果有些单位没有接受邀请，活动不太成功。单位主要领导很困惑，经和有关人士接触，方知所送请柬有问题。一是落款时间是用阿拉伯数字写的，中间用顿号来代替年、月、日的汉字，给人以活动不正式、主人本身就不够重视的感觉。二是请柬中的事由没有表达清楚，使人误以为是该单位的内部活动，别人可有可无，当然就不肯应邀而来了。

要求：

1. 这是一个请柬的典型错误，让学生帮助某行重新撰写一份格式正确、内容合适的请柬。

2. 简述柬帖写作中的注意事项。

任务5　选择、赠送、接受和拒绝礼品礼仪

【工作任务】

子任务5-1：选择和赠送礼品礼仪

子任务5-2：接受和拒绝礼品礼仪

子任务5-1　选择和赠送礼品礼仪

【知识准备】

在商务交往中礼品的使用往往不可避免，有些情况我们需要选择礼品赠送给他人，另外一些情况我们会接受他人所赠送的礼品。在商务人员眼里，一件恰到好处的礼品，不仅仅是一件纪念品，更是一件宣传品，因此礼品的选择、赠送，都需要遵守必要的商务礼仪。如果在礼品的选择、赠送方面触犯了商务礼仪的禁忌，就会弄巧成拙，甚至劳而无功。

一、选择礼品礼仪

选择礼品，关键要看对象、看关系、看场合、看目的，并据此确定有所为，有所不为。

（一）宜选的礼品

金融从业人员在与客户的交往中，宜选的礼品均应具有一定的宣传性、纪念性、独特性、时尚性，同时还应令其具有一定的便携性。

1. 宣传性。在与客户的商务交往中，首先要注意礼品的宣传性，即在商务交往中所使用的礼品，意在推广宣传金融企业形象，并非贿赂、拉拢他人。

2. 纪念性。在商务交往中，所使用的礼品要能达到使对方记住自己，记住自己的单位、产品和服务的作用，使双方友善和睦地交往。总之，让对方记住自己是商务交往中礼品的主要功效之一。

3. 独特性。商务交往中礼品应具有独特性。要做到人无我有，人有我优。一定要避免千人一面，否则就有敷衍了事之感。

4. 时尚性。礼品不仅要与众不同，还应特别注意礼品时尚与否。总之，在商务交往中选择礼品时，不能太落伍，否则会适得其反。

5. 便携性。送给对方的礼品不要易碎或过于笨重，要便于对方携带，否则会为对方平添烦恼，因此商务交往的礼品要注意它的便携性。

（二）忌选的礼品

1. 不能送大额现金和有价证券，否则就有收买对方之嫌。与此同时还要注意，金银珠宝也不适合送予别人。

2. 粗制滥造的物品或过季的商品，不能送给对方，否则有愚弄对方、滥竽充数之嫌。

3. 不能送给对方药品或营养品，否则有暗示对方身体欠佳之意。

4. 有违社会公德和法律规章的礼品是不能送给别人的，比如涉及黄、赌、毒之类的物品。

5. 有违交往对象民族习俗、宗教信仰和生活习惯的物品不能送给别人，否则有不尊重对方之嫌。

6. 带有明显广告标志和宣传用语的物品不能送给别人，否则有利用对方，为自己充当广告标签之意。

二、赠送礼品礼仪

从商务礼仪的角度而言，赠送礼品需要强调三个方面：赠送时间、赠送地点、赠送的方式，三者需要兼顾。

（一）赠送时间

赠送礼品，时间上应兼顾两点。其一是具体时机。一般而言，赠送礼品的最佳时机是节假日、对方重要的纪念日、节庆日等。其二是具体时间。一般而言，当我们作为客人拜访他人时，最好在双方见面之初向对方送上礼品，而当我们作为主人接待来访者之时，则应该在客人离去的前夜或者举行告别宴会上，把礼品赠送给对方。

（二）赠送地点

考虑赠送礼品的具体地点时要注意公私有别。一般而言，公务交往中所赠送的礼品应该在公务场合赠送，比如在办公室、写字楼、会见厅；在谈判之余，商务交往之外或私人交往中赠送的礼品，则应在私人居所赠送，而不宜在公共场合赠送。

（三）赠送的方式

在商务交往中除了礼品的选择和赠送之外，非常重要的一个问题就是礼品的赠送方式。赠送礼品的具体方式应注意以下三点：

1. 应加以包装。正式场合赠送他人的礼品最好加以包装，向外籍客人赠送的礼品则必须加以包装，因为包装意味着重视，不加以包装有敷衍了事之嫌。

2. 应适当说明。当把选择的礼品在正式商务交往中赠送给客户时，要进行必要的说明，比如说明礼品的含义、具体用途及与众不同之处，使交往对象加深对礼品的印象。

3. 应由在场地位最高者出面。赠送礼品时，如果条件允许，应该由本单位、本部门在场的人中身份地位最高者亲自出面。若有可能，应该由本单位主要领导人出面向客户赠送礼品，礼仪上把这种做法叫规格对等。由于领导亲自出面向客人赠送礼品，哪怕礼轻也会显得情意重，而让身份较低者去赠送礼品，难免就会失敬于对方，使对方有不对等，不被重视的感觉。

子任务 5－2　接受和拒绝礼品礼仪

【知识准备】

在社交礼仪中，接受和拒绝别人的礼品也是有一定的规矩的。在接受别人礼品时要表现得落落大方、富有涵养，在需要拒绝别人礼品时也要显得不卑不亢，应对自如。

一、接受礼品

在接受他人礼品时应注意：态度大方、拆启包装、欣赏礼品、表示谢意。

（一）态度大方

如果准备接受别人礼品，就没有必要再三推辞，心口不一。如果再三推辞，心口不一，反而让对方觉得自己不诚恳，给对方留下不好的印象。

（二）拆启包装

接受礼品时如果条件允许，应该当面拆启礼品的包装。接受境外客人赠送的礼品时，尤其需要注意这一点。在外国人看来，礼品如果带有包装而自己不打开看，就等于怠慢对方，不重视对方所赠送的礼品。因此接受别人礼品尤其接受外籍客人赠送的礼品时，一定不要忘了当面打开看一看。

（三）欣赏礼品

接受别人礼品之后不仅要打开看一看，而且要适当地加以欣赏，否则别人的热情就会有被冷漠拒绝之嫌。

（四）表示谢意

接受礼品时，口中要道谢。接受贵重的礼品后，还需要打电话，发邮件，或者写信专程再次向对方道谢。

二、拒绝客户礼品的礼仪

在商务交往中，有时万不得已必须拒绝别人的礼品。当拒绝别人的礼品时，商务礼仪要求人们兼顾以下三点：

1. 说明拒绝的原因，比如身份不允许，单位规定不允许等，不分青红皂白，一概拒绝是没有道理的。

2. 要表达歉意，即便是拒绝了对方的礼品，也要感谢对方的好意。

3. 需要拒绝别人的礼品时，态度要友善，无论如何，不能对对方加以谴责、质疑、质问或者谩骂。

【综合实训】

情境 1：一男一女登门拜访他人。登门之际，女宾向女主人赠送一束鲜花。

情境 2：一写字间内，三五人就座办公。一男宾带烟酒入内：“我找王哥。”某男士站起身来，该男宾对起身的这位男士说：“王哥，这是我的一点小意思，请您笑纳。”王哥木然，其他人狐疑。

情境 3：写字间内，主方向来宾赠送礼物。女秘书把一包装精美之物递其上司，上司双手交给客人。

要求：

1. 判断上述三种礼品赠送的方式是否符合礼仪规范。

2. 简述赠送礼品的注意事项。

思考与练习

1. 简述称谓的基本原则、技巧和禁忌。
2. 应该如何递交、接受和存放名片？
3. 试述金融行业员工问候客户时应有哪些注意事项。
4. 简述拜访客户时应遵循哪些礼仪规范。
5. 简述接打电话的礼仪有哪些。
6. 试述微信、QQ 和博客的使用礼仪有哪些。

项目五
金融服务行业员工客户服务礼仪

【案例导入】把投诉客户变成高等客户

一天，中国工商银行万福支行行长黄华阳接到客户的投诉电话后，马上就去见了这位客户。客户向黄行长反映万福支行服务态度不好，他打算将存款转存到他行。该客户只是一个小户，平常发生的业务很少，但黄行长并没有轻视，而是认真虚心听取客户意见，积极寻求投诉问题所在，做耐心细致的解释工作，最后还对客户作出承诺："下次办理业务要是再碰到这种情况，就是我黄华阳的错，你直接找我，我负完全责任。"客户被黄行长的诚挚态度所感动，同黄行长交上了朋友，两人一聊就是一个晚上。之后，该客户将其大部分业务都转到万福支行，并给万福支行介绍了大量的客户，总共为其带来了230万元存款，成为该行的忠诚客户。

分析：

由上述案例我们可以看出，出色地解决客户投诉，令其满意，不仅不会损害银行的形象，而且还能给银行带来意想不到的收益。每一位金融服务人员都应有集体意识。只要客户不满意，金融服务人员就应向客户表示歉意，而不管客户的不满意是否是自己造成的。任何时候都不应为自己推脱责任，认为客户的投诉与自己无关。

（资料来源：http：//www. cqvip. com/qk/82402x/200616/23062320. html。）

【学习目标】

◎ **能力目标**

1. 作为金融服务行业人员掌握微笑礼仪。
2. 作为金融服务行业人员在与客户沟通时掌握好倾听技巧。
3. 作为金融服务行业人员掌握好"看""听""沟通""动"的礼仪。

◎ **知识目标**

1. 掌握客户服务的客户取向。
2. 掌握服务态度上的客户满意。
3. 掌握服务关系上的客户至上礼仪。
4. 掌握金融服务行业员工客户服务遵循的3A规则。
5. 掌握金融服务行业员工客户服务规范用语。

◎ **素质目标**

1. 不断提高与客户的谈话技巧，提高自身素质。
2. 通过客户服务礼仪，塑造良好的自身形象和机构形象。

3. 具备处理突发事件的能力，能够平息客户抱怨。

任务1　客户服务礼仪的基本原则

【工作任务】

子任务1－1：服务行为上的客户取向

子任务1－2：服务态度上的客户满意

子任务1－3：服务关系上的客户至上

礼仪是社会对在某一特定人际关系中承担特定角色的个人所要求的行为规范，它的核心内容是“尊重他人、约束自己”。而金融服务礼仪即是社会对在金融服务关系中承担服务人员角色的个人所要求的行为规范，“服从客户的需求，让客户感受优越”是对金融服务人员角色的基本要求。对金融服务人员的这一角色在具体服务实践中的要求又具体表现为服务行为上的客户取向、服务态度上的客户满意以及服务关系上的客户至上，即服务礼仪的三大基本原则。

子任务1－1　服务行为上的客户取向

【知识准备】

客户取向就是客户的需求，客户的利益是金融服务人员行为选择的依据。一个优秀的服务人员必须时时处处以客户利益为重，关心客户，为客户着想。客户取向这一基本原则又可进一步分解为五大具体的服务原则。

一、满足客户需求是金融服务人员的最高行为准则

服务关系是一种金融服务人员对客户需求的单向满足关系，从内容上讲服务就是金融服务人员满足客户需求的行为。因此，客户的需求是金融服务行为的出发点，也是衡量金融服务行为是否合适的最终标准。只有符合客户需求的行为才是正确的服务行为。

有些金融服务人员根据金融企业的服务技术指标向客户提供服务，感觉自己的服务已无可挑剔，一旦客户不满意就以为客户蛮不讲理，从而与客户产生某种情绪对立，导致客户的不满意进一步加剧。事实上，每个金融服务人员都必须有这样的意识，客户的需求是不同的，以客户的一般需求为标准设计的服务技术指标并不一定符合客户的要求，因而依此而提供的服务也并不一定能使所有的客户满意。当我们所提供的服务不适合客户需求时，我们必须及时根据客户的需求加以调整，而不应责怪客户的挑剔。因为服务工作的最高行为准则是满足客户的需求。

二、善解人意

由于服务在本质上表现为服务提供者满足服务消费者需求的交往活动，因此，要为客户提供优质的服务，首先必须了解客户需要什么、何时何处需要以及怎样需要，然后努力以客户喜欢的方式为客户提供他想要的服务。一位称职的金融服务人员必须能够设

身处地地为客户着想，关心客户的需求，照顾客户的需求，随时准备应对客户提出的各种要求，并以客户希望的方式作出反应。

一般来说，客户在服务需求上会有一些共同点，至少在某一类客户中间会存在一些共性，因此，根据客户的共同需求而制定的服务规范通常能使客户的需求得到一定程度的满足。但这只是服务的基本内容，真正优质的服务必须针对不同的客户提供个性化的服务。因为，不同的人在需求的内容与满足方式上都会存在着差距。而且，从客户心理的角度来讲，只有针对某位特定客户而提供的服务才能让客户真正感到被关注、被照顾，因而真正感觉到被服务。因此，金融服务人员在为客户提供规范化服务时，同时需要细心观察客户的某些特殊需求，并给予特别的关照。

另外，客户在很多时候并不十分了解金融服务的具体内容，因此，在回答金融服务人员需要什么服务的询问时，或在表达自己希望得到什么金融服务时经常会出现含糊不清、词不达意的情况，这时服务人员应努力去领会客户的确切意图，以便让客户得到他真正想要的金融服务。对于曾经服务过的客户，金融服务人员应设法记住客户的习惯和偏好，以便更及时、更完美地为客户提供服务。大多数客户都喜欢到自己熟悉的地方去消费服务，原因之一就是在那里即使没有明确地表示自己的意思，也能够得到符合自己愿望的接待。

有时还会出现这样的情况，客户面对自己喜欢的服务产品因种种顾虑而犹豫不决，这时，服务人员及时地为客户提供一些对方一时未能想到但却乐意接受的合理理由，使客户消除疑虑，愉快地作出消费决定，也是对客户需求的一种特别的关照。

三、对客户忠诚

由于服务的生产与服务的消费是同时进行的，因此，客户一般不能在消费服务之前了解服务的质量。也就是说，只有当客户消费了服务之后才能体验服务的质量，而有些服务甚至在消费之后也未必能完全确定服务的质量。服务消费的这一特点使得大多数客户在消费服务时，有一种明显的不安全感，他们一方面无法正确判断所购买的服务是否正是自己所需要的服务，或者无法对所需的服务作正确的选择；另一方面又担心自己购买的服务产品可能是质次价高的。只有服务人员的忠诚服务才能帮助客户消除不安全感，使其在轻松愉快中获得所需服务。

对客户忠诚要求服务人员尽力帮助客户顺利地获得所需的服务，诚心诚意地希望客户的需求得到最好的满足，利益得到最大的实现。

首先，金融服务人员应帮助客户全面了解金融产品，向客户详细地介绍服务的内容、服务所能产生的效益以及收费标准等，耐心解答客户的各种疑问。如果客户需要，还应根据客户的实际需求推荐合适的金融服务项目。在客户对于服务方能够提供什么不是十分清楚时，主动为客户介绍他们可能需要的、同时服务一方也能提供的服务内容和项目供客户选择，从而在一定程度上帮助客户消除可能产生的不安和不知所措，让客户感觉自在和踏实。

其次，对客户忠诚还要求金融服务人员在服务过程中不能对客户有一丝一毫的欺诈、虚假，包括不能向客户提供不真实的信息，不能向消费者作无法兑现的承诺，不能诱惑消费者作不恰当的选择，要帮助客户以最小的代价获得所需的服务，同时避免不必要的利益损害。在现实的服务活动中，有些金融服务人员由于急于推销金融产品而向消费者作不实介绍，夸大产品效果或者为追求眼前利益向客户推荐并不适合客户需求的金融项目，既损害了消费者的利益，又损害了金融企业的长远利益。只有对客户忠诚的服务人员才能换来忠实的客户。据实介绍，真诚推荐是每一个金融服务人员都必须遵循的金融服务礼仪。

四、让客户选择

当客户不知道金融服务提供者究竟能提供什么服务时，服务人员应主动为客户介绍；当客户不知何种金融产品适合自己需要时，金融服务人员可以真诚推荐。但金融服务人员在任何时候都没有权利代替客户选择，只有客户自己才有权决定是否购买该金融产品，也只有客户自己才有权选择需要什么金融产品。

让客户选择还要求金融服务人员在为客户提供金融服务时，尽可能多地给客户提供选择的余地。为客人提供的选择余地越大，对客人需求所体现的关注也就越多。金融服务提供者不能只为客户准备一种选择，否则无异于把客户不喜欢至少是不十分喜欢的服务强加给客户。

让客户选择还要求金融服务人员在客户选择、考虑时，给予客户足够的时间去自由选择，而不应试图去说服客户作出某项选择，或是要求客户马上作出他暂时还无法作出的选择，或是在等待客户作出选择的过程中显得很不耐烦。

最后，让客户选择还要求服务人员能愉快地接受客户“不消费”的选择，尽管此前已花了很多时间向客户介绍服务内容，为客户提供各种咨询。

总之，金融服务人员在任何时候都应尊重客户的选择权，否则，客户很容易产生一种“被强迫”的感觉。这种感觉会使客户对金融服务人员的服务不满意，以及对金融产品的性能不放心。

五、给客户方便

客户购买金融产品的原因之一是因为产品能带给自己收益、方便和快捷。因此，客户在购买金融产品时期待的是方便而不是麻烦。只有为客户提供了可靠、迅速和准时的服务，才能留住客户。

给客户方便需要预先考虑客户的需求，并预先准备好客户所需的服务。方便常常意味着超前。在客户到来之前，应预先考虑好客户可能有的服务需求，然后提前做好准备。同时，还应提前预测客户可能遇到的困难，以便在尚未发生之前就准备好应对方案，万一客户真的遇上麻烦，能以最快的速度帮助客户解决。国外一些服务很好的汽车供应商在客户所购汽车出现故障而不能立即修复时，通常会向客户提供临时使用的备用汽车，因为他们深知客户最难忍受的是失去必备交通工具的不方便。另外，在为客户提供主要服务的同时还应为客户提供各种相应的辅助服务，以解决客户在接受主要服务时可能遇到的问题。

给客户方便也意味着保证客户能如愿得到预期的服务。服务人员必须准确、迅速、有效地为消费者提供服务。客户的服务需求不应被延误，也不应被打折，更不能被拒绝。不让客户对所需的服务作不必要的等待，也不让客户得到的服务因服务繁忙而打折。如果由于某些客观原因，服务不得已被延误或客户的某些需求得不到满足，必须向客户作出解释并表示歉意，绝不能把由非人为原因造成的服务受损看做理所当然。任何在服务上的延误或受损都应向客户表示歉意。譬如，在某些营业的高峰时期，服务被延误在所难免，这时服务的供应方除了应采取积极的对策缓解服务需求外，还应及时为客户提供一些补充性服务以减轻等待的心焦（如为客户提供阅读的书报或消闲的糖果茶水等），并向客户表示歉意。

给客户方便意味着以最快捷、最省力、最简便的方式满足客户的要求。如果能让客户以十步路程的代价获得所需服务，绝不让客户走十一步；如果能让客户即刻便可得到服务绝不让客户等一分钟。当客户初来乍到，不知道以何种方式、何种途径获得自己所需的服务时，应有相应引导服务。在银行、证券公司这些较大的服务场所，应有专门的服务人员为客户作引导；在公共服务中，应在醒目处公示获得某项服务的有关程序，并有专人向公众提供咨询。客户的时间和精力都是很宝贵的，我们没有权利浪费客户的时间和精力。服务人员在与客户交往时，不应吝啬自己的时间和精力，但却必须懂得珍惜客户的时间和精力。总之，不能让客户对所需的服务作不必要的付出，也不让客户有不必要的麻烦。

给客户方便意味着服务人员必须把不方便留给自己，意味着服务人员要付出更多的劳动。服务人员不能为了自己工作的方便，把自己的安排强加给客户。只要客户需要，绝不吝啬自己的时间和精力；只要能让客户满意，哪怕自己再麻烦也在所不辞；只要有客户在，服务人员在任何时候都应是上班。为了给客户方便，一方面服务部门应尽量使营业时间符合客户的日常作息时间，另一方面服务人员应遵循“有客户就营业”的原则（因为即使是最方便客户的营业时间总还有客户不能在营业时间获得方便服务），从而让营业时间更灵活、更有弹性，更适合客户的需要。

在实际的服务实践中，经常有些服务人员对客户的需求熟视无睹，对客户的困难毫无反应，为了自己的方便把不方便留给客户。譬如，银行的柜员在快到下班时就急于清点钱款为自己的下班作准备而置排队等待的客户于不顾；营业员没到上班时间绝不打开窗口营业，尽管等待服务的客户已经排起了长龙。真正具有服务精神的工作人员绝不会对客户的需求熟视无睹，把匆匆赶来的客户拒之门外，更不会悠闲地看着焦急等待的客户。

如果服务人员在服务交往中自觉遵循了客户取向原则，虽然不能保证客户有十分的满意，但至少可以避免客户的不满意。

案例5－1

100－1＝0

美国福特汽车公司于1986年进行的一项调查表明，如果人们对购买的福特汽车很满意，他们会告诉8个人，但如果不满意，他们会告诉22个人（然后这22人再分别告诉另外的12个人，并且添枝加叶，举一反三）。更糟糕的是，其中有的人可能是很有影响力的把关人，比如管理咨询顾问、演讲家、广播员、采购经理以及能产生独裁决策力量的主管人员等。

启示：服务提供者所提供的优质服务可能会被一次令客户不满意的服务完全破坏。有人将这一道理用如下一个数学公式加以简明地表达：100 - 1 = 0。

（资料来源：[英] 泰德·仲斯．完美的顾客关怀 [M]．长沙：湖南人民出版社，2000.）

子任务1-2　服务态度上的客户满意

【知识准备】

做服务工作应该尽一切努力让客户感到满意，因为一个满意的客户将会是一个忠实的客户，他不仅自己会继续购买，还会主动告诉其他消费者。客户取向是服务人员服务行为选择的基本依据，而客户满意则是服务工作的最终目标。因此，服务人员不仅要从客户的需求出发选择自己的行为，而且还要以客户满意的行为方式去满足客户的需求。也就是说，服务人员不仅要时时处处为客户着想，关心照顾客户的利益和需求，而且还要以令客户愉快的态度方式与客户交往，让客户感受到关爱和尊重。这种令客户满意的行为方式至少应包括以下五个方面的内容，也即令客户满意的五大礼仪原则。

一、宾至如归

宾至如归是指让客户感觉像在自己家里一样熟悉、安全、自在。客户购买产品、消费服务是为了受到接待和尊敬，得到关心和帮助，获得安全和保证。因此，让客户满意的服务，应首先设法为客户营造一种宾至如归的感觉。这种感觉让客户在熟悉、安全的氛围中体验轻松、愉快的服务。

让客户感觉宾至如归，首先应让客户觉得亲切。当客户在由服务组织提供的场所接受服务时，最需要的往往是安全感。因为，每个人在离开了他熟悉的环境，来到一个陌生的地方时，往往会产生一种不安全感。这时，服务人员和蔼可亲的接待，让客户觉得服务人员就像自己熟悉的邻居和朋友，顿时会使他紧张的心情得到放松，并慢慢产生出一种安全感。因此，服务人员应尽可能以让客户觉得亲切的方式接待客户。在亲切接待中，最为重要的是消除客户的陌生感。服务人员应主动向客户问候、向他作自我介绍，然后像与朋友聊天一样与客户闲聊，慢慢地缩短双方之间的距离。在与客户的交往过程中，服务人员不一定要能说会道，见解独到，阅历丰富，但一定要让对方觉得随和、容易接近。在服务过程中，如果因服务工序需要或其他原因需要由客户不认识的其他服务人员继续为其提供服务时，一定要先为客户作介绍，切不可让客户刚刚获得的熟悉感又被陌生感所替代。对于每一个服务过的客户，服务人员应设法记住他们的模样，记住他们的姓氏，当他们再次光顾时把他们当熟人、朋友一样来对待。如果一见面就能用他们的姓氏去称呼他们，会使他们倍感亲切。

其次，还应让客户觉得可以信赖。对于客户而言，服务消费总是具有某种不可控性。因为，客户通常并不具备充分的知识和判断能力去了解服务产品。客户对所提供的服务的低了解性是服务行业的一大特征。尽管客户可以向服务提供者提出各种要求，但是对于依他们的要求而提供的服务，其质量如何，服务成本多少，是否确实是自己所需的东西等问题，都不可能有真正了解。因而，在服务消费过程中，客户难免对服务心存疑虑和不安。如果客户觉得服务人员可以信赖，那么因不了解而产生的疑虑和不安就可以在一定程度上得到消除。他们可以信任服务人员所作的推荐和介绍。

当你把客户当作朋友来接待时，客户觉得你亲切；当客户把你当朋友时，客户觉得你可以信赖。朋友之间的交往最重要是以诚待人。因此，要想让客户把你当朋友，你不仅不能损害客户的利益，还应处处为客户的最大利益着想，最大限度地帮助客户实现利益。真心实意地关心客户的需求，切切实实考虑客户的利益，以自己的真诚换得客户的信任。

如果你值得信赖，你就成为客户安全感的来源。因为你了解他的习惯、爱好并能主动给予关照，客户因此免除了提出服务要求而又不一定被正确领会的烦恼；因为你诚实守信，并总是考虑他的最大利益，客户不用再担心服务可能会名不副实；因为你真实可靠，客户万一遇到了什么问题，你也会及时替他化解。一个可以信赖的服务人员，意味着总能给予客户可靠的、准确的、始终如一的服务。很多客户之所以喜欢去那些熟悉的服务场所，因为那里总是能得到自己所期待的服务，因为那里有他熟悉的、可信赖的服务人员。因为服务人员的可信赖，服务产品也因此变得可靠。

对于一个消费者来说，当他需要某种服务时，他所熟悉的服务人员会替他全权代理，并保证让他称心满意，这是一件感觉非常美妙的事。它所给予客户的愉快体验不是一般的服务感受所能替代的。因此，当客户信任你了，他就会不假思索地选择你的服务，没有人能与你竞争。如果客户不信任你，就很难让客户继续选择你，同时也意味着将失去市场竞争的优势。

二、殷勤服务

殷勤服务就是服务人员充分考虑到客户的各种需求，然后及时、主动地予以满足。尽可能地满足客户提出的服务要求只是基本的服务，令客户满意的优质服务应是主动地提供客户需要但没有提出的服务，或是他们需要的但还没有意识到自己所需的服务。如果服务人员以客户满意作为服务工作的目标，他们在为客户服务的过程中，必然会主动、积极、尽心尽力地为客户提供所需服务。在服务前，仔细研究和了解客户的需求，为满足客户可能有的各种需求预先做好充分而周全的准备。在服务过程中，时时刻刻“眼里看着客户、心里想着客户”，从客户细微的变化中去及时捕捉客户的需求，并给予最及时的满足。

一般称职的服务人员通常能在客户发出要求服务的信息后，及时地为客户提供服务；不称职的服务人员在客户一再地发出要求服务的信息后还是迟迟没有反应。优秀的服务人员则常常能在客户还没有发出要求服务的信息时就已经知道客户需要什么了。他们在客户没有提出服务要求时，不仅时刻准备着为客户提供所需服务，而且还主动地去发现客户的需求，寻找为客户提供服务的机会。他们总是真心诚意地希望为客户提供最好的服务，因而绝不会把为客户服务当成一件被迫去做的事。

三、尊重客户

尊重客户是对客户与众不同方面的认可和欣赏。从人的心理需求来讲，人们总是首先需要集体的归属感，正是集体的归属感让人感到安全。但当人们的安全感得到满足以后，人们就会进一步寻求自我的展现和个性的发挥。以和蔼可亲的态度接待客户是对客户集体归属需求的满足，而以欣赏的眼光去发现、认可客户与众不同的地方，是对客户自我张扬需求的满足。因此，令客户满意的服务不仅要热情周到，而且还要能帮助客户实现自我的张扬，从而让客户对他们自己满意。帮助客户实现自我的张扬就是让服务场所成为客户自我表现的舞台，为客户创造自我表现的机会，并让自己成为客户自我表现的忠实观众。

尊重客户首先要从心底接受客户的一切，特别是与自己不同的方面。人在天性上总是习惯接受与欣赏与自己一样的东西，而排斥和否定与自己不一样的东西。因此，要做到尊重客户需要以个人后天的修养来矫正先天的自我倾向。在人的后天修养方面，最为重要的是培养对他人的爱心，对服务人员而言，就是对客户的爱心。服务人员只有热爱客户，才能尊重客户，才能尊重他们的个性和偏好，即使他们的个性和偏好与自己的截然不同。

尊重客户还需要服务人员自觉抑制自我表现的欲望。只有这样，才能为客户的自我张扬提供机会。然而，在服务实践中，总有许多服务人员自觉不自觉地喜欢在客户面前表现自己，从而有意无意地“剥夺”了客户表现自我的机会。譬如，当客户就服务内容方式发表自己的看法和认识时，他们喜欢以专家或内行的权威去纠正或否定客户的看法，从而迫使客户不情愿地去面对自己的错误和肤浅；当客户在选择服务内容和方式时，他们则迫不及待地以权威或内行的口吻向客户作介绍和推荐，从而毫不客气地把客户推到从属和外行的位置。殊不知，当服务人员“成功”地表现了自己时，客户却不得不在“权威”或“内行”面前抑制表现自我的欲望，从而使本应愉快的服务过程变成了不愉快的服务体验。

四、一视同仁

让每一位客人都在你的招待下，感觉到自己和别人一样重要，甚至比别人更重要。对于服务人员来说，所有的客户只有一种身份，即他们的服务对象，因此，每一位客户都是服务人员应尽心尽力去服务的“上帝”。客户的地位是同等的，不管他们是什么职业、性别、年龄、籍贯和种族，他们的需求应得到同等程度的重视和关心，绝不能让客户有被冷落、被歧视、受到了不平等接待的感觉。

一视同仁要求服务人员对所有的客户都应给予热情周到的服务，不应对客户厚此薄彼。服务人员在接待客户时绝不能以貌取人，包括以服饰取人、以性别取人、以年龄取人、以肤色取人，也不应以消费金额的多寡或关系的亲疏远近取人。做到熟悉的客户与陌生的客户一个样，本地的客户与外地的客户一个样，城里的客户与乡下的客户一个样，本国的客户与外国的客户一个样，消费多的客户与消费少的客户一个样。

一视同仁还要求服务人员不仅要热情周到地接待每一位消费的客户，还要热情礼貌地接待每一位未能消费的客户。服务人员没有权利轻视任何一位走进服务区的客户，怀疑客户的消费能力，或是以不屑的口气与某些可能没有能力消费的客户打招呼都是极不应该的。服务人员对未消费的客户总是比较容易表现出怠慢，因为他们觉得这些未消费的客户与本服务机构没有关系。但事实上，每一位与服务单位有过直接接触的客户，不管他是否有过消费，都将是其他没有机会直接接触的潜在消费者认识和了解服务机构与服务产品的窗口，因而都将对潜在客户是否最终选择服务提供者提供的服务起着重要的影响。况且，今天不消费的客户并不意味着他将来也一定不消费。今天还犹豫着没有消费的客户，明天就有可能决定选择你的服务；今天还没有能力消费你服务的客户，明天说不定就有能力消费你的服务了。

然而，一视同仁并不意味着所有的客户应得到完全一样的服务，它并不排斥对客户的个性化服务。根据客户的具体情况有针对性地为客户提供不同的服务是优质服务不可缺少的内容。这里的一视同仁是指服务人员对客户的殷勤、重视和关心应是同等的，对每一位客户都应奉献出最美好的服务，绝不因地位、性别或其他因素而有所怠慢。

五、认真对待客户意见

尽管服务组织和服务人员竭力为每一位客户都提供最好的服务，但却不能因此就保证能让每一位客户都获得满意的服务。因为，在服务实践中，无论是在客户实际存在的需求与服务提供者意识到的客户需求之间，还是在已认识到的客户需求与根据客户的需求所设计的服务内容之间，以及制度上设计的服务与实际上提供的服务之间，都可能存在着距离。

事实上，没有人能保证提供十全十美的服务，每一项服务都可能存在不尽如人意的地方。只有认真听取客户的意见，并在此基础上不断改进服务，才能为客户提供满意的服务。优质的服务并不意味着能完全避免客户的不满，而是在于当出现客户不满时能作出及时有效的反应，把不满意的客户最终转变为满意的客户。也许你的服务行为的出发点是为了满足客户的需求，但若客户对你的服务行为不满意，你的服务仍然未达到理想效果。因此，一位优秀的服务人员，应随时准备听取客户的意见，随时准备调整自己的服务行为，直到客户满意为止。

子任务1－3　服务关系上的客户至上

【知识准备】

客户至上原则是对客户取向和客户满意原则的进一步深化。客户至上意味着客户的需求、客户的满意是至高无上的。服务人员与客户的关系是一种服务与被服务的关系，它在形式上表现为某种支配与服从的关系，即客户在服务关系中应处于优越的、支配的地位，而服务人员则相对处于次要的、服从的地位。因此，在服务交往中，服务人员在努力满足客户的需求、为客户提供满意的服务时，应时时处处遵循客户至上原则，对客户表现出应有的恭敬和谦让。客户至上原则集中体现在以下六个方面。

一、不拒绝客户的要求

不能拒绝客户的要求意味着对于客户提出的任何正当、合理的要求，服务人员都应想方设法、尽最大努力去满足。在确实没有办法满足客户的要求之前，绝对不能简单地对客户说“不”字，而是委婉礼貌地向客户提出建议，试着以另一种客户可能接受的替代对象或方式去满足客户的需要。事实上，人的同一种需求常常可以以不同的对象和不同的方式来满足。

当然，客户的一切要求都应得到满足并不意味着服务人员必须满足客户的所有要求，但至少服务人员应让客户感觉到自己是愿意效劳的，是尽了最大努力的。如果尽了最大的努力，还是不能满足客户的需求，从主观上讲，服务人员已经尽了职责，不存在任何过错。但即使这样，服务人员也应积极取得客户的谅解。一个服务人员在任何情况下都应为不能满足客户的需求而深感歉意。尽管并非客户的任何需求都必须得到满足，但从“客户的一切正当需求都应得到满足”的服务宗旨出发，当实际上不能满足客户需求时，真诚地请求客户的谅解是一个服务人员必须做的。如果服务人员觉得自己已尽了最大努力，因而对不能满足客户需求这一事实心安理得，那他的服务还是存在着欠缺，这样的服务人员也不能被称为优秀服务人员。

二、客户的事是大家的事

在客户与服务组织的接触中，客户所遭遇到的任何不方便和不愉快都会影响到客户对服务质量的整体感知。或者说，服务单位在为客户提供服务时，任何一个细微环节的差错或疏忽都会导致前功尽弃。因此，只有每一位员工都意识到客户的事是大家的事，从而自觉地把客户的事当做最重要的事来对待，才有可能为客户提供令人满意的优质服务。

正因为客户的事是大家的事，每一个员工都有责任帮助客户解决困难。满足客户的需求、为客户提供满意的服务是每一个员工应尽的义务。尽管服务人员在接待客户上是互相分工的，但这并不意味着不属于自己职责范围内的事就可以不闻不问。相对于客户而言，所有的服务人员都具有同样的职责，那就是帮助他们解决困难。当客户向你提出服务的要求时，不管是否是你的分内之事，都应热情接待。如果你不能直接为客户解决问题，你也应该帮他找到一个能够解决问题的人，或者帮他想出一个解决问题的办法，绝不能以“这事不归我管”为由对客户一推了事，或毫无诚意地敷衍一番。

为了确保服务人员对客户的尽心尽责，有些服务组织在管理上实行首问责任制。但这种制度通常只能在客户能够对遭遇到的不满意服务积极地向服务组织提出投诉的前提下，才能有效地发挥对服务人员的监督和制约作用。但事实上，只有很少一部分客户能在遭遇到不满意服务时进行投诉。对于客户来说，另找一家服务组织远比投诉来得省时省力。况且这种消极的制度制裁只能避免客户的不满意，却不能保证服务人员为客户提供满意的服务。因此，要提高服务人员的服务热情，使他们自觉地把客户的事当做自己的事来对待，还有赖于服务人员高度的服务意识。

三、不给客户带来任何不愉快

服务人员在与客户交往时，自始至终都应保持愉快、亲切的服务态度，任何时候都不应以生硬和冷漠的服务态度接待客户，任何原因都不应成为服务人员发脾气、使性子、要态度和失礼貌的理由。

首先，服务人员不能因为个人的某些客观原因而降低服务的热情。每一个服务人员在自己的生活中总会遇上一些不如意的事情，在身体上也会出现身体不适或体力下降的时候，这些都会使服务人员的个人情绪受到一定的影响，从而在一定程度上影响服务人员的服务表现。但一个优秀的服务人员会以高度的服务精神克服这些个人的困难，不会让个人的情感性因素影响服务的热情，在服务中表现出冷漠和怠惰。

其次，服务人员不能因客户行为的不合适而使自己的情绪失控。无论客户怎样表现，服务人员都应始终保持温和友好、彬彬有礼的态度，不能因客户的无礼而在行为态度上表现出对客户的气愤、不满，也不能以生硬、尖刻的言语顶撞或回敬客户。

四、不干扰客户

客户在接受服务时有权要求自己的清静和自由不受干扰。如果客户对服务的享用是以不断被打扰为代价的，那么，这种服务就失去了意义。因此，不干扰客户或零度干扰应是服务提供者努力追求的一个服务目标。

不干扰客户，就要求服务人员尽量减少对客户不必要的干扰。对客户的干扰主要包括声音干扰和空间干扰。为了避免对客户造成声音干扰，工作人员在工作期间应做到三轻：交谈轻、走路轻和操作轻。为了避免对客户造成空间干扰，工作人员不应随意出入属于客户的空间。当客户没有服务要求时，服务人员不应随意打扰客户。应客户要求为客户提供其所需的服务而不得不打扰客户时，也应先说声“对不起”。各种形式的上门服务都应在客户方便的时间内进行，不能影响客户的正常生活。

不干扰客户，就要求服务人员不应为自身的利益和目的对客户造成干扰，即使是为了提高服务质量也不能成为干扰客户的正当理由。很多服务单位为了了解客户对服务工作的满意程度，采取各种方式收集客户的意见，特别是对服务工作不满意的意见，以此作为提高服务水平的动力。其中最常见的方式是请客户填写征求意见书或电话回访客户。譬如银行请客户对银行的服务进行全面的评估，诸如对柜员的礼貌、勤快和准确，窗口等待的时间，大堂经理的服务态度等作出评价。从表面上看，银行的这种做法是一种为客户着想的行为，但实际上是银行为自身的利益而对客户自由的一种随意侵犯。因为，客户作为消费者，有权要求获得最好的服务，但却没有帮助银行提高服务质量的义务。作为服务提供者永远不能因为自己的原因而对客户造成妨碍。因此，服务单位为改进服务或确保服务的优质而必须与客户进行沟通时，也应尽可能地减少对客户的打扰。

五、不冒犯客户

服务人员与客户之间的交往能否顺畅、愉快，在很大程度上取决于服务人员是否懂得如何去保护客户的自尊心。因此，服务人员在工作过程中，绝不能做任何损害客户自尊心的事。如果客户对某些服务项目不太熟悉而表现得比较笨拙时，服务人员不应以优越者的身份告诉客户应该怎么做，更不能因此嘲笑客户；如果客户的行为不符合公共场所的行为要求，应以温和的并略带歉意的语气去制止客户，而不应对客户进行厉声呵斥；如果客户提出了不合理的要求，服务人员只能礼貌地予以拒绝，而不能因客户的无理而失去对客户应有的礼貌；如果客户对服务表现出不满意，服务人员应虚心接受，不能为自己“据理力争”；如果因客户的不配合，造成了工作的不便，也不能因此责怪、埋怨客户；如果客户行为偏激、情绪激动，服务人员不应“以牙还牙”，而应耐心地向客户作解释；如果客户有意为难服务人员，并表现出不友好的态度时，服务人员应表现出克制和忍耐，千万不能针锋相对。

六、客户是上帝

“客户是上帝”最为生动形象地体现了客户至上的服务原则。客户之所以是上帝，因为客户是企业的生存之本、发展之源。也就是说，客户是我们的衣食父母，没有客户的支持，一切都将无从谈起。因此，只有为客户提供了令人满意的服务，服务组织和服务人员才有生存和发展的机会；也只有把最好的服务提供给客户，才能回报客户的眷顾。正是从这个角度讲，客户的需求、客户的满意是至高无上的。

由于客户的需求是至高无上的，因此，服务人员在服务过程中应充分尊重客户要求得到最好服务的权利。我们应该尽最大的努力为客户提供最便利、最可靠（始终如一、准确无误）、最优质的服务。对客户的需求作出最及时、最准确的反应，细心地关注和领会客户的各种需要，处处为客户的最大利益着想。如果发现在服务工作中出现了某些失误和不足，致使客户的利益受损，服务人员不仅应主动诚恳地向客户道歉，而且还应作出相应的补偿。总之，为客户着想，无论怎样都不过分。

由于客户的满意是至高无上的，因此，服务人员在服务过程中应始终把客户满意与否作为工作原则。服务工作的好坏由客户说了算，客户对服务工作有最终的发言权。只有让客户感到满意的服务才是真正优质的服务。为此，服务人员应时刻准备着接受客户的“挑剔”，真诚地接受客户的意见，并把客户的意见作为改善服务的动力，对于客户的批评、指责绝不争辩。“客户总是对的”，因为，在服务工作中并不存在是非对错的问题，而只存在客户是否得到了满意服务的问题。

由于我们的一切都是客户给予的，因此，我们自始至终都应对客户怀有一种感激之情。对于客户给予服务工作的合作、认可和赞赏，服务人员应发自内心地表示感谢；当服务出现差错或疏忽，哪怕是很微小的，我们都应深感不安和歉意。在服务过程中，服务人员不仅要对客户常常心存感激和歉意，而且还要学会及时表达自己对客户的谢意和歉意。“谢谢”和“对不起”应当成为服务工作中的常用词。正因为我们感激客户，我们没有理由不对客户亲切、恭敬、殷勤、周到，无论怎样都应保持亲切愉快、热情周到的服务态度。

但客户是上帝并不意味着我们是奴仆。因为，在现实生活中，我们每个人都是客户，因而从这个角度讲，我们同样也是上帝。客户是上帝也并不意味服务人员只有付出和牺牲。因为，人的情感总是相互的。当你给予客户关心、理解和尊重时，往往同时也赢得了客户的关心、理解和尊重。“敬人者，人恒敬之；爱人者，人恒爱之。”如果你能让客户觉得你是一个和蔼可亲的、富于人情味的人，你将会发现越来越多的客户也都是一些和蔼可亲的、富于人情味的人。

案例 5－2

主动服务与被动服务所产生的效果截然不同

一、以服务“留客”

有时服务不只是差异化，而且要亲情化，别人想到了没做到，你做到了你就是老大。服务，每个企业都在谈，但是，真正将服务做到位、有代表性的企业，在消费者印象中却没有几家。"小肥羊"就是其中一家。

年前的那天晚上和两个朋友约好去小肥羊，一进大厅让我们看到的是小肥羊大厅客人爆满的景象，不但如此，还要排号等座，并且在我们前面早有几伙人也在等。

我们三人被服务人员引导到吧台前现搬来的一张玻璃圆桌旁坐下，服务员立刻主动端上了免费的爆米花和水果各一盘，并免费提供扑克牌供我们玩。其实，这就是小肥羊的留客手段。一般情况下，客户来到爆满的餐厅等座，如果是干等，则客户流失率会非常高，而小肥羊却能把上门的客户几乎100%留住，并且爆米花和水果客人随便吃，吃完一盘上一盘。这正是小肥羊留住客人的最佳绝招，把简单的事情做得不简单，那就是真的不简单。花一点小钱或小利让客户留下来，然后才有赚大钱的机会。

二、以服务"稳客"

稳客最主要的就是在销售中稳住客户，不让客户在中途跑了，而造成销售半途而废，这就更体现在服务上。稳住客户是服务的重点，服务让客户专注、让客户感动。

在这一点上小肥羊的服务做得也会是比较不错的，在吃火锅的过程中，有些菜如粉丝等用筷子不好夹，服务员会主动为我们分菜舀汤，这让我们感觉服务到家，让人感动，这就是亲情化服务。

三、以服务"拉客"

满意的客户是最好的广告，满意的客户几乎100%都能成为回头客，生意好不好主要取决于回头客的多少。有人说，若能降低5%的客户流失率，就能增加25%到85%的利润，如果想赢得营销的胜利，一是服务态度，二是产品质量，最后才是产品价格。客户关心最多的是你的服务态度，能为他们解决什么问题。也就是说客户流失不流失、客户回不回头，主要就是看服务的好坏，以服务来拉回头客。

四、以客拉客

营销的最高境界就是以客拉客。也就是以老客户来拉新客户，增强客户之间的口碑宣传。

（资料来源：http：//www. guatu. net/product/1912. html。）

任务2　金融服务行业员工客户服务遵循的3A规则和服务规范用语

【工作任务】

子任务2－1：3A规则的内容及其在银行客户服务中的应用

子任务2－2：金融服务行业员工的服务规范用语

子任务2－1　3A规则的内容及其在银行客户服务中的应用

【知识准备】

著名传播学家布吉尼教授提出了个人人际交往的3A规则，即接受对方、重视对方、赞美对方。之所以叫3A规则，是因为在英文中接受、重视、赞美这三个词的第一个字母都是A。布吉尼认为3A犹如满足人们自尊心的基本食物，在人际交往中，不可替代。

金融服务行业员工可以践行这一重要的3A规则。

一、践行3A规则的细节

（一）接受对方

接受对方，即要求有容纳意识。容纳意识要求我们尊重差异，容纳个性，包容对方的缺点，谅解对方的一般过错。“水至清则无鱼，人至察则无徒。”没有容纳意识，迟早会将人际关系推向崩溃的边缘。

（二）重视对方

在与客户接触的过程中，如何体现对客户的重视呢？首先与人交往要善于使用尊称。例如对有行政职务的人要称行政职务，即使他是你的老朋友，在正式场合也要称其行政职务，因为对方是代表单位，有决策权。也可称技术职称，称技术职称时原则上就高不就低，例如对方是副教授，一般不称副教授，而直接称教授。其次重视对方还表现在记住对方的名字，每个人都是独一无二的，对方的名字不能说错。

（三）赞美对方

发现别人的长处是美德。恰到好处地赞美对方，即使是你的好朋友，在大庭广众之下也要赞美他，所谓“扬善公庭，规过私室”。

二、服务中的接受客户

接受客户，是指在服务中要对服务对象予以充分的认同，不可对对方表示丝毫的不屑。在与客户打交道时，如果不涉及原则问题，一般应遵循这样的理念：客户永远是正确的。因此不论客户是什么样的外貌、性格、职业等，都应当对其表示充分的接受，否则服务就难以进行。

在工作岗位上，金融服务行业的员工对于客户的接受，不仅是一个思想方法问题，而且还应当在自己的实际行动上予以贯彻体现。

在为客户提供服务时，切勿毫无任何缘由地对对方上上下下反复进行打量或者斜着眼睛、翻着眼睛注视对方。这样的眼神，显然绝非要接受对方。

金融服务行业员工一般不应直接与对方争辩、顶嘴或抬杠，即使见解与对方截然相反，也要尽可能地采用委婉的语气进行表达，而不宜直接与对方针锋相对。绝不要用“你们这种人”“您知道吗”“您见过吗”这一类怀疑、排斥他人的话语与服务对象说话。更不要任意指出服务对象的种种不足之处，特别是不应该明言对方生理上、衣着上的某些缺陷，否则就等于宣告自己不接受对方。

作为一线金融服务行业员工，经常在服务客户时碰到一些客户提出超出自己职责之外的要求，此时应本着尊重客户的原则，适时适当地给予解释，以免引起客户的误解。

案例5－3

凭什么呀

有位老人去银行存1000元钱，银行柜台服务人员接过这1000元钱后立即就放到了验钞机上，很快这10张百元钞中有一张被识别为假钞。该银行职员拿起这张假钞就在上面盖了个印章，边盖边说："这张假钞没收了。"没想到外面的老人大声抗议道："凭什么呀?"而且神情非常着急。当该银行工作人员再次确认是假钞后，老人又说："姑娘，你把那张假钱还给我吧，这钱是人家还给我的，我去找他。"没想到这个银行职员一脸不屑地说："这怎么可能呢?"老人失望且想不通地离开银行，今后她还会是我们的客户吗?

思考： 当老人提出了原则之外的要求时，我们除了严词拒绝外再没有别的方法了吗?

参考答案： 如果那个银行服务人员先"接受"老人的话，那会是另一种情形。当然，这里所说的"接受老人的话"并不是把那张假钞还给老人，而是要考虑老年人的心理。100 元的损失，对于一个老年人而言有时候是个"巨额"损失。所以当老人提出要那张假币的时候，银行服务人员应当说："老人家，我理解您的感受，再说您有时候确实很难分辨出这种假币。但根据银行的管理规定，发现假币确实不能还给客户。现在我可以给您出具相关的证明，如果这钱是别人还您的，您可以拿着这个凭证去找找看。希望您能理解和支持我们的工作。"我想听到这样的解释后，客户会支持银行工作的。

（资料来源：徐敬泽．银行窗口服务礼仪［M］．厦门：鹭江出版社，2009.）

三、服务中的重视、欣赏客户

重视、欣赏客户，是金融服务行业员工对于服务对象表示敬重之意的具体化，它主要表现为认真对待、服务客户，并且主动关心客户。总之是要通过为客户提供满意服务，使对方真切地体验到自己备受服务人员关注、看重，在服务人员眼中自己永远都是重要的。

金融服务行业员工在工作岗位上要真正做到重视、欣赏客户，首先应当做到目中有人，招之即来，有求必应，有问必答，想对方之所想，急对方之所急，认真满足对方的要求，努力为其提供良好的服务。其次，重视、欣赏客户还要做到以下三点：

（一）注意倾听

服务的成功有赖于沟通，而沟通通常是指观念上的沟通。因此，在服务中，双方都要表达自己的观点和看法，同时也希望对方能注意倾听自己的言谈。

（二）牢记客户的姓名

牢记客户的姓名，不仅能使客户与我们之间的关系更加融洽，甚至会有意想不到的收获。

（三）善用尊称

不仅应当记住对方的姓名，而且更应注意使用尊称，以尊称来表达自己的敬意通常是一种有效的对人表达敬意的方式。

四、服务中的赞美客户

从心理学的角度而言，所有的人都希望自己能够得到他人的欣赏与肯定，而且他人的欣赏与肯定是多多益善的。他人的赞美就是对自己最大的欣赏与肯定。

一个人在获得赞美时，其内心获得的愉悦感是其他任何物质上的享受难以比拟的。因此，在服务过程中，适当地赞美对方是必要的。著名行为科学家乔治·梅奥先生说过："尊重别人就是尊重自己，发现别人的优点，实际上就等于肯定自我，说明你宽容、谦虚、好学。"

服务人员在赞美客户时，要注意以下三点，否则自己对对方的赞美往往难以奏效。

（一）适可而止

虽说赞美可被视为服务过程中一种有效的人际关系润滑剂，但是服务人员在具体运用时，必须有所控制，并限量使用。若是服务人员对服务对象所讲的每一句话都是赞美之词，使赞美充斥于整个服务过程中，不但会令人觉得肉麻，也会使赞美本身贬值，令其毫无实际意义。点到为止，适可而止，是服务人员赞美服务对象时必须认真把握的重要分寸。

金融行业一线服务人员每天都会碰到很多客户，不同的客户有不同的需求，这就要求为客户服务时因人而异。比如，碰到一个拉着脸的女性客户，如果你要赞美她，可以把你身体适当前倾到离客户较近的距离，然后真诚地看看她的上衣，说："您的上衣在哪里买的？真漂亮。"我想这位女性客户会很乐意告诉你，同时她也会因为自己的眼光不错而暗自开心。

（二）实事求是

金融服务行业的服务人员必须明确赞美与吹捧是有区别的。真正的赞美是对于他人长处的一种实事求是的肯定与认同。吹捧则是指无中生有或夸大其词地对别人进行恭维和奉承，是为了讨好他人而故意给其戴高帽子。金融服务人员对于服务对象的赞美假如背离了实事求是这一基础，就从根本上背离了服务行业"诚实无欺"的宗旨。

（三）恰如其分

要想服务对象接受你的赞美，就一定要了解对方的情况，赞美对方确有所长之处。比方说，赞美一位皮肤的确保养得不错的女士时，说她"深谙护肤之道"，一定会让她非常高兴，可要是用这句话去赞美一位皮肤不好的女士，自然就匪夷所思了。尤其要注意，切勿自以为是地用他人不爱听的话语去对其进行赞美。例如，赞美一位学者口才好，可以说他"妙语连珠""十分幽默"等。但要是说他"真能侃""讲话跟说相声一样"，没准在对方看来就如同辱骂他、讽刺他一个样了。如在窗口服务中碰到一个一脸严肃、不苟言笑的男性客户时，你要赞美他，总不能开口就说："先生，你拉脸的时候好酷哟！"要赞美客户就需要恰如其分，寻找适当的时机。你可以在这位客户在窗口填写完必要单据后夸对方的字写得不错，如"先生，你的字写得真不错……"这样的赞美就易被接受，同时也与客户建立了比较亲密的业务关系。

子任务 2－2　金融服务行业员工的服务规范用语

【知识准备】

案例 5－4

她哪里说错了

一天，一位约 30 岁的女士来到银行，李莲笑脸相迎，说："大姐，您需要办理什么业务？需要我帮您做点什么？”听完这句话，这位女士不满意地皱了皱眉头，“我有那么老吗？”说完便转身离开。李莲非常纳闷，自己错在哪里了。师傅碰巧看到了事情的整个经过，他告诉李莲：“在我们南方，只有对五六十岁的女性才能称为大姐。这位女士那么年轻，你叫她大姐，她自然不高兴。”李莲听后，委屈地说：“在我们北方，称呼对方大哥大姐是对他人的尊重。”

问题：李莲满腔热情的服务，不仅没有赢得客户的好感反而招致不满。请回答：李莲失败的主要原因是什么？

分析提示：金融行业员工在工作过程中需要面对形形色色的客户。职场新人需要理解当地人的语言习惯，得体地使用礼貌用语，才能为客户提供高质量的服务。

语言是人类所特有的用来表达思想、交流情感、沟通信息的基本工具，是人类最重要的交际工具。在面对客户时，尤其是在沟通客户的感情、了解客户的需求、获得市场信息、解除客户误解方面，语言更是有着无可比拟的优势。

金融服务行业员工在同服务对象接触的整个过程中，始终离不开双方的语言交流。对金融服务行业员工而言，自身的语言运用及表达能力既体现着自己的服务水准，又直接与自己所在金融机构的精神文明水平密切相关，所以金融服务行业员工在自己的工作岗位上服务于人时，必须掌握规范的行业服务用语。

一、行业用语的概念和作用

行业用语，又叫行业语、行话。它一般是指某一行业所使用的专业性用语，主要用于说明某些专业性、技术性的问题。金融行业工作人员在服务过程中使用行业用语是工作需要，但只有恰到好处地使用行业用语才能更好地展现自身的业务能力和职业素养，从而赢得服务对象的理解与信任。

二、使用金融行业用语的原则

（一）准确原则

随着我国社会经济的发展，金融在支持产业、行业的发展过程中扮演着越来越重要的角色。这就要求金融行业从业人员不断更新自身知识储备，注意选词和用词的恰当性，高效地向客户介绍各类金融产品、金融服务的相关信息，阐明“是什么、为什么、有哪些收益、有什么风险”等方面的问题。

（二）高效原则

在生活节奏日益加快的今天，在最短的时间内为客户提供他所需要的信息和服务是金融行业工作人员发展新客户、维系老客户的一项必备行业技能。这就要求金融行业员工能迅速判断客户对金融行业专业用语的接受能力和层次，从而结合自身的专业知识为对方提供服务。

（三）实事求是原则

金融行业服务人员在与客户沟通时，不可不懂装懂，随口乱诌，随意编造，以假乱真，向客户传达不真实、不准确的信息，以免造成客户理解错误，发生纠纷。

（四）适度原则

金融行业从业人员只有具备扎实的专业知识，才能赢得客户。但对行业用语的使用要掌握分寸、适宜适当，要切实考虑客户的具体情况、客户的感受、客户的需求等，不可过多使用专业术语，以服务对象听懂为度。

三、礼貌服务“七语”

语言礼貌是现代文明社会的首要标志之一。在服务客户的过程中，恰到好处地运用礼貌用语，可以表现出金融服务行业员工的亲切、友好、和蔼与善意，还能传递出对服务对象尊重、敬佩的意思，将有助于双方产生好感，相互达成谅解。准确而适当地运用礼貌用语，是对广大金融服务行业员工的一项基本要求，同时也是其做好本职工作的前提之一。

金融服务行业员工在其工作岗位上所使用的礼貌用语，主要是指在服务客户的过程中表示自谦、恭敬之意的一些约定俗成的语言及其特定的表达形式。礼貌服务“七语”包括问候语、请求语、感谢语、抱歉语、道别语、迎送语、征询语。

（一）问候语

见面时的问候既重要又不可少，但一些金融服务行业员工在实际工作中还是没有形成见面问候的习惯，更有甚者以少说或不与客户说话来避免所谓的“言多必失”，金融服务中大力强调的见到客户时要礼貌问候就形同虚设了。金融服务行业员工在服务岗位上见到客户时灵活适时的一声问候，服务工作才算真正开始。

金融服务行业员工在以下五种情况中适宜使用问候用语：一是主动服务客户时；二是客户有求于自己时；三是客户进入本人的服务区域时；四是客户与自己相距过近或是四目相对时；五是自己主动与客户进行联络时。

（二）请求语

请求语通常指在请求他人帮忙或是托付他人代劳时所应当使用的专项用语。在工作岗位上，任何金融服务行业员工都可能免不了会有求于人。不管是需要理解，还是寻求帮助，诚恳地使用请求语，对于金融服务行业员工而言都是非常必要的。请求语通常可以分为三类。

1. 标准式。它的内容主要就是一个“请”字。当金融服务行业员工向服务对象提出某项具体要求时加上一个“请”字，例如：请稍候、请让一下。

2. 求助式。最常见的有劳驾、拜托、打扰、借光、请关照等。这些语言往往是在向他人提出某一具体要求时，比如请人让路、请人帮忙、打断对方的交谈，或者要求对方照顾一下自己时才使用。

3. 组合式。金融服务行业员工在请求或托付他人时，往往会将标准式请求语和求助式请求语混合在一起使用，这便是所谓组合式请求语。如请您帮我一个忙，劳驾您替我扶一下这件东西。

（三）感谢语

在服务客户时使用感谢语，意在表达自己的感激之情。适当地运用感谢语，可以使自己的心意为他人所领受，而且也可以展示本人的修养。

对于金融服务行业员工而言，在下列六种情况下，应及时使用感谢语，向他人表达你的感激之情：一是获得他人帮助时；二是得到他人支持时；三是赢得他人理解时；四是感到他人善意时；五是婉言谢绝他人时；六是受到他人赞美时。

（四）抱歉语

在工作中，因自身原因带给他人不便，或妨碍、打扰对方时，金融服务行业员工必须及时地向对方表达自己的歉意，其常规做法便是使用规范的抱歉用语，向对方赔礼。

抱歉语多种多样，在需要使用时，应当根据不同对象、不同事件、不同场合认真地进行选择。最为常用的抱歉语主要有抱歉、对不起、请原谅、失礼了、不好意思、请多包涵等。

（五）道别语

道别语适用于送别客户之际。最为常见的道别语主要有再见、慢走、欢迎再次光临、一路平安、多多保重等。

在使用道别语时应当注意以下两点。一是不要忘记使用。当服务对象因故没有办理业务时，金融服务行业员工更要一如既往地保持风度，千万不要在对方离去时默不作声。二是不要滥用。有些道别语如果使用不当，便会令人感到不吉利。例如，在医院，对于病愈出院者，就不宜说什么“欢迎再来”之类的话。

（六）迎送语

迎送语一般是指用于在服务岗位上迎来送往服务对象的语言。通常金融行业工作人员使用的有“欢迎光临”“再见”“欢迎再来”“请慢走”等，同时还可以施以注目、点头、微笑、鞠躬等。

（七）征询语

在服务过程中，金融行业工作人员往往需要以礼貌语言向服务对象进行征询，此时采用的用语为征询语。在主动向服务对象提出帮助时，通常使用“您需要帮助吗？”“我可以为您做点什么？”“您需要什么？”等。有时金融行业工作人员也可以封闭式或选择式的语言进行征询，如“这一款理财产品是最新推出的，您需要了解一下吗？”或者“您存半年期还是一年期？”

四、服务中的语言艺术

“良言一句三冬暖，恶语伤人六月寒。”窗口服务人员应高度重视服务语言的艺术化与标准化。例如，客户等不及询问时，如果采用“请按号排队”这样的命令式口气，客户会很厌恶。

（一）服务语气

说话的声音，就像乐器弹奏的音乐，语调就像音乐的声调，听你的语调，客户就可以知道你的心情以及你要表达的内容。如果声调不对，客户就不会欣赏你的音乐。

（二）服务客户时灵活运用附加语言

人与人的相处很微妙，有时一句话、一个动作就可以传达出不同的意思。在接待客户时，金融服务行业员工如果灵活地应用附加语言，会让客户有一种更亲切的感觉，能够让客户感受到诚意，如“欢迎光临，最近天气可真热啊，出门一定要注意防晒！”

（三）待客时的寒暄用语

待客时的寒暄是金融服务行业员工在提供服务时与客户交流的口头语言，在寒暄语中加上一些问候的话，这样能在谈话的同时使对方觉得有亲近感，它会在金融服务行业员工和客户间营造一种十分愉快、融洽的气氛，因此十分重要。

（四）服务语言的“五要”

金融服务行业员工与客户交谈时，在语言上应注意遵守五项原则。

1. 明了性。金融服务行业员工要讲得清，让客户听得懂，不用听者重复反问。

2. 尊敬性。要对客户多用尊称，少用贬称，禁用鄙称，多使用敬语。金融服务行业员工使用的“你”字都要加“心”字底，以“您”相称。

3. 局限性。服务语言的内容局限于服务工作范围，不可随意出界。如与客户谈得投机，稍有出界，应及时回到主题上。

4. 愉悦性。用词、造句和说话的语气都要讲究，多用美词雅句，客户受到感染，愉悦的心情油然而生。加上我们对客户只称赞不指责，不用否定句、训诫句、命令句，不讲“不”字，服务又热情周到，就可以使客户在精神上、心理上得到满足，成为你的永久客户。

5. 兑现性。服务语言必须说到做到，不能为了一时讨好客户而随意许愿、承诺，开空头支票必将弄巧成拙。

五、学会及时说句“对不起”

“对不起”三个字看起来简单，它却是金融服务行业一线员工待客中，调和双方可能产生的紧张关系的一帖灵药。

人的心理原理是对于许多事情皆可原谅。金融服务行业一线员工在窗口柜台服务中面对等候时间较久的客户说声“对不起”，等候的人自然不会计较什么了。道歉最重要的是表现出诚意。要体现道歉的诚意，需要注意以下几点。

（一）切忌犹豫不决

如果是自己的过失对客户产生不良的影响，此时越是犹豫不决，越会失去道歉的机会，而且会给客户留下更坏的印象。因此要立刻向客户道歉，越早越好。

（二）切忌不及时道歉

当客户发火的时候，或是训斥金融服务行业一线员工的时候，金融服务行业一线员工由于害怕而沉默，反过来恐怕会使事情更加严重。及时道歉的话，多少能挽回一些影响，还能获得挽回损失的机会，这时必须拿出勇气说对不起。

（三）切忌道歉时先辩解

切勿在道歉时先辩解，先逃避责任。想道歉又不道歉，即使辩解主张有不少合理的成分，那也会使客户反感，情况反而恶化。正确的处理方式是首先道歉，事后等对方冷静下来，再说明自己的意见和主张。

六、使用金融行业用语的禁忌

金融行业用语禁忌是指在金融服务中忌讳使用的语言。不当的用语会破坏工作人员与客户之间的关系，也会对金融机构的形象产生不良影响。

（一）不尊重之语

在服务过程中，金融行业工作人员不得使用任何对客户缺乏尊重的语言。

（二）不友好之语

粗暴的语言或者是对抗的语言等都是不友好的语言。在任何情况下，金融行业工作人员都要牢记“和气生财”的古训，友善地对待每一位客户。

（三）不耐烦之语

金融行业的业务种类繁多，客户难免有时不能完全清楚或理解。在业务办理过程中，工作人员要秉承良好的服务意识，在接待客户时表现出应有的热情和足够的耐心，努力做到有问必答、答必尽心、百问不烦、百问不厌、不分对象、始终如一。假如使用了不耐烦之语，不论初衷是什么，都属于用语禁忌。

（四）不客气之语

在劝阻客户不要动手乱碰时，不可以说“乱动什么”“老实点”“坏了你赔得起吗”之类的不客气话语。

七、服务语言的“六不要”

服务人员与客户交谈时，在语言上应注意不要违反六项原则。

（一）违反明了性原则

例如，金融服务行业员工言语含糊，语音不清晰，客户听不懂，违反了明了性原则，不是规范的服务用语。

（二）违反主动性原则

例如，当客户招呼金融服务行业员工时，金融服务行业员工反问一句“干什么”，这也是不规范的服务用语。因为客户主动叫人对金融服务行业员工来说已是被动了，再反问“干什么”表现了不耐烦的情绪，违反了主动性原则。

（三）违反尊敬性原则

例如，金融服务行业员工听了客户一些话语不满意，回一句“你这个人真怪”，这也是不规范的服务用语。“你这个人”含贬义，是鄙称；不说“您”而说“你”，也是不尊重，再讲“怪”是三重不尊重，违反了尊敬性原则。

（四）违反局限性原则

例如，金融服务行业员工在与客户交谈中无故问客户年龄、婚姻或薪金等个人隐私情况，就违反了服务语言的局限性原则，超出了服务工作的范围。

（五）违反愉悦性原则

金融服务行业员工说话用词不当引起客户反感、不悦，这就违反了愉悦性原则。

（六）违反兑现性原则

例如，金融服务行业员工在客户离开时随便说一句：“下次您再来，等得不会那么久了。”时过境迁，如何兑现？违反了兑现性原则，因此也是不规范的服务用语。

案例 5－5

银行服务中不同岗位的行业用语和禁语

（一）银行会计人员

1. 服务用语

（1）请问，您办理什么业务？

（2）请您将凭证内容填好。

（3）请到××号柜台办理。

（4）请出示您的证件和单位账号。

（5）请您审查汇票内容。

（6）请您将印鉴章盖清晰。

（7）请收好您的印章（凭证、回单、对账单、支票、密码清单等）。

（8）请您签收退票。

（9）请您单位及时与银行对账。

（10）请您妥善保管营业执照和开户申请书。

（11）请您到人民银行办理账户审批手续。

（12）您单位的汇款未到，请留下地址和电话号码。

（13）请您及时到银行取回托收或委托承付通知。

（14）请您单位及时将托收或委任五联及附件交送银行办理退、托。

（15）请您出示拒付的有关证明及资料，谢谢合作。

（16）您单位出具的拒付理由不恰当，银行无法办理，请谅解。

（17）对不起，现在机器线路发生故障，请稍等。

（18）您填写的凭证××项内容有误，请重新填写。

（19）请您多提意见。

2. 服务禁语

（1）客户询问结算事宜，禁止说：①我不知道！②不归我管。③怎么还问？不是和你说了吗？有完没完！

（2）客户持证查询账户余额时，禁止说：①不行，机器忙着呢。②天天查，真烦人。

（3）客户办理业务走错柜台时，禁止说：没看见牌子吗？那边去！

（4）客户填错凭证时，禁止说：①怎么搞的，错了。②怎么写的，重填。③不会填写，你不会问吗？

（5）业务忙时，禁止说：①急什么，等着吧。②没看见我正忙着呢。

（6）机器有故障时，禁止说：明天再来吧。

（7）客户购买凭证时，禁止说：没有了，不能买。

（8）客户缺少回单、对账单查询时，禁止说：①不是我的事，找专柜去。②我也没有办法，自己找。③等着吧。

（9）临近下班时，禁止说：谁叫你来那么晚，结账了，不办了，明天再办。

（10）客户提出批评意见时，禁止说：①就你事多，我就是这样。②你能把我怎么样？有意见，找领导上告去，不怕你。

（二）银行出纳人员

1. 服务用语

（1）请稍等，我马上帮您查询。

（2）请您到××号柜台查询。

（3）请您按照要求逐项填写凭证。

（4）请您注意填写大小写和票面张数。

（5）您的款项有误，请重新点一下，好吗？

(6) 您的现金中有假币，按照人民银行规定应当没收，谢谢合作！

(7) 请问兑换辅币面额分别是多少？请您填好兑换单，我马上给您办理。

(8) 您兑换的残币不够全额标准，只能换×元。

(9) 请稍等，我马上将传票送会计科。

(10) 请问提款金额是多少？请您把款项点清、收好。

(11) 请您报提现金计划。

(12) 马上联系，尽量满足您的需要。

(13) 对不起，现在机器有故障，请稍等。

2. 服务禁语

(1) 客户询问交款事宜时，禁止说：我不清楚，我不知道。

(2) 客户来交款时，禁止说：你怎么连规矩都不懂。

(3) 客户填错交款单时，禁止说：你怎么搞的，填错了，重填。

(4) 客户办理交款业务时，禁止说：你的钱太乱了，整理好再交。

(5) 客户走错柜台时，禁止说：你没有看见牌子吗？到那边去。

(6) 客户兑换残币时，禁止说：不能换。

(7) 办理付款业务时，禁止说：①哎，喊你没有听见吗？②钱不够了，没钱了。

(8) 机器出现故障或停电时，禁止说：你急什么，明天再来吧。

(9) 临近下班时，禁止说：不收了，明天再来吧。

(10) 发现假币时，禁止说：我一眼就看出来了，我还能坑你吗？

(11) 客户提出批评时，禁止说：①就你事多，我就是这样的。②你能把我怎么样？有意见找领导上告去，不怕你。

(三) 银行储蓄人员

1. 服务用语

(1) 库包未到，请您稍等。

(2) 请您到×号柜台办理。

(3) 请您用钢笔填写凭条。

(4) 您的凭条×项有误，请重填一张。

(5) 您的现金有误，请重新清点一下，好吗？

(6) 请您慢慢回想密码，不要着急。

(7) 请出示您的身份证、户口簿，谢谢合作。

(8) 请您收好现金和存折。

(9) 请稍等，我马上重新给您计算一下利息。

(10) 对不起，现在机器有故障，请稍等。

2. 服务禁语

(1) 储户询问利息时，禁止说：①墙上贴着呢，你不会看吗？②不是告诉你了吗，有完没完？

(2) 办理储蓄业务时，禁止说：存不存？要存就快点。

(3) 客户刚办理存款业务，又要取钱时，禁止说：刚存怎么又取钱？以后想好了再存，净找麻烦。

(4) 客户办理提前支取，但存单与身份证姓名不一致时，禁止说：你自己写错了怨谁。

(5) 储户对利息提出疑问时，禁止说：利息是计算机计算出来的还会错？银行还会坑你吗？不信，找人算去。

(6) 业务忙时，禁止说：急什么，没看见我正在忙吗！

(7) 临近下班时，禁止说：结账了，不办了，怎么不早来？

(8) 机器出现故障时，禁止说：①我有什么办法，又不是我让他坏的。②我也不知道具体什么时间修好。③到别的储蓄所去取钱吧。④明天再来吧。

(9) 客户提出批评时，禁止说：①就你事多，我就是这样。②你能把我怎么样？上告去，不怕你。

（四）银行信贷人员

1. 服务用语

(1) 请问，您办理何种贷款？

(2) 请问，有担保单位同意为您担保吗？

(3) 请问，担保单位同意为您担保吗？

(4) 此项贷款待调查论证后再答复你。

(5) 请稍后，待请示后答复您。

(6) 此项贷款上级有规定不能办理，请谅解。

(7) 请问，您单位近期经营效益如何？

(8) 请您提供有关报表和数据。

(9) 请您单位保证专款专用。

(10) 请您单位按期归还贷款，偿还利息。

(11) 谢谢合作。

2. 服务禁语

(1) 客户询问信贷业务时，禁止说：①不知道。②不清楚。

(2) 客户联系贷款时，禁止说：①我说了不算，找上级去。②你们单位效益那么差，还想贷款！

(3) 客户办理贷款手续时，禁止说：办了几次了，怎么还不明白？

(4) 客户询问贷款利息时，禁止说：不知道。

(5) 到企业调查、了解情况时，禁止说：①派车来接。②让你们领导×点等着我。

(6) 临近下班时，禁止说：下班了，明天再来。

【综合实训】

某天，客户来到某商业银行走到柜员的服务窗口前，把要存的现金递进了窗口。

客户：“我要存钱。”

柜员：“存多少？”

客户：“全都存起来。听说现在的账户可以加个密码，我的可以加吗？”

柜员：“可以呀。这样吧，我给你重开个账户，你加上密码就行。”

客户："好的，那你办吧。"

柜员在重新给客户开账户。

柜员："把你的身份证给我吧。"

客户："什么？还要身份证啊？我可没带身份证呢。那我不加密码了。"

柜员："那怎么行呢？你回去取身份证吧。"

客户："我家离这里远着呢，回不了。这样吧，我也不加密码了，也不要什么新账户了，我还是存我原来的那个账户吧。"

柜员："不行，我把你原来的账户注销了。"

客户："什么？谁让你注销了呀，我就要原来的账户！"

柜员："你让注销的呀！你这人怎么这样呀！不行，你得回去拿身份证，否则你的钱存不了。"

客户："凭什么我要回去拿身份证呀？凭什么我的钱存不了呀？不行，你把你们主任叫来，我要投诉！"

要求：

请同学们讨论在上述案例中柜员存在哪些问题，金融从业人员应如何与客户进行沟通。

提示：

看似简单的一笔存款业务，竟然引发了客户的投诉。综观整个过程，我们可以清晰地看到以下几个值得思索的问题：

1. 如果银行柜员都能认真并熟练地向我们的客户解释和推介我们的银行业务，还会出现后面的情形吗？

2. 如果在没有提醒客户需要身份证方能办理账户加密时，银行柜员马上向客户真诚地道歉，说声"对不起"，并希望客户理解和支持，还会有后面的情形吗？

3. 如果银行柜员都能做到客户利益至上，并以客户为中心，在这种情况下派车送客户回去取证件，或者给客户报销来回的交通费，客户还会坚持他的想法吗？

4. 如果银行柜员都能熟练地掌握每个业务细节以及可能发生的问题，并能以流程形式给客户提醒，客户的老账户还会销得如此快吗？

任务3　金融服务行业员工与客户的交谈礼仪

【工作任务】

子任务3-1：与客户交谈时的总体要求与谈话礼仪

子任务3-2："看"、"听"、"沟通"、"动"和"微笑"的礼仪

子任务3-1　与客户交谈时的总体要求与谈话礼仪

【知识准备】

在金融服务行业员工与客户的交往过程中，交谈是服务人员向客户传递信息、表达情感的重要手段。金融服务行业员工需要通过交谈来了解客户的需求，解答客户的疑

问，并通过恰当的交谈来沟通双方的情感，从而建立起双方之间的信任合作关系。

一、金融服务行业员工与客户交谈时的总体要求

金融服务行业员工的交谈是服务工作的一部分。恰当的交谈方式是金融服务行业员工与客户之间顺利交往的前提条件，它不仅有效地向客户传递了有关服务的技术信息，还传递了金融服务行业员工对客户的情感信息，从而让客户感觉到服务的亲切、愉快。恰当的交谈方式必须符合金融服务行业员工的身份，适应服务工作的要求，它不仅要能准确地传递相关的服务技术信息，而且更要能体现出金融服务行业员工亲切友善、谦恭礼貌的服务态度。概括地讲，金融服务行业员工在交谈时，应做到亲切、谦恭、有效。

（一）亲切

不同的谈话方式将产生完全不同的谈话效果。亲切自然的谈话是拉近与客户之间的距离、获得客户信任的有效方法。亲切是指金融服务行业员工的言谈要有人情味，要体现出金融服务行业员工对客户的关怀。金融服务行业员工面对的是作为个人的客户，他们不仅有具体的功能服务的需求，同时还有复杂多样的心理需求，他们需要从金融服务行业员工的交谈中感受到金融服务行业员工对他们的关爱、信任、理解、尊重。因此，金融服务行业员工在服务交往时，应以让客户感觉亲切的方式与客户交谈，从而让客户的功能需求和情感需求都得到较好的满足。

亲切的交谈应是双方积极互动的交谈。金融服务行业员工用自己的谈话向客户传递积极的互动信息，同时通过自己积极的谈话影响和感染客户，从而使双方的沟通进入良性互动的状态。为此，金融服务行业员工与客户的交谈不能仅满足于准确、简洁、易懂等技术要求，它不仅要让客户听起来明白易懂、省心省力，还要让客户听起来感觉贴心知己、舒心愉快。

金融服务行业员工用平淡的、机械的语言与客户交谈从某种角度讲是无视客户的情感需求，是对客户不尊重的表现，同时也使双方的沟通仅处在机械的、非个人化的状态。从表面上看，这种交往是人与人之间的交往，但在实际效果上无异于机器与人的交往，客户感受到的只有死板和冷漠。因此，金融服务行业员工不能用平淡的、机械的语言与客户交谈，而要用生动的、富有情感色彩的语言与客户交谈。

生动的交谈要求服务人员在向客户传送有声语言的同时，还要恰当地运用表情语言，利用通过脸部的表情的变化使谈话富有生气，从而将服务技术信息和情感信息一并传递给客户。

另外，生动的交谈要求金融服务行业员工在使用规范语言之外，还能根据具体的情景恰当地使用某些非规范语言，从而使交谈显得更有人情味。规范语言是服务部门为方便服务人员掌握而提供的一些现成的基本工作语言，通过对金融服务行业员工规范语言的集中培训可以在一定程度上提高服务水平和工作效率。但规范语言由于过于机械，让客户觉得缺乏人情味，并使金融服务行业员工与客户产生距离感。非规范语言是指带有私人交往性质的个人化语言，如日常寒暄，聊家常，这些语言与规范语言相比，尽管显得比较琐碎，但却能让客户感到亲切。

总之，亲切的谈话应是像朋友之间的谈话一样，轻松、随和、富有人情味。为此，

金融服务行业员工在理解客户的意愿以及向客户说明所能提供的服务时，切忌把与客户的交谈变成规范服务语言的机械背诵。

（二）谦恭

金融服务行业员工与客户的关系是一种单向的需求满足关系。服务要从客户的需求出发，让客户感受优越，是对金融服务行业员工的基本角色要求。这种角色要求体现在服务交谈礼仪上，要求金融服务行业员工在与客户交谈时，应始终表现出谦恭的态度，让客户感到受敬重。

首先，金融服务行业员工在交谈时应对自己的声音有所控制。有控制的声音会显得柔和悦耳，让客户觉得温和有礼；而没有控制的声音则往往显得生硬刺耳，容易让客户觉得冷漠和不友好。金融服务行业员工对客户的尊重表现在交谈的声音上，不仅要让客户听得见、听得清，还要努力做到让客户听得舒服。为此，金融服务行业员工应以平稳的语气、柔和的语调、适中的语音和语速与客户谈话，从而显示出对客户的尊重。平稳的语气让人感到客观中肯，又不失热忱；柔和的语调则显得委婉、客气，给人思考和回旋的余地；而适中的语音和语速则可方便客户听清和理解谈话的内容。有些金融服务行业员工说话又快又轻，从某种意义上是不愿意为客户费力费时的表现，因而也是对客户不耐烦的表现。

其次，金融服务行业员工在与客户交谈时要多用敬语。敬语包括对客户的尊称和礼貌用语。在称谓上，对于不认识的客户应用“先生”“女士”“老板”或“大伯”“大爷”“大妈”“大娘”“大哥”“大姐”等称呼；对于认识的客户要用对方的姓加合适的称谓（一般不用姓名直接称呼），如“张教授”“王处长”“李书记”“刘经理”“钱老师”；对于特别德高望重的人用“×老”“先生”“阁下”“夫人”等称谓称呼对方；用第二人称称呼客户时，要用“您”称呼。

在礼貌用语上，除了常用的“请”（P1ease）、“谢谢”（Thanks）、“对不起”（I'm sorry）、“没关系”（That's all right）、“再见”（Good - bye）外，在迎送、问候、征询、应答等环节上都应用礼貌用语，如“欢迎光临”、“恭候光临”（Welcome）、“欢迎再来”（Hope to see you again）、“谢谢光临”（Thanks for coming）、“祝您好运”（Have a good day）、“您好”、“各位好”（Hello）、“能为您做点什么”（What can I do for you）、“您需要什么”（What do you want）、“有什么需要我帮忙吗”（Is there anything I can do for you）、“我能帮助您吗”（May I help you）、“我替您……好吗”（Do you mind if I...）、“请多关照”（Thanks for your kindness）、“请多指教”（Any criticism and instructions are welcome）、“很高兴能为您服务”、“听候您的吩咐”、“不客气”（You're welcome）、“随时为您效劳”、“好的”、“是的”、“请稍候，我马上帮您办”（Wait a minute please. I'll do it for you now）、“对不起，让您久等了”（Sorry for having kept you waiting）等。

再次，交谈以对方为取向。在交谈内容的选择上，以对方感兴趣的话题或是对方的思想、经历和感受为主要谈话内容，尽量少谈自己的思想、经历和感受；在语言使用上，尽量避免讲“我”，多讲“你”（在一般情况下，“我”字可以省略不讲，在无法省的地方，可以用“我们”代替“我”，而在用“我们”代替可能会引起误解的时候，则“我”字应讲得又轻又快）；在交谈过程中适当称呼对方的名字，也会让对方感觉到受尊重和重视。

最后，在交谈时应尽量多倾听客户的谈话。因为，每个人都有自我表现的欲望，这种欲望表现在交谈中，就是希望在谈话中较多较早地发表自己的看法和意见。假如你能主动地把发言的机会让给客户，并自觉自愿地做他忠实的听众，就表示你对客户的重视和敬重。同时，在倾听时尽可能对客户的意见表示认同或赞同，从而让客户感受到被尊重。

（三）有效

交谈的有效是服务交往顺利进行的基本条件。没有有效的交谈，客户基本的服务需求将不可能得到较好的满足。有效是指金融服务行业员工的言谈要能正确地传递有关信息，达到顺利沟通的目的。

首先，金融服务行业员工的言谈应规范准确，包括使用规范的服务语言，措辞得当，发音正确。规范语言通常是服务机构在总结长期实践经验的基础上形成的最为有效的语言表达方式，规范语言的普遍使用在一定程度上也反映了服务单位的管理水平；措辞得当是指要用被普遍接受的词语来表达某种意思或指称某一事物，不用暗语、俚语这样一些使用范围有限的语言表达；发音正确要求金融服务行业员工以标准的普通话或外语与客户交谈，同时还要做到口齿清晰、不念错字。

其次，金融服务行业员工的言谈应简明扼要。语言简明要求金融服务行业员工以简单易懂的语言与客户进行沟通，而不应使用过于深奥、冷僻的言辞，同时还要注意语言的切实致用，避免咬文嚼字；语言扼要则要求金融服务行业员工的表达要突出重点。特别是当金融服务行业员工在回答客户的询问或是在为客户介绍时应简洁明了，突出重点，既能让客户抓住要领，又能节约客户的时间，从而达到有效沟通的目的。金融服务行业员工在与客户交往时，不应吝啬自己的时间，不应表现出不耐烦，不应让客户感觉服务的匆忙，但在任何时候都需要珍惜客户的时间。在生活节奏越来越快的今天，时间对于客户来说将变得越来越宝贵，快速、及时将是衡量服务好坏的基本标准之一。因此，金融服务行业员工在与客户交谈时也应有很强的时间观念，尽量以简明扼要、规范准确的语言表述让客户能在最短的时间内获得最为有效的信息。

最后，金融服务行业员工的言谈还须因人而异。不同的客户在沟通能力（包括表达能力和领悟能力）上往往存在很大的差异，同样的表达方式，甲客户可以听懂，并且感情上也能接受，而乙客户就不一定能听懂，甚至可能产生误解和反感。因此，金融服务行业员工在接待客户时，一定要充分注意客户在年龄、性别、职业、身份等方面上的差异以及在性格、心理、文化素养、风俗习惯上的不同特点，从而选择恰当的方式与客户进行沟通。譬如，在语速、语音上，对于年纪较大的客户，一般应用稍慢的语速、稍大的声音。另外，在专业术语的使用上，也应照顾客户的理解能力，与懂行的人交谈，可以多使用一些专业术语，以使双方的沟通更加准确、更有效率；与不太懂行的人交谈，可以适当使用一些专业术语，既确保客户能听懂，又使交谈不失专业水准；与不懂行的人交谈，应尽量少用或不用专业术语，以确保客户能正确领会。

二、金融服务行业员工的谈话礼仪

（一）以客户习惯的交谈方式谈话

以客户习惯的交谈方式谈话，是客户取向这一服务礼仪的基本原则在交谈礼仪中的具体体现。根据客户取向这一服务原则，金融服务行业员工在与客户交谈时，应主动适应客户的语言习惯，而不应简单地将预先准备好的规范语言表述、自己习惯的专业语言表述强加给客户，让客户去适应他并不一定习惯的规范化、专业化语言。

在客户与金融服务行业员工的交谈中，特别是在客户提出服务要求以及服务人员为客户解说所能提供的服务内容时，双方所使用的语言往往存在着距离，从而导致双方沟通不畅。究其原因，主要因为客户使用的往往是日常语言，而金融服务行业员工使用的是本行业通用的或特有的行业用语（包括规范语言和专业用语）。这种行业用语，特别是专业语言，在与行业内部的同行或是比较内行的客户进行交流时使用，往往能使双方的交流更加准确有效，也更能体现出服务的专业水准。但如果金融服务行业员工想当然地以为自己使用的语言一般客户都能理解，因而对所有的客户千篇一律地都使用行业用语，这不仅在认识上是非常错误的，而且在实践上也是一种严重违背服务礼仪的做法。对于不习惯专业语言的客户，以专业化语言去应对他们的日常语言，不仅给正确有效的沟通带来障碍，影响服务的效果，而且还给人一种专业权威面对外行的居高临下的姿态，从而使客户产生疏离感和压迫感，因而是与服务的本质——“让客户感受优越”相背离的不替客户着想的自我取向的行为。有些金融服务行业员工为了使服务工作收到良好的效果，以强加于人的方式单方面遵循自己的服务语言习惯，对客户来说是一种强迫，一种不尊重，而绝不是金融服务行业员工想当然地认为的高水平服务。

因此，金融服务行业员工在语言表达方式上，既要注意用词的规范、准确，又要考虑特定客户的语言习惯和接受能力。一个称职的金融服务行业员工在与客户的谈话过程中，应不断根据客户的谈话习惯调整自己的谈话方式，努力适应客户使用的形形色色的“生动语言”，选择客户习惯的、能理解的语言与客户交谈，同时还应善于从客户的不太规范的日常语言表达里准确地捕捉客户传达的信息。

以客户习惯的交谈方式谈话是服务人员的基本谈话礼仪。以客户习惯的交谈方式谈话主要包括以下三个方面的内容：一是谈话措辞日常化，与不太懂行的客户交谈尽量不用专业语言；二是谈话语气日常化，不用平板的、机械的语调与客户交谈；三是谈话的节奏日常化，即谈话可以停顿、可以重复。以日常化的语言交谈方式与客户交流，不仅让客户容易理解，更让客户感到亲切、可信赖。

（二）用委婉、商量的语气与客户交谈

金融服务行业员工用委婉、商量的语气与客户交谈是为了给客户发表自己的看法留有余地，从而让客户有一种自主、自由、受尊重的感觉。如果金融服务行业员工以一种绝对、断然的语气与客户交谈，则意味着不给客户选择、思考、发表意见的余地，从而让客户感觉到被强迫、受支配。

用委婉、商量的语气与客户交谈应体现在各个方面。当需要请求对方帮助配合时，应用恳切的言辞、商量的语气，而不应简单直接地指挥、命令对方，如“请您……好吗”“能不能请您……”等。

当向客户建议时，应用婉转、间接的虚拟语气，而不是直接用“应该”“不应该”“要”“不要”这些带有命令口气的词，如“您最好……”“如果我是您的话……”等。

当需要谈及自己观点时，用“我觉得……”“我以为……”“我个人认为……”“我的个人看法是……”这样一些表示观点相对性的语句，同时避免使用有绝对意义的词汇

以免有武断之嫌，如“一切”“完全”“根本”“凡是”“最”等。

当双方意见相左时，不应简单地否定对方或是试图去说服、反驳对方，而是应对对方的观点表示理解和肯定，然后再提出自己不同的看法。

在陈述某一事实时，应尽量用朴实客观的言辞，少用或不用带个人情感色彩的形容词和副词。

为此，金融服务行业员工在与客户交谈时，应尽量避免快人快语、直言直语。快人快语、直言直语在非常熟悉的人之间使用能使交谈直截了当地进入谈话的主题，从而使谈话更有效率。但在不太熟悉或是陌生的人之间使用则会让对方觉得有些唐突，甚至刺耳、不友好，并因此可能引起对方的误解。

同时，金融服务行业员工还应避免以专家、权威的口吻与客户谈话。特别是从事咨询服务的人员，由于他们为客户提供的主要是专业技术知识，他们在自己的领域往往都是行家、专家，因而他们在与客户沟通时很容易以专家、权威的身份，以一种不容置疑的口吻与对方谈话，从而让对方感觉自己处于被动的、受人摆布的屈从地位。这种感觉与客户因处于服务关系中的优越地位而应产生的优越感相冲突，从而使双方的交往从一开始就处于不愉快的状态，并使随后的服务交往不顺利，甚至遭受挫折，譬如一个原本很合理的咨询方案几度被客户否定而被迫修改。这种服务交往的受挫，其主要原因是咨询服务人员没有正确定位自己的角色。尽管你可能是专家，但只要进入服务市场，你就是为客户服务的服务人员，你就应该遵循客户取向、客户满意、客户至上的服务原则。也许你在工作中的固执己见是基于对客户利益的考虑，是坚持了客户取向的服务原则，但客户满意是更高的服务原则。任何服务的最终目的都是让客户满意，只有让客户感到满意的服务才是优质的服务。因此，你也许是专家，但绝对不是权威，因为只有客户才拥有最终的评判权。

（三）认同与赞美

每个人都希望别人能发现他们的优点，而忽视他们的缺点，这是个人自尊心的体现。金融服务行业员工自觉为客户扬其长而避其短，是对客户自尊心的保护，是对客户的尊重与认同。

为客户“扬长”其实就是主动去发现客户的优点，然后以一种恰当的方式去表达自己对客户所具有的优点的欣赏，也即赞美客户。通过赞美，让对方为自己的优点感到自豪，对自己感到满意。从人的自然本性来讲，人人都希望得到别人的赞赏，但又都不习惯或不喜欢赞美别人，因此，赞美是需要学习的，它是个人修养的体现。首先，要善于发现客户的优点，如女性外表的漂亮，小孩的聪明可爱；其次，要注意用恰当的方式去赞美，否则很可能会弄巧成拙。

恰当赞美应注意以下四个方面：

1. 赞美一定要发自内心，而不是言不由衷地假意奉承。也就是说，赞美的内容一定要真实，而不能只用虚情假意去讨好、糊弄客户。每一位客户都有判别真假的能力，虚假的赞美不仅不能在情感上引起对方的共鸣，反而给人虚伪不诚实的印象而最终失去客户的信任。因此，试图用虚情假意去骗取客户的好感是非常愚蠢的做法。

2. 赞美的话要简洁明了，不要用模棱两可的语言去赞美。简洁明了的语言能让对方一下就能明白其中的赞美之意，如“你这衣服很漂亮”。倘若用模棱两可的语言去赞美，就可能让对方一时难以捉摸其中的赞美之意。譬如，“你这衣服很好看，是你自己做的吗?”，这就有可能使对方搞不明白你是夸其衣服美，还是贬其买不起衣服的穷。

3. 赞美要具体、有针对性，让对方觉得赞美的真实可信。如果只是笼统含糊地使用对所有人都适合的赞美词，会让对方觉得你的赞美只是礼节性的应酬而已，因而并不能在对方的内心激起愉悦的情感。

4. 赞美的话应尽量平和、朴实，不要用太夸张、太露骨的话去赞美。用过于夸张、露骨的语言去赞美对方，很容易让对方觉得缺乏诚意，甚至让对方觉得是对他的讥讽和嘲弄。譬如，“你真是越来越年轻，越来越漂亮了”就显得有些夸张和不真实，因而不如“你还是跟以前一样年轻、漂亮”这样的语言显得平和真实，也更容易为对方所接受。

为客户“避短”其实就是尽量回避或忽视客户的短处或缺点。“避短”首先是有意识地回避对方的短处，譬如，对年纪大的客户尽量不要对他们说“老”或“您这年纪”，对体形较胖的客户不说他们“胖”等。其次，当不得不面对客户的“短处”时，尽量用一些委婉的方式来表达，譬如，对挑剔的客户称“认真”，对调皮的儿童称“活泼”，对脾气不好的客户称其“有个性”等。

（四）善于提问

提问是一种非常重要的交谈技巧，使用得当可以使交谈更顺利、更有效。当双方初次见面时，可以通过一些简单的问话引出合适的话题，从而起到投石问路的作用。在对方谈兴正浓时，恰当地提几个能引导对方进一步交谈的问题（譬如“为什么会这样”，“现在怎么样”，“后来怎么样”这样一些小问题），能使对方的谈话更为深入。当自己对某个问题发表了意见后，可以谦虚诚恳地询问对方的意见如何（譬如“您以为如何”，“您的看法呢”，“您同意我的看法吗”），然后把发言权交给对方，自己则做听众。因此，服务人员在与客户交谈时，要善于用提问的方式打开客户的话匣子，从而自觉地把自己放在倾听者的位置，既让客户感到受重视，又为自己了解客户创造机会。

但在提问时，应注意不涉及客户的隐私，以免让客户产生被审问的感觉。尽管中国人在传统上隐私观念比较淡薄，但随着国际交往的增加和西方文化的渗透，人们的隐私意识正在觉醒，人们开始看重自己的隐私，特别是年轻人。根据目前的情况，中国人主要把个人收入、财产、衣服和首饰的价格、妇女的年龄作为隐私（而西方人除了收入、财产以及衣服、首饰的价格外，还把年龄——包括男士的年龄、家庭住址、工作单位，国家大选时的选举意向等方面作为个人隐私）。因此，金融服务行业员工在与客户开始交谈时，可以向对方询问一些有关籍贯、工作单位、住所（通常只问大范围的居住区，而不是具体的住址）等方面的问题。当然，如果客户不愿意多谈，应马上转移话题。

（五）避免使用否定性的消极语言

根据客户取向、客户至上的原则，金融服务行业员工在与客户交谈时应避免任何可能使客户感觉不愉快的语言表述，也就是应避免使用那些很容易在客户心中激起负向情绪反应（感觉遭受冷漠、歧视等）的否定性的消极语言。这些否定性语言有：

1. 用责问的口气反问客户，譬如，“你为什么不能排队呢”“你问我，我问谁”“你没看布告吗”“你以为我专干这事儿”。

2. 用抱怨的口气向客户发牢骚，譬如，“我就挣这么点钱……”“还让不让人吃饭”

“累死了”“烦死了”。

3. 用讽刺的口吻与客户说话，譬如，“你以为这是哪儿”“装什么大款”。

4. 以不耐烦的口气与客户说话，譬如，“你要我重复多少遍”“你找错柜台啦”“快点，我还有别的事”“我们不能只侍候你一个”。

5. 以居高临下的口气与客户说话，譬如，“别碰”“我跟你说呢”“你站住”“你根本没听懂我的意思”“着什么急”“下班了，抓紧时间”“自觉点”“喊什么”“关门了，我跟你说呢”。

6. 以挑衅的口气与客户说话，譬如，“你想把我怎么样”“你想干什么”“我就是这个态度”“你去投诉好了”“别以为你了不起”。

7. 以冷漠的语气拒绝客户的要求，譬如，“不行”“没有”“绝对不行”“不可能”“我不知道”“这不符合我们这里的规章制度”“这不归我管”“找别人去”“这儿不是问询处”“找错柜台啦”“这是你的事，不是我的事”。

8. 以不屑的语气与客户说话，譬如，“知道吗，你”“你懂吗”“你见过吗”“你听说过吗”“对你来说肯定太贵”。

（六）不对客户说“不”

根据客户取向、客户至上的原则，金融服务行业员工不应否定客户的看法、选择、行为，不应拒绝客户的要求。因此，金融服务行业员工在接待客户时，对客户的意见和要求，避免用简单的“不”“不是”“不知道”“不行”来回答。但在具体的服务实践中，往往会有这样一些情况：由于客观需要，你不得不纠正客户的某些行为或否定客户的意见；或是由于客观条件的限制，你不得不拒绝客户的要求。这时，为了避免或减少客户的受挫感，金融服务行业员工应尽量以肯定或暗示的方式间接、婉转地表达自己的否定意思。

一般来说，用肯定的方式表达否定的意思比直接用否定的方式表达自己的意思在情感上更容易让人接受。例如，你若要纠正客户的行为，最好说“请您如何如何”，而不是说“请不要如何如何”；若是客户对你提出的要求你办不到，那么你最好是向他说明你能够为他做什么，而不只是说你不能为他做什么；如果你不同意客户的某个建议，那么你最好是提出你自己的建议，而不只是简单地否定客户的建议；如果客户要求的某件事情还没有办妥，当客户问到你的时候，你最好对客户说很快就能办妥，或者告诉客户什么时候能够办妥，而不是只说一句还没有办妥；如果客户请求不在你的职权范围内，不应只是简单地以“那不是我的工作”或“那不归我管”回答，而应该说：“这件事×××可以帮助你。”

另外，以曲折、隐晦的语言来表达自己的否定性意思，是通过暗示让客户自觉意识到自己行为或要求的不合适，从而自己主动纠正自己的不合适行为或自动放弃不合理要求。暗示法是基于对人的主动性和自觉性的尊重，因而显得更有人情味，避免了对客户自尊心的伤害，还显示出了金融服务行业员工的修养和温情。在服务实践中，以暗示的方式阻止客户的某些不适当行为往往比直接阻止客户的不当行为更为有效，且能避免冲突发生。譬如，金融服务行业员工要劝阻吸烟的客户时，说“对不起，那边有专门的吸烟室”，而不是直接说“这里禁止吸烟”；金融服务行业员工想劝阻不排队的客户，对客户说“已经有人在排队等候了”或“要是您没时间排队，请您最好改日再来”，而不是直接说“您没有排队”或是“请不要插队”；再譬如，女性服务人员想摆脱某位男性客户的无理纠缠时，不是直接说“请您放尊重些”，而是说“对不起，我让更有经验的男同事来为您服务”。这些表述都很好地保护了客户的自尊心，避免了刺伤、羞辱对方，因而比以直截了当的语言表达自己的否定性意思更能被对方接受。

总之，这些间接、婉转的否定方式充分体现了服务人员对客户的善意，因而让客户感觉到受尊重，同时也使客户更容易接受违背自己意愿的否定性结果。

子任务 3－2　“看”、“听”、“沟通”、“动”和“微笑”的礼仪

【知识准备】

一、“看”的礼仪

与客户沟通的重要环节就是察言观色，一项研究表明，金融服务行业员工与客户进行沟通的过程中，有 7% 的信息是由语言传递的，38% 的信息由语调传递，55% 的信息是由身体语言传递的。因此，要通过客户的表情、神态、语言和动作等细节来观察判断客户的心理活动。

眼神的沟通往往能够向客户传递关注、尊重等非语言的信息，起到稳定情绪的作用，并且可以通过运用“看”的技巧对客户的性格、需求、喜好等作出一个基本的判断，及时调整沟通的策略。

（一）与客户目视的技巧

1. 与客户交谈时，两眼视线落在客户的鼻间，偶尔也可以注视客户的双眼；

2. 恳请客户时，注视客户的双眼；

3. 为表示对客户的尊重和重视，谈话时切忌斜视或光顾他人他物，避免让客户感到你失礼和心不在焉；

4. 合适的目视距离：熟悉的客户——70～80 厘米；陌生的客户——1～1.2 米；站立时——2 个手臂长；坐着时——1 个手臂长；一站一坐时——1 个半手臂长。

（二）看懂客户的身体语言

对于一名金融服务行业员工来说，掌握“看”的技巧就能够更快捷地了解客户的需求和期望，从而能够作出相应的判断。我们在与客户沟通的时候“看”客户，最重要的是要看懂客户的身体语言。

1. 面部表情。脸泛红晕：表示羞涩、激动或发怒等；脸色发青、发白：表示愤怒、生气、受到惊吓或身体不适等；皱眉：表示不同意、焦虑、不理解或疑惑等；扬眉：表示满意、兴奋、很高兴、认同或喜悦等。

2. 头部动作。身体挺直、头部端正：表示庄严、自信或在气势上超越对方等；头部向上：表示思考、希望等；头部向前：表示倾听、关注、期待或同情等；头部向后：表示傲慢、惊奇或迟疑等；点头：表示同意、答应、理解或赞许等；摇头：表示反对、不认同等。

3. 眼神。正视：表示认真、关注、期待和庄重等；斜视：表示轻蔑、看不起或怀疑

等；俯视：表示羞涩、内疚等；仰视：表示思考、倾听等。

4. 手势。手心向下：表示抑制、制止、贬低、轻视或否定等；手心向上：表示期待、坦诚、善意或积极等；抬手：表示请对方注意、要发言等；推手：表示对抗、抗拒、观点对立等；伸手：表示想要什么东西；摆手：表示不同意、不欢迎等；两手分开：表示分离、失散或消极等；竖拇指：表示称赞、夸耀等；伸小指：表示轻蔑、看不起等；双手挥动：表示呼吁、召唤、感情激昂等。

（三）金融服务行业员工如何“看”客户

1. 从正面注视客户。与客户交流的时候，观察客户是向客户传递关心尊重的信息，要从正面注视客户而不是斜视客户，不要死盯着客户看。

2. 不做势利眼。俗话说“眼睛是心灵的窗户”，客户很容易就可以从金融服务行业员工的一个眼神和目光中看出他们是否尊重和关注自己。

3. 学会用目光接触客户。表情要自然，根据客户的感受要有相应的配合才能让客户感到你在认真听他说话。心理学家实验表明，人们视线相互接触的时间，通常占交流时间的30%～60%，如果超过60%，表示彼此对对方的兴趣可能大于交谈的问题；低于30%，表明对对方本人或谈话不感兴趣，视线接触的时间每次3～5秒比较适合。

4. 感情投入地观察。在观察客户的过程中，金融服务行业员工一定要边观察边思考，特别是客户提出不满时，要思考为什么不满，让客户感受到你在真诚地关心他，为他想办法解决。

二、“听”的礼仪

“听”是了解客户经历和需求的重要手段，也是尊重客户的重要表现，一个不会“听”客户说话的人，不可能成为一个优秀的金融服务人员。对于金融服务行业员工来说，掌握了“听”的技能能够很融洽地与客户建立良好的沟通氛围，同时也是缓解紧张气氛的润滑剂。

（一）聆听的三个层次

聆听不仅仅是在与客户交流的时候带着耳朵去听客户的感受和需求，重要的是要听清楚、听明白客户想要表达的意思，客户关注的处理结果等，并作出相应的回应。

1. 听清事实。听清客户言语中要表达的真正内容，关键是听清客户所说的每个字、每句话的意思。避免断断续续地听，比如，避免在对客户提出的某个观点有反对意见时就与客户争论，而没有听全客户说的话，给客户造成不重视的印象。

2. 听出关联。听清客户言语中要表达的真正内容，在客户不满时还要注意听清楚和理解客户话中隐藏的真实意图。通常来说，不满意的客户往往非常清楚自己的需求，有的碍于面子、有的是为自己留有余地，并不会非常直接地表达需求或不愿意明确地告诉金融服务人员自己的想法。金融服务人员在遇到这种情况的时候可以使用试探的沟通技巧来验证客户的想法。

3. 听后回应。有效的聆听必须要有反馈，也就是听后回应，通常我们可以使用两种技巧：一种是组织语言简洁明了地讲出客户的意思，让他知道你明白他的想法；另一种是听客户的感受，并作出形体姿态或语言的回应，让对方知道你明白他的感受。

（二）聆听的技巧

金融服务人员在聆听客户时，不但要在聆听的方式和方法上使客户感觉受到尊重和关注，还要掌握一些聆听的技巧，避免细微的动作或行为造成客户的反感。当聆听客户说话的时候，我们切忌未经允许就打断客户，也不要在客户说话的时候急于插话或辩驳。金融服务人员应养成一个勤记录的好习惯，在聆听客户的过程中对客户所说的重点问题或信息做适当的记录。记录的内容通常包括姓名、联系方式、事情经过、客户需求和期望、客户强调的问题、客户说明的具体事实等。

1. 认真倾听。在交谈中，倾听比谈话更重要。因为，当你认真倾听对方的谈话时，表明了你对对方的兴趣和重视。如果对方谈话时，你显得心不在焉或者很不耐烦，那就等于告诉他“你无足轻重”，或者“我讨厌你”。在金融服务行业员工与客户的交谈中，善于倾听尤为重要。倾听是对客户关心和尊重的表示。认真听取客户的意见，是赢得客户信任的第一步。

倾听除了让客户感受到关心和尊重外，还有两个好处：一是通过倾听客户的谈话，可以更好地了解客户的需求，从而能为客户提供更有针对性的服务；二是通过倾听客户的谈话，可以在自己与客户之间发现某些共同点，从而为接近客户、被客户接受提供条件。因此，当客户对你说话时，金融服务行业员工应认真倾听，表现出热情和谦恭。

首先，倾听时应集中精神，不应表现出注意力不集中、心不在焉的样子。倾听时兼做其他事情，如东张西望、摆弄手中物品、剪指甲、搔痒痒、抓头皮都是注意力不集中的表现，而打哈欠、伸懒腰、看手表则还会被认为是不耐烦和厌倦的表示。所有这些举止都是对客户的不尊重，因而是必须避免的不礼貌行为。

其次，在倾听时还不应随意打断对方谈话。如遇有未听明白或是想进一步了解情况，应等对方把一个意思讲完后再插话，而且应用礼貌的语言征得对方的同意，如“请允许我打断一下”“对不起，我提个问题，好吗”。但随意或是经常打断对方的谈话是不礼貌的，即使用上述非常礼貌的语言去打断。如果自己对对方所谈的话题有补充或是有不同的看法，也应等对方讲完后再接过话题，不应随意抢话发言。

2. 适当反应。一个好的听众，光呆呆地听还不够，还需要对对方的谈话作一些适当的反应，以表示你在认真听。如果你倾听时面无表情、一声不吭，对方会怀疑你是否在听、对谈话内容是否感兴趣。

最为积极的反应是对对方的谈话表示认同或赞同。因为，认同意味着双方存在着共同之处或相似之处，这无形之中就拉近了与客户之间的距离。因此，当客户的意见和看法与自己的观点一致或相近时，金融服务行业员工应及时对对方的观点表示认同，如“是”“对”“你说得没错”“我也有同感”等。这些赞同的反应让对方觉得自己的谈话引起了共鸣，从而使双方的谈话显得更投机、更融洽，甚至还会给对方以遇上知音的感觉。

但如果你确实不赞同对方的观点，不应随意附和。因为，这会让对方觉得你虚伪、不诚实。这时，你可以保持沉默，也可以以委婉的方式表示自己的不同看法，如“你也许是对的”“我不完全赞同你的观点”“对于这个问题我们以后再交换看法”。但不能直截了当地否定对方的意见。有些爱争论的听众喜欢反驳对方的观点，然而，在反驳中你可以赢得争论，但绝不可能赢得对方的好感。

如果无法作出上述积极的反应，至少应作一些基本的反应，如“噢”“嗯”“唔”“是吗”，表示你在听。

3. 多理解少评论。对客户所说的话，不仅要认真倾听，而且要努力理解。理解意味着我们要从对方的角度、用对方的观点去思考问题，理解他为什么这样说，为什么采取这种态度，体会他的思想感情，懂得对方谈问题时的观点和看法。

一百个客户就有一百个对问题的不同看法以及对服务的不同要求，我们不能要求客户与我们有着同样的认识、同样的标准。客户取向要求服务人员应从客户的立场、客户的标准去理解客户的要求、意见和看法。理解意味着对客户不同意见的尊重和宽容。

评论则是从自己的观点出发，从自己的角度以自己的标准去评判对方的思想、观点，而且在评论时往往给人高人一等的优越感。因此，无论是对客户的言论妄下断言，还是对客户的行为妄加评论，都是无视客户思想情感、不尊重客户的表现，必然会引起客户的反感和不满。

4. 不与客户争辩。服务是遵照对方的意志和要求而进行的满足对方需要的活动，因此，在服务工作中，金融服务行业员工始终应以客户为中心，一切都应由客户说了算。无论是对服务的内容、方式的选择，还是对服务工作的评价，客户都具有最终的发言权。当客户与服务人员在某些问题上产生意见分歧时，服务人员应尊重和服从客户，不应与客户争辩。

不与客户争辩要求服务人员在任何时候都应虚心、诚恳地接受客户的批评、指责，从客户的意见中认识服务工作的不足和存在的问题，并以此作为改善服务的动力，从而不断提高服务水平和服务质量。如果发现客户对服务工作的认识存在着某些偏差，如客户的指责有失实之处，应主动、耐心地向客户作解释，千万不能得理不让人，要求客户向自己道歉。

三、“沟通”的礼仪

金融服务人员用什么样的语气、语调、态度、语速和措辞与客户进行语言交流是一项非常重要的技能。“沟通”就是表述自己想法并听取别人意见的过程。说话是否清楚、是否能够将简单和复杂的事情说得明白、是否能够让客户更快、更容易地接受，是影响客户是否满意的重要服务技能。

（一）“说”的技巧要求

1. 说话时，要热情、真诚、耐心。金融服务人员与客户沟通时的热情和真诚往往能够与客户建立一种亲和的沟通气氛，缩短与客户之间的距离，让客户感到值得信任、温暖亲切。而冷淡和漠然则会让客户感到疏远，不愿意进一步的交流。和客户沟通时应面带笑容，充分使用“看”和“听”的技巧，热情、亲和地为客户解说，切忌当客户问得多的时候，给客户脸色看，或是用推托的言语，使客户抱怨。特别是金融服务人员面对不满意或是啰唆的客户，应该有耐心，调整好心态，耐心和细致地为客户解说。

2. 把握好语气、语音、语调。不同的语气、语音和语调会给客户不同的感受，对于金融服务人员来说，语气要谦逊、平和，但不能过于平淡。谦逊、平和的语气是在对客户说：“我们很理解你，非常想为您解决烦恼。”单调而平淡的语气是在对客户说：“我心情不好，对你说的没有什么兴趣。”缓慢而低沉的语气传递的信息是：“我已经无可奈何了，看着办吧。”嗓门高高的语气是在强调：“我说的没有问题，就应该是这样的。”

3. 措辞要简洁、专业、文雅。专业的措辞能博得客户的信赖和赞赏，这里并不是要求我们金融服务人员满口的专业术语，而是对行业知识、产品特性有清晰的认知，对客户不说外行话。作为金融服务人员代表的是金融机构的形象，在讲话时要简洁、文雅，切忌啰啰唆唆和粗言俗语，多说一些敬语。

4. 用客户喜欢的句式说话。用“我理解您这样的感受……”平息客户的不满情绪；用“我会……”“我一定会……”“我马上……”表达服务意愿；用“您能……”“您可以……吗”提出要求；说“为了……”以节省时间；说“您可以……”来代替说“不”。

（二）了解客户真实的需求

不管是客户办理业务还是客户投诉、抱怨，作为金融服务人员，首要任务是要清楚客户的需求和期望，也就是客户到底想要什么。

对于投诉的客户来说，客户真正目的是解决问题。金融服务人员如果不了解客户真实的需求就一厢情愿、单方面提出解决的方法，这样往往是不奏效的。而应该运用适宜的沟通技巧探询客户的这种需求，以考虑更多的解决方法。

（三）与客户沟通的几个技巧

1. 掌握询问的技巧。金融服务行业员工直接向客户提问，能引起客户的注意和兴趣，引导客户去思考，这是一种非常有效的商谈方法。通过询问，金融服务行业员工能够取得明确的客户信息，还能检测双方意见是否一致，有助于双方达成共识。询问主要有开放式询问、封闭式询问、澄清式询问、探索式询问、诱导式询问五种类型。

（1）开放式的询问。开放式的询问是指能让客户充分地阐述自己的意见、看法及陈述某些事实现况。例如：“您对金融理财有哪些看法？”“您对贷款消费有何见解？”

开放式询问的目的有两个：一是取得信息；二是让客户表达他的看法、想法。

（2）封闭式的询问。封闭式的询问是让客户针对某个主题明确地回答“是”或“否”。例如：“您是否认为每个人都有金融理财的需要？”“您是否认为存款的安全最重要？”

封闭式询问的目的主要有：获得客户的确认；在客户的确认点上，发挥自己的优点；引导客户进入您要谈的主题；缩小主题的范围；确定优先顺序。

（3）澄清式询问。澄清式询问是指针对客户的回答，重新提出问题使对方作出证实，或补充原先答复的一种问句。例如：“您刚才所说的问题可能是由于其他一些原因造成的误解，能否让我来向您解释一下？”

（4）探索式询问。探索式询问即金融服务行业员工为了了解客户的态度，确认他的需求，而向客户提出的问题。例如：“您认为我们的网络理财产品怎么样？是否符合您的金融需求？”

（5）诱导式询问。诱导式询问是指对答案具有暗示性的问句。例如：“您用何种方式来偿还这笔贷款？”

2. 合理运用询问的方法。金融服务行业员工主要通过状况询问法、问题的询问法、暗示询问法三种方式，有效地询问目标客户，掌握目标客户的潜在需求。

（1）状况询问法。在日常生活中，状况询问法用到的次数最多。例如：“您在哪里上班？”“您目前参加了哪些银行的金融理财？”等，这些为了解对方目前的状况所做的询问都称为状况询问。金融服务行业员工提出状况询问的主题必须与要销售的金融产品和服务有关。

(2) 问题询问法。问题询问法是金融服务行业员工在得到客户状况询问的回答内容后，为了探求客户的不满、不平、焦虑及抱怨而提出的问题，也就是探求客户潜在需求的询问。

例如：“您目前主要的理财方式是储蓄吗？”（状况询问）

“不是，我目前主要的理财方式是投资炒股。”

“是自己操作吗？”（状况询问）

“是啊！”

“总的炒股收益情况如何啊？”（问题询问）

“一般吧，要是有专家指导就更好了。”

以上是问题询问法的一个简单例子，经过问题询问能使金融服务行业员工找出客户不满意的地方。知道客户有不满之处，金融服务行业员工便有机会去发掘客户的潜在需求。

(3) 暗示询问法。当金融服务行业员工发觉了客户可能的潜在需求后，接着可用暗示询问法，提出对客户不平、不满的解决方法。

例如：“您认为网上银行怎么样，足不出户就可以完成交易？”（暗示询问法）

“早就想办理了，只是一直没有时间。”

金融服务行业员工通过熟练地交叉使用以上三种询问方式，客户的潜在需求便不知不觉中从口中说出。

3. 提问的注意事项。提问时要准确表达观点和目的；考虑被问者的背景；不能一次问太多的问题，也不能连珠炮式的发问；注意神态表情、适时表达好意；不能建议或暗示某种答案；不说有情绪的话。

四、“动”的礼仪

身体语言指的是身体的动作和姿态，包括头部动作、面部表情、眼神、嘴部动作、手势等。身体语言是一种比语言更重要的语言，它显示出金融服务人员的涵养、身份、公司的对外形象和对人对物的态度。金融服务人员的一举一动也能反映出服务的态度是否热忱，服务水准够不够专业、对客户是否尊重、是不是真诚地在为客户解决问题，因此，作为服务人员对这项技巧需要重点掌握和运用。

（一）金融服务人员应避免的身体语言

金融服务人员应避免的身体语言包括：说话时搔痒或抓痒；乱弄头发或伸手梳头；手指不停地敲或咬指甲；用手不由自主地挖耳孔、鼻孔或剔牙；腿或脚不停地抖动；当众化妆或涂指甲油；坐立不安、表情烦躁、打哈欠；嚼口香糖或吃东西；穿着和服饰马虎，不整洁等。

（二）做一个稳重、谦和、文质彬彬的服务人员

1. 头部。面对客户，千万不要把头抬得过高，也不要把头埋得太低，正确的姿势应该是平视客户。当客户说话时，你的头要微倾向前，表示在关注客户说话，同时要不时

给予肯定，点点头，对客户表示理解和赞许。

2. 脸部。当客户烦恼、发怒时，你可以露出严肃的表情表示理解和同情。当客户露出微笑时，你可以跟着客户露出会心的笑容。

3. 眼神。面对客户，眼神要保持自然地接触，避免眼睁睁地看着对方，自然和平和是非常重要的。目光接触的部位主要是客户的小三角区，会让客户感觉到亲切平和，小三角区主要是指两个眼球和鼻尖形成的三角形区域。

4. 嘴巴。面对客户时，千万不要噘起嘴巴，这样会给客户一种轻视的感觉，而嘴巴紧绷也表示愤怒和对抗。正确的是嘴巴向上自然微翘，表示出善意、礼貌和尊重。

五、“微笑”礼仪

微笑服务目前已在世界各地和多种行业引起广泛重视，成为通信、金融、政府、电力、零售业、民航等组织创造核心竞争力，打造优质服务品牌的有效武器。

微笑是现代人际交往和工作职场中最起码的礼貌，微笑服务是服务人员美好心灵和友好诚恳态度的外部化表现，是服务中与客户交流、沟通的美好桥梁。

服务人员的微笑服务能够展示个人的素养和公司的对外整体形象，当金融服务行业工作人员面对客户微笑时，就是向对方表现出善意、尊重和友好，这样能够让客户降低陌生感和心理差距，进而产生宾至如归之感，从而与客户建立良好的沟通渠道和客户关系。

（一）学会笑口常开

1. 积极主动微笑。金融服务行业员工在听到客户询问或是办理业务时，应主动地与客户目光进行接触，首先向对方微笑，然后再开口说话表示欢迎和交谈。如果在金融服务行业员工与客户目光接触时，客户微笑在先，金融服务行业员工则应马上还以礼仪微笑。

2. 会心地微笑。金融服务行业员工微笑最重要的就是要真诚和自然，微笑应该是发自内心的，真诚地展示自己，让客户和自己都得到快乐，以拉近双方的心理距离，便于更深入、更有效地交流。笑容要神态自然、热情得体，最好表现为目光有神，向客户输送一种自然、温馨、亲和的感受。眼神是会“说话”的，金融服务行业员工应该学会通过眼神的交流，向客户传递信息，这就要求不仅仅是停留在面部笑容，还要通过眼神让客户感觉到你的笑容是发自内心的。要避免为了讨好客户而故作笑容，让客户感到虚情假意，那样就是适得其反了。

3. 天天微笑。对金融服务行业员工来讲，微笑是自然、习惯的表情。应该保持天天微笑的习惯，不是心情好的时候微笑，心情不好的时候就不微笑，要养成无论在工作岗位还是与同事相处时，抛开个人烦恼、急躁的情绪，振奋精神热情地面对他人。

（二）微笑练习的方法

金融服务行业员工可以用一面镜子对着自己，放松面部肌肉，然后对着镜子自然地说：“E……”渐进式舒展面部肌肉，让双唇展开，两腮肌肉向后端收缩，脸部肌肉向眼角提升，直到自我感觉自然、大方为宜，并反复练习。

微笑不仅仅是嘴角和面部肌肉的微笑，还要与眼神和肢体语言进行配合，这样才能让客户感到你是发自内心的微笑。练习眼神笑时，可以双眼看镜子，不断注视自己的眼神变化来体会，就好像你在看别人的眼睛一样，直到你认为获得最真诚、最真实、最和蔼可亲的感觉后，这样的眼神铭记在自己的脑海里，作为为客户服务时的标准动作。

（三）消除微笑障碍的几个技巧

1. 深呼吸，稳定情绪，想象美好的事情，让自己更有激情露出笑容。

2. 调整心态，每天都以良好的心情和积极的态度面对客户和同事，在内心深处充分意识到为客户微笑服务的重要性。

3. 情绪非常低落的时候，不妨先让同事替换一下，到洗手间或没人的地方调整一下，多做几次深呼吸，想象一下美好的事情，然后选择是为客户微笑服务还是暂时不与客户接触。

【综合实训】

自我检查，你在遇到下列情况的时候，如何露出你的笑容。

1. 当客户对自己的话没有理解就提出反对意见或者是抱怨时。

2. 由于自己的工作失误，招致客户的质疑或抱怨时。

3. 上班的时候心情挺好的，可是在路上遇到堵车使你上班迟到并受到领导的批评时。

4. 这几天休息不好，上班时总是无精打采，不管是面对领导还是面对客户，都不想笑。

5. 这段时间工作压力比较大，每天工作安排总是满满的，心里有牢骚，所以根本就笑不出来。

6. 每天从事的工作都是这样周而复始，没有什么新意，不能涨工资，也没有被提升，没有微笑的动力。

7. 我每天工作得挺好的，没有微笑，客户也没有挑出什么毛病，反正也没想着提升，笑不笑无所谓。

要求：

1. 自测在遇到上述情况时，你能否保持自己的笑容。

2. 回到寝室对着镜子练习微笑，大家互相纠正不良的笑容。

任务4　处理客户投诉的方法和技巧

【工作任务】

子任务4－1：正确看待客户投诉和保持恰当的态度

子任务4－2：处理客户投诉的原则和方法

子任务4－1　正确看待客户投诉和保持恰当的态度

【知识准备】

任何服务都不可能做到完美无缺，也就是说，任何一种服务都可能出现偏差，因而任何服务领域都会有客户的投诉。处理客户投诉是金融服务行业员工日常服务工作中避免不了的环节。投诉接待工作的好坏将直接影响客户对金融服务工作的最终评价。

一、正确看待投诉

人们的行为总是为他们的思想所支配。金融服务人员对待投诉的看法将直接影响他们处理投诉时的行为表现。因此，要正确处理好客户的投诉，首先得形成一个关于投诉的正确看法。

（一）正确看待投诉客户

大多数金融服务人员对投诉的客户都或多或少存有一种排斥心理，他们很自然地把投诉者放在自己的对立面，认为投诉的客户是存心找金融服务者的麻烦，他们是不友好的、不怀好意的、存心刁难的，因而是令人讨厌的。正是这种认识使得金融服务人员在处理客户投诉时总是会不自觉地表现出一些消极的行为举止，如用怀疑的目光打量客户、尽可能回避投诉的客户。

尽管处理投诉的金融服务人员在言辞上会向投诉的客户表示理解，并对客人说“很抱歉”，但他们先入为主地对投诉客户的不喜欢和讨厌使得他们在身体语言上不自觉地传递出对投诉人的厌烦和怀疑。金融服务人员在投诉客户面前的某些不自觉表现让客户明显感觉到自己的被怀疑和不受欢迎，而这种被人怀疑、被人讨厌的感觉使客户的自尊心大受伤害。

为此，很多客户在遇到劣质的服务时情愿自认倒霉，而不愿意主动去找服务部门投诉反映，保护自己的利益，特别是当自己所受的损失不是太大时。客户用来保护自己的消费权益不受损害的最简单办法往往是不再光顾那些曾为他提供了不良服务的服务机构。据美国一项关于投诉的调查研究表明，在27个遭遇不良服务的人当中，只有一个人会去投诉，而其他的26个人却放弃投诉。他们认为投诉是一件得不偿失、徒增烦恼而且浪费时间的事。他们宁愿去选择其他同类的服务提供者，也不愿意花时间和精力去投诉。

相比于那些只是默默地不再上门的客户，前来投诉的客户对于服务企业而言显得难能可贵。他们不是简单地从个人投入的成本和可能获得的利益去考虑问题，而是以消费者的执着希望与服务组织进行积极的沟通。他们没有像其他不满意的客户一样简单地弃你而去，不给任何解释和补偿的机会，而是本着对服务组织的信任，相信服务组织能纠正服务中的过错。他们对所获得的服务尽管不满意，但还是怀有希望。因此，当客户为自己所遭受的不良服务而前来投诉时，投诉接待人员应对这些愿意花时间来投诉的人心存感激。从某种角度讲，投诉是客户试图改善服务提供者和服务接受者之间关系的一种努力。为此，金融服务人员应把客户的投诉看做是一种善意，而不是一种恶意。

投诉的客户不仅给了金融服务提供者解释、补偿并最终留住客户的机会，而且还给予金融服务提供者发现自己服务工作不足、提高服务水平的机会。服务组织可以通过客户的投诉及时地发现服务工作中的不足和差距，因而能更有针对性地去改善自己的服务，从而更好地满足客户的需求。所以，有远见的服务经营者把投诉的客户奉为自己的“财神爷”，因而发自内心地欢迎他们、敬重他们。

（二）正确看待投诉事件

正如大多数金融服务人员把投诉的客户看做是恶意刁难者和麻烦制造者一样，对于大多数服务经营者来说，投诉事件是服务经营中消极的、不利的因素。因为，投诉事件的发生意味着服务提供者与服务消费者之间出现了矛盾和冲突，而矛盾和冲突总是影响正常交往关系的“不好的事”。基于这样的认识，很多服务机构的管理者往往把投诉事件看作是“令人头痛的麻烦事”。他们不是积极地利用投诉事件为组织的发展服务，而是被动地应付、消极地回避。他们简单地把降低或消除投诉事件作为服务管理的目标来追求，把投诉事件发生的多少作为衡量服务质量好坏的重要指标。

从表面上看，一个服务机构投诉事件越少，说明不满意的客户越少，服务中存在的问题也就越少，服务质量因而就越好；相反，如果投诉事件越多，表明不满意的客户越多，服务中存在的问题也越多，服务质量因而就越差。但事实上，投诉事件的多少与服务质量并不一定成正比。有时候，一个服务机构几乎没有客户投诉，但光顾的客户却是越来越少，最后可能不得不关门歇业了。如果客户没有正常的投诉渠道，或是每一次的投诉都没有任何结果，客户就不会再花时间去投诉了。对客户来说，找一家其他同类的服务机构不仅比费尽周折的投诉更为简单、方便，同时也比毫无结果的投诉更为明智、划算。

尽管投诉事件不是越多越好，但也绝不是越少越好。既然谁都不可能把服务做得十全十美，谁都不可能不出差错，那么，有客户投诉是最正常不过的事。从人际关系的角度讲，任何关系都免不了要发生冲突，关系双方的协调和冲突都是人际互动的积极的表现形式，只有一方或双方从关系中退出才是人际关系真正的消极状态。服务提供者与服务消费者之间的关系也一样，双方发生矛盾和冲突并不必然是消极的（关系双方的矛盾和冲突往往是推动关系进一步发展的动力，一般只有在处理不当时它们才转变为消极因素），只有当消费者因不良服务而另找其他服务提供者时才是真正消极的。

因此，金融服务人员在遇到客户投诉时，首先应把它看做是服务过程中十分正常的事，而不是一件倒霉和晦气的事，其次要把投诉事件作为进一步推动服务关系的契机来加以积极处理。事实上，投诉事件如果能妥善加以处理，无论对消费者还是服务提供者都将是有利的。对于客户而言，恰当的投诉处理能使自己所受的不良服务获得一定的补偿。而对于服务提供者来说，至少有两个方面的好处：一是服务提供者通过投诉处理可以弥补自己的服务过失或消除客户的误解，重新获得客户认可并挽回行将失去的客户；二是可以根据客户投诉的内容发现自己服务工作中存在的问题和不足，一份已知的投诉通常能代表几十个未投诉的人。所以，从完善和发展客户关系而言，投诉事件是更好地满足客户并把他变为朋友的良机，处理得当的投诉会使客户与服务提供者的关系更加稳定、牢固。同时，投诉又是服务提供者与消费者之间互相了解、互相沟通的一种渠道。只有这个渠道畅通了，服务提供者才能及时发现消费者的需求，从而使自己的服务能更加符合市场的需求，更加具有市场发展前景。

（三）正确看待投诉工作

投诉接待工作是整个服务工作中非常重要的工作，因为它是客户与服务机构直接接触的最后时间。如果金融服务人员未能在最后的关键时刻转变客户对服务工作的认识，把不满意的客户转变为满意的客户，那么服务机构将最终失去这位客户的信任和支持。

而失去一位客户无异于失去十位客户，因为不满意的客户会把自己的不愉快经历告诉自己的朋友和熟人，并告诫他们不要步他后尘去购买那些被他认定为是“劣质的”服务产品。而如果投诉接待人员对客户的投诉处理得当，不仅能在最后的关键时刻转变客户对整个服务的认识，把不满意的客户转变为满意的客户，而且还会进一步加深客户对本服务机构的信任并使他成为一名忠实的客户。而赢得一名忠实的客户同样无异于赢得十位客户，因为一名忠实的客户，他不仅自己会继续购买，还会把自己的消费经验和意向主动告诉给他的朋友和熟人。

投诉接待工作实质是通过妥善处理客户投诉加强和巩固客户关系。任何人际关系的存在都是以双方需求的互酬为前提的，双方出现冲突的主要原因是其中一方或双方预期中的需求没有得到满足。在服务交往中，投诉事件的发生主要是因为他们所得到的服务与他们预期中的服务有差距。因此，投诉事件妥善解决的关键是如何让客户未得到很好满足的需求最终能得到很好的满足。如果服务提供者做不到让客户自始至终事事都满意，那么就要想办法通过一定的途径去弥补自己的过失和不足，争取让客户的需求最终获得满足。只有这样才能确保服务关系的稳定和持久。完善健全的投诉机制就是一个很好的补偿途径。

一个健全的投诉机制除了要为客户提供方便的投诉途径外，还需要有专人负责投诉接待。负责投诉接待的人员在公司应具有非常重要的地位，因为他是服务组织联结客户的“亲善大使”，他是组织信誉的保险带。而担此重任的工作人员必须具备相应的职权以及较为全面的能力素质。

首先，他们必须拥有一定的行政处分权，能够代表本服务机构对投诉客户的要求作出直接而明确的答复。如果只让一位没有决定权的金融服务人员去接待投诉客户，他们只能倾听、转达客户的要求，而不能与客户进行直接的对话。对于这种需要花时间等待而且还不知道能否有最终解决结果的投诉处理方式，客户很容易会失去耐心和信心，甚至还会怀疑服务机构解决纠纷的诚意。

其次，投诉接待人员应具有高度的责任心，有全局观、集体精神，具有良好的服务意识。他们能以主动的态度去迎接每一位投诉的客户，真正重视每一次客户的投诉，真正关心和考虑客户的利益，给每一位投诉的客户作认真地回复。

再次，他们应具有较强的分析判断能力，能够从杂乱无章的信息中正确地把握事件的来龙去脉，并迅速地判明投诉的实质和解决问题的关键所在。

最后，他们还应具有良好的沟通协调能力，能够正确地领会客户的意思，也能恰到好处地向客户传递同情和理解，并能赢得客户的信任和合作。

有专人负责投诉接待并不意味着其他金融服务人员没有接待投诉的义务。客户的事是大家的事。对于客户来说，每一个服务人员都代表着服务组织，为此，他们有可能向任何一位服务人员投诉他们所遭遇的不良服务。而且，很多客户并不知道他们应该向谁投诉。因此，接待投诉是所有金融服务人员的事，也就是说，人人都有义务接待投诉的客户。

（四）摒弃关于投诉的几种错误观点

要在投诉处理上树立正确的看法，必须首先摒弃不正确的看法。这些不正确的看法有：

1. 失去一位客户无伤大局。有些金融服务人员会认为，我们服务机构有很多的客户，少一位客户并不会影响服务的经营效益。但问题是这些不满意的客户会把自己的态度和意见告诉他们的亲戚、朋友、同事，而这些亲戚、朋友、同事又会把这些信息传递给他们的熟人、朋友。这种非正式的人际传播远比服务组织有计划的正式的宣传广告的影响要大得多。那些潜在的客户对服务组织的认识和印象更多的是由这些来自非正式传播途径中的信息决定的。有社会学家专门进行过试验：每一个不满意的客户会转告 8 ~ 10 人，产生群体效应；一个负面的印象需要 12 个正面印象来纠正。

2. 吸引到一位新的客户并不总是很难的。确实，中国的人口很多，市场很大，潜在的客户也非常之多，但问题是吸引一位新客户的成本要远高于留住一位老客户，吸引一位新客户所花费的精力和成本是维护一位老客户成本的 5 ~ 15 倍。这就是西方的市场营销战略从过去的交易营销向关系营销转变的原因所在，因为他们的营销专家早就意识到留住老客户比发展新客户更划算。

3. 不管我们怎么努力，投诉的客户都不可能再光顾我们的服务。其实，处理投诉也是一个服务消费者与服务提供者之间互相了解、互相加深感情的过程。如果投诉接待人员能在投诉处理过程中让客户真正感觉到被欢迎、被尊重、被关心，他们会比投诉事件发生之前更加信赖提供服务的企业。事实上客户的投诉得到妥善的处理后，他们会比没有投诉的客户更有可能成为企业的忠实客户。

二、保持恰当的态度

客户的投诉能否得到妥善的解决，接待人员的态度十分关键。在服务交往中，服务人员的态度体现了双方在交往关系中应有的位置。只有金融服务人员摆正了自己应有的位置，以适当的态度与客户进行交往才能使服务交往愉快顺利。在投诉接待工作中也一样，只有金融服务人员在投诉客户面前采取了适当的态度才能妥善处理好投诉。服务关系是一种单向的需求满足关系，即服务人员满足客户需求的关系。服务人员对客户总的态度应是热情周到、谦恭有礼，这反映到投诉接待工作中具体表现为欢迎客户、感谢客户、对客户心存歉意、理解客户、信任客户、补偿客户等。

（一）欢迎客户

每一位投诉接待人员都应以欢迎的态度来接待前来投诉的客户。这不只是因为客户是上帝，投诉是他们应有的权利，更是因为他们以自己的投诉行为给我们带来了机会——一个了解与发现自己不足的机会，一个赢得忠实客户的机会，一个完善和提高服务水平的机会。如果接待人员真正理解了投诉的意义和价值，把每个投诉都看做是赢得客户、提高服务质量、结识新朋友的机会，他们就会发自内心地欢迎他们，正如欢迎前来消费的客户一样。他们会热情友好地接待客户，对客户温暖如春，而不会在投诉客户面前表现出丝毫的无奈和敷衍，如随意让客户等待，或者是对客户不理不睬，或是把客户简单地推向另一个人或另一部门，更不会用粗鲁无礼的方式来接待投诉的客户。

（二）感谢客户

客户是金融机构的衣食父母，没有客户的光顾就没有金融机构的生存和发展，因此服务人员在任何时候都应对客户心存感激。当客户前来投诉时，我们要感谢投诉客户没有因为对服务的不满意而简单地抛弃我们，我们要感谢他们的宽容，感谢他们的信任；

我们还要感谢他们为改善服务交往关系所做的努力、所花的时间精力和所承担的麻烦。因此，投诉接待人员在投诉客户面前要怀有一份感激之情，并让自己的这份感激之情溢于言表，让客户感受到金融机构对客户的深情。如果接待人员对客户心存感激，那他绝不会以居高临下的态度来接待客户，也不会把投诉接待看做是对客户的一种恩赐。

（三）对客户心存歉意

无论客户投诉的原因是什么，或许是服务工作确实存在疏漏，或许只是客户误会了某些服务环节，金融服务人员都应对前来投诉的客户怀有一份歉意。因为，投诉即说明给客户带来了不应有的麻烦和不愉快，让客户满意是服务的宗旨，未能让客户感到满意这一事实本身就说明了服务工作存在着不足。因此，投诉接待人员对投诉客户的第一反应应是向客户致歉。

如果接待人员对每一位投诉客户都心存歉意，他们就会对客户的投诉虚怀若谷，虚心接受客户的批评，认真对待客户的意见，绝不会在客户面前情绪激动，振振有词地为自己辩解，不愿为客户的投诉事实承担责任。

“向客户致歉”在投诉处理的实务中不只是一种向客户示好的应有态度，它还是解决纠纷的积极有效的方法。因为，从处理纠纷的实际效果看，这种主动自我反省的“自以为非”的精神通常能使投诉者主动放弃原有的立场和主张，从而达到缓解双方冲突和矛盾的效果。

（四）理解客户

接待投诉的人员应能设身处地地从客户的角度看问题，理解客户的感受和心理，客户的失望、懊恼、委屈、愤怒，绝不能从自己的角度、以自己的观点去看待客户的问题。只有设身处地地理解了客户的处境，才能赢得客户的信任，才能与客户进行积极有效的沟通。

也许客户投诉的问题在你看来是微不足道的，但在客户看来可能就是很大的问题；投诉的客户可能会情绪激动，言辞激烈；他们还可能夸大所遇到的问题或是索取比实际损失更大的赔偿。凡此种种都不应成为你不认真对待客户投诉，不对客户谦恭有礼的理由。

客户是上帝，并不是因为他们总是十全十美的，而是因为他们是购买我们服务的消费者，是我们的衣食父母，因而在任何时候（包括在客户犯错的时候）都应该受到良好的接待和应有的尊重。对于客户表现出的某些缺点和错误，接待人员应表现出理解和宽容，而不应表现出反感和不屑，甚至是憎恶。

只有把客户理解为有个性、有情感、有缺点、有错误的活生生的人，才能理解客户在投诉中的种种表现，才能在情绪激动的客户面前保持冷静和理智，才能以自己的礼貌和友好去消除客户的对立情绪，才能用自己的智慧和幽默去化解双方的分歧和矛盾，而不会情绪激动地与客户进行毫无意义的争吵。只要接待人员真正理解了客户，他们就不会对客户陈述事实的方式斤斤计较，也不会拘泥于某些事实的细节和证据，更不会因为客户的态度而放弃服务人员应有的态度。

无论服务组织怎样努力，无论服务人员的工作怎样出色，客户总会有挑剔的余地。但这并不表明努力没有必要，而只是表明改善服务是无止境的。客户之所以挑剔是因为他们的评判标准与服务人员不一样。从服务人员的角度看，服务工作可能已无可挑剔，但从客户的角度看，它仍然会有一些不尽如人意的地方。只有理解了客户的立场、客户的标准，才能真正地发自内心地接受客户的意见。

（五）信任客户

只要客户前来投诉，接待人员就应相信客户确实是发现了问题、碰到了困难或是受到了怠慢。接待人员应该做的是尽快想办法纠正服务工作中的错误，让客户的问题得到尽快的解决，而不是无端地去怀疑客户投诉的真实性，或是像审问犯罪嫌疑人一样审问客户，或是要求客户做根本不可能的举证。

也许有极个别的客户会在投诉中表现出不诚实，甚至恶意利用投诉进行敲诈。但服务机构不应因噎废食，不能因为某些可能发生的恶意投诉而怀疑所有投诉客户的善意。这无异于自毁前程，自选绝路。

目前国内有许多零售服务企业在客户向他们反映商品质量有问题时，总是习惯对客户作这样的反应：我们以前还从来没有接到过类似的投诉。有些接待人员甚至还信誓旦旦地向客户保证他们卖的商品肯定不会有质量问题。言外之意是客户反映的问题是客户自己造成的，商家并没有责任。也许客户最后还是调换或退还了商品（有时可能还需借用官方的维权途径），但整个投诉过程让投诉的客户很不愉快。他们明显地感到自己不受欢迎、不被信任，没有人愿意听他们诉说，没有人愿意对他们负责。

相比之下，发达国家的零售服务企业更愿意相信客户，只要客户声称商品质量有问题，就可以调换或退货，有时甚至不需要任何理由。

（六）补偿客户

处理投诉的目的并不只是单纯地平息事端，让客户不再发牢骚、不再抱怨，其更为主要也更为根本的目的是弥补已出现裂痕的客户关系，为服务组织挽回行将失去的客户。因此，仅仅对投诉客户表示欢迎、表示感谢、表示歉意、表示理解和信任是不够的，服务机构还必须通过一定的方式补偿客户的损失，让客户最终在心理上和物质上都感到满意。只有让客户满意了才能最后留住客户。

在客户的投诉中，有很大一部分是通过书面形式投诉的。他们的目的大都不是为了向企业索赔损失，他们只是向自己曾经热爱的企业表达自己的失望和遗憾。如果只是为了平息客户的情绪，一封情真意切的致歉信就可以了，但这不足以表示服务企业的歉意和诚意，也往往起不到最终挽回客户、弥补关系的作用。主动给客户补偿往往能使服务企业的道歉显得更有诚意，也更容易获得客户的谅解。优秀的服务企业深谙此道，他们总是主动、及时地给予客户补偿，绝不会仅仅向客户道歉就算了事。

案例 5－6

“不打不相识”——一起投诉的价值

浦发银行的东方卡异地跨行取款不收取手续费，不少经常往来外地的客户便选择东方卡用于携带资金到外地。

在一次东方卡的户外宣传活动中，客户何女士办了一张东方卡，为何女士开卡的是浦发深圳分行的客户经理小吴。不久之后，何女士到无锡出差办事，用东方卡携带了4万元钱。

这天一大早，小吴便接到了客户服务热线转过来的客户投诉电话，电话那边正是何女士，还没等小吴开口，何女士在电话那边就劈头盖脸地一阵数落，语气非常激烈。由于那次的户外宣传活动已经过去很久，而且当天的客户很多，小吴只得努力地搜寻模糊的记忆，希望回忆起何女士的样子，搞清楚何女士为什么这么大的火气。

原来，何女士正是看中了东方卡异地跨行取款不收手续费这么一个优势，带了4万元钱到无锡办事。没想到，到了无锡之后，何女士的东方卡不但不能在ATM上取款，也无法在商场的POS机上刷卡，只带了少量现金的何女士着急了，这办事用的钱取不出来，能不生气吗?

小吴一方面诚恳地向客户道歉，请求客户暂时平静，另一方面，他在快速思索着出现问题的原因以及补救办法。银行卡出现这样的问题，最大的可能是卡片的磁条受到破坏，也许是消了磁，所以交易系统无法读取数据，自然也就无法正常交易。小吴向客户耐心地询问了卡片放置的情况。原来，何女士出差前几天曾把装有银行卡、手机、PDA的小包放在音箱上，可能是因为磁场的原因造成卡片消磁。不过，小吴没有在这个问题上和何女士作太多纠缠，而是积极寻求解决办法。

在小吴的指导下，何女士到无锡的浦发银行又办了一张东方卡，然后通过电话银行将损坏的那张卡里面的存款转账到了新卡片中，暂时解决了客户用钱之急。

几天以后，客户回到深圳，小吴登门拜访了何女士，对给何女士造成的不便表示道歉。小吴还将何女士遇到的情况向银行有关部门作了反映，一个月后，浦发银行开发出“异地补换卡”功能，客户在异地丢失银行卡或者卡片失效的情况下，可以在较短的时间内补换与原来银行卡一模一样的新卡，新卡账户信息则保持不变。小吴将此信息第一时间反映给了何女士，使何女士深深感受到银行对自己的重视。

在与何女士的接触过程中，小吴还发现何女士是一位非常有潜力的客户，他也加强了对何女士的服务力度，让并非VIP客户的何女士享受到VIP客户才能享受的服务。不久之后，何女士将一大笔存款存进了小吴为她新办的东方卡。

试想，如果不是这场危机，何女士手中的东方卡也许仅仅只是异地带钱的工具。但由这场危机引发的一系列后续事件，让小吴与客户“不打不相识”。正确处理客户异议、矛盾和投诉的价值就在于此。

（资料来源：马蔚华. 银行个人业务营销技巧［M］. 北京：清华大学出版社，2008.）

子任务4-2　处理客户投诉的原则和方法

【知识准备】

一、处理客户投诉的原则

在处理客户投诉、纠纷的过程中及处理完毕后，金融服务人员都应遵守一些行事准则。

1. 应让客户产生这样一种感觉：金融服务人员在认真对待而不是敷衍客户提出的各种投诉，并且抓紧对这些投诉进行事实调查，没有采取不负责任的态度，也未拖延时间。

2. 不对客户说“责任不在我”一类的话，以“客户总是有理的”作为基本原则。给客户以充分的道歉，因为道歉并不意味犯错，重要的是如何解决问题而不是让问题蔓延。应向客户解释，你已了解了他的问题，并请他确认。要善于把客户的投诉收集起来。

3. 站在客户的立场上看待客户提出的投诉。让客户发泄，自己闭口不言、仔细聆听，但不要让客户感到是在敷衍。

4. 在未证实客户说的话不真实之前，不要轻易下结论，不责备客户总比责备客户好一些。即使责任出在客户一方，也不可抨击客户及客户方的相关责任者，不能对客户表露出不满，应对客户的抱怨采取宽宏大量的态度。客户有时候会省略掉一些他认为不重要但实际十分重要的信息（当然有些信息客户也可能是故意隐瞒），金融服务行业员工应该能够判明当时的实际情况是什么，客户需要的到底是什么，客户对品质评判的标准是什么等。

5. 要向客户提供各种方便，尽量做到只要客户有意见，就让他当面倾诉出来，同时善于发现客户一时还没有表示出来的意见和不便提出的问题。

6. 不要向客户做一些不能兑现的保证，也不要作出不切实际的许愿，以免在今后的交往中引发更大的纠纷。

7. 当客户正在气头上时，金融服务人员唯一要做的就是保持冷静，不要再刺激客户以免引发更大的怒气。当客户气消后，要征询客户的意见。如果金融服务人员提出了解决方案，应征求客户对该方案的意见。

8. 对帮助解决不满与纠纷的相关者表示感谢。感谢不光表现在口头上，更要落实在行动上，比如送些小礼品、经常打个电话、抽时间上门拜访一次等。

9. 事后不对处理决定提出评判性意见，不同意见应在解决之前提出。

10. 以和过去相同的方式拜访客户，对曾经让自己碰钉子的客户也不要躲避。

11. 绝对不让同样的抱怨、纠纷问题再次发生。

12. 将已发生的客户抱怨、纠纷问题作一总结，避免今后再发生类似的错误。客户的投诉内容及金融服务行业员工对客户投诉的处理结果可填入专门表格中（见表 5－1 和表 5－2）。

13. 即使事情过去很久也不可掉以轻心，应时时牢记在心。

14. 加强对客户的主要决策者、组织机构、管理体制、经营状况和财务状况的动态监控。

表 5－1　　客户投诉及处理记录卡

投诉客户名称		投诉客户联系方式	
投诉受理日期		投诉受理人	
发生时间	年　月　日	解决时间	年　月　日
投诉内容：		原因与经过：	
对策与结果：		备考：	
			处理人员签字： 年　月　日

表 5－2　　客户投诉统计表

投诉		客户名称	投诉内容	责任划分	处理方式	客户反馈
编号	日期					

二、处理客户投诉的方法

要妥善处理好客户的投诉，投诉接待人员除了要对投诉有一个正确的认识，对客户有一个适当的态度外，还需要进一步将认识和态度落实到具体的处理投诉方法上。如果在投诉处理的方式方法上出现某些偏差，最初的良好愿望并不一定能导向积极的结果。

（一）耐心倾听客户的投诉

当客户登门向你投诉，或是打电话向你投诉，你首先要做的事就是仔细、耐心地倾听他的诉说。让客户说，或者说耐心倾听客户的投诉，是解决投诉的第一步。这对于妥善解决投诉有几大好处。

首先，“让客户说”是平息他激动情绪的最好方法。每一位投诉的客户往往把自己碰到的问题看得很严重，因此，他在诉说自己的遭遇时总是带有很大的火气和怨气，这使得正常的沟通对话变得很困难。只有等到对方心平气和时，才有可能进行有效的对话和沟通。一个人即便受了最大的委屈，有最多的不满，只要让他把内心的怨气和怒气全部发泄出来了，他的情绪也就慢慢平静下来。

其次，“耐心地倾听”是赢得客户信任的最好方法。认真地倾听是对对方的尊重，这说明你重视他的遭遇，重视他的意见、感受和想法。当你听客户说完时，你或多或少已成为他的朋友。也只有客户把你当朋友时，他才会信任你，才能接受你的意见和劝说。

最后，通过仔细地倾听，你可以了解和掌握有关客户的心理以及事件本身的前因后果等各方面的必要信息，从而为妥善处理投诉提供有力的信息保障。

因此，不管客户以何种方式向你诉说（也许他的陈述很奇怪，只凭想象或者很荒唐），也不管你是不是客户投诉事件的相关负责人，你都应该认真地倾听。让客户说话，让客户出气，不要打断客户说话。当客户情绪激动地倾诉自己的失望、生气、沮丧和担心时，千万不能直截了当地请对方平静，如“您冷静点儿好不好？”因为，这意味着他们的情感不重要，同时还意味着你对他们的投诉有点不耐烦。在倾听客户诉说的过程中，接待人员可以给他一些鼓励和安慰，如“您慢慢说，不着急”。

（二）开始对话

要真正解决问题，仅仅听对方说话是不够的，一定要想办法开始有效地对话。对话是双方情感、思想的互动，是理智解决问题的开始。当发现对方说话的语气已开始变得平和，你就可以用一些简单的语句慢慢开始对话。譬如：

“我也许还没完全听明白您的意思，您能说得更详细些吗？”

"现在我明白您的意思了。"

"我看这点很重要。"

"您给我举个例子好吗?"

"让我们一起看看这事能怎么解决。"

通过这样一些简单的对话，努力使双方的交往关系向互相合作、互相支持、互相宽容的方面发展。

与对方对话时，一定要控制好自己的情绪，避免情绪的波动和起伏。投诉的客户也许很急躁，态度也不太友好，但作为接待人员一定要保持冷静和耐心，不要轻易被客户激怒。只有自己首先保持平静，才能帮助客户恢复平静。另外，接待人员在对话时的态度一定要表现得轻松、友好、自信。特别是不要在地位高的客户或棘手的问题面前胆怯。

（三）积极反应

金融服务人员在与客户对话时，应通过积极的反应来促使双方的对话能导向积极的结果，如消除对方的对立情绪，让对方信任你，放心你的处理等。

1. 向客户表示尊重和友好。当客户前来投诉时，接待人员应热情地欢迎他们，握握客户的手，礼貌地称呼对方，并请客户坐下来慢慢谈，最好再给客户递杯茶水，让客户感觉到自己被友好接待。尽可能多地提到客户的名字，这能让对方觉得你已经把他当朋友了，同时也能使他的怒气得到平息。如果自己不能马上为客户解决问题，不妨先给客户一些宽慰。

2. 向客户表示歉意。当客户向你诉说自己的委屈和不满时，接待人员应及时向对方表示歉意。譬如，主动对客户说"对不起，这是我们工作的失误""很抱歉让您产生不愉快的感觉"。主动向客户道歉，能让对方感觉到被投诉的服务机构是愿意对他负责，愿意为他所投诉的事实承担责任的，这会使客户愿意与接待人员合作。

3. 向客户表示赞同。对对方的谈话适当作一些赞同和肯定的表示能拉近双方的距离。客户在投诉时总是希望得到别人的认可，认为他的投诉是合理的、正确的、值得同情的，但他同时又担心接待人员会为了维护自身的利益而否定他投诉的合理性，从而拒绝对他所投诉的事实承担责任。接待人员适当作一些赞同和肯定的表示能让对方消除疑虑，把接待人员当做是可以帮助他的人。如果确实有必要表达不同的看法，也应采用温和、委婉的方式。

4. 客观地复述事实。接待人员在核实或转述客户所反映的事实时，一定要客观地、不带偏见地进行复述。不要在复述时加入某些主观的倾向，也不要对客户所反映的事实妄加评论，或是草率地对事实作出判断。投诉处理人员只有保持客观、中立的态度才能让客户相信你会对他的投诉作出公正的处理。

5. 征询客户意见。客户投诉的事实是已经发生的事情，事件的真相往往难以辨认清楚，因此，接待人员不要花过多的时间与客户去探究投诉事件的事实真相，而是要及时把注意力引向如何解决问题上。当客户陈述完投诉事件后，没有必要拘泥于某些事实的证据，而是可以在表示歉意后向客户询问他希望你为他做什么，从而为以后的投诉处理确定一个大致的目标。

6. 委婉地拒绝客户的要求。有时，接待人员可能不得不拒绝客户的某些投诉要求，这时一定要注意不要让客户觉得难堪，要为客户留有余地。委婉的拒绝方式可以是以肯定的方式拒绝对方；先肯定对方的某些意见，再提出自己的不同看法；着重向客户解释为什么不能接受他的要求的理由，而结论留待客户自己去理会等。

同时，接待人员应注意避免一些消极的反应，譬如一味地为自己辩解、用恩赐或怜悯的口气与客户说话、情绪激动地与客户争吵、对客户抱怨、指责对方、直截了当地否定对方的要求或看法、在客户面前作滔滔不绝的宏论或是作自以为是的逻辑推理等。上述种种反应都只会进一步激怒客户，把客户推向更加对立的位置，从而使问题的解决变得更加困难。

（四）不要推脱责任

投诉接待人员首先要表现出解决问题的诚意，不要推脱责任，否则会进一步激化客户的不满情绪，从而错过协商解决问题的时机。

有很多服务人员在接待投诉客户时会习惯性地说："那是其他服务人员做的，不是我。""那不是我的错!""那是其他部门的事，我不知道。"或者说："这事儿你找我们经理去说。"其实，每一位金融服务人员在与客户交往时，都应把自己看成是集体的一部分。你与客户交往是代表整个服务机构，而不是你个人。某一位投诉接待人员不愿意对客户的投诉负责，客户会以为是整个服务机构不愿意为他的问题承担责任，这会使不满意的客户更加不满，从而使矛盾进一步激化。

因此，每一位金融服务人员都应有集体意识。只要客户不满意，金融服务人员就应向客户表示歉意，而不管客户的不满意是否是自己造成的。任何时候都不应为自己推脱责任，认为客户的投诉与自己无关。如果投诉接待人员不是客户所投诉事件的负责人（即自己无权过问此事，也无力帮助客户），那么应把投诉的客户带给有关的负责人，向客户介绍负责处理投诉的工作人员的姓名和职务，并向有关负责人转达客户的投诉内容。

不要为自己辩解，也不要在细节问题上与客户争执。因为急于去争辩或反驳同样会让对方觉得你是想推卸责任。同时，也不要让对方觉得你只是在敷衍、应付。对话的语言应尽量简洁明了，不要言辞闪烁，以免显得缺乏诚意。

（五）认真作好记录

在倾听客户投诉时，一定要做好书面记录。接待人员做书面记录是体现认真负责态度的规范做法，比较能够赢得客户的信任。如果接待人员只是把客户反映的情况记在脑子里，客户往往会心存疑虑。尽管接待人员向客户作出了解决投诉的承诺，但客户仍会担心投诉人员可能会说话不算数或是可能事后会把事情给忘了。更重要的是，书面记录材料还可以作为解决投诉的事实依据，可以避免日后可能发生的纠纷。

记录时，最好采用统一的格式，把投诉的事实内容，包括何事、何人、何时、何地、原委以及经过等方面都一一记录在案。这一方面有利于统计汇总，以便通过资料汇总发现服务经营中可能存在的问题；另一方面则能使记录更加全面、更有条理，方便对投诉事实的进一步梳理。

（六）对客户的投诉作出合理的处理

倾听对于投诉问题的解决固然很重要，但最重要的还应是合理的处理结果。因此，接待人员在听完客户的诉说后，应给客户一个合理的处理方案，以此体现服务组织解决问题的诚意。投诉接待人员在具体处理客户的投诉时，应因人而异。

如果客户投诉的事情比较简单，或是所涉及的相关利益也不是很大，接待人员最好能立即作出答复，不要因无关紧要的细节耽误了处理的时间。因为，迟到的公正本身就是一种不公正。任何不必要的延误处理都会使客户不满，也可能使本应合理的处理方案失去原有的效果。只有快速、及时地解决才能充分体现对客户的尊重和重视，否则就是对客户的漠视。

如果事实上只是客户误解了工作人员，服务机构并没有过错，那么接待人员应向客户作耐心的解释，希望得到客户的理解，并以误会的产生向客户道歉（如“这都是我们的工作没做好，使您误会了，对不起”）。千万不能对客户的错误投诉进行抱怨，甚至加以指责。

如果客户反映的事实比较复杂，所涉及的相关利益也比较大，接待人员通常很难马上作出答复，可能需要通过进一步的调查来确定事实的真相，同时还可能需要与有关部门的负责人商讨具体的解决办法。这时，投诉接待人员没有必要与客户作毫无结果的商讨，更不要急于在电话中与客户商讨解决问题的方案。接待人员应告诉客户已作了详细的记录，并向客户承诺将立即调查处理这事，一定会给客户一个妥善的解决办法。如果可能的话，最好把解决问题的方法、步骤和解决问题的最后期限告诉对方。

对客户所作出的承诺或保证，应留下书面记录，免得遗忘承诺，对客户食言。如果无法告诉对方确切的期限，也应给对方一个大致的期限，以便让对方相信你将马上着手解决这件事情。一有处理结果，马上用书信或电话告诉客户。如果事情比较严重，应由相关负责人亲自登门致歉，并给予相应的经济补偿。由职位高的负责人出面向客户致歉往往显得更有诚意，也能让客户感到自己受到了特别的重视，因而也比较容易接受处理的结果。

对客户言而无信，让客户的投诉石沉大海、毫无音讯，必将使企业的声誉受到损害。真正具有服务意识的接待人员会认真处理好每一位客户的投诉，努力使每一个投诉都有一个令客户满意的结果，并以此为契机改进对客户的服务。

（七）记得向客户表示感谢

投诉接待人员不仅要在思想上认识到客户的投诉对于服务组织提高服务水平、改善服务质量的积极作用，在心理上对投诉的客户怀有一种感谢之情，而且还要在言行上让客户感觉到你对他的感谢。因此，金融服务人员在接待完投诉客户时，一定要记得向客户表示感谢和欢迎。譬如：

“谢谢您给我们提出的宝贵意见。”

“要是您还有别的问题，请尽管再来电话。”

（八）如何处理恶意投诉

尽管我们相信，绝大多数的投诉客户是善意的，他们确实是为自己所遭遇的不良服务前来投诉的，但也不能排除会有恶意投诉客户的存在。

恶意投诉通常有两类：一类是以破坏服务组织的声誉为要挟来达到索取高额赔偿的目的；另一类是纯粹以无理取闹来破坏服务企业的声誉。无论是哪一类恶意投诉，首先应注意不能让这些恶意投诉真正损害到组织的声誉；其次要尽量减少服务组织的经济损失。这也是处理恶意投诉的两个基本原则。

从这两个处理原则出发，投诉接待人员可以根据不同的情况采取以下三种方式来处理投诉：

1. 有选择地满足投诉人的部分要求，尽管这些要求是不合理的。对于这些恶意投诉者，耐心说理或是严肃拒绝都不是有效的处理方法。如果他们能接受你的说理，他们也就不可能作恶意投诉；而如果你完全拒绝他们的投诉要求，他们必定会采取不正当的手段来破坏组织最为宝贵的声誉（最常见的方法就是媒体曝光。而事件一让媒体曝光往往会变得真假难分，以至于公众很难真正了解事件的真相，加上公众总是倾向于同情消费者的，因为他们通常是弱者，这使得服务组织处于非常被动的位置。为此，媒体曝光对于服务组织而言总是不利的，尽管自己可能并没有什么过错）。所以，权宜之计只能是部分接受对方的无理要求，力求以较小的利益损失来避免组织声誉的受损。

2. 注意保留证据，让事实说话。解释和说理一般很难让对方放弃投诉要求，但服务人员如果能用数字材料支持自己的说法，那么，他们在事实面前就不得不放弃自己的不合理要求了。而且，如果服务组织掌握了有力的证据，那么即使让媒体曝光也不会对组织声誉造成太大的损失。

3. 用委婉的、暗示的方式指出对方投诉的真正企图，从而使得他们无法在伪善的面纱下继续自己的恶意投诉。

值得注意的是，无论接待人员采用何种方式处理恶意投诉，都必须对客户保持尊重和友好，而不能因为投诉者的恶意而失去自己应有的服务态度。在处理投诉过程中，接待人员应向对方表明自己是很珍惜老客户的，也很希望能满足对方的要求，但实在是无能为力，只能请对方谅解。

（九）检查投诉处理的最后结果以及客户的满意程度

如果服务组织真的把投诉看做是赢得客户、提高服务质量的机会，那么在投诉处理以后还需要有专职人员对投诉处理的结果进行跟踪检查，确认客户的满意程度。如果客户对投诉处理的结果不满意，就需进一步采取另外的补救措施，直至让客户满意。只有这样，才有可能把投诉客户变成服务组织的忠实客户。

同时，还需要对客户投诉的问题进行分析归类，并对相应的投诉处理方式是否适当进行评估，然后把分析结果及时反馈给相关的部门，以便能及时纠正服务过程中所存在的问题，从而达到提高服务水平和服务质量的目的。

【综合实训】

李先生在出差前急于从银行的提款机上提取现金，可是没想到匆匆忙忙地来到银行的自动提款机提款时，银联卡却被自动提款机“吃掉”，眼看去机场的客车就快开了，心急如焚的他暴跳如雷，喋喋不休地向大堂经理投诉。

银行的大堂经理王经理被怒发冲冠的李先生拉过来就是一顿噼里啪啦的抱怨和投诉。假设你就是银行的大堂经理王经理，你该如何处理？

要求：

1. 从学生中选出 5 人分别扮演银行的大堂经理王经理，看看他们是怎样处理客户投诉的，其余同学做评委，评选出一名解决客户投诉效果最好的同学。

2. 让学生讨论应如何应对客户的投诉。

思考与练习

1. 简述金融服务行业员工如何做到让客户满意。
2. 恰当的赞美应注意哪几个方面?
3. 金融服务行业员工与客户交谈时有哪些总体要求?
4. 处理客户投诉的方法有哪些?
5. 简述处理客户投诉的原则。

项目六 金融服务行业营业网点接待礼仪和办公室礼仪

【案例导入】职场中的“聚”与“距”

进公司的第一天，部门经理带我和同事们认识。每个人都对我微笑、握手，空气暖融融的，让我着实激动了一把。可没想到经理一走，办公室里立刻露出“真容”。经理让小李当我师傅带我熟悉业务，可她只顾埋头写计划书，对手足无措的我根本不予理睬。我天性内向，朋友不多，非常渴望能在集体中找到归属感，获得关注。于是，我下决心改变自己，可越变越崩溃。比如我看了许多星座的书，然后专找星座一样的同事聊天，觉得彼此有缘。“徐姐，你好年轻啊，看起来就像三十多岁。”结果人家脸一黑，“我就是三十多岁啊！”我臊了个大红脸。我非常沮丧，觉得职场人际的水好深啊。我有个亲戚在单位是中层领导，在职场上经历过大风大浪。她说职场中每个人每天跟同事在一起的时间远远超过家人，如果不能和大家和睦相处，日子会过得很灰暗，对事业影响很大。她说在职场上保持自我个性，不要强行改变自己，不必学交往技巧，那会给人圆滑的感觉。“在职场中真诚最重要。”她建议我说话要讲究分寸，让对方感觉舒服；要学会补台，不要拆台；有成绩时说“我们”，犯错误时说“我”；同事聊天插不上话就微笑倾听，“因为倾听也是一种参与”。我从小住校，一直不会做饭，但心里非常渴望做大厨。后来我发现和女同事聊烹饪，是和她们亲近的一个重要途径。只要我咨询红烧肉和各式炒菜的做法，年长的女同事就两眼发光，大谈她的厨艺和营养观，给我出谋划策，好像是我妈。我暗爽，终于在办公室找到像家一样的温暖了。年底联欢会，我为每一位上台唱歌的同事鼓掌。不是刻意拍马屁，而是我五音不全，我觉得每个能唱到调上的都是人才，好羡慕他们。没想到这个友善的举动让大家非常感动，有时我工作中出错了，同事都愿意替我兜着，不向上司汇报。对不好相处的同事，我会在 MSN、QQ 和邮件上说事儿或发个短信，事儿就解决了。既没有争执，还不用看他的臭脸，办事效率颇高。在职场上要善待每一位同事，但不必拿每一个人当朋友，合则“聚”，不合则“距”。

分析：

大千世界，芸芸众生，有的人能够平步青云、扶摇直上，有的人却怀才不遇、郁郁而终。知识与智慧固然是重要的因素，但也不是决定性的因素。在这个交往日益频繁、竞争日趋激烈的信息社会中，成功必须要有良好的公共关系作为前提和保证。良好的公共关系是你前途和事业的润滑剂；糟糕的公共关系则会成为你生活和事业的绊脚石。生活中常有人抱怨“工作好做人难做”，处理人际关系是职场中最需要智慧的一项工作。

案例中的“我”是个性格内向，刚走上工作岗位的大学生，职场对于她来说既充满了新鲜感，又充满了恐惧感。上班第一天她就已经领略了职场的“世态炎凉”。她下决心要改变自己，可是却越变越别扭，因为她采用笨拙的方式去刻意迎合别人，不仅没有好的效果，反而招来了白眼。通过反思，她明白了一个道理，与人相处最重要的是真诚，真心相待，而不是矫揉造作的刻意逢迎。那样，会让人觉得你油滑，会让人对你产生不踏实的感觉。当道理明白了以后，她也就能摆正自己与他人的位子，与人相处也就自然了，终于在职场中找到了“家”的感觉。正如她的一个亲戚所说的那样：“职场中每个人每天跟同事在一起的时间远远超过家人，如果不能和大家和睦相处，日子会过得很灰暗，对事业影响很大。”

（资料来源：http：//wenku. baidu. com/view/43a6d4c55fbfc77da269b14f. html。）

【学习目标】

◎ 能力目标

1. 能够布置金融服务行业营业网点。
2. 能够在金融服务行业营业网点礼貌迎接客户和接待客户。
3. 能够布置金融服务行业办公室。
4. 能够在办公室接待来访客户。

◎ 知识目标

1. 掌握金融服务行业营业前的准备工作。
2. 掌握金融服务行业营业网点迎接客户和接待客户的礼仪。
3. 掌握金融服务行业办公室礼仪。

◎ 素质目标

1. 沟通能力、语言表达能力，能够在金融服务行业营业网点迎接客户和接待客户。
2. 具备在办公室处理人际关系的礼仪。

任务1　金融服务行业营业网点的环境与布置

【工作任务】

子任务1-1：金融服务行业营业网点的环境

子任务1-2：金融服务行业营业网点的布置

子任务1-1　金融服务行业营业网点的环境

【知识准备】

营业网点环境包括大堂内外硬件设施配置、物品摆放、内外卫生、和谐氛围等方面。金融机构营业网点应为客户营造一个整洁、舒适、美观、明亮、安全、文明的营业环境。网点内应配置绿色植物盆景作装点，给客户营造一个温馨和谐的氛围。

一、金融服务行业营业网点外部环境要求

网点外部环境是客户进入网点之前最直观的第一印象，每天在网点开门营业之前，一般都会有客户在大门外等候办理业务。此时，大门外台阶上下卫生、地面卫生、ATM的隔板卫生、玻璃橱窗卫生、大门上边及大门两侧机构名称牌和营业时间牌的卫生等，均是客户进入网点之前，首先进入视线内的第一印象。因此说网点服务在开门营业之前十分钟之内就已经开始了，应关注这些细节。

车位是目前金融机构在设立新网点选址时必须考虑的，应尽量将自行车、摩托车和汽车规划到不同区域，既让普通客户感到方便、安全、快捷和热情的服务，又让高端客户从第一印象中就能感受到这家金融机构的规范、有序，并得到尊重。

网点外部挂的金融机构名称牌、网点名称牌、营业时间牌、行徽等，必须整齐划一，保持完整、清洁。不能有任何灰尘和污垢。

二、金融服务行业营业网点内部环境要求

金融服务行业营业网点除必须按照统一要求配置的工作设备布置外，还应根据网点面积的大小，设立“一米线”、客户等候休息处、沙发、茶几等设施，有条件的还应配备供客户使用的饮水机和设立老、弱、病、残、孕妇等候专区，使服务更加细致，更加关爱。

大堂内醒目的地方悬挂金融业务许可证、营业执照、日历牌、业务种类指示牌、利率牌、电视机、客户监督意见簿、产品信息专栏、宣传资料架等。

大堂内还应配备其他便民设施，如急救箱、填单台、常用凭证正确填写样板、服务监督电话号码等，设置应摆放整齐有序，不能随意将纸张直接粘贴在墙上或台面上。

雨天应设置“雨天小心地滑”的温馨提示牌，备有雨伞、伞套、伞架供客户使用。雨天时，门口地面可增加吸水性能较强的脚垫，以保持大堂地面整洁。

营业场地有二层以上楼层又没有电梯的网点，应在上楼梯的位置设立“小心楼梯”或“小心上楼”的温馨提示牌。设置专用扶手，以供行动不便的人使用。

网点内应设置凝聚企业文化的网点精神墙和宣传专栏。应有员工规范仪表、仪容参照图等体现服务水平、体现团队精神的设置。

目前有些金融机构由于各种原因，网点人员紧缺，很多网点已取消两班交接制，实行一班制，中午柜员轮流吃饭。这样一来，中午营业的窗口非但没有增加反而减少，关闭的窗口冷冰冰地放着暂停营业牌，致使客户排队等候时间长，抱怨声音不断。有些金融机构则做得很好，在关闭的窗口上不是放着生硬的暂停营业牌，而是在窗口上安装做工精良的广告卷帘。关闭此窗时，就把卷帘放下，既温馨、美观又能与整个环境相匹配达到广告效果。这样设计客户不容易产生误会，效果就比直接关闭窗口要好。但要注意一个细节，收放卷帘的位置应整齐地在一条线上，不能出现歪斜。

子任务1-2　金融服务行业营业网点的布置

【知识准备】

一、营业网点大堂布置

（一）绿色植物的摆放技巧

网点内摆设绿色大叶鲜活的植物，会给网点增加朝气，使环境更显温馨、祥和、生机勃勃。网点大堂、VIP理财室和其他区域室选择大盆落地的绿色植物；高柜窗角和低柜台角处适宜摆放统一的绿色、大叶、矮根的盆景。VIP理财室茶几和角柜台面上以摆放品质稍好、寓意吉祥的中盆盆景为佳。

不适宜选择干花、绢花、塑料花及五颜六色的盆景。放置在台面角落的绿色植物不应超过电脑的高度，不能遮挡住监视器的工作范围。因为营业网点是窗口服务，必须高度严谨、高度保密，严守客户资料。

营业网点必须按照各金融机构统一制定的“VI”（视觉识别系统）规范装修和布置，各种工作设备、产品资料、宣传单页、产品展架等已经在色彩上很丰富了，选择大叶、茂盛、鲜活的绿色植物更增加统一规范的整体美感。

（二）营业网点大堂内玻璃窗、墙壁宣传画悬挂

营业网点落地玻璃窗应保持洁净、明亮、通透，不能有污垢、水渍残留在玻璃和墙壁上，更不能在网点墙角处留有蜘蛛网。

网点宣传画、产品广告等，不应直接粘贴在玻璃或墙壁上。应严格按照总行要求统一尺寸装裱框内，然后规范地悬挂在玻璃橱窗或墙壁上，以保持清爽、整洁的良好环境。

（三）营业网点内办公物品的摆放

营业网点柜员工作台面上物品摆放一定要整齐规范，员工私人物品不可以放在客户的视线内（如书报、水杯、手机等物品），座椅背上不能搭放任何衣服。工作台上的各种电源线应理顺后捆绑成型，不能散乱一团。

客户填单台的笔，应及时归放进笔筒里，不应出现客户走后许久，填单台上的笔和笔帽还是分开很随意地散落在台面上。

（四）网点内纸屑、垃圾应在当天清理

员工用餐后的快餐盒和纸屑等垃圾不可以保留至第二天，应在当日下班整理内务时一并清理掉。

洗手间台面、地面应及时清洁，保持清洁干燥不能有水渍。

后台办公区域应和前台一样规范整洁，因为，后台同样体现着网点的整体形象。

二、VIP理财室的布置

为适应近年来所形成的声势浩大的贵宾式理财潮流，各金融机构推出了具有各自特色的理财服务，既符合特殊人群的特殊需要，也体现了走向市场的各金融机构更加理性

和成熟。

VIP 理财的含义，概括来讲，就是用更好的品质和更加个性化的服务，为 VIP 客户提供“一对一”的理财服务。营业网点 VIP 理财室的功能定位是为不同需求的客户提供差异化的服务，而适合此项服务的客户，应该是符合进入门槛的中高收入者。客户可以充分了解想知道的每一个信息，和理财经理预约多种金融业务服务。VIP 理财客户作为金融机构有价值的高端潜在客户，有必要在培养其对金融机构的忠诚和信任过程中加强交流沟通，有必要在网点其他员工和理财经理对其进行高质量服务的同时，创造一个属于客户空间的“人和”环境，即 VIP 理财室。

VIP 理财室的整体环境设计以暖色调为主，目的是为高端客户创造尊贵、舒适、惬意、私密的服务环境。根据业务需要可设置接待区、等候区、洽谈区、业务交易区、贵宾室、多功能区和内部办公区等区域。

VIP 理财室的服务是多元化和综合性的，概括成两点：一是高端服务环境和设置应该成为高回报率的起点；二是每一个服务细节应成为留住老客户、吸引新客户的感情纽带，以便迎来更多忠诚的高端客户。

（一）VIP 理财室的灯光

宜选择较为柔和一些的黄色光，但不宜太暗。饰品柜上设置局部射灯，使室内显得温馨、舒适。

（二）设置供客户阅读的报纸、杂志、产品宣传资料、宣传单页等

供客户阅读的报纸、杂志、产品宣传资料、宣传单页等要用专门的阅读架放置整齐并及时更换，不能卷角。

（三）设置茶叶或咖啡、水杯、烟灰缸等

VIP 理财室提供给客户使用的水杯、饮品、茶点等应根据客户的性别、职业、嗜好来选择为宜。如女客户宜选择养颜花茶或新鲜的果汁，以款式时尚女性喜爱的器皿装盛效果为佳；如外籍高端客户，可提供现磨咖啡或红茶；而广东籍的客户则喜爱喝功夫茶。使用前放置整齐，用后及时清洗整理。茶叶、水杯宜放在斗柜里，不宜放在茶几上下，显得既不整洁也不卫生。烟灰缸内不能残留烟头，送别客户后应及时清理。

（四）VIP 理财室的饰品摆放

VIP 室除装点绿色植物、设置灯光外，还应适当摆放一些工艺品。墙壁上除悬挂金融机构宣传画框外，宜适当悬挂一至两幅艺术画，为室内增添温馨氛围。

案例 6－1

一流的客户休息室

当你来到位于波士顿的旋转轮胎公司，你会看到一面旗帜，上面写着“我们会把轮胎修好，让它刹车灵敏”。这个口号是公司拥有人贝瑞·斯坦基伯格提出的，同其他汽车修理公司的口号没有什么两样。但是一旦你跨入这家公司，你马上就会意识到这家公司确有不同之处。

公司的客户等候室就像是贵宾休息室一样一尘不染，架子上的杂志是最新的，品种

繁多，从体育、影星再到流行时尚，应有尽有。咖啡是刚煮好的新鲜咖啡。房间周围是玻璃墙，你可以看到旋转轮胎公司的技师们是如何工作的。四面环顾，你会发现公司里每个人都身着制服，经理和销售员们穿着衬衫、打着领带，外套一件夹克衫，上面写着公司的标语。其他人穿着T恤和配套的长裤，T恤上印有公司的名字和汉语。甚至这家公司工作人员的说话方式都有点与众不同。“我从来没有听到过这么多的‘是，女士’‘对不起，女士’。”公司的一名女客户如此说道。

（资料来源：麻美英．现代服务礼仪［M］．杭州：浙江大学出版社，2010.）

【综合实训】

小刘大学毕业后来到某行工作，中午吃完饭后随手把未吃完的饭扔在了自己办公桌下的垃圾桶里。下午高级客户经理通知小刘要带他去拜见一位重要客户，因和客户谈的时间很长，已经超过了下班时间，所以经理告诉小刘不用回行里了，直接回家就可以。第二天小刘刚走进办公室，就发现大家都抬头看他，他边走边想怎么回事呢，自己也没穿错衣服啊，刚走到自己的座位上就闻到一股怪味，这时才猛然想起昨天吃剩的饭还在垃圾桶里躺着呢……

问题：

结合案例讨论在营业网点应注意哪些礼仪。

任务2　金融服务行业营业网点营业前的准备工作及接待礼仪

【工作任务】

子任务2-1：金融服务行业营业网点营业前的准备工作

子任务2-2：金融服务行业营业网点迎接客户和接待客户的礼仪

子任务2-1　金融服务行业营业网点营业前的准备工作

【知识准备】

一、晨会

晨会是金融服务行业营业网点员工一天工作的开始。按照各金融机构晨会的规定，员工应提前到达网点，应再次认真自查员工仪表、仪容，使之符合大方、得体的规范要求。绝不能只走形式，只走过场。

为杜绝晨会走过场、走形式，网点负责人应以高度负责的精神以身作则，以娴熟的业务技能安排晨会的内容，以科学有序的管理水平，规范员工的服务意识。从晨会开始，进入新一天的工作状态。

网点负责人应掌控好晨会时间，按规定预留员工营业前准备时间。晨会结束，员工应迅速各就各位做好营业前的准备工作。在开门前五分钟必须结束所有的准备工作站在各自的岗位上，以规范的站姿，热情的笑容，站立迎接一天的第一批客户。

礼仪自古就有笑迎天下客，甚至倒屣迎宾之佳话。因此，笑容应该成为习惯。金融服务行业员工应该有这样的感受：我们是为了自己与他人的幸福生活而工作的，那就把自己的幸福与他人分享。忘掉生活中的烦恼和不愉快，换去没有任何表情的面孔，尽量敞开心扉扩大轻松的笑容圈，养成微笑的习惯。营业网点的每一位员工都是金融机构的代言人，都应是微笑的天使，用幸福的笑容感染客户，感染身边的同事。这种迎宾笑容，可以缩短人与人之间的心理距离，可以快速沟通与交往，创造和谐温馨的第一印象。

二、迎客前的准备

为了能给客户提供尽量完美的服务，避免不必要的疏漏和差错，金融服务人员在客户到来之前必须做好充分的准备工作。金融服务人员的准备工作主要包括三个方面：心理准备、物质准备和形象准备。

（一）心理准备

心理准备是指金融服务人员在迎接客户之前必须首先调整好自己的情绪，以一种愉快的心情去迎接客户的到来。金融服务人员良好的心理状态是为客户提供优质服务的前提。

每个人都可能因自己在生活上遭遇到的不如意或是身体的过度疲劳而出现情绪低落的情况，但一旦走上自己的工作岗位，金融服务人员就应从低落的情绪中走出来，以一种完全不同的心情去面对客户。因为，客户没有义务帮你分担生活中的不幸和烦恼（个人的不幸和烦恼只能让家人或亲密的朋友替你一起分担），相反，他们却有权要求在接受服务时享受到轻松和快乐。因此，金融服务人员在任何时候都不能以任何理由向客户使性子、耍脾气。始终保持一种愉快的心情去为客户服务是对金融服务人员的职业要求。

从表面上看，这种职业要求对金融服务人员本人来说是苛刻的，甚至是不近人情的。而实际上，这不仅有利于为客户提供优质的服务，而且它还有助于金融服务人员在工作中享受到乐趣、忘却生活中烦恼。在人际交往过程中，双方的情绪和态度往往是互相影响、互相感染的。当金融服务人员以愉快的心情带着微笑为客户服务时，客户在感受到被服务的快乐的同时，通常也会以轻松愉快的心情和友好的态度回应给他带来快乐的金融服务人员，结果金融服务人员的愉快心情不再只是为礼遇客户而作的刻意表现，而变为发自内心的自然流露。

（二）物质准备

物质准备是指金融服务人员应在客户到来之前准备好所有服务所需的各种物品和用品。充分的物质准备是为客户提供优质服务的前提。充分的物质准备往往直接决定了金融服务质量的高低，具体地讲，金融服务的物质准备主要包括以下三个方面。

1. 环境设施方面的准备。一个服务场所的环境设施包括它的空调装置、灯光装置、电梯、座椅以及可以让客户自我服务的其他各种自动化装置（自动售货机、柜员机、投币或磁卡电话机等）。确保这些环境设施的齐全、没有缺损或破损、运行状况良好，是让客户感到方便、安全，为客户提供及时、快速服务的关键性因素。

2. 有形服务产品的准备。有形服务产品作为整个服务产品的重要组成部分，是优质服务最为基本的内容。如果没有优质的有形服务产品作为优质服务的基本保证，那么，服务人员亲切热情的服务态度只能被客户理解为“温柔的陷阱”。

3. 金融服务人员的个人用品准备。包括准备好服务人员工作时所需的有关的单据票据、咨询材料、计量工具、文具等。金融服务人员在工作时找不到所需的有关用品，很容易给客户留下做事马虎、不认真，服务随便、不周到的印象。

（三）形象准备

严格来说，形象准备属于物质准备的内容之一，但由于金融服务的形象在服务效果上与其他物质方面有着明显不同（前者主要满足客户的情感性需求，而后者则主要满足客户的功能性需求），因此把它作为单独的一个方面加以阐述。

在客户接触金融服务组织、接受金融服务时，金融服务人员的个人形象和服务场所的环境形象往往构成了他对金融服务组织的最初认识以及对服务质量的最初感受。根据心理学的首因效应（或称首轮效应），人们在日常生活中，初次接触某人、某物、某事时所产生的印象通常在对该人、该物、该事的总体认知中占有十分明显，甚至是举足轻重的影响。这就是说，人们对某人、某物、某事的第一印象（通常在最初接触的30秒钟内形成）往往在人们对该人、该物、该事的总体评价中有着至关重要的作用。在人际交往中，人们在互相接触的最初时间内所形成的关于对方的第一印象往往决定了以后的交往能否顺利、成功。在金融服务交往中，客户在与金融服务组织的最初接触中所产生的第一印象（通常来自服务人员的仪表和金融服务场所的环境）往往决定了客户对金融服务组织的总体评价，同时也决定了服务关系能否最终建立。

形象准备主要包括以下两个方面。

1. 个人形象准备。每一位金融服务人员在上班之前都必须做好仪容仪表的整体修饰，包括清洁、整齐、得体的服饰和整洁、美好的仪容。关于个人仪容礼仪详见项目三的相关内容。

2. 环境形象准备。服务场所的环境不仅要让客户感到方便、安全，而且还要让客户感到舒适、愉快。环境的形象准备要求做到环境的整洁优雅、和谐协调，包括服务场所的清洁卫生、装潢美化，物品的摆放布置等。

子任务2-2　金融服务行业营业网点迎接客户和接待客户的礼仪

【知识准备】

一、大堂经理迎接客户和接待客户的礼仪

大堂经理是金融机构营业网点的形象大使，是营业网点的资源调配者、服务组织者和团队领导者，担当维持大堂正常秩序，疏导并解答客户各种问题的至关重要的角色。大堂经理的工作重心，是给予进入网点的客户以准确的指引，利用营业网点各区域的服务功能，优化营业网点内部的客户差别化服务，从而提升营业网点的服务水平。这不仅要求大堂经理的行为、举止、言谈要端正、大方、仪表规范，还应娴熟掌握本金融机构的业务，具备较强的思辨力和沟通能力。概括起来有以下几个方面：

1. 检查营业网点内卫生状况和设备，确保各类设施（如利率牌、公告牌、指示牌、一米线护栏、客户等候区座椅、宣传架、填单台、自助设备、垃圾桶、绿化盆景等）摆放准确、清洁、整齐、到位。

2. 检查各种业务凭条、客户书写笔、宣传资料和单页是否充足，及时更新产品资料、宣传折页，单页不能松塌下来、不能卷角等。

3. 以规范的服务用语、规范自然的手势主动热情地问候客户，询问客户需求："您好！欢迎光临×××金融机构，请问您办理什么业务？"

4. 按照客户提出不同的业务需求，迅速准确地帮助和指引客户到达办理业务的窗口。使用规范用语和手势："请到叫号机前取号"、"请到×××窗口办理"或"请到×××室办理业务"。

5. 培养记住客户姓名的能力，特别是熟悉的客户，可称呼其职务、姓氏和尊称。主动热情地与客户沟通，并选择时机向客户介绍新业务、新产品，建立良好的客户关系。

6. 耐心倾听客户的意见，受理客户投诉。应及时调解和解决员工与客户发生的争执，安抚平息客户情绪，创造和谐、有序的营业环境。

7. 及时检查大堂内卫生，及时清理大堂内客户遗留下的纸屑和垃圾。

目前，国内金融机构大堂经理的设置，通常有两种形式：一是专职大堂经理；二是由能够协调网点资源、组织客户服务工作的岗位员工来履行大堂经理职责。大堂经理通常是由业务经验丰富的网点负责人来担任，网点负责人暂时离开大堂时，由客户经理、柜员主管、高级柜员等担任。

国内金融机构大堂经理的沟通能力和处理突发事情的能力大都表现得非常出色。如能加强自身仪表、仪容、举止的规范，则更能使客户增添对整个网点的良好印象。这一点往往被许多大堂经理所忽略。一个优秀的现代金融机构员工，不仅应具备较强的专业能力，还应具备清爽、端庄、整洁的外在形象和优雅、自信、举止得体的仪态。这是对金融机构员工完美的工作形象的要求，也是现代金融业发展的需要。

二、柜员迎接客户和接待客户的礼仪

柜员是金融机构营业网点柜台业务的具体操作者，是客户直接的服务者。柜员服务质量的好坏，直接影响到整个金融机构营业网点的对外形象。每一个窗口的柜员都是金融机构的形象代言人，要求柜员必须做到以下几方面。

1. 仪表、仪容必须严格规范。实习员工必须佩戴实习工牌，严格按照规范的岗位要求临柜实习。在没有发行服之前，统一着白衬衫、蓝西裤、黑色皮鞋上岗。这一点，网点负责人应严格要求。

2. 叫号机叫号至本窗口时，金融服务人员应面带微笑，用温和的目光注视着对方，以表示自己对客户的关注、重视和友好。

3. 客户进入视线应微笑站立、热情迎接；应用规范用语、规范手势主动问候，询问客户需求："您好！欢迎光临×××金融机构，请问您办理什么业务？"

4. 对客户提出的需求，柜员应目光亲切，平视客户，认真倾听。

5. 客户提出需求后，柜员应以热情的语言告诉客户："请稍候，我会尽快为您办理。”并以娴熟的业务技能准确快捷地办理业务。

6. 办理现金业务或办理其他需要客户输入密码的业务时，应使用规范用语和规范手势示意客户输密码：“请输密码。”

7. 如需客户签名，应使用规范用语和规范手势示意客户签名：“请签名。”

8. 双手递交凭证，交接所经办的业务结果。以亲切的规范用语和规范手势告知客户已办理完业务：“请核对收好凭证。”

9. 每一笔业务办理结束，应与客户热情告别，应使用“请您慢走”或“欢迎您再次光临”，做到善始善终、礼貌周到。

金融服务行业营业网点服务行为规范贵在执行，应长期坚持，使员工把规范变成习惯，为客户提供更加优质高效的服务，为增强客户的信赖感和忠诚度打下良好的基础。

任务3　金融服务行业办公室礼仪

【工作任务】

子任务3-1：金融服务行业办公室环境布置和办公室接待礼仪

子任务3-2：金融服务行业办公室个人礼仪和汇报、听取汇报的礼仪

子任务3-3：办公室处理人际关系的礼仪

子任务3-1　金融服务行业办公室环境布置和办公室接待礼仪

【知识准备】

办公室是处理金融日常公务、洽谈金融业务、接待来宾的重要场所，办公室礼仪是金融服务行业员工在办公室这一特定的工作场所应具有的礼仪。它主要包括办公室的环境布置，办公室人员的接待礼仪，办公室的个人礼仪，办公室的汇报及听取汇报礼仪，办公室里处理人际关系的礼仪等。金融服务行业员工在办公室所表现出来的礼仪，很大程度地反映了金融行业的管理情况，体现了企业团队精神和文化氛围，是客户对企业评价的主要素材。因此，必须高度重视办公室礼仪。

一、办公室环境布置

办公室是金融服务行业对外联系的重要部门，一切往来、事务接洽都要通过它。对各方面客人的接待工作做得如何，直接关系到单位的形象、声誉，以及由此带来的利益。因此，所有员工必须熟悉接待工作的程序、礼仪特点及规律，采取各种有效措施，努力提高接待工作水平，给客人留下本部门的工作井井有条、办事效率高的印象。

经过恰当地设计和布置，创造一个良好的接待环境，有助于提高接待工作的效果。房间的陈设能展现出人们美的心灵，一间办公室环境布置得是否得当，反映了本部门工作人员的素质及工作能力，所以接待环境应具有以下几点。

（一）合理采光

无论自然光还是人工光，都应做到光源充足，光线柔和，光色和谐，如果光线不足，选购灯具的造型要力图与整个办公室环境的搭配相互协调。

（二）合理布局

办公室的布局应力求合理，根据工作需要和职能布局，避免不必要穿插迂回，以提高工作效率。根据这一原则，办公室布置应注意：

1. 主管的工作区域应位于工作区域的后方，以便于控制和监督，同时不会因为主管的接洽工作而转移分散工作人员的视线和精力。在主管的办公室应保留适当的访问空间，以便于工作上的交流与沟通。

2. 审计部门应位于离行政区域较远的地方，有利于工作的保密与高度集中。

3. 业务处应安置于中央，位置次序面对同一方向，直线式组合，便于交接文件与沟通联系。

4. 客户接触频繁的部门应设置于入口处，或者通向走廊，以减少穿过工作区的次数，如前台文秘安排在入口处，以便于接待来访客人，而不至于干扰其他工作部门。

5. 保障公共空间和私人空间的独立，减少因走动而对其他工作人员的影响。

（三）控制噪声

环境嘈杂、喧闹，易使人心情烦躁，反应迟钝，从而干扰信息的传递和双方感情的沟通，因此，必须采取措施，有效地控制噪声的产生与传递，如墙壁采用吸音材料，地面铺放地毯或地板，临街安置双层玻璃，保持室内绝对的安静，使宾主会谈能在安静的环境中顺利进行。

（四）色彩设计和室内装潢

色彩选配应协调、美观、适合大多数人的审美情趣，因为色彩引起心理感受有冷暖、动静、软硬、轻重、悲喜等，同时，随民族、文化素质、性别，年龄的不同还会带来各种象征性的联想。

室内装潢应美观典雅，不必过分追求豪华，主要通过对墙面、地面、用具摆设的装修，以及工艺品和盆景花卉的点缀，创造一个使主客心情愉悦的交流信息和感情的环境。装饰应根据金融工作的性质、经营宗旨、办公室的空间大小来布置，由于金融工作具有一定的严肃性，因此，办公室不宜采用过多的装饰品，应以优雅、和谐、轻松、宁静的情调为主，可选择一些油画、水墨画、字画、绿色植物等，调节美化环境。特别是绿色植物不容忽视，其不仅能点缀美化环境，而且可以有效调节室内空气，特别适用于一些比较封闭的办公室。另外绿化办公室还有助于提高工作效率。调查表明，当人看到繁茂的绿叶时，往往会被其生机勃勃所触动，从而产生奋发向上的积极念头，而且很多花都有宜人的清香，易使人嗅觉得到某种良性刺激，使大脑皮层兴奋，从而影响人的心理、情绪和行为举止。金融办公室不宜选择战争、恐怖、紧张、死亡题材和情调的装饰品。所有的装饰品都应定期清扫或更换，保持整洁。

（五）用具选择

用具主要包括桌、椅、柜、沙发、电话机、电视机、电子计算机等办公设备和用品。在选择和购置这些用品时，必须讲究实用和美观大方，造型合乎人体结构和功能的要求，还要根据空间距离，以便使用时舒适而不疲倦。用具摆放合理，留有足够的活动空间，以免产生压抑感。

（六）空气清新湿润

保持室内空气流通良好，温度、湿度宜人（温度保持在20摄氏度左右，湿度保持在50%左右），必要时可使用香料散发淡雅的芳香，增添和谐气氛。如果使用电扇，不要把电扇对着客人吹，那是不礼貌的。

（七）办公设备的摆放

目前金融行业办公设备主要有：办公桌、文件柜、保险柜、电话机、传真机、电脑及打印机等，虽然提高办公效率与这些设备有极大的关系，但这些设备如不能物尽其用，或是不能找到一个合适的摆放位置，则不但不能提高工作效率，反而会阻碍工作效率的提高。

1. 办公桌的摆放。如果独立办公，应选择采光较好正对门口的地方，与窗户保持约1.5～2米的距离。如是多人办公可根据人员、采光及场地等因素布置，尽可能留有更大的空间。或采用不同规格的隔板，把各个办公室人员的办公区域分割开来，以保持各自工作区域的相对独立，减少相互干扰，提高工作效率。办公桌应保持干净整洁、井井有条，这既是门面，也是良好心境和工作效率的源泉。

2. 文件柜的摆放。应以有利于工作为原则，通常情况下靠墙角放置，不宜占较大的办公空间。柜内文件要及时整理归档，并建立目录，便于查找。有保险柜的办公室要将重要的文件、清单、保险单、账目、现金、支票等放入保险柜，以防被盗。所有的公务文件和票据，工作人员均不能私自带出办公室。

3. 电话机的摆放。应以便于接听为原则。一般应放在办公室或写字台的右前缘。如有两部电话机，则可放在办公桌的左、右前缘，便于分辨和接听。

4. 电脑、打印机和传真机等。应有自己独立存放空间，以便于电源接线、管理和保养；办公室的其他人员也要使用这些设备时，放置既要方便其他人工作，又不妨碍自己工作。与设备有关的资料，应妥善保管，便于维护和修理。

二、办公室接待礼仪

客户来金融机构洽谈业务、来访、投诉等，金融服务行业各个部门之间、上下级之间的工作联系，都涉及办公室接待。办公室接待礼仪，实际上指怎样当好主人、接待好客人的问题。

（一）办公室接待注意事项

每一个金融机构都有繁忙的业务往来，要接待大量的来往客人，接待客人要注意以下几点。

1. 客人要找的负责人不在时，要明确告诉对方负责人到何处去了，以及何时回来。请客人留下电话、地址，明确是由客人再次来访，还是我方负责人到对方单位去。

2. 客人到来时，我方负责人由于种种原因不能马上接见，要向客人说明等待理由与等待时间，若客人愿意等待，应该向客人提供茶水、杂志，如果可能，应该时常为客人换茶水。

3. 接待人员带领客人到达目的地，应该有正确的引导方法和引导姿势。

（1）在走廊的引导方法。接待人员在客人的两三步之前，配合步调，让客人走在内侧。

（2）在楼梯的引导方法。当引导客人上楼时，应该让客人走在前面，接待人员走在后面，若是下楼时，应该由接待人员走在前面，客人在后面，上下楼梯时，接待人员应该提醒客人注意安全。

（3）在电梯的引导方法。引导客人乘坐电梯时，接待人员先进入电梯，等客人进入后关闭电梯门，到达时，接待人员请客人先出电梯。

（4）客厅里的引导方法。当客人走入客厅，接待人员用手指示，请客人坐下，看到客人坐下后，才能行点头礼后离开。如客人错坐下座，应请客人该坐上座（一般靠近门的一方为下座）。

4. 在办公楼的走道里，最好不要一边走路一边大声讲话，静悄悄地快步走是一条原则。不能远远地对上司高声呼叫，有事应走近去说。在办公室里打电话、商量事情，尽量声音低些，免得影响别人。

（二）引见礼仪

到办公室来的客人要与领导见面，通常由办公室的有关人员引见、介绍。在引导客人到领导办公室的路途中，引导人员要走在客人左前方数步远的位置。遇有上楼梯、转弯或上电梯时，就应回头用手示意，并告诉客人："请这边走"。如电梯内有专人服务，到达后应请客人先走进电梯。在陪同客人去见领导的这段时间内，不能只顾闷头走路可以随机讲一些得体的话，也可以向客人介绍一下本金融机构的大概情况。

在进领导办公室之前，要先敲门，并对客人说："这里就是××领导的办公室"，得到允许后，再带客人进去。如果领导办公室的门是向外开的，把门拉开后，请客人先进去，如果门是向里开的，要推开门自己先进去，按住门，再请客人进去。把客人介绍给领导，要注意措辞，应用手示意，"这位是我单位××领导（官衔），这是×××单位的×××"。介绍时，切记不要用手指指对方。介绍的顺序一般是把身份低的、年纪轻的先介绍给身份高的、年纪大的；把男士先介绍给女士；如果有好几位客人同时来访，就按照职务的高低，按顺序介绍。

（三）迎送礼仪

如果来客是事先约请的，应提前准备好有关资料，做好清洁卫生，尽可能创造一种良好氛围，使客人宾至如归，同时也便于尽快进入主题。如果没有事先约请，客人一到，应马上放下手中的事，热情接待。要是来人所谈的事不由自己承办，应该热情指点或引导到有关部门。

处理客人投诉或遇到来人情绪激动、语言偏激时，更应注意以礼相待，让其情绪平静下来，再进一步交谈。

要克服"门难进，脸难看，事难办"的官行作风，要诚恳耐心，礼貌待人。

（四）办公室接待座次礼仪

办公室内主客座位的安排也有讲究，一般有三种形式。

1. 对立座次。双方面对面隔座而坐，桌子成了双方的屏障，造成一种竞争与防御的气氛，一般用在正式谈判的场合（见图6－1）。

2. 桌角座次。这种座次可以使双方在比较和善轻松的气氛中交谈，桌子的一端又起到部分屏障的作用，产生某种安全感。来客是常规性的业务联系，比如来金融机构报送财务报表，采用桌角座次就不至于使对方感到局促和压迫感（见图6－2）。

3. 合作座次。如果双方关系比较亲密，比如一道工作的同事，就可以采用这种座次。这种座次最适合提意见，易于使对方接受，也适应介绍第三者加入交谈（见图6－3）。

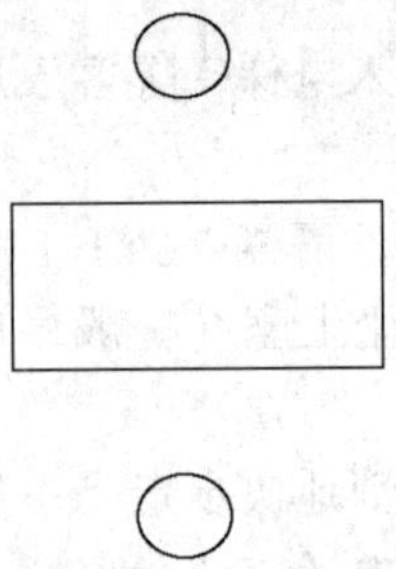

图6－1　对立座次

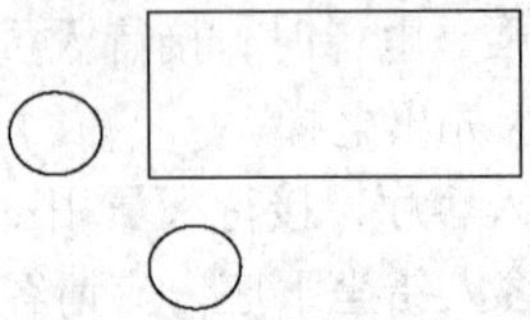

图6－2　桌角座次

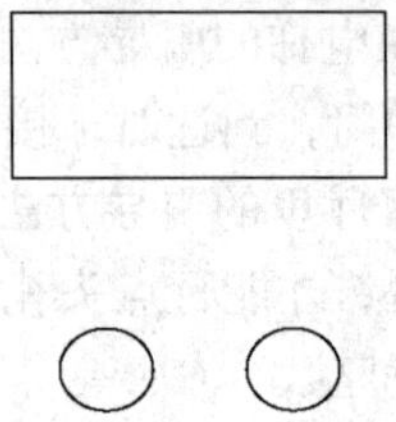

图6－3　合作座次

【综合实训】

小王是某高校的应届毕业生，毕业后来到某行财务处工作。她是个很有生活情趣的人，刚刚来到行里报到，分配了办公室后，她就在办公室的办公桌上摆放了很多有意思的小玩意儿，如个人艺术照片、小盆景、小鱼缸、卡通玩偶等，财务处王处长来找她要一份文件，看到她桌子上琳琅满目的东西立刻就皱起了眉头……

问题：

1. 你认为小王的做法是否得当？有哪些不妥之处？
2. 结合上述案例讨论应如何布置办公桌。

子任务3－2　金融服务行业办公室个人礼仪和汇报、听取汇报的礼仪

【知识准备】

一、办公室个人礼仪

办公室场所既是工作的地方，也是社交场所，应当保持文明整洁。不能随地吐痰，乱丢烟头、纸屑。不要将杂志，报纸，餐具，小包等放在桌面上。在办公室不要抽烟，尤其是有女士在场。喝茶时也不要发出声音。养成良好的卫生习惯，感冒打喷嚏应捂住口鼻。如因事离开座位，应轻轻起身，不要拖拉凳子，发出噪声影响他人工作。下班时应整理好桌面材料，并将文件分类归档。

（一）仪表礼仪

金融服务行业员工要注意自己的形象，工作人员的形象往往代表着单位的形象。首先，要注意仪表端正，仪容整洁，因为良好的仪容和整洁得体的装束反映了一个人严肃认真的工作态度，也是对他人尊重的一种表现形式。因此，金融行业办公室工作人员首先要注意仪表礼仪，在进入金融服务行业大厅或办公室以前还应注意适当地化妆，男士上班时也应进行适当的面容修饰，给人以精神饱满，面容可亲的良好印象。

（二）主动问候，互相尊重

早晨上班在跨进工作单位，走进办公室之前，无论遇到什么人都应面带微笑，主动问候。进入办公室后应主动打扫卫生、打开水等，保持室内整洁，为全天的工作做好准备。同事之间的交流应始终谦逊有礼，尊重别人的态度和意见。不以职业高低论卑尊，不厚此薄彼、有亲有疏，对同事一视同仁。

（三）谈吐优雅

在办公时间里要注意保持办公室的安静与整洁，不要大声讲话，控制好讲话及打电话的音量，在通道和走廊不要一边走，一边大声讲话。交谈时还应注意谈话内容，不要谈论与工作无关的话题，海阔天空，高谈阔论。也不要说些粗野、庸俗的话。此外，还应控制好自己的情绪，不要把喜、怨、哀、乐都写在脸上，让人感到你不够成熟，自制力不强。

（四）举止文明

金融服务行业工作人员的举止应庄重、自然、大方、有风度，给人留下正直、积极、自信的好印象。在办公室的坐姿、步态要文雅，举手投足应符合金融职业的身份，不要弯腰驼背、萎靡不振，给人以懒散、工作责任心不强的感觉。办公清闲时，不要串岗聊天、高声谈笑或围在一起打牌、下棋等，给人以管理混乱、企业不规范的不良印象，极大损害金融行业的形象。

二、汇报和听取汇报的礼仪

（一）下级向上级汇报工作时的礼仪

1. 遵守时间，不可失约。应树立极强的恪守时间的观念，不要过早抵达，使上级准备未毕而难堪，也不要迟到，让上级等太久。

2. 轻轻敲门，经允许后才能进门。不可大大咧咧，破门穿堂，即使门打开着，也要用适当的方式告诉上级有人来了，以便让上级调整体态、心理。汇报时，也要注意仪表、姿态，站有站相，坐有坐相，文雅大方，彬彬有礼。

3. 汇报内容要实事求是，汇报口音要吐字清楚，不可“察言观色”，投其所好，歪曲或隐瞒事实真相。

4. 汇报工作时如果上级不注意礼仪时，不可冲动、对立，仍然要坚持以礼相待，也可以以身示范来暗示上级纠正错误，或者直言相陈，但注意言辞的艺术性。

5. 汇报工作结束后，上级如果谈兴犹在，不可有不耐烦的体态语产生，应等到由上级表示结束时才可以告辞。告辞时，要整理好自己的材料、衣着、茶具与座椅，当领导送别时要主动说谢谢或请留步。

（二）上级在听取下级汇报时的礼仪

1. 应守时，如果已约定时间，应准时等候，如有可能稍微提前一会儿，并做好记载要点的准备以及其他准备。

2. 应及时招呼汇报者进门入座，不可居高临下，盛气凌人，不摆官架子。

3. 要善于听。当下级汇报时，可与之目光交流，配之以点头等来表示自己认真倾听的体态动作。对汇报中不清楚的问题可及时提出来，要求汇报者重复、解释，也可以适当地提问，但要注意所提出的问题不至于打消对方汇报兴致。

4. 不要随意批评、拍板，要先思而后行。听取汇报时不要有频繁看表或打哈欠、做其他事等不礼貌的行为出现。

5. 要求下级结束汇报时，可以通过体态语或委婉的语气告诉对方，不能粗暴打断。如果已到了吃饭的时候，可留下先吃饭。当下级告辞时，应站起身相送，如果联系不多的下级来汇报时，还应送至门口，并亲切道别。

【综合实训】

客户经理小张要向主管行长汇报工作，他事先和行长约好了时间，然后提前几分钟来到行长办公室前，透过玻璃窗看到行长正在打电话，便退到一边等了一会。等行长打完电话，他轻轻敲门，得到允许后，进入行长办公室坐下，并关闭了自己的手机。小张把汇报的书面材料双手递交给行长，并清晰有条理地开始了汇报。途中他不时稍微停顿片刻等待行长浏览资料，并对行长提出的疑问及时作出补充和解释。汇报结束后，行长对他的工作非常满意，小张对几个细节问题进行了请示并告辞，临走前他轻轻地带上了办公室的门。

要求：

1. 你认为小张的做法是否得体？结合案例回答在向上级汇报工作时应注意哪些礼仪要求。

2. 两人一组模拟下级向上级汇报工作的情形。

子任务 3－3　办公室处理人际关系的礼仪

【知识准备】

在办公室中，与同事、上级、下级每天都在同一群体中，享有共同的活动空间，有着共同的工作目标，各项工作的完成往往需要大家的合作与配合，因而相互间不可避免地会产生各种交互活动。努力协调好各种关系，创造良好的工作氛围，能使人心情舒畅，提高工作效率。这也是办公礼仪中的一项重要内容。

一、上级对下级的礼仪

（一）知人善任，任人唯贤

上级对下级最重要的礼遇就是知人善任、任人唯贤，使其德、才、能、长得以充分发挥和施展，而不是求全责备。“德重主流，才重一技”，只要无关大局，对个人性格、习惯上的弱点则不要过分苛求。

（二）用人不妒，用人不疑

上级应鼓励下级“青出于蓝而胜于蓝”，力负重任而超过自己，不可心生疑惧，心生嫉妒，否则，不仅挫伤下级的积极性，而且是极大地失礼、失德。上级在下级面前不能自负主观、一贯正确，研究问题不要以领导、权威自居，“尺有所短，寸有所长”，对下级表现出谦恭好学，这才是有礼的行为。

（三）宽宏大量，容事容人

下级在工作中提出不同意见，或说了刺耳、过头的话，甚至作出了不符合实际的个人攻击，只要对工作任务无关，就要宽宏大量，容事容人，切不可打击报复，借故整人。最好的办法就是让对方在以后的实践中自己教育自己。

（四）充分信任，明确授权

在领导和下属之间虽然存在一定的行政距离和心理距离，但通过对下属的充分信任和授权，就可以大大缩小这种距离。一般来说，领导者对下属越信任，就越愿意授权于下属，而下属往往就越自信、工作积极性越高，越尊重和感激领导者，上下级关系就越融洽。相反，如果不放心下属，任何事情都要过问插手，这样不但自己很辛苦，而且还会引起下属的误解，认为领导不信任下属，不利于下属积极性的发挥，可谓是吃力不讨好，甚至会出现上下级互不信任，相互埋怨的现象，使上下关系搞得很僵。这样不但不利于工作的开展，还会使工作受阻，另一方面也会影响管理。因为一个人的能力和精力总是有限的，如领导整天忙于日常事务，哪有时间和精力去考虑全局事务？这必然会影响管理。作为领导，应该也必须把主要精力放在考虑全局性、战略性的问题上。

（五）淡化角色，平易近人

上级对下级最为普通的礼仪是平易近人、没有架子、态度和蔼。上下级都同在一个职业群体中工作，享有共同的活动空间，日常交往每天都会发生。在以职业活动为媒介的社会交往中，上下级双方都以一定的角色身份出现，并按角色规范办事。在工作性交往中，这种角色差异是非常明显的。根据人际吸引原理，交往双方的角色差异会加大彼此的心理距离，形成交往的心理障碍。因此，在日常交往中，如文化、娱乐、休闲、串门聊天等，通过自己的言行，有意识地淡化与交往对象的角色差异，不用命令与支配的口吻讲话，而以朋友的语气与下级交谈，有利于缩小彼此间的心理距离。

（六）讲究批评时的礼仪

批评最容易导致人际关系的紧张，但作为领导者对下属的错误又不能视而不见，听而不闻，要使批评既能达到纠正下属错误的目的，又使下属心服口服，不能造成关系紧张。这就要把握批评礼仪，批评也要以礼待人，具体而言应注意以下几方面。

1. 慎用公开的批评。公开批评有时可以起到教育大家的作用，但往往对被批评者的自尊心伤害较大，因此，对犯错误的人可不公开批评的就尽量不公开批评。

2. 批评时应佐以褒奖。在批评人时回顾和肯定以往的成绩，承认其工作能力和水平，佐以恰如其分的赞赏和鼓励。

3. 批评时不能伤人自尊心。人人都有自尊心，犯错误的人自尊心更强烈，更需要别人尊重，所以，批评时切忌说伤害感情的话，更不能借题发挥。要尊重对方的人格，对事不对人，不有意揭人短，不轻易否定未来。

二、下级对上级的礼仪

如何处理上级关系，也是一门必修课。因为能否处理好上级关系，这对自身的发展将会产生很大的影响。大凡成功人士都有较强的处理上级关系的能力和水平，能遵守上下级之间的交往礼仪，赢得上级领导的信任和支持。然而在现实生活中，有不少人在与上级交往过程中往往不懂基本的交往礼仪，因而上下级关系不尽如人意，要处理好上级关系，必须注意以下礼仪。

（一）出色完成工作任务

作为下级，在处理上级关系过程中，首先要服从上级安排，千方百计圆满完成上级交给的工作任务。在不违背上级精神的前提下，结合本部门的工作实际，制订切实可行的工作计划，富有创造性地完成上级交给的工作任务，这既是工作顺利开展、提高工作质量的保证，也是作为下级基本的礼貌礼节。否则，只做表面的礼仪文章，而把上级布置的工作当儿戏，这是对领导最大的失礼。

（二）以大局为重，维护上级的威信

维护上级威信，是上级实施领导的必需条件，是顾全大局的一种表现。作为下属，应当注意时时、处处、事事维护领导的威信。不要因与自己有关的问题一时得不到解决，或者工作中确系上级安排、决策发生了失误，而吹毛求疵、百般挑剔、借题发挥或大吵大闹，让上级下不了台，这是很不礼貌的。在这种情况下，只要上级的决策大体正确，下级就应积极贯彻执行，即使有问题，也应抱着与人为善的态度，尊重、体谅上级。通过正当的途径，诚恳地帮助上级纠正。如找上级个别交谈，诚恳地交流思想，提出自己的看法和解决问题的意见和建议。这才是有修养、有礼貌的行为。

此外，与领导说话要注意场合和分寸。一般来说，与上级相处，在正规场合宜庄重，私下场合可随便些，但不管是什么场合，办事说话都要注意分寸，尊重上级，千万不要通过贬低上级来提高自己。这是很不礼貌的，也是没有修养的表现。

（三）尊重而不庸俗，服从而不盲从

作为上级总有些特长，或才干过人，或经验丰富，或声望服人，作为下级应该尊重上级，而不应傲视，也不要卑躬屈膝，唯命是从。下级服从上级是一条组织纪律，是一个组织得以存在和发展的必要条件。但服从绝不是盲从，因为人不是机器，而是有主动性和创造性的，协调上下级关系应该是目标统一，彼此负责共同达到预期目标。唯唯诺诺，揣度上级的心思，看领导的眼色行事，甚至谄媚奉承等，都是不正常不礼貌的行为。至于那种别有用心、居心叵测的做法，不仅是失礼，而且也是失德的行为。

（四）做好领导的参谋和助手

作为下级，在处理上级关系过程中，有责任、有义务充当上级的参谋和助手。具体地说，要在职权和工作范围内，积极地给上级领导提供信息、反映情况，出主意、想办法，以便上级了解实情、拓宽视野、掌握动态，使决策更加准确、实施更加有效、组织更加得法、指挥更加有力。但在这里需要注意的是，一定要把握“良好”两字，亦即提供信息应当准确，反映情况务必真实，提意见、谈想法不能掺杂个人的感情因素，力避给上级出“馊主意”。否则，不仅不能起到“分忧”的作用，反而会给上级添乱。这样就既不利于工作，也会影响上下级之间的关系。

（五）定位准确，不“越位”

“越位”是下级在处理上级关系过程中常发生的一种错误。要真正做到出力而不“越位”，必须正确认识自己的角色地位，这是作为下级处理好上级关系的一项重要原则。

上下级之间由于所处的地位不同，因此工作职责和要求都不同。作为上级，依据法律和章程赋予的特定职责和权限进行工作；作为下级，则围绕上级制定的工作目标和要求开展工作。准确地认知自己的角色，摆正位置，既不能要求上级领导去干下级人员的工作，也不要“越位”，即越权或擅权去做领导的工作，如超越身份胡乱表态、擅自决定，这都是不负责的表现。

（六）不随意打扰领导的公务

在与上级交往的过程中，不要随意打扰领导的公务。正逢领导开会或处理其他工作时，除非紧急情况，一般都要有礼貌地等候或另择时间，不要轻易打断领导的正常工作。与领导商谈汇报工作，不要絮叨不休、绕圈子，而应简洁明快。在领导办公室，不可随便翻阅公文、信件，不要大大咧咧、言行无状。

三、处理同事关系的礼仪

同事之间的交往与一般社交场合的人际交往有所不同。一般社会交往场合，交往的时间往往是短暂的，交往对象之间通常以仪表、仪容、仪态、语言、举止等第一印象去评价对方。而作为长期共事的同事间交往，情况就不一样。因为同事间相处有工作性质的相似性、时间的长期性、人际结构的相对固定性，这就使彼此有相互全面而深刻的了解。因此朝夕相处的同事之间就应特别注意不能以“礼”行虚，做表面文章。如果一个人给同事留下“虚礼”的印象，那么他的“礼”就不会赢得同事们的信任了。为此，同事之间相处，应注意以下礼仪。

（一）真诚、信任

真诚是同事间相互共事的基础，信任是连接同事间友谊的纽带。无论是上级、下级或同级，在工作和生活中，待人以诚、互信不疑是同事间相处最重要的一条礼仪原则、准则。

真诚、信任就要做到“言必信，行必果”。话一出口，就应考虑到责任感，没有把握或做不到的事，不信口允诺，一旦允诺，则要千方百计地去做好。万一因为种种客观因素未能办成，也应该诚恳地加以解释，致以歉意。以诚相待，与人为善，以自己的“诚心”和“善意”去换取他人的“实意”和“友善”。古人云：“精诚所至，金石为开”，“诚之所感，触处皆通”。意思是说，只要真心实意以诚相待地对待他人，就会使人感化，无论在什么地方、什么情况下，都能把事情办好，得到别人的信任与支持。

（二）宽容待人，学会自制

在处理同事关系中，你的宽容水平越高，就越能处理好同事关系。如一个人的心胸狭窄，处处不容人，是不可能有良好的同事关系的。宽容别人偶尔的过失，是一个人必备的良好素质。作为一个金融系统的员工必须具有宽广的胸怀和气量，对于别人的缺点和短处应该持包容和宽谅的态度，并想办法用自己的长处去弥补。当然，宽容和宽谅并非是无原则的迁就，而是要在相互交往中互相宽容。

（三）既“合作”又“竞争”

“合作”和“竞争”，是同事关系中不可分割的两方面，合作中包含着竞争，竞争中又包含着合作；合作，推动竞争，竞争，有助于更好的合作。因此，一味讲“合作”而不讲“竞争”，不利于自身能力和水平的提高，最终将减弱自己与人“合作”的能力。因此，同事间既要热诚合作，又要敢于“竞争”。要正确处理好“合作”与“竞争”的辩证关系，自觉树立“竞争意识”，通过“竞争”不断激励自己、完善自己，提高自己与人的合作能力水平。但这种“竞争意识”，应该是积极的、健康的。在“竞争”中，领先时不自满，落后时不气馁，一如既往，积极进取。

（四）掌握分寸，分清职责

在工作过程中同事之间，应当分清职责，掌握分寸，不争权利，不推责任。属于别人职权之内的事，绝不干预，属于自己的责任，也绝不推卸。努力做好自己的本职工作。当别人需要帮忙时，应挺身而出，不要推辞。当有好事时绝不争抢。那种凡好事就争，凡坏事就推的行为，是破坏同事间相互协作的“腐蚀剂”，必须坚决防止和克服。

（五）经常联系，沟通情况

在工作上同事之间虽有明确的分工，但事实上有些事是很难分清的，肯定会有交叉和联系。因此，在工作中同事之间应经常通气，及时沟通情况，主动向同事提供有用的资料、信息、情况和建议，只有这样，才能彼此了解，互相信任，有效地合作，清除不必要的误会和摩擦，提高工作绩效。

（六）互相“补台”，积极配合

工作中，同事之间常常会遇到一些工作上的交叉，也会有一些需要共同处理的事务。因此，同事之间应该积极主动地配合，齐心协力地工作，以求得最佳的整体效应。既要有合作精神，又要有“补台”意识。这是处理同事关系的又一重要方面。当同事有困难时，应当热情地帮一把；当同事有问题时，应当尽力地挽救一下；当同事出了差错时，应当主动地弥补一下。而不要视而不见、见而不帮、帮而不利，更不能抱着“看笑话”的态度，来“欣赏”同事的困难、问题和差错，这是很不仁义的。

（七）己所不欲，勿施于人

“己所不欲，勿施于人”是同事间处理问题的又一方面。因为作为同事，在相同的工作环境和条件下，大家相互非常熟悉，其喜、怒、哀、乐以及心理活动都有较大的相似性，自己喜欢或厌恶的事物，别人也会有同感。所以，在相互交往中，要注意换位思考，在自己的言行付诸行动之前，想一想别人这么对待自己时会是怎么样？如果自己都无法接受，那就不应该施之于别人。遇事善于站在对方的立场想问题，严于律己，宽以待人，与人为善，就能够为建立良好的友谊奠定深厚的基础。

（八）要君子之交

俗话说，君子之交淡如水。朝夕相处的同事之间靠以诚相见，以精神上的相互交流、相互支持为主，而不靠物质上的交流、小恩小惠和庸俗的“拉拉扯扯”。当然，同事之间也有礼尚往来，甚至慷慨解囊相助。但平时的礼尚往来应以“神交”为主，只要表示一片真心实意就可以了，而不要流于俗气。在日常交往中，不要在众多的同事中仅与一个或几个人交往过密，甚至越过一般同事关系。否则，“有亲必有疏”，对某人的过分亲密必然会反衬对其他同事的疏远，从而使得同事之间的关系“多角化”“复杂化”。

（九）见贤思齐，强者为师

处理同事关系，不仅要有“容人之短”的肚量，而且要有“容人之长”的胸怀。所谓见贤思齐，强者为师，就是主动地向贤者看齐，虚心地拜强者为师。毋庸讳言，同事之间由于资历、阅历和受教育方面的不同，使其无论是在能力、水平还是气质、修养方面，都存在着一定的差异。所以，每个人对自己和对他人都应该有一个客观的评价。对那些水平高、能力强的人，要虚心好学，拜强者为师，但也不要表现出缺乏自尊与自信。对于那些不如自己的同事，更不要盛气凌人，好为人师，“居高临下”。同事相处要不骄不躁、不卑不亢；说话不绝对，不过头；不扫他人兴，不要以质问的口气对他人讲话；更不能嫉贤妒能，采取不正当的方式和手段“挤”别人，抱有“我不行你也别行”“我不强你也别强”的思想。这样既不利于自己的提高，又有损于同事之间的关系，甚至还会成为受人唾骂的“小人”，不利于同事关系的协调。

（十）少闲谈，不无事生非

同事之间在工作中一般不闲谈，更不允许利用自己的闲暇到他人岗位上去闲聊或办私事，以免影响他人工作或造成相互间的无事生非。但实际上同事之间天长日久，在工作场所、办公室，或班前班后，难免要闲谈几句。但闲谈务必要注意一些基本礼节：一是谈话必须有节制、有分寸，不能因谈话而影响工作；二是谈话内容不应涉及第三者，不要背后议论、评判人，须知隔墙有耳，也不谈论荒诞无稽和低级趣味的内容；三是不要窥探别人的隐私、传播耸人听闻的小道消息，挑拨离间，人为地制造许多矛盾；四是不开过头玩笑，不涉及敏感和伤人自尊的话题；五是不口出秽语，不使用不恭敬的言辞，注意谈话的格调；六是不要不分场合无休止地述说自己的苦恼、牢骚和家务，这会使人不耐烦。

（十一）心平气和，以理服人

同事相处，天长日久，难免会发生一些意见分歧和误会，在解决这些问题时，应本着顾全大局，维护团结的良好愿望，不要因此伤了和气而影响工作，对一些无关紧要的小事，就不要在意，也不要追根究底，弄个水落石出，可一笑了之。即使遇到一些必须要讲清的“大事”也要讲究方式和方法，尽量做到心平气和，以理服人。面对同事对自己的误解，甚至冤枉、侮辱、有意中伤，也应沉着冷静。一方面从侧面核实一下，另一方面也应客观地反省一下自己有无失礼之处。如果有意中伤确实客观存在，又是原则关键性问题，可在正式场合或会上有理、有据、有节制地作出必要的解释和说明，以澄清事实。不要采用旁敲侧击，“以眼还眼，以牙还牙”的方式，否则对方失礼在先，自己失礼在后，这本身同样是不符合礼貌、礼节的。如果问题严重，可以求助于组织，必要时诉诸法律，但绝对不可凭自己的一时冲动而蛮干，酿成终身憾事。此外，要调节好自己的情绪，相信误会迟早会消除。将精力集中于工作、学习和事业中，须知人们最出色的工作往往是在逆境中做出来的，思想上的压力，甚至肉体上的痛苦，都可能变为精神上的“兴奋剂”。逆境成才，事业上的成就就会使人刮目相看，自己也会得到莫大的欣慰。

（十二）含蓄幽默，但不油嘴滑舌

同事共事相处，说话办事风趣、幽默，给人以快感，使生活丰富多彩，使人心情愉快，因此，具有幽默感的人总会受到同事的特殊青睐，较之严肃呆板的人更容易获得交往的成功。但是，同事间讲话一忌俗，二忌乱。不分场合地点、不掌握分寸，不仅是一种失礼的表现，而且会让人产生一种油嘴滑舌之感。所以，同事间的幽默应该注意：（1）格调高雅，积极健康，给人以愉快的精神享受。（2）绝不污言秽语开低级玩笑，荒诞离奇的话语绝不登大雅之堂。（3）不取笑、挖苦、讽刺他人，不揭别人之短和隐私，不以别人的痛苦和难堪为笑料。（4）不矫揉造作出洋相，也不奴颜媚态取悦他人，不装腔作势、哗众取宠。

（十三）经济来往要清楚

同事间经济互相给予帮助是必要的，斤斤计较是不礼貌的。但再好的同事毕竟不是一家人，经济往来中把账目算清楚是必要的。即使在短时间内不能算清的大数账目，负责一方也应隔段时间向对方说一下。平时的小数目接待应及时结清，以免遗忘，有意无意占别人的便宜，会降低自己在对方的心目中的人格。因此，同事之间借了钱、物一定要注意好借好还，实在不能践期，则须向对方说明，征求意见，说明归还的准确日期，并致以歉意。

【综合实训】

小李大学毕业后刚刚来到某行工作，她觉得如果要想和同事、上级搞好关系就要和同事、上级打成一片。于是有事没事就跑到同事办公室聊天，天南海北地一顿狂聊，还用“×哥”“×姐”称呼自己的领导和同事，不久就和大家混得相当熟悉，时间长了，还以她为中心形成了小集体，这让主管领导非常不快。

问题：

1. 思考小李的做法是否得当，存在哪些问题。
2. 简述在办公室应掌握哪些同事间的交往礼仪。

思考与练习

1. 简述金融服务行业员工在迎接客户前要做好哪些准备工作。
2. 办公室接待工作需要注意哪些事项？
3. 下级向上级汇报时的礼仪要求有哪些？
4. 上级在听取下级汇报时的礼仪要求有哪些？
5. 简述办公室同事相处需要注意哪些礼仪。

项目七
金融服务行业公务礼仪

【案例导入】

分行即将召开一个规模很高的研讨会，届时会邀请很多知名的专业人士以及媒体朋友参加。小王是刚毕业的大学毕业生，工作态度积极，也很谦虚好学。为了让小王增长见识，顺便多结识一些本领域的专家，支行行长特别安排小王和他一起去参加这次研讨会。

可是开会当天早上，小王却睡过了头，等他赶到会场时，会议已经进行了将近半个小时。迟到的小王由于着急，匆匆忙忙地推开了会议室的大门，“咣”的一声，他一下子成了会场上的焦点，小王非常不好意思，赶紧走进会议室，找了个座位坐了下来。坐下不到五分钟，安静的会场里突然又响起了激昂的摇滚乐，大家都很诧异，循着声音望去，原来是小王的手机响了。这下子，小王可成了全场的“明星”，真是出尽了风头。

分析：

参加公务活动，特别是参加正式的公务会议，必须遵循相应的会议礼仪，准时到场，自觉关闭手机，否则不仅有损自己的形象，也会给你所供职的单位或部门造成不良影响。

【学习目标】

◎ **能力目标**

1. 能够具备基本的公务迎送礼仪。
2. 能够具备基本的公务会议礼仪。
3. 能够具备基本的商务谈判礼仪。
4. 能够具备基本的公务宴请礼仪。

◎ **知识目标**

1. 了解公务会议的筹备安排以及会议主持人、一般与会者、会议发言人的礼仪。
2. 掌握赞助会、展览会、签字仪式礼仪。
3. 掌握商务谈判礼仪的原则和谈判前、谈判中的礼仪和艺术。

◎ **素质目标**

1. 作为金融服务行业人员掌握中餐宴会礼仪。
2. 作为金融服务行业人员掌握西餐宴会礼仪。

任务1 公务迎送礼仪和公务会议礼仪

【工作任务】

子任务1－1：基本的公务迎送礼仪

子任务1－2：公务会议礼仪

子任务1－1 基本的公务迎送礼仪

【知识准备】

一、公务迎送礼仪

迎来送往是常见的公务活动，重要的客人或初次来访的客人一般均要安排专门的迎送过程；一般客人或多次来访的客人，不刻意安排迎送也不至失礼。

公务迎送是指因公务而安排的迎接与送别活动。其基本要求是为客人提供方便，尽地主之谊，以利于对外关系的协调，有效地促进组织工作目标的实现，是组织对外交往的重要接待工作之一。

公务迎送的对象，按其性质有专程和顺道之分；按级别有领导和普通工作人员之分；按人数和规模有一人或数人及大型代表团之分。公务迎送的规格也应视具体情况而定。但在公务迎送中，无论何种情况下，对等接待的基本原则不变，即根据迎送对象的身份，由级别相当的人员出面迎送。

在公务迎送活动中应特别注意如下事项。

（一）准时迎送

主人安排的迎送工作必须以准确掌握宾客乘坐的飞机、火车、船舶等交通工具的出发和到达时间为基础，准时做好迎送工作。如原定时间有变，应及时掌握相关情况，并通知有关接待人员，做好必要的临时调整安排。

一般情况下，对远道而来的客人，主人均应亲自或安排专人到机场、车站、码头迎接。迎接人员一般应在客人乘坐的交通工具到达前15分钟左右到达预定迎接地点。如与所接的客人不相识，事先应准备好迎接客人的牌子。迎客牌子上的语言应符合礼仪规范的要求，如“欢迎×××来某地”，“××金融机构热烈欢迎×××的到来”就比简单生硬的“接×××”显得更为亲切，客人也会有更舒适的心理感受。

为客人送行时一般应在客人上车、上船前30分钟或登机前50分钟左右到达。不宜过早，否则有逐客之嫌。如有欢送仪式，则应在仪式开始前到达，并做好相应的准备工作。

无论是迎宾还是送客，都要恪守准时原则，绝不能出现客人等主人的现象。如因特殊原因未能及时赶来迎送，应真诚地向客人解释原因，表达歉意，以赢得客人的理解，消除误会。

案例7-1

失败的待客之道

泰国某政府机构为泰国一项庞大的建筑工程向美国工程公司招标。经过筛选，最后剩下4家候选公司。泰国派遣代表团到美国亲自去各家公司商谈。当代表团到达芝加哥时，那家工程公司由于忙乱中出了差错，又没有仔细复核飞机到达的时间，未去机场迎接泰国客人。泰国代表团尽管初来乍到不熟悉芝加哥，还是自己找到了芝加哥商业中心的一家旅馆。他们打电话给那位局促不安的美国经理，在听了他的道歉后，泰国人同意第二天11时在经理办公室会面。第二天美国经理按时到达办公室等候，直到下午三四点钟才接到客人的电话说："我们一直在旅馆等候，始终没有人前来接我们。我们对这样的接待实在不习惯。我们已经订了下午的机票飞赴下一目的地。再见吧！"

（资料来源：杨眉．现代商务礼仪［M］．大连：东北财经大学出版社，2000.）

（二）迎送中的介绍与寒暄

客人到达，主要的迎接人员——主迎人员要立即上前握手表示欢迎，并说"您好！欢迎您的到来"等迎宾语。而诸如"路上辛苦了"等国人常用的俗语在对外交往中往往并不适用。语气应热情、诚恳。如是节假日迎宾，还应致以节日的问候。

如客人是首次到访，双方互不相识，宾主见面时应互作介绍。一般情况下迎宾者应主动上前自报家门，并由主方事先指定的迎宾人员将其他迎宾者的姓名、职务介绍给客人。如果还有其他迎宾人员在客人下榻处等候，要事先向客人说明，以使客人有所准备。

如客人携带大量行李，主方迎接人员应主动提供帮助，代为搬运。但若客人坚持自己携带则不必勉强。

（三）车辆安排与陪车

到车站、码头、机场等处迎接客人，接待单位一般都应根据迎送对象的身份及接待的规格事先安排好车辆。如来宾人数较多或是代表团性质，最好用大客车接送。同时安排好相应人员陪同乘车。

陪同乘车时须按陪乘礼仪的规定安排好主客方相关人员的座位。

一般情况下，在有专职司机开车时，双排座轿车的座次安排原则是后排为上，前排为下，右侧为上，左侧为下。此时，第一主人和第一客人分坐后排左右，随员坐副驾驶位（见图7-1）。

在主人亲自开车时，双排座轿车的座次安排原则是，前排为上，后排为下，右侧为上，左侧为下。此时，第一客人可在副驾驶位置就座，其他随员在后排（见图7-2）。

吉普车无论驾驶的人是专职司机还是主人，副驾驶位均为上座。但一般情况下不用于正式的公务迎送活动。

大型客车的座次安排较为随意，但一般应在主客方随员就座后，最后请第一主人和第一客人上车，下车时顺序则相反。

以小型客车接送客人时，一般要请客人先上车，迎送或接待人员待客人全部上车就座后方可上车。到达目的地停车后，迎送或接待人员先下车开门，再请客人下车。若客

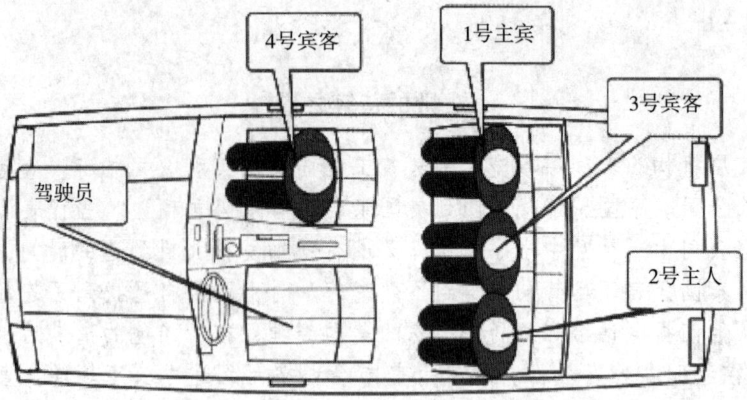

图 7 –1　专职司机开车时双排座轿车的座次安排

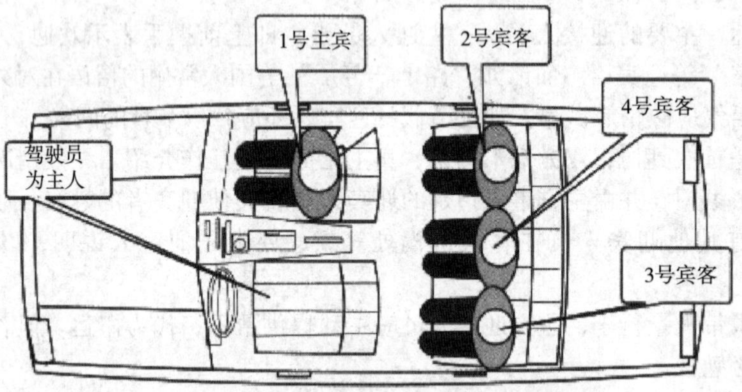

图 7 –2　主人亲自开车时双排座轿车的座次安排

人乘坐的是轿车，迎送或接待人员则在客人上下车时，一手拉开车门，一手遮挡车门框上沿，以防客人碰头，但有两种客人要注意不能遮挡，一是伊斯兰教教徒，二是佛教教徒。

陪同乘车时要特别注意以下两点：

（1）主人亲自驾车时，前排座位绝不能空着，若同坐多人，中途坐前座的客人下车，后面坐的客人应改坐前座。

（2）正式场合中应该引导客人坐上座，但客人上车后无论坐哪个座位都不算错，不要纠正并请他挪动位置。

案例 7 –2

坐车不注意位次，错失升职良机

某公司的小刘年轻肯干，点子又多，很快引起了总经理的注意并拟提拔其为营销部经理。为了慎重起见，总经理决定再进行一次考察。恰巧总经理要去省城参加一个商品交易会，需要带两名助手，总经理选择了公关部的王经理和小刘一同前往。小刘自然非常看重这次机会，也想寻机好好表现一下。

出发前，由于司机小张先行乘火车到省里安排一些事务，尚未回来，所以，他们临时改为搭乘董事长驾驶的轿车一同前往。上车时，小刘很麻利地打开前车门，坐在了驾车的董事长旁边的位置上，董事长看了他一眼，但小刘并没在意。

车上路后，董事长驾车很少说话，总经理好像也没有兴致，似在闭目养神。为活跃气氛，小刘寻了一个话题："董事长驾车的技术非常不错，有机会也教教我们，如果都自己会开车，办事效率肯定会更高。"董事长专注地开车，不置可否，其他人均无应和，小刘感到没趣，便也不再说话。一路上除董事长向总经理询问了几件事，总经理简单作答外，车内再也无人说话。到达省城后，小刘悄悄地问王经理："董事长和总经理好像都有点不太高兴?"王经理告诉他原委，他才恍然大悟："噢，原来如此。"

会后，从省城返回，车子改由司机小张驾驶，王经理由于还有些事要处理，需在省城多住一天，同车返回的还是四人。小刘想，这次不能再犯类似的错误了。于是，他打开前车门，请总经理上车，总经理坚持要与董事长一起坐在后排，小刘诚恳地说："总经理您如果不坐前面，就是不肯原谅来的时候我的失礼之处。"并坚持让总经理坐在前排才肯上车。

回到公司，同事们都知道小刘这次是同董事长、总经理一起出差，猜测着肯定是要提拔他，都纷纷向他祝贺，然而，提拔一事却一直没有人提及。

（资料来源：张锡东．社交礼仪［M］．北京：清华大学出版社，2009.）

二、迎送过程中的其他相关礼仪

（一）引领客人的礼仪

在迎送客人的过程中，凡请客人进入休息厅休息、到达下榻处进入客房、宴请或参观等，一般都应由指定的礼宾人员、迎送人员或接待人员引领。引领人员一般应在客人的外前侧，与客人保持 2 ~ 3 步的距离，身体正面与客人的身体正面约成 130 度角。引领者不可独自在前，将臀部正对着客人。引领者的步伐和行进速度应照顾到客人的具体情况。上楼时，引领人员应在外侧行走，请客人在靠近扶手的内侧行走；下楼时，可走在客人的前侧方，以便在出现可能的意外情况时，为客人提供即时的帮助。当走到拐弯处，应停下脚步，手指并拢，掌心向前，向客人示意正确的方向，在到达目的地门口时，应开门礼让，请客人先进，主人后进，其他迎送人员跟随其后。

（二）同乘电梯的礼仪

在陪同客人乘电梯时，若为有专人值守的电梯，应请客人先行进出电梯，不得自己先行。若无专人值守，引领者可先进电梯，之后再请客人进入，到达目的楼层后，引领人员或接待人员应站在操作按钮的前面位置上，请客人先行。

（三）日常陪同时的位置关系

陪同客人时，一般认为在主人的右侧为上位，无论是行走还是入座，主人都应在客人的左侧。若陪同上司同行，国际通行的原则是下属在上司的左侧或后面。当你与上司一起送客时，你应比上司稍后一步。

（四）住宿的安排

对公务客人的住宿安排要符合接待规格。迎送人员陪同到达下榻处后，应将客人引领至事先安排好的客房，并协助客人办好入住登记手续。客人入住后，要把就餐地点和时间告诉客人。重要客人应由专人陪同到餐厅就餐。

客人初到，一般不宜马上安排活动，迎宾人员也不要久留，应让客人稍作休息、洗漱、更衣。但可将来访的日程安排及要求事项向客人通报，征求他们的意见，并尽可能地向客人提供有关资料，约定接下来的见面时间、地点和联系方式。

（五）返程车船票的预订

条件允许的情况下，可以事先为客人预订返程车票、船票或飞机票，或提供购票便利。若主人无力解决此类问题，要尽早通知客人，免得客人措手不及。为客人代购车票、船票、机票后，应向客人告知返程车次、航班的时间及其他相关情况。

（六）送别客人

为客人送行时，若到客人住地送行，其时间可在客人返程的当天，也可以在前一天。在客人返程的当天送行，主方送行人员应尽可能亲自到机场、码头或车站与客人道别，并祝客人一路平安，表达欢迎客人再来的热情，恭送客人登机（车、船），并在火车、轮船启动后再挥手，目送客人远去。送客至机场，应待客人通过安全检查处之后再返回。

（七）上下级到访

迎接上级领导的检查指导或有下属部门来访也是常见的公务活动，此时除应注意一般的公务接待礼仪外，还应特别注意：领导了解情况，要如实回答；如领导是来慰问，要表示诚挚的谢意；领导告辞时，要起身相送，互道再见。

下级来访，接待要亲切热情。除遵照一般来客礼节接待外，对反映的问题要认真听取，一时解答不了的要客气地回复。来访结束时，要起身相送。

（八）公务引见时的礼仪

到办公室来的客人与领导见面，通常由办公室的工作人员引见、介绍。在引导客人去领导办公室的路途中，工作人员要走在客人左前方数步远的位置，忌把背影留给客人。在陪同客人去见领导的这段时间内，不要只顾闷头走路，可以随机讲一些得体的话或介绍一下本单位的大概情况。

在进领导办公室之前，要先轻轻叩门，得到允许后方可进入，切不可贸然闯入，叩门时应用手指关节轻叩，不可用力拍打。进入房间后，应先向领导点头致意，再把客人介绍给领导，介绍时要注意措辞，应用手示意，但不可用手指指着对方。介绍的顺序一般是把身份低、年纪轻的介绍给身份高、年纪大的；把男同志介绍给女同志；如果有好几位客人同时来访，就要按照职务的高低，按顺序介绍。介绍完毕走出房间时应自然、大方，保持较好的行姿，出门后应回身轻轻把门带上。

（九）接待来访的礼仪

接待来访者也是公务人员在公务活动中的一项经常性的工作。公务人员在接待来访者的过程中的礼仪表现，不仅关系到他本人的形象，而且还涉及他所代表的金融组织形象。因此，接待来访礼仪历来受到重视。

1. 接待人员对来访者，一般应起身握手相迎，对上级、长者、客户来访，应起身上前迎候。对于同事、员工，除第一次见面外，也可不起身。

2. 不能让来访者坐冷板凳。如果自己有事暂不能接待来访者，应安排秘书或其他人员接待客人，不能冷落了来访者。

3. 要认真倾听来访者的叙述。公务往来是“无事不登三宝殿”，来访者都是为了谈某些特殊的事情而来，因此应尽量让来访者把话说完，并认真倾听。

4. 对来访者的意见和观点不要轻率表态，应思考后再作答复。对一时不能作答的，可约定时间以后再联系。

5. 对能够马上答复的或立即可办理的事，应当场答复，迅速办理，不要让来访者无谓地等待，或再次来访。

6. 正在接待来访者时，有电话打来或有新的来访者，应尽量让秘书或他人接待，以避免中断正在进行的接待。

7. 对来访者的无理要求或错误意见，应有礼貌地拒绝，不要刺激来访者，使其尴尬。

8. 如欲结束接待，可婉言提出，如“对不起，我要参加一个会，今天先谈到这儿，好吗?”等借口，一般不提倡用起身等体态语言或皱眉等表情语言告诉对方就此结束谈话。

【综合实训】

小邓在一家企业给业务部王经理当秘书。一次，在与一位重要客人谈判之后，由于接下来还有一个会议，王经理不能亲自开车送客人，于是就让司机把客人送往车站。客人一拉开前排车门，就坐在副驾驶的位置上，小邓一看，忙说：“您应该坐在后面，上座在后排。”王经理赶紧说：“没关系，您坐在这儿也行。”

问题：小邓和王经理的做法哪些方面存在问题?

子任务1－2　公务会议礼仪

【知识准备】

公务会议是现代社会组织为解决重要问题，协调内外部关系，加强交流与合作而普遍采用的方法，也是人们经常性参与的公务活动。公务会议的类型很多，目的不同，其要求解决问题的重要程度也有所不同。因此，不同规格或类型的公务会议也有不同的礼仪要求，会务工作的繁简与会议的规模、内容、级别密切相关。一般来说，公务会议的规格越高，规模越大，内容越重要，会务工作就越多，礼仪要求也越严格。

一、会议的筹备及安排

公务会议的成功与否与会前的筹备工作密切相关。这一点在大型或重要的会议中尤其重要，会前筹备工作的内容主要包括如下几个方面。

（一）成立会议筹备组

凡规模较大、规格较高、影响范围较广、事关一方大局的重要会议，一般都会在会前成立会议筹备组或会务组，且要有专职人士担当会议筹备组或会务组的负责人。通常情况下，会议筹备组或会务组的负责人也是此次会议的主持者。这种安排便于其更好地熟悉、掌握整个会议的各项相关工作的安排，并根据需要对会议日程的安排提出重要的调整意见。

会议筹备组或会务组一般可下设两个职能部门：一个是秘书处，主要负责文字材料及会议宣传的准备；一个是会务处，负责秘书处工作职业以外的会前准备工作、会议接待、会中服务和会后的送行等事项。会议的筹备工作要制订一个完整的筹备计划和日程计划，筹备的主要负责人要随时掌握各项准备工作的进程和落实情况，并与两个下属职能部门及时沟通信息，保证各项会议筹备工作全部按时完成。

实际工作中，并非所有公务会议均需设置专门的会议筹备组，凡属组织内部召开的会议，如领导班子会议，研究、汇报或布置工作的会议，一般无须成立会议筹备组，只要有一个明确的主题、程序和主持人就可以了，具体的会务准备工作可交由相关的办公室工作人员负责，在此类会议上的礼仪也没有过多的讲究。

（二）会议筹备组开展会前准备工作

会务工作由会议筹备组或会务组全面负责，其主要工作有以下几个方面。

1. 拟发会议通知。会议召开前，要提前拟好并发出会议通知，以便使参加者有所准备。发放会议通知时应阐明召开此次会议的目的，同时写明会议的开闭会时间、会议地点、会议主题、日程安排和参加对象，会期超过一天的还应写明食宿安排等。根据会议的内容及范围，会议通知可以采用张贴广告的形式，也可以邮寄、传真或通过网络发布。

2. 布置会场。会场的大小，要根据会议的内容、性质和参加会议的人数多少而定。会场的布置应与会议的性质及内容相称，如庆祝性会议应布置得喜气洋洋，气氛相对轻松；座谈性及协商性会议的会场布置应体现出和谐、平等的气氛。在一些大型会议的会场门口或门前应悬挂带有欢迎字样的条幅，重要性会议有时还应在门前或广场悬挂带有祝贺性、鼓动性、号召性的条幅和气球。

如果会场不易找到，应在会场附近设立路标。会场内主席台前上方一般应挂有红底白字的会标横幅。

布置会场时还应注意环境颜色对与会者的心理影响。条件具备的情况下，可在会场布置相应的花卉、盆景，以烘托会议的气氛。

在我国召开的国际性会议，按惯例会标上应有中、英两种文字，且中文在上，英文在下。会场的两侧、四周或与主席台相对的墙面上也可布置一些号召性或鼓动性标语。

会场及座位的布置应根据会议的性质、内容、规格和人数等情况来确定，常见的布局形式有“O”形、“U”形或“山”字形、“T”形、授课形等。授课形布置适用于大中型会议，其他形式布局适用于小型会议。

“O”形布置：这种布局通常用于规模及会者身份都较高的国际会议，会议人数不多，而且会议不具有谈判性质。采用这种布局形式或直接使用椭圆形桌，与会者围桌而坐，表示彼此地位平等，可避免出现席次上的争议。

“U”形或“山”字形布置：此种布置适用于带有一定协商、讨论性质的会议，与会者身份不完全相同，但差别不大。一般在主席台前安排领导人就座。

"T"形布置：这种形式适用于发布决定或布置任务的会议，主席台前就座的一般只有一个人，最多不超过三个。

授课形布置：这种形式适用于大型会议或报告会、讲座会。会议的主席台成员、报告人或讲学者在主席台就座，台下不摆设长台，只整齐摆放若干排靠背椅或扶手椅，面向主席台。这种布置的特点是可在有限的空间里容纳最多的与会者或听众。

大型或重要的会议通常都设立主席台，尤其是在程序上有开幕式或闭幕式的会议更是如此，与会的党政府领导或来宾以及主办机构的领导者在主席台就座。主席台座位的摆列方法是职务最高的领导人或贵宾居中，在主席台就座的其他人员按其地位或职务高低左右交叉依次排列，并在各自的座位前摆放座位卡。在我国举办大型国际会议时，座位卡上也需要用中、英文两种文字，同样是中文在上，英文在下。座位卡应提前制作或摆放。此时除职位最高者依然居中外，其他在主席台就座的与会者的座次则按国际惯例右高左低依次排列。

案例 7－3

不注意会议的座次礼仪造成的尴尬

某分公司要举办一次重要的会议，请来了总公司总经理和董事会的部分董事，并邀请当地要员和同行业知名人士出席。由于出席的重要人物较多，分公司领导决定用 U 字形的桌子来布置会议桌。分公司领导坐在位于长 U 字横头处的下首，其他参加会议者坐在 U 字的两侧。在会议的当天开会时，贵宾们都进入了会场，按安排好的座签找到自己的座位就座。当会议正式开始时，坐在横头桌子上的分公司领导宣布会议开始，这时发现会议气氛有些不对劲，有贵宾互相低语后借口有事站起来要走，分公司领导人不知道发生什么事或出了什么差错，非常尴尬。

会议中的座次非常重要，如安排不当，或不符合国际惯例，会招致非议，甚至引起争议和交涉，影响宾主之间的关系。该分公司领导的座次安排就出现了错误，上下位颠倒，造成宾客纷纷离席。因此，在安排座次时，应符合国际惯例，严格遵守礼仪规则，要充分考虑活动的性质、内容和参加活动成员的威望、资历、年龄，甚至其宗教信仰、所从事的专业以及当地风俗等。

（资料来源：赵永生．大学生礼仪［M］．北京：冶金工业出版社，2008.）

3. 调试设备。会议前需要对音像设施、灯光系统进行检查和调试，以保证会议期间正常使用。

4. 做好预算。在会务筹备中，应根据各项会务工作的经费支出需要编制费用预算。会议预算一般包括场地费、会议布置费、文件印刷费、文书用品费、交通费、通信费、茶点饮料费、食宿费、礼品费等。

（三）会议迎送工作

凡会期较长、规格较高、影响范围较广的会议，都应该安排专门人员负责在与会者到达之日前往车站、码头、机场等处迎接，并陪同他们前往下榻处或办理报到手续。

迎接的人必须提前到达车站、码头或机场，在出口处显眼的位置，手持书有"欢迎参加××会议代表”字样的标牌，迎接与会者的到来。

一般情况下，在会议结束前，会务组应负责为与会者代购返程的车票、船票、机票，会议结束离去时送他们到车站、码头或机场。这不仅是为了与会者的方便，也是对他们的一种礼遇和尊重。如果是国际会议，还应根据与会者的身份确定相应的接待规格。

（四）其他准备工作

为了保证公务会议的顺利进行，圆满地达成预期效果，为与会者提供周到的服务是必不可少的。根据会议主办者的条件，可在会议进行期间设立临时休息厅，衣帽间，也可组织与会者在会议间隙参与有益身心的放松活动，举办轻松的联谊活动，拍摄集体照等。这些工作也需按照日程和计划的安排，做好相应的准备工作。

为公务会议设立的临时休息厅应设于会场外，可摆放沙发、茶几、靠背椅、圆桌等，设吧台，为会议前和会议中向休息的与会者提供饮品。同时配置适量的服务人员，并提前做好包括培训在内的相关准备工作。

衣帽间是专门为与会者提供衣帽和随身物品存放的工作间，应设在会场入口附近，以方便与会者衣物的存取。衣帽必须有专人负责，工作间内设有物品架和衣帽架，存取衣物均有手续，尤其要注意与会领导的衣物，一定要放在显眼处，以便散会时领取。另外还要注意不要弄脏存放的衣物。为公务会议设立的衣帽间不仅为与会者提供了便利，同时也会使会场更为整洁有序。

公务会议期间或会议结束时可安排一些参观游览活动。凡日程中安排有会议旅游的，都应事先向与会者通报有关旅游的一切事项，包括游览的景点、交通工具、集中上车的时间、地点、费用及安全事项等。还应事先聘请好导游，安排好陪同人员，尤其要注意必须保证游览过程中的人身安全。由政府部门组织的公务会议在安排参观旅游活动时应充分考虑其必要性，以避免国家资源的浪费。

有些公务会议议程较为紧张，为了帮助与会者放松身心，提高工作效率，可在会议间歇时适当安排一些有益身心的放松活动或举办一些相当轻松的联谊活动。这样既缓解了与会者的压力，又可以达到交流感情、增进友谊、加强联系的目的，丰富了与会者的会余生活。大多数正式的公务会议都会在会议期间拍一张与会成员的集体照，以作纪念。拍摄的时间最好选择在会议的闭幕式前后。拍摄集体照时，第一排通常是主席台成员，其排列顺序与主席台的座次排列一致。以后几排的排列一般是主办单位的人员。洗印好的集体照，应尽早发放给与会者，并做到每位与会者人手一张。

还应注意的是，在高效率的社会环境中，每个人的生活、工作节奏都很紧张，时间都很宝贵，因此，公务会议的会期宜紧凑。开马拉松式的长会，往往会出现上面鸿篇大论，下面交头接耳、哈欠不断的景象。所以，“短小精悍”，有效地利用时间，讨论实质性的问题，也应视为公务会议礼仪中十分重要的一条。这一点在公务会议的准备阶段就应有清醒的认识。

二、公务会议主持人的礼仪

公务会议的主持人一般由具有一定职位的人来担任，也称会议主席，在小型会议中又称为召集人。凡设有主席团的则由主席团成员或常务主席轮流担任会议主持人，所以亦称会议执行主席。

主持人的主要职责是负责按会议议程，当场全权组织和推进会议，具体职责包括：事先熟悉和掌握会议议程，使会议严格按议程规定进行；提醒与会者理解本次会议的宗旨和目的，保证会议进程不偏离主题；引导与会者发言，维持会场秩序；控制会议时间进度，按时开始，按时结束。

公务会议主持人需要注意的礼仪规范包括以下几个方面。

(一) 主持人的仪容、仪表

公务会议的主持人在主持会议时的仪容、仪表对与会者和会议气氛都有直接影响，甚至会影响整个会议的进程。原则上公务会议的主持人在主持会议过程中言行应符合身份，自然、大方、得体。

1. 主持人的衣着。公务会议主持人应衣着整洁，大方庄重，切忌不修边幅，邋里邋遢。通常可着正装，男士的正装为深色西服套装，女士的正装为裙装。

2. 主持人的步态。公务会议主持人在会前步入主持位置时，步伐应刚劲有力，表现出胸有成竹、沉稳自信的风度和气质。行进的速度不宜过快或过缓，以免给人慌张或拘谨的印象。

主持庄严、隆重的会议时，主持人的步频一般为每秒 2 步左右，并保持自然的步幅；主持欢快、热烈类的会议时，主持人的步频可稍快，以每秒 2～2.5 步为好，步幅稍小于正常步幅；日常的工作会议主持，可视会议内容具体情况确定步频和步幅。行进中应挺胸抬头，目视前方，自然摆臂。公务会议的主持人在行进过程中，可向熟悉的人点头致意，但在严肃的重要会议会前，不要与人打招呼，一般也不宜用挥手的方式向熟人打招呼。

公务会议的主持人迟到是不可原谅的原则性错误，严重违反礼仪规范的要求。但在极特殊情况下因故迟到时也应注意不要立即破门而入，脸红气粗地开始主持工作，而应沉着应对。向等候者道歉并简要说明原因，求得大家谅解，再开始主持会议。

3. 主持人的坐姿。公务会议的主持人在主持工作会议、讨论会、座谈会、表彰会、对话会及记者招待会等会议时多采用坐姿。要注意保持坐姿端正，腰板挺直，表情自然，面对前方，不能前倾或后仰。主持中不能出现用手抓头、揉眼、搔脸、托腮、抠鼻孔、挖耳朵的不雅动作，也不宜不停地喝水或饮料，摆弄随身物品。

4. 主持人的站姿。站立主持公务会议时，要注意并拢双腿，挺直腰背，目视前方，身体不宜晃动，亦不可随意抖动双腿。脱稿主持能显示主持人的基本素质和对会议的重视程度，但若对主持内容不够熟悉，不能脱稿主持也可以持稿完成主持工作。此时应注意，右手持稿件底部中间，左手五指自然并拢下垂在体侧；在有风的天气里，可以双手持稿与胸腹等高。

5. 主持人的手势。正式的公务会议主持人在讲话时一般不用手势。但在主持一些小型会议或非正式会议时，可以用适当的手势，但动作不宜过大。

(二) 主持人的语言表达

公务会议对主持人语言表达的总体要求是口齿清晰、语言简练准确、有较强的逻辑性，符合主持程序。一般不需过多的感叹和抒情，更不可随意发挥个人的幽默感。

公务会议的主持人，必须明确会议目的，从会议开始到会议结束，一切语言表达都应紧紧围绕会议目的的主题。如开座谈会、讨论会，主持人要阐明会议宗旨和所要解决的问题，严格掌握会议进程，问题的焦点要让大家畅所欲言；会议出现僵局要善于引导，出现冷场、空场，要马上补白；不应蛮横地对持不同意见者，直接予以否定，更不能以动作、表情等非语言符号表示自己的不满。而应以平静的口气、客观的事实阐述自己的意见，使人心服口服。

（三）主持的程序

公务会议主持的基本程序一般包括如下六项内容。

1. 主持人致辞。公务会议开始，通常是主持人作简单的自我介绍，让大家了解主持人的身份和姓名。但组织内部的公务会议一般不需自我介绍这一环节，接下来是主持人致辞，公务会议主持人的致辞要求语言朴实、准确、简练。致辞中应包括对出席会议的主要领导和重要贵宾的介绍，对他们要以职务称或职衔称相称，姓名和身份要清晰无误，介绍时以职务或级别高低为序，介绍应全面，而不应仅介绍其中一部分，余者以“等”字来替代。主持人在致辞中还应宣布会议的目的和注意事项。要注意与会议事先确定的口径一致，一般不做过多解释。

2. 请演讲人演讲或作报告。在一般性公务会议上，只需对演讲人发出邀请，不必做特别介绍，可以说：“下面请×××单位（或部门）的×××先生（或称职衔、职务）为我们演讲。”但在听众对报告人不熟悉的情况下，主持人有必要向大家做较为详细的介绍，以使与会者了解演讲人的背景及请其演讲的缘由。注意，此类介绍的时间不宜过长，一般以不超过三分钟为宜。

在演讲人发言时，主持人应在一旁静听，并保持中立态度，不应对报告内容表现出任何倾向性。但当会场秩序出现问题时，主持人有权提示听众席上的相关人员停止有损会议秩序的行为，维持良好的会场秩序。

如演讲人的演讲超过规定时间，主持人可以发出适当的提醒，但要轻声，并注意用婉转的语气，这既是尊重其他与会者，也是为了保证会议能按照规定的议程进行。

3. 组织与会者对报告进行提问和讨论。演讲结束时，主持人应对演讲人表示感谢，并宣布进行提问和讨论。为保持会场秩序，主持人应说明提问的方式和规定的时间，但所有提问和发言都必须围绕主题。有人偏离了主题，主持人应礼貌地提醒；如出现激烈争论，主持人应设法让大家恢复平静并在相互尊重的气氛中来继续有益的讨论；如出现冷场，主持人应设法诱导，以活跃气氛。主持人有责任确保提问或讨论控制在规定的时间内。

4. 礼节性的肯定演讲内容。对于价值较高的演讲或报告应用恭敬、诚恳的语气进行赞美；对于一般性的报告也应给予礼貌性的肯定，并对演讲人再次表示感谢。如接下来还有其他人的演讲，就应继续介绍第二位演讲人，请其演讲。

5. 宣布会议结束。主持人应在预定时间宣布会议结束，在正式宣布结束会议之前，主持人应对会议做简要的总结。如就某些问题大家达成一致意见，在总结时应予以重申；对前来出席会议或提供帮助的单位和个人及协助组织会议的工作人员表示感谢。

6. 编写和分发会议简报。公务会议结束后，主持人应组织会务组人员根据会议期间的会议记录或录音资料编写会议简报，并安排专人将其分发给所有与会者。

三、公务会议中一般与会者的礼仪

公务会议中的一般与会者在绝大多数情况下扮演的是听众的角色，听众是一般公务会议的主体，他们的表现直接影响着会议的气氛、形象、秩序和效果。因此对一般与会者也有一定的礼仪要求。合适的仪表，遵守会议纪律，尊重主持人、演讲人及其他与会者是听众礼仪的基本要求。

（一）注意个人仪表

仪表往往是人际交往中给人的第一印象，而会议又是多人聚集的场合，为了自身的形象和对他人的尊重，与会者必须注重自己的仪表。仪表整洁是对会议出席者的最基本的礼仪要求。公务会议属正式场合，多数情况下要求与会者着正装出席，男士一般可穿深色西服套装，女士穿套裙、长裙或裤装，忌奇装异服，但有传统民族着装习惯的少数民族同胞的特殊服饰穿着不在此列。出席公务会议时，不论男女都应该注意自己发型的梳理和个人卫生。女士不宜佩戴过多的饰品，不要浓妆艳抹；男士一般应将胡须刮净。入场后应脱帽、摘下墨镜，大衣和长外套可存放在衣帽间。

（二）遵守会议纪律

遵守会议纪律是每个听众都应做到的，这既是维护会场秩序的需要，也是对会议组织者及其他与会者的尊重。为此，听众应做到按会议规定的时间准时入场，进出有序，依会议安排落座；会议中途不随意进出，因特殊原因确需中途退场时，应轻手轻脚，不影响他人；关闭手机，不在会场内使用手机；不大声喧哗，保持会场安静，自觉维护会场秩序；不无故中途退场，如需退出应向会务组请假并说明原因；会议进程中要集中精力认真听讲，不要私下小声说话或交头接耳，不打瞌睡，不做与会议无关的其他事情。

（三）尊重主持人、演讲人

参加会议必须服从会议组织者和主持人的安排，并对主持人的提议作出积极的回应。在提问或讨论阶段，要注意提问和发言方式，不伤害和攻击别人，即便自己有不同的观点或意见，也应在平和的氛围中与对方进行对话和商讨。演讲结束，听众应报以热烈的掌声，以此向演讲人表示赞赏和感谢。如需要在会场上发言，还应注意发言礼仪。

四、会议发言的礼仪

会议发言有正式发言和自由发言两种，前者一般是领导报告，后者一般是讨论发言。正式发言者，应衣冠整齐，走上主席台应步态自然，刚劲有力，体现一种成竹在胸、充满自信的风度与气质。发言时应口齿清晰，讲究逻辑，简明扼要。如果是书面发言，要时常抬头扫视一下会场，与听众做适当的目光交流，不能简单地低头读稿，旁若无人。发言完毕，应对听众的倾听表示谢意。

自由发言则较随意，但也要注意，发言应讲究顺序和秩序，不能争抢发言；发言应简短，观点应明确；与他人有分歧时，应以理服人，态度平和，听从主持人的指挥，不能只顾自己。

如果有会议参加者对发言人提问，应礼貌作答，对不能回答的问题，应机智而礼貌地说明理由，对提问人的批评和意见应认真听取，即使提问者的批评是错误的，也不应失态。

五、赞助会、展览会、签字仪式礼仪

（一）赞助会礼仪

赞助是指组织对某一社会事业、事件无偿地给予捐赠和资助，从而扩大组织的知名度与美誉度，树立组织美好形象的活动。赞助会是某项赞助举行时采用的具体形式。

赞助对组织的发展具有特殊而重要的意义：提高组织的知名度，使组织的名字伴随所赞助的事件一起传播；提高组织的美誉度。由于赞助活动所赞助的往往是社会大众所关注的、想支持的事业，因此赞助可以树立一个组织关心公益事业的良好形象，改变营利性组织“唯利是图”的商人形象，履行组织的社会责任。社会每个成员都应救灾扶贫，支持公益事业，而赞助活动正体现了组织在履行社会责任和义务方面的积极态度。

1. 赞助会的类型。赞助活动的类型很多，常见的赞助类型有以下几种。

（1）赞助体育事业。赞助体育事业主要包括为体育馆捐赠和赞助大型体育比赛，其中以后者居多。因为体育比赛是当今的社会热点之一，对其进行赞助，往往可使本单位名利双收，一举两得。

（2）赞助文化活动。赞助文化活动主要是指赞助电影、电视节目的制作，赞助广播节目、报刊开辟专栏，赞助文艺表演，赞助知识竞赛、艺术节、文化节等大型文化活动。不仅有助于社会主义文化事业的发展，有助于全民族文化素质的提高，也有助于培养组织和公众的良好情感，提高组织的知名度。

（3）赞助教育事业。赞助教育事业有利于教育事业的发展，也会使组织从中受益。赞助教育的方式主要有赞助设立奖学金，赞助学校教学、科研经费、仪器设备、基本建设经费，赞助社会办学等。

（4）赞助社会福利事业。赞助社会福利事业主要是指为贫困地区、残疾人、孤寡老人和荣誉军人等提供帮助的活动，体现了组织高尚的道德品质，也是组织向社会表明其承担社会义务和责任的手段。

2. 赞助的物品。赞助单位向受赞助单位和个人提供的赞助物品主要有四类。

（1）金钱。赞助单位以现金或支票的形式，向受赞助者提供赞助。

（2）实物。赞助单位向个人以一种或数种具有实用性的物资形式，向受赞助者提供赞助。

（3）义卖。赞助单位或个人将自己所拥有的某种物品进行拍卖。或划定某段时间在本单位或其他场所进行义务劳动和有偿劳动，然后以劳务的形式或以劳动所得提供赞助。

（4）义工。赞助单位或个人派出一定数量的员工，前往受赞助者所在单位或其他场所进行义务劳动或有偿劳动，然后以劳务的形式或以劳动所得提供赞助。

3. 赞助会组织。举行赞助活动往往需要先将有关的事宜公告于社会，并需要策划以赞助为主题的赞助会，尤其是大型赞助大都必不可少。赞助会一般由受赞助者操办，也可由赞助者操办。

（1）场地的布置。赞助会的举行地点，一般可以选择受赞助者所在单位的会议厅，也可租用社会上的会议厅。会议厅要大小适宜，干净整洁。会议厅内，灯光亮度适宜。在主席台的正上方，悬挂一条大红横幅，在其上面应以金色或黑色的楷书书写“某某金融机构赞助某某项目大会”，或者“某某赞助仪式”的字样。赞助会会场的布置不可过度豪华张扬，略加装饰即可。

（2）人员的选择。参加赞助会的人员既要有充分的代表性，又不必在数量上过多。除了赞助单位、受赞助单位双方的主要负责人及员工代表之外，赞助会应当重点邀请政府代表、社区代表、群众代表以及新闻界人士参加。所有参加赞助会的人士，与会时都有身着正装，注意仪表，个人动作举止规范，以与赞助会庄严神圣的整体风格相协调。

（3）会议的议程。赞助会的具体议程应该周密、紧凑，其全部时间不应超过 1 小时。其议程如下。

①宣布会议开始。赞助会的主持人，一般应由受赞助单位的负责人或公关人员担任。在宣布正式开会之前，主持人应恭请全体与会者各就各位，保持肃静，并且邀请贵宾到主席台上就座。

②奏国歌。此前，全体与会者须一致起立。在奏国歌之后，还可奏本单位标志性歌曲。

③赞助单位正式实施赞助。赞助单位代表首先出场，口头上宣布其赞助的具体方式或具体数额。然后，受赞助单位的代表上场。双方热情握手。接下来，由赞助单位代表将标有一定数额的巨型支票或实物清单双手捧交给受赞助单位代表。必要时礼仪小姐要为双方提供帮助。在以上过程中，全体与会者应热烈鼓掌。

④双方代表分别发言。首先由赞助单位代表发言，其发言内容，重在阐述赞助的目的与动机。与此同时，还可将本单位的简况略作介绍。然后由受赞助单位代表发言，集中表达对赞助单位的感谢。

⑤来宾代表发言。根据惯例可以邀请政府有关部门的负责人讲话。其讲话主要应肯定赞助单位的义举，呼吁全社会积极倡导这种互助友爱的美德。该项议程有时也可略去。至此赞助会结束。

⑥会后，双方主要代表及会议的主要来宾，应合影留念。此后，宾主双方稍事晤谈，来宾即应告辞。

（二）展览会礼仪

展览会是指企业为了介绍本单位的业绩，展示本单位的成果，推销本单位的产品，采用集中陈列实物、文字、图表、影像资料等方式而组织的营销宣传活动。

组织展览会，主办单位通过实物、图片、现场讲解加深参观者的印象，强化宣传效果。主办单位还可以通过与参观者面对面的接触，听取公众的意见，达到和目标公众进行双向交流沟通的目的。另外组织有特点的展览会，能引起媒体关注，借助媒体的宣传，提高自己的知名度，扩大影响。

1. 展览会的组织工作。一般的展览会，既可以由参展单位自行组织，也可以由专门机构出面组织，不论哪种组织方式，组织者都必须认真、细致地做好各项具体工作，使展览会取得满意的效果。

2. 明确展览会的主题。任何一次展览会都应有一个鲜明的主题，如此，才能明确展览会的对象、展览会的规模、展览会的形式等问题，并以此来进行展览会的策划、准备和组织实施，使展览会的宗旨和意图更加突出。

3. 确定时间、地点。在选择展览会举办的时间、地点时，要针对展览会的目的、对象、形式以及效果等多种因素综合考虑。展览会的目的是要在本地区扩大影响就在本埠举行，要在全国扩大影响就在有影响力的地市和地区举行。另外，还应注意交通、住宿是否方便，辅助设施是否齐全等问题。时间的选择要对参观方和主办方都有利，并与商品的淡旺季相匹配。

4. 展览内容的宣传。展览会前，主办单位应设计好展览会的会徽、会标及相关的宣传标语，并就此对展览会的主题、内容、时间、地点做广泛的宣传，吸引各界人士的注意和兴趣。除此之外，主办单位还应成立一个专门的新闻发布组织，负责与新闻界的联系，提供有价值的新闻资料，以扩大影响范围，增强展览会的效果。

5. 展览会的布展制作。对展览会的组织者来讲，展览会现场的规划与布置是非常重要的。该项工作具体包括展位的合理分配，文字、图表、模型与实物的拼接组装，灯光、音响、饰件的安排，展板、展台、展厅的设计与装潢等。布展的效果应与展出的物品合理搭配、互相衬托、相得益彰，有效地突出展览会的主题。

6. 展览会的礼仪要求。主办单位的工作人员要注意自己的形象，穿着庄重。一般统一着装，胸前佩戴标明本人单位、姓名、职务的胸卡，礼仪小姐应穿着色彩鲜艳的单色旗袍，胸披写有参展单位或其展品名称的红色绶带。

主办单位的人员要用热情、诚恳的态度接待每一位参观者，当参观者进入展厅时要主动与之打招呼，以示欢迎。对于参观者提出的问题要做到百问不烦，认真回答，不允许对参观者的提问置之不理。当参观者离开时，工作人员应主动与其道别。

展览会期间主办单位的工作人员要恪尽职守、各尽其责，不得东游西逛，更不允许在参观者到来时坐卧不起，怠慢对方，对于个别不遵守规则、乱摸乱动展品的参观者，要以理相劝，必要时可请保安人员协助，避免与参观者直接发生冲突。

展览会期间，讲解员要注意语言流畅、语调清晰、声音洪亮，对于介绍的内容要实事求是，并突出自己展品的特色，必要时还可做一些现场示范。讲解完毕，应对听众表示谢意。

（三）签字仪式礼仪

签字仪式是营销活动中合作双方或多方经过协商或谈判，就彼此之间进行营销活动、商品交易或某种争端达成协议订立合同后，由双方代表正式在有关的协议或合同上签字的一种仪式。签字仪式应注意以下几个环节。

1. 待签文本的准备。举行签字仪式时，文本一旦签字就具有法律效力。因此，对文本的准备一定要慎重，符合要求。

当洽谈或谈判结束后双方应指定专人按谈判达成的协议做好待签文本的定稿、翻译、校对、印刷、装订、盖印等工作。在准备文本的过程中，除要核对谈判协议条件与文本的一致性外，还要核对各种批件，主要是项目批件、许可证、用汇证明等是否完备，合同内容与批件内容是否相符等。审核文件，必须对照原稿件，做到一字不漏，对审核中发现的问题，要及时互相通报，通过再协商，达成一致意见，并相应调整签约时间。在协议或合同上签字的有几个单位，就要为签字仪式提供几份文本。如有必要，还应为各方提供一份副本。与外商签署有关的协议、合同时，按照国际惯例，待签文本应同时使用宾主双方的母语。

待签文本通常应装订成册，并以真皮、仿皮或其他高档质料作为封面，以示庄重。其规模一般是大 12 开，所使用的纸张务必高档，印刷要精美。

2. 签字人员的安排。举行签字仪式之前，有关各方应事先确定好参加签字仪式的人员，并向有关方面通报，客方要将出席签字仪式的人数提前通报给主方，以便主方做好安排。主签人员的确定随文件性质的不同而变化，有的由企业上级主管主签，有的由企业主要管理者主签，不管怎样，双方主签人的身份应大体相当。参加签字的各方，事先还要安排一名熟悉仪式程序的助签人员，签字时给文本翻页，并指明签字处，防止漏签。其他出席签字仪式的陪同人员，基本上是参加谈判的全体人员，人数以相等为宜。为了表示对所签合同、协议的重视，双方常对等邀请更高一级的领导人出席签字仪式。

3. 签字现场的布置。举行签字仪式的场地，一般视参加签字仪式的人员规格、人数多少及协议中商务内容的重要程度来确定。多数是选择在客人所住的宾馆、饭店或东道主的会客厅、洽谈室，无论选择在何处举行，都应征得对方的同意。

签字场地的布置。一般是在签字厅（或室）内设置长方桌作为签字桌，桌面上覆盖深绿色台呢布。桌后放置两张椅子作为双方签字人的座位，主左客右，座前陈列各自保存的文本。上端分别放置签字时使用的文具，如签字笔、吸墨器等。如与外商签署协议或合同，还应将各自一方的国旗布置在该方签字者的正前方。签字现场布置总的原则是庄重、整洁、清净。地上可铺设地毯，签字桌的上方或后上方可悬挂横幅，标明“××××项目签字仪式”的字样。

4. 签字仪式的程序。

（1）就座。参加签字仪式的有关人员进入签字厅后，主签人按主左客右的位置入座。助签人站在主签人的外侧，其他人员以职位、身份高低为序，客方自左向右，主方自右向左，分别站立于各主签人的后面。当一行站不下时，可遵照前高后低的原则排成两行以上。

（2）正式签字。签字时，应按国际惯例，遵守“轮换制”，即主签人首先签署己方保持的合同文本，而且签在左边首位处，这样使各方都有机会居于首位一次，以显示各方平等、机会均等。然后由助签人员互相交换文本，再签署由他方保存的文本。

（3）交换文本。签字完毕，由双方主签人起立交换文本，并相互握手，其他陪同人员鼓掌祝贺，仪式达到高潮。随后，由礼宾人员端上香槟酒，供双方出席签字仪式的人员举杯庆贺。

（4）退场。签字仪式完毕后，应先请双方最高领导者退场，然后请客方退场，东道主最后退场，整个仪式以半小时为宜。

案例7－4

签约礼仪不可不知

某公司与美国的一家跨国公司经过长期洽谈之后，终于谈妥了一笔大生意。双方在达成合约之后，决定正式为此而举行一次签字仪式。因为当时双方的洽谈在我国举行，故此签字仪式便由中方负责。在仪式正式举行的那一天，让中方出乎意料的是，美方差一点要在正式签字之前“临场变卦”。

原来，中方的工作人员在签字桌上摆放中美两国国旗时，误以中国的传统做法“以左为上”代替了目前所通行的国际惯例“以右为上”，将中方国旗摆放到了签字桌的右侧，而将美方国旗摆放到了签字桌的左侧。结果让美方人员恼火不已，他们甚至因此而拒绝进入签字厅。这场风波经过调解虽然平息了，但它给了人们一个教训：在商务交往中，对于签约的礼仪不可不知。

（资料来源：赵永生．大学生礼仪［M］．北京：冶金工业出版社，2008.）

任务2　商务谈判礼仪

【工作任务】

子任务2-1：商务谈判礼仪的原则和谈判前的礼仪

子任务2-2：商务谈判中的礼仪和谈判中的艺术

子任务2-1　商务谈判礼仪的原则和谈判前的礼仪

【知识准备】

商务谈判又叫商务洽谈或商务磋商，是指商务活动中买卖双方为了满足各自经济利益而进行交流磋商，以便达成一致意见的行为过程。各方洽谈代表充分阐述己方的各种设想，听取他方的不同意见，并通过详细陈诉己方的理由，反复同对方交换看法或作出某种让步，消除相互间的距离，最后各方取得一致，达成协议。商务洽谈是一种有目的的人际交往活动，利益双方通过洽谈就共同关心或感兴趣的商业事务交换意见，达成共识或交易，进一步联络感情、增进友谊。

一、商务谈判礼仪的原则

商务礼仪规定，商界人士在参加洽谈会时，首先要确定洽谈方针。洽谈方针的核心，要求洽谈者在庄严肃穆、剑拔弩张的洽谈会上，以礼待人，尊重别人，理解别人。

（一）知己知彼，入乡随俗

由于不同民族的文化背景对礼仪有很大影响，因此在与国外商家做生意时，要尽可能多地熟悉对方的商务习俗和节奏。如欧美人认为，与人交谈时目光注视对方表示着关注、真诚和尊敬，不愿与人对视是不善相处的人；而亚洲和非洲一些国家的人则认为，视觉会影响听觉的注意力，以回避目光方式来表达对他人的尊重。洽谈生意时，如能尊重对方的风俗习惯，使客户心情舒畅，成功的概率就可能增大。为了避免交往中的失礼行为，事前应阅读一些介绍客户所在国的概况资料，了解问候用语、服饰规范、用餐知识、地理概况、赴约及赠礼习俗等。在异国他乡，学一学当地的言谈举止，有助于拉近彼此间的距离，并对业务的开展产生积极影响。

（二）礼敬对手，不妄加评判

洽谈者在洽谈会的整个过程中，要排除一切干扰，始终如一地面带微笑，态度友好，语言文明礼貌，举止彬彬有礼，尊重对方。时时、处处、事事表现出对对方不失真诚的敬意。在洽谈桌上，保持“绅士风度”或“淑女风范”，有助于消除对方的反感、漠视和抵触心理，赢得对方的尊重和好感，能给对方留下良好的印象，而且在今后的进一步商务交往中，还能发挥潜移默化的功效，即所谓“你敬我一尺，我敬你一丈”。

不同的国家，做生意的方式会截然不同。因此，要时时站在对方的文化角度去观察事物，动辄批评他人的做法，在商务活动中一向被视为不礼貌行为。如果在洽谈的过程中，举止粗鲁、态度刁蛮、表情冷漠、语言失礼，不知道尊重和体谅对手，使主人或客人的处境难堪，会大大加强对方的防卫性和攻击性。无形之中伤害或得罪对方，即使一时疏忽，也往往为自己不自觉地增添了阻力和障碍，会给业务带来严重损失。

（三）友谊第一，生意第二

友谊的建立与业务的开展往往是密不可分的。在建立工作关系之前，往往需要建立相互间的信任。从礼仪的角度看，只关心生意是否做成是短视行为。一次商务会谈能否成功，或取决于你打高尔夫球的水平，或有赖于主人在同你进餐或听音乐会时对你的品位及性情的了解。国外许多商家都把建立彼此信任视为建立长期合作关系的必要“投资”。在欧洲和中东，如果对方认为你不可信赖，即便对你提供的产品感兴趣，也不会同你做生意。在日本，商人们更重视建立在互相信任、彼此友好并能提供优质商品和服务基础上的长期合作关系。

（四）平等协商，就事论事

洽谈是观点各异的各方经过讨价还价，从而达成某种程度上的共识或一致的过程。各方在地位上应平等一致、相互尊重，不仗势压人、以大欺小。洽谈各方在洽谈中通过协商求得谅解，而不是通过强制或欺骗达成一致。

在商务洽谈中，利益是各方关注的核心。对任何一方来说都是趋利避害。在不得已的情况下，则会“两利相权取其重，两害相权取其轻”。洽谈过程中应就事论事，无论双方为了维护各自的利益争论多么激烈；不管讨价还价是多么苛刻的斤斤计较，重要的是，对对方的态度仍然应以礼相待，绝对不能话不投机，恶言相向，进行人身攻击，“买卖不成情意在”，没必要为了蝇头小利而失去了应有的风度。

二、商务谈判前的礼仪

商务谈判的组织工作非常重要，必须做好谈判前的礼仪准备。洽谈会前的准备如何是影响洽谈成败得失的关键。在洽谈之前，如能对对手有所了解，并对此有所准备，那么在洽谈中就能够扬长避短、避实就虚，取得更好的成绩。在准备过程中，人员的配置、确定洽谈的时间和地点、信息的收集、方案的准备、座位的安排都很重要，必须认真准备。

（一）人员准备

商务洽谈之前首先要确定洽谈人员，必须按照对等原则选择与对方洽谈代表的身份、职务相当的人员，并配备相应的洽谈班子。洽谈班子成员中既要有精通业务、有经济、法律头脑、能作决策的主谈人员，也要有懂业务、懂技术的人员和有洽谈经验的翻译人员。

洽谈代表不仅要有良好的综合素质，洽谈前更应该整理好自己的仪容仪表。洽谈人员的服饰对洽谈情绪和洽谈气氛会产生微妙影响。因为，服饰是一种无声的语言和文化，着装本身具有生命力，能传达给别人许多信息。因此，洽谈人员的衣着应整洁美观，正式庄重，男士应刮净胡须，穿西服打领带。女士穿着不宜太性感，不宜穿细高跟鞋，应化淡妆。参加洽谈人员也要着正装，以表示对洽谈的重视和充分的准备。如果是非正式洽谈，也可以穿得随便一些，给人以轻松、随和的感觉，显得更容易接近，有助于交流，取得共识。

（二）确定洽谈地点

谈判时间和谈判地点应由双方根据谈判的需要，经过协商来确定。根据商务洽谈举行的地点不同，可分为客座洽谈、主座洽谈、客主座轮流洽谈以及第三地点洽谈四种。客座洽谈，即在洽谈对手所在地进行的洽谈。主座洽谈，即在我方所在地进行的洽谈。客主座轮流洽谈，即在洽谈双方所在地轮流进行的洽谈。第三地点洽谈，即在不属于洽谈双方任何一方的地点所进行的洽谈。

（三）信息准备

“知己知彼，百战不殆”，为了取得洽谈的主动权，必须进行信息准备。要做好市场调研，了解对方的业务情况，对对方参与洽谈人员的基本情况，每个人的谈判风格及对方对己方的态度要了如指掌，以便制定相应的策略。其中，了解洽谈对手应集中了解以下几个方面：谁是真正的决策者和负责人；洽谈对手的个人资讯、谈判风格和谈判经历；洽谈对手在政治、经济及人际关系方面的背景情况；洽谈对手的谈判方案；洽谈对手的主要商务伙伴及他们彼此之间相互关系的演化等。涉外谈判中还要对对方文化背景和礼仪习俗等有所把握，以便于更好地沟通。

（四）方案准备

洽谈前应对主题、内容、议程做好充分准备，制订好计划、目标及洽谈策略。尤其洽谈议程，是决定洽谈效率高低的一环。每次洽谈谈什么、何时谈、何地谈、如何谈、达到什么目的，事前都要有周密安排，以免在礼仪上有不周之处。如谈判地点的安排就很重要，因为它对洽谈效果会有一定影响。

（五）座位安排

在正式洽谈会上，作为东道主，不仅应当布置好洽谈厅的环境，预备好相关的用品，而且应当特别重视礼仪性很强的座次问题。因为它既是洽谈者对规范的尊重，也是洽谈者给予对手的礼遇。

商务洽谈分为双边和多边两种，按照社交礼仪，这两种洽谈的位置安排有所不同。

举行双边洽谈一般以椭圆桌或长桌为宜，宾主应分坐于桌子两侧。倘若将谈判桌横放，则面对正门的一侧为上座，应请客方就座；背对正门的一侧则为下座，应留主方就座。如谈判桌是竖放的，以入正门方向为准，进门右侧为上座，由客方就座；进门左侧为下座，由主方就座。正式洽谈在桌上放置席位牌，涉外洽谈增设小型国旗以示区别。双方主谈人员应各自在自己一方居中而坐，其余人员则应遵循右高左低的原则，依照职位的高低自近而远地分别在主谈人员的两侧就座。假如需要翻译，则应安排其就座在仅次于主谈人员的位置，即主谈人员之右。

举行多边洽谈应遵循国际惯例。一般以圆桌形式来举行圆桌会议，按礼宾次序就座；小规模的洽谈，可不放谈判桌，在室内摆几把沙发或圈椅，按“以右为尊”的原则，客右主左就座洽谈。也可以交叉而坐，这样尊卑的界限就被淡化，以增添合作、轻松、友好的气氛。如人数较少的小规模洽谈会或预备性洽谈会，座次问题可以不必拘泥。

无论双边洽谈还是多边洽谈，面对门口是上座，背朝门口的座位则为下座。从心里感觉而言，上座具有一种现场的影响力和权力感，后者则只有从属感，如果不是为了达到某种暗示或影响，应尽量避开这个忌讳。

子任务2－2　商务谈判中的礼仪和艺术

【知识准备】

一、商务谈判中的礼仪

谈判是一场知识、信息、心理、修养、口才乃至风度的较量。在洽谈过程中，双方人员的态度、心理、方式和手段等，无不对谈判构成重大的影响。为了取得谈判的成功，在谈判过程中要遵循一定的礼仪规范。谈判中的礼仪，贯穿于谈判全过程，但总体要求是：尊重对方，重视信誉，注重自身形象。主要体现在以下几个方面。

（一）谈判接待礼仪

谈判之初，谈判双方接触的第一印象十分重要，言谈举止要尽可能创造出友好、轻松的良好谈判气氛。

谈判人员的仪表要给人一种轻松愉快的印象。衣着美观得体，谈吐轻松自如、态度热情豁达，举止文雅大方，行为谦虚有礼，增加对方的信赖程度。

作为东道主，应提前到达约定的洽谈地点迎接洽谈对手。迎接地点可以选择在大楼门口，也可以在洽谈厅门口。在对方洽谈代表抵达时，热烈欢迎对方人员，微笑并一一握手，亲切问候。作自我介绍时要自然大方，不可露傲慢之意。被介绍到的人应起立微笑示意，可以礼貌地道“幸会”“请多关照”之类的话。询问对方要客气，如“请教尊姓大名”等。如有名片，要双手递接。见面后可略事寒暄，再引导入会场。宾主落座后，进入正题之前，应择双方共同感兴趣的轻松话题进行交谈，如旅途经历、季节气候、文体表演、各自爱好或以往合作经历等，以沟通感情，创造和谐，融洽气氛。开头的寒暄不宜太长，以免冲淡洽谈气氛。

（二）谈判行为礼仪

谈判之初的姿态动作对把握谈判气氛起着重大作用。虽说各国的习惯各异，如英国人谈话时很少对视，瑞典人说话喜欢对视等，但在谈判桌上的规则是应以平静的目光注视对方，目光应停留在对方双眼至额前的三角区域上方，这样既使对方感到被关注，也觉得你诚恳严肃。

手势是话题的指示器，也是眼神的指路灯，可以反映谈判者的情绪。双手放在桌上，挺腰近台而坐，表示洽谈态度积极；不要一只手撑头，另一只手摆弄笔、本子、钥匙等小东西，表明对洽谈不感兴趣，注意力不集中。洽谈者洽谈时掌心向上，表示谦虚、诚实、愿意合作；掌心向下，则有控制、压抑、强制感。无谓的手势应尽量少用，防止对方误解。手势幅度不宜过大，以免碰到对方或身边助手造成难堪。更不宜乱打手势，以免造成轻浮之感。切忌双臂在胸前交叉，显得十分傲慢无礼。

无论谈判结果如何，都要握手言欢，这是礼之所在。“胜固可嘉，败亦欣然”者，才是一个谈判高手。赢了对手不会盛气凌人，而是感谢对手的支持；输了不会恶语伤人，而是称赞对手的机智与聪明。不要在谈判中出现愤怒地捶桌或严厉地用手指着对方批评，甚至伤及身体的行为，应该冷静、机智、风趣，不失绅士风度。

谈判的重要任务是摸清对方的底细。要认真听对方谈话，细心观察对方举止表情，并适当给予回应，既可了解对方意图又可表现出尊重和礼貌。因此，谈判过程中，最好运用“积极倾听法”，即倾听时应做到“耳到、眼到、心到、脑到”四种综合效应的听，专心一意地听出对方谈话的真正含义，理解“言外之音，弦外之意”后，就可用切中要害的一两句话，使对方接受你的建议。“积极倾听法”最主要就是充分了解对方的要求、愿望、顾虑和担忧，并有针对性地予以理解、答复和承诺，使对方相信你是真诚合作，衷心期望双方都有所得。洽谈中能说会道是聪明，但善于倾听和思考的人更聪明，因为后者更能掌握谈判桌上的主动权。

处理冷场时主方要灵活，可以巧妙运用一切技巧和礼仪打破沉默并掌握谈判主动权，如主动提出话题不让冷场持续过长，或暂时转移话题稍作松弛。如确实已无话可说，则应当机立断，暂时终止洽谈，稍作休息后再重新进行。主方也可故作沉默，等待对方妥协。耐心等待、保持沉默是洽谈心理抗衡的一种表现。在谈判中，要随时观察对方，适时作出洽谈策略的调整。

（三）谈判语言礼仪

1. 语言规范，体现良好素质。语调平稳轻柔、语速适中，切忌吐字不清、速度过快或每句话之间不留间隔。音量高低适度，必须让对方能够听清楚。声音清晰自然，语调稍有抑扬顿挫，切忌全篇发言一种声音一个速度。

谈判语言应该以协商性语气为主，要注意语言的规范性和灵活性。用词标准，表达清晰易懂，适当运用礼貌语以求达到风趣、幽默和得体的综合效果，体现自身的职业道德和商业形象。洽谈中无论出现什么情况都不能使用粗鲁、污秽的语言或攻击性的语言。洽谈时应注意抑扬顿挫、轻重缓急，避免咬字挤眼、语句不断、嗓音微弱或大吼大叫。

谈判语言表现在谈判上就是发问、应答和拒绝的技巧，主要体现在谈判中的磋商阶段。磋商主要就是讨价还价，事关双方利益，容易因情急而失礼，因此更要注意保持风度，应心平气和，求大同，容许存小异。发言措辞应文明礼貌。

2. 有问有答，保持融洽气氛。谈判中的发问，是为了开辟话题，互相沟通，进一步商谈。发问前先取得对方的同意。当提出敏感性问题时应先说明发问的理由，以示对对方的尊重。要礼貌提问，问话方式要委婉，语气亲切平和，用词要斟酌，言辞不可过激，不使用威胁性、讽刺性词语，避免盘问式和审问式的发问，以免给对方以居高临下的感觉，引起对方反感甚至恼怒，使其产生防范心理，不利于谈判。洽谈查询是事先准备好有关问题，选择气氛和谐时提出，态度要开诚布公。切忌气氛比较冷淡或紧张时询问。如需要提问题，应事先列好提纲，越详细越好，如果不做准备贸然提问，是不尊重对方的表现。

注意发问的时机。一般提问的时机应选择在对方发言完毕之后、对方发言停顿间歇时，及在议程规定的辩论时间，答完时要向解答者表示谢意。当对方回答问题时，作为提问者应耐心倾听，不能因为对方的回答没有使自己满意，就随意插话或任意打断对方的话。在一般情况下，插话应借助一些特定的套话来实现，如“对不起，我能打断您一下吗?”或“请停一下”等。

有提问就有回答。作为被提问者答话时，要本着真诚合作的态度，针对提问者的真实心理，实事求是地回答对方的提问，不能闪烁其词，态度暧昧，顾左右而言他。如果对方对某个问题不甚了解，应以浅显易懂的语言进行解释，切不可流露出不耐烦的神情。如有些问题涉及商业秘密和技术机密，则应委婉说明，避免出现令人尴尬的僵持局面。谈判应答时，要考虑到保持谈判的融洽和愉快的气氛，但谈判有很强的竞争性，不可避免地存在冷场、沉默、对抗等情况，要善于运用风趣、幽默的话语从窘境中解脱出来。

3. 进退有度，控制谈判进程。如洽谈到关键时刻或碰到棘手问题，可先将问题暂时搁置以后讨论，但要委婉措辞，如“这件事情让我考虑一下”或“这件事情可否另外商量”等，以赢得调整思绪、部署新方案的机会。

4. 就事论事，善于解决矛盾。遇到矛盾时，要保持耐心、冷静，不可因发生矛盾就怒气冲冲，甚至进行人身攻击或侮辱对方。谈判过程中免不了拒绝，没有拒绝就没有竞争，也就没有谈判了。对原则性问题应当力争不让，但该拒绝的地方不拒绝，允诺了无法兑现的条件，也会失去谈判对手的信任。拒绝是一项高难度的艺术，拒绝不当会伤害到对方的自尊心，导致谈判破裂。只有掌握拒绝的艺术才能恰当地使用拒绝，做到“买卖不成情意在”。拒绝时不使用带有教训、嘲弄或挖苦的语气，尽量不用带批评性的词语，也不勃然大怒。

（四）谈判人员自身必须注意的礼节

1. 提问注意方式。在谈判中，恰当的提问不仅可以控制谈话的内容，还可以确定谈话和辩论的方向，驾驭谈判的进展，但不可唐突，以免对方因尴尬而产生不愉快的反应。因此，提问一定要讲究礼貌：一是要注意内容，不要总是问对方难以应付的问题；二是发问要委婉；三是如果提出的问题对方一时应答不上，或不愿回答，就不宜追问下去，要善于转变话题。

2. 回答实事求是。在对方提出问题后，要针对对方的心理予以回答，不能顾左右而言他，如果对方对某个问题不了解，要以浅显易懂的语言进行解释，切不可流露出鄙夷的神色。对有些不便回答的问题，可婉言说明，要极力避免出现僵局。

3. 兼顾对方利益。商务谈判人员在谈判过程中，在不损害自身根本利益的前提下，应尽可能地替对方着想，主动为对方保留一定的利益，不是“你死我活”“鱼死网破”，而是在一定程度上照顾各方的利益和要求。因此，在谈判中要为对方留下余地。只有这样，才有助于保持与对方的正常关系，体现己方的诚意，促进谈判圆满成功。在进行与合同有关的谈判时，在具体条款上，商务人员不仅要讲原则，也要灵活。在坚持根本利益的前提下，灵活地变通，适当地让步，获得利益只会多，不会少。

（五）谈判时应有的风度

1. 彬彬有礼。谈判人员在谈判过程中，应自始至终都彬彬有礼，对客人保持温和友好的态度。如果对方向我方提出不合理的要求，不要觉得对方缺乏合作的诚意而生气；如果对方对我方提出的合理要求不予接受，也不应因此失去耐心而变得烦躁。谈判是双方在平等互利的基础上，就合作的条件讨价还价，双方既可以自由提出自己的要求，也可以自由拒绝对方的要求。在事关我方利益的问题上，应据理力争，不能轻言放弃。但在为利益相争的时候，千万不能出言伤害对方（埋怨、责怪对方或是讽刺、挖苦对方）。谈判可以成功，也可以失败，但组织形象永远不能失败。即使谈判失败，也应给对方留下一个好印象，绝不能因此反目成仇。

2. 自信、沉着、冷静。谈判人员除了要彬彬有礼外，还要保持自信、沉着和冷静。谈判既是双方组织实力的较量，也是双方谈判人员心理素质的较量。谁在谈判中更沉着、冷静，谁就能在谈判中获得更多的利益。如果谈判人员在谈判过程中表现出胆怯不安，或是烦躁不冷静，就可能会使自己处于不利的位置。过于严肃的表情往往是内心紧张的表现，如嘴唇紧闭、眉角下垂、眼睛睁大盯住对方、说话时嘴角不太动。有经验的老练的谈判人员只会尽量使自己的表情显得轻松自然，脸上挂着真诚而友好的微笑，尽管内心难免有些紧张。谈判人员的一些小动作也会在不知不觉中暴露自己的内心活动。例如，不停地擦汗、频繁抚摸下颌、托腮等都是内心紧张的表现；捏捏鼻梁并眼睛紧闭往往表示在某个问题上陷入了困境；紧握自己的手掌往往是寻求信心的动作。因此，谈判人员在谈判过程中要自觉避免一些会泄露心理活动的表情和小动作。谈判人员的眼神应停留在对方的上三角部位，即双眼以上额头以下的部位，这种眼神可以使自己把握主动，又不至于使对方反感。

（六）商务谈判结束礼仪

谈判结束后，双方应同时起立，并相互握手，祝贺合作成功。其他人员则以热烈的掌声表示喜悦和祝贺。

二、商务谈判中的艺术

（一）充满自信而不轻视对手

自信是谈判成功必备的心理素质，然而自信绝对不等于狂妄，以至轻视对手，相反，你还应当设法了解谈判对手的个性特征、动机、心态、情绪、态度、目标、长处、弱点以至道德观等，掌握得越充分，在谈判中越能取得主动权。知己知彼，方能百战百胜。

（二）从容不迫，以智取胜

从某种意义上讲，谈判是一种心理素质和智力的较量。因此在谈判过程中，时时保持头脑冷静，沉着备战，就显得非常必要。只有在这种平稳的心绪中，才能不断迸发出智慧的良策。“将在谋而不在勇”，勇而无谋者不足取也。

（三）坚持平等互利，注重礼仪礼节

企业有大小之别，实力有强弱之分，但在谈判桌上身份是平等的，利益是互补的，应该互相尊重，以礼相待，切不可以大欺小，以强凌弱。在谈判过程中，仪表整洁，行为端庄，态度诚恳，语言随和亲切，注重礼节、礼仪，出言吐语均以事实为依据，以理服人。如是，对方就会感到你是一位富有教养、训练有素、礼仪气度不凡的对手，而不敢轻易提出过分的问题和条件。

（四）谈判要有一股韧劲

急于求成是谈判的大忌，欲速则不达。心急火燎的心理一旦被对方察觉，对方就会充分利用你这个弱点，提出苛刻的要求逼你就范。如果谈判者到达会议室时带着装满行李的背包，飞机票露出外套口袋，这无疑告诉对方，“我要结束谈判，然后乘飞机回家”。对方将因此放慢谈判速度，因为距离启程时间越近，你越会作出让步。谈判者表现出对等待达成最佳协议很有耐心是更有效的战略。

案例7-5

生活中的谈判小技巧

有一位教徒问神甫："我可以在祈祷时抽烟吗?"他的请求遭到神甫的严厉斥责。而另一位教徒又去问神甫："我可以在吸烟时祈祷吗?"后一个教徒的请求却得到允许，悠闲地抽起了烟。这两个教徒发问的目的和内容完全相同，只是谈判语言表达方式不同，但得到的结果却相反。由此看来，表达技巧高明才能赢得期望的谈判效果。

谈判的语言技巧在营销谈判中运用得好可带来营业额的高增长。某商场休息室里经营咖啡和牛奶，刚开始服务员总是问客户："先生，喝咖啡吗?"或者是："先生，喝牛奶吗?"其销售额平平。后来，老板要求服务员换一种问法，"先生，喝咖啡还是牛奶?"结果其销售额大增。原因在于，第一种问法，容易得到否定回答，而后一种是选择式，大多数情况下，客户会选一种。

（资料来源：张锡东．社交礼仪［M］．北京：清华大学出版社，2009.）

【综合实训】

某公司举行新项目开工剪彩仪式，请来了李市长和当地各界名流嘉宾参加，请他们坐在主席台上。仪式开始时，主持人宣布："请李市长下台剪彩!"却见李市长端坐没动；主持人很奇怪，重复了一遍："请李市长下台剪彩!"李市长还是端坐没动，脸上还露出一丝恼怒。主持人又宣布了一遍："请李市长剪彩!"李市长才很不情愿地勉强起来去剪彩。

问题：请指出此案例中主持人的失礼之处。

任务3　公务宴请礼仪

【工作任务】

子任务3-1：公务宴请的形式和准备工作

子任务3-2：中餐宴会礼仪

子任务3-3：西餐宴会礼仪

子任务3-1　公务宴请的形式和准备工作

案例7-6

尴尬的点餐

李娜是某银行的办公室主任，一天接到上级命令宴请某公司客户王总经理和他的秘书小黄。宴请地点定在该市的一家高档法国餐厅。李娜安排王总和秘书小黄入座后，拿起菜单，突然发现菜单全是法文。为了避免被人看不起，李娜不懂装懂地点起了菜肴。

谁知，点菜员当着王总和秘书的面前说道："对不起，您点的全是开胃菜，要不要考虑一下我们的主食?"闻言，李娜一脸尴尬……

如果你是李娜，碰到这种场合你会怎么做?

启发：高档的西餐厅一般都备有双份菜单，一本外文菜单，一本中文菜单。当你碰到点菜员拿出外文菜单时，可以要求再提供一本中文菜单。这种做法在礼仪上不为失礼。如果西餐厅没有中文菜单，也可以向别人学习，或直接点套餐，甚至向点菜员请教。不要不懂装懂，适时地寻求他人帮助也是尊重人的一种行为。

【知识准备】

公务宴请是社会组织为达成特定组织目的而安排的宴饮聚会，它是公务交往中常见的一种利益活动，在金融行业中也不例外。公务宴请活动可以表达感激之情、祝贺之意，在一定程度上起到联络感情、增进友谊的目的，从而促进业务的成功。在宴请过程中，合适的宴请形式、得体的宴请安排和良好的宴请氛围能够让与会宾客精神放松、心情愉悦，更容易加深主宾双方的相互理解和沟通。安排公务宴请活动，需要认真筹划、精心准备。公务宴请不同于一般的商务宴请或私人间的聚餐，有其特殊的宴请礼仪规范。

一、公务宴请的形式

公务宴请活动的种类很多，可以从规格、时间、餐别、目的、形式等不同的角度进行分类。各类不同形式、规格的宴请活动的组织要求也不尽相同。常见的公务宴请形式包括如下几类。

（一）宴会

宴会是相对正式的宴请活动，按照规格可进一步划分为国宴、晚宴、午宴、便宴和家宴。国宴是最高规格的公务宴请活动，是国家元首或政府首脑为国家庆典或有外国元首、政府首脑到访时所举行的宴会。宴会大厅要悬挂两国国旗，安排乐队演奏国歌和席间乐，席间由主宾双方致辞和祝酒。在其他宴会形式中，又以晚宴最为严肃，规格也更高。举行宴会的目的多种多样，可以是庆贺宴会、欢迎宴会、欢送宴会、答谢宴会、招待宴会等。家宴相对随意，在公务宴请中极少出现。公务宴请多为正式宴会，主宾双方致辞、祝酒、演奏或播放席间乐。对座次、餐具、菜肴、酒水的安排都有一定的要求。

（二）酒会

酒会是一种不备正餐的宴请形式，又称鸡尾酒会。以酒水为主，略备简餐、食物，包括冷盘、水果和点心等。酒会一般不设坐席，或仅设少量坐席，宾主可以随意走动。适宜双方自由地接触、交谈，气氛较为活跃。举办酒会的请柬应注明起讫时间，因为宾客可能在整个酒会进行中的任何时间到达或退席。

（三）冷餐会

冷餐会是一种较为灵活，不备正餐的宴请形式，在公务宴请中也较为常见。其特点是不排席次，席间可自由活动，宾客自由取食、进餐。

（四）工作餐

工作餐是一种以谈论工作为目的的宴请形式，宾主双方可以利用进餐时间边吃边谈相关问题。工作餐是一种非正式的宴请活动，一般是在日程紧张，不便安排正式宴请活动时采用。与餐人员一般都与某一特定工作或事件有直接关系。工作餐一般安排长桌，方便交谈。通常以快餐分食形式进行，因为是工作进餐，不请家眷。也可以安排自助餐的形式。

（五）茶会

这是一种简便的招待方式，西方通常在早茶、午茶时间（上午10时左右、下午4时左右）安排，我国南方也有安排在早餐时间进行。茶会不上酒品，以茶水或咖啡为主，可以备些点心，小吃。安排主宾和主人坐在一起，其他出席者随意就座。

二、公务宴请的准备工作

要规范而得体地安排好宴请活动，需要认真策划和准备，事前处处考虑周全，准备充分，才可以达到预期的目的。具体实践中应注意以下几个环节。

（一）明确宴请目的

随着社会文明程度的提升，人们对公务宴请的认识也在提高，通常只有在必需的情况下才考虑安排公务宴请活动。目的勉强或巧立名目的宴请活动不但对达成组织目标无实质性帮助，还会损害组织形象，败坏社会风气，甚至触犯党纪国法，于人于己都是不利的。

公务宴请的缘由总是因具体事件而来，如欢迎、欢送、答谢、庆祝、交流等。一般以特定时刻，特定事件为由举办。宴请目的决定宴会的规格、形式。

（二）确定规格形式

宴请规格与宴请的性质、目的、主宾身份有关，同时考虑经费开支。采用正式宴会还是非正式宴请，是用中餐宴请还是西餐宴请，是用酒会还是茶会，要根据宴请缘由、被邀请主宾的职务身份、宴请对象的风俗习惯确定。规格决定形式，国宴、正式宴会规格高，工作餐之类的便宴规格相对低些。

（三）拟定客人名单

在宴会的主办者为了某件事情决定举办宴会时，首先应考虑邀请哪些人，必须将拟邀请的客人名单开列清楚。凡为了某件事而举办的宴会，一般要求与此事有关的方方面面的人都要邀请，不能有所遗漏。如为公事宴请，要考虑请哪些方面的人士，请哪一级别的人员，以及请多少人，应该请的千万不要遗漏。邀请范围确定后，可以草拟邀请名单。正式的宴会，通行的惯例是邀请客人携配偶参加。在遴选客人时应尽量避免邀请与主宾有矛盾的人，或平日有积怨者同时赴宴，以免双方在宴会上产生尴尬或发生冲突。

（四）确定时间地点

确定宴请的时间，要考虑主宾双方的合适和方便，有些要选择有特定意义的时间，如与某重大事件有关的纪念日等，但春节、元旦、中秋节等传统重大节日或圣诞节是典型的私人时间，不宜安排宴请活动。确定宴请时间时要考虑宴会的性质和形式，正式宴会多在晚上进行，便宴则可以安排在其他时间。此外，宴请外宾和有特殊风俗习惯的宾客，还要顾及禁忌的日子和方式。地点选择要适当，要考虑宴请规格、餐饮特色、环境情调及服务水准等因素。选定宴会场所还要考虑到远近，是否需要安排车辆接送，周边是否方便停车，场所内是否有卫生设备等。

（五）提前发出邀请

在拟邀请的客人名单、宴请的时间及场所确定后，应提前发出邀请。各种正式的宴请活动邀请客人一般都使用请柬，不论路途远近都应如此。如果被邀请的是具有较高身份者或长辈，则请柬不能一发了之，主人还应登门单独邀请，以示诚意。一般的便宴、工作进餐，也可用电话或口头邀请。请柬应提前1~2周发出，以便被邀请人作出安排。请柬中应说明宴会的目的、时间、地点、邀请单位或主人的姓名以及对来宾的要求等。必要时请柬还应注明桌次和附有回单。请柬以自制为好，既能体现主人的诚意，又可给受邀者留下深刻印象。

请柬应以谁的名义发出，这是值得注意的礼貌问题。一般来讲，凡因公务举行的宴会，特别是大规模的宴请，应以组织单位的名义发出邀请，较小范围的宴请则以部门主管领导的名义邀请比较合适。但应注意按对等原则，即请柬上的谨启者的个人身份和地位与发请柬人相等，这一点在官方的公务邀请中更为重要。

（六）宴会座次与桌次的安排

正式宴请都要排定席次，有些也可以只排主桌和外宾席次，其余的只排桌次，或者自由入座。按照国际惯例，桌次高低以离主桌或主人位置远近而定，右高左低。习惯上，西餐男女穿插安排，有的以女主人为准，主宾在其右上方，主宾夫人在男主人右上方。事先要通知出席者，每桌要放置桌次牌、座次牌或名牌。

正式宴会一般均安排位次。大、中型宴会有的只安排主桌席次的位次，其他人员按照桌次就座即可。多桌宴会宾客位次和桌次往往写在请柬上，使宾客心中有数，同时在现场要安排一定数量的礼宾人员，以便引导就座。多桌宴会主桌要求居中摆放，主人席位居于主桌的正中，而其余桌的主人位则应根据与主桌的位置，采用统一式或面对式，或侧对式。

（七）做好现场布置及服务

正式宴请活动现场要适当布置，现场包括宴会大厅和休息厅，要布置得整洁、大方，可适当点缀鲜花。大型公务宴会要悬挂会标，并准备话筒等音响设备，一般在主桌背后设一立式话筒。要有专门的工作人员负责宴会的各项准备及服务工作，安排好迎宾人员、接待人员和引导人员。

案例7-7

席位的安排

同一桌上的席位也有主次之分，一般情况下，对着门口的席位是主位，背对着门口的是次位。主位向门是因为可以观全局，而次位靠近门是因为便于为大家服务。主位也可以按椅子的档次定，高靠背或有扶手的为主位。其他席位按照“近高远低，右高左低”的原则确定次序。也可以穿插安排（如下图所示）。

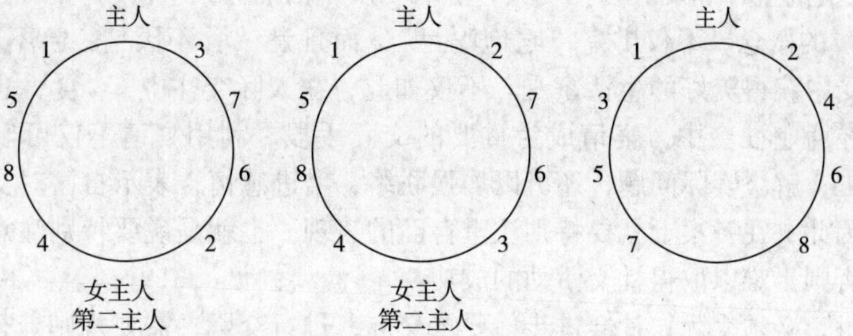

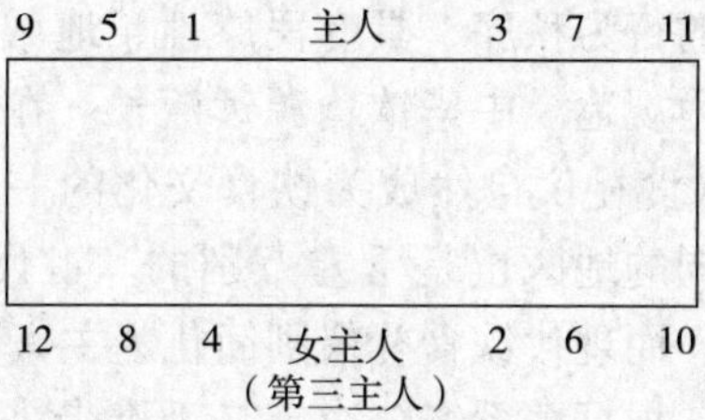

此种排法谈话集中，但要注意不要将客人排在末端，应由陪同人员坐在末端。

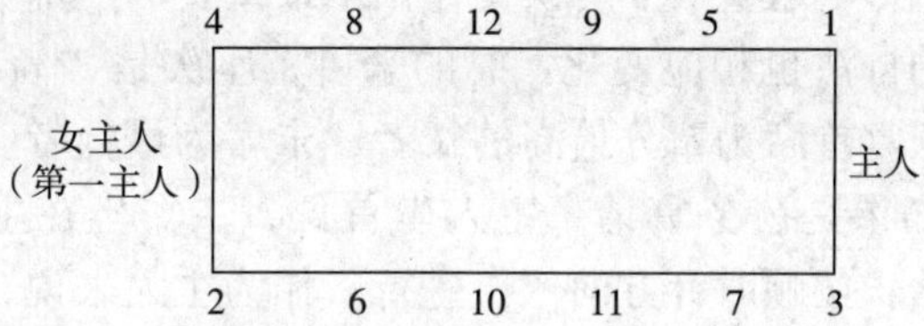

此种排法可以避免客人坐在末端，同时可以提供两个谈话中心。

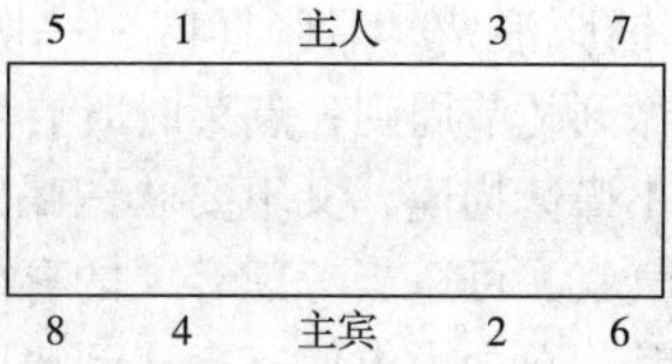

【专业词汇中英对照】

座次：The seating order

地点明确：Clear location

时间明确：Time definite

子任务 3-2　中餐宴会礼仪

【知识准备】

古人云："民以食为天。"也就是说，吃饭的事是天大的事，是人类生存的根本大计。在"衣、食、住、行"这人类的四大需求里边，"食"应该是摆在首位的，没有

“食”何谈人类的生存和发展？在今天，随着物质生活的极大丰富，“食”已经大大地超出了“果腹”的概念，不仅讲究“吃饱喝足”，而且是“食不厌精，脍不厌细”，在精美的食物享受中获得美好的生活享受。不仅如此，在人际交往中，“食”也占有重要的一席之地。在商业社会中，宴请成为重要的交际手段。利用宴请不仅可以招待亲朋好友、客户同仁，解决实际问题，还可以加强联络，增进感情，表示自己对交往对象的友善和诚意。因此，在餐桌上就要特别注重自己的表现。也就是说要特别注意在餐桌上的礼仪规范，否则，难以取得社交活动的成功。

人生一世，必须交际；社会进步，要求交际；进行交际，需要规则。礼仪即人际交往的基本规则，是人际交往的行为秩序，具有民族性、地域性和国别性。餐饮礼仪，一般来说就是餐饮活动中的行为规范。中华饮食源远流长。在这个自古为礼仪之邦，讲究“民以食为天”的国度里，饮食礼仪自然成为饮食文化的一个重要部分。饮食礼仪因宴席的性质、目的而不同，不同的地区也是千差万别的。古代的饮食礼仪是按阶层划分：宫廷，官府，行帮，民间等。而现代饮食礼仪则简化为主人（东道主）和客人了。作为客人，赴宴讲究仪容、仪表，根据关系亲疏决定是否携带小礼品或好酒。赴宴必须守时守约。抵达后，先根据认识与否自报家门，或由东道主进行引见介绍，听从东道主安排，然后入座。“排座次”是整个中国饮食礼仪中最重要的一部分。从古到今，因为桌具的演进，所以座位的排法也相应变化。总的来讲，座次是“尚左尊东”、面朝大门为尊，背朝门者为卑。家宴首席为辈分最高的长者，末席为最低者。敬酒时自首席开始按辈分高低一路敬下。如果是公务宴请，主人坐首位，主宾坐在主人左边，次主宾坐右边。布菜时从主宾开始，按顺时针方向依次进行。作为主人来说，宴请宾客要遵守的重要原则是“6M 原则”，就是以 M 为字头的 6 个单词：费用（Money）、会见（Meeting）、菜单（Menu）、举止（Manner）、音乐（Music）、环境（Milieu）。这几个方面都是宴请时要考虑的问题。费用上不可铺张浪费，嚣张摆阔，一切以适量为度；见面时彬彬有礼，介绍、引见，交换名片，做到礼节周到；点菜时既要照顾客人口味，同时又吃出特色；餐桌上举止合乎规范，既不谨慎拘谨，又不要吆三喝四，劝酒压菜，主随客便，以随意为原则；音乐是为了烘托气氛，可适当考虑客人的喜好，以轻松喜庆为原则；环境要做到幽雅清静，切忌嘈杂混乱。总之力求使宴会达到律己敬人的目的。在诸多的礼仪规范中，餐饮礼仪又以它的不可回避性，日益凸显出学习它、掌握它、运用它的重要性。中西方餐饮礼仪由于它的文化、地域、宗教、习俗等的不同有着巨大的差异。学习好餐饮礼仪，有助于我们成长为学礼知礼的现代人，懂得了关注细节，更有助于我们体现教养，成为受欢迎的人。

我国的公务宴请大多以中餐为主，中式公务宴请的相关礼仪主要包括以下几方面的内容。

一、中餐宴会程序

首先，热情迎接客人。宴会开始前，主方一般需要到酒店门口迎接客人，相关负责人一起在门口迎接，迎接的主方人员应依身份高低依次排列，身份最高者在最前面。

客人到达后，迎接人员与客人一一握手，随后则由工作人员引至休息厅，并由相应身份的人陪同。如不设休息厅，客人则可直接进入宴会厅，但不入席。主宾到达后，负责迎宾的主人应陪同主宾一同进入休息厅与其他宾客见面，待客人到齐后，主人或礼宾人员就可以要求众客人入席。

客人入席后，由服务人员从主宾开始，按照先主宾后主人，顺时针绕台的顺序进行斟酒，斟酒时应先斟红酒，再斟白酒，最后根据客人的需要再斟啤酒或饮料。大型宴会，服务员应在宴会开始前 10 分钟，将各人席位的红酒和白酒斟好，在客人入座后再根据客人的意见斟啤酒或饮料。

通常宴会开始，先由主人致祝酒词，主宾致答谢词。在宾主致辞时，服务人员应停止斟酒或上菜，应站在不影响他人倾听讲话的位置上静候，待致辞结束后，再继续服务工作。祝酒结束，主人应先与主桌客人碰杯，然后到其他各桌敬酒。

中餐宴会上菜的一般顺序是先上凉菜，汤菜。后上主菜，甜品及点心，最后上水果。

二、中餐入席礼仪

准时出席是参加宴会的基本礼仪，根据中国人的习惯，主宾一般比其他客人晚到一步，但不能迟到，否则会影响整个宴会的进程。

到达宴会地点后，除要向主人打招呼、问好之外，还应与先到的客人握手寒暄，相互问好，对长辈或领导要起身致意，对女宾则应举止端庄，彬彬有礼。不要仅与熟人交谈，还应通过自我介绍或他人介绍结识新的朋友，入席前应尽量与更多的宾客沟通。入席后要注意向邻桌或对面客人点头为礼或寒暄几句，千万别独坐一隅，寡言少语。席间谈笑本身就有个礼貌问题，作为客人应与同桌的其他人愉快地交谈，特别是左右邻座，至少应相互攀谈，表示友好，如大家一言不发，不仅主人会感到尴尬，而且客人也会觉得压抑。嘴里正咀嚼食物时不要同人说话；讲话时不要挥舞手中的餐具；交谈中不要冷落某些宾客；不要只顾着低头进食，对他人的讲话无动于衷。

入席要讲究次序。正式宴会一般由主人招呼或宣布“请各位入席”，主宾由礼宾人员引领，主人陪同在其他客人进入餐厅并入席后最后入席。主宾和主人进入餐厅入席的过程中其他人员应起立鼓掌表示欢迎。

一般情况下，正式宴会的桌次和位次都是事先安排好的，进入餐厅的客人要等主人的招呼和安排，不要急于就座，以免坐错位置，造成尴尬。就座时还应向其他宾客礼让，若旁边有女宾或长者要先帮助他们就座，自己再坐下。就座时不要慌张，挪动椅子要轻，声音要小，不可莽撞，以免碰动餐桌，给他人带来不便。

餐桌上应有良好的举止，否则将给人留下缺乏教养的坏印象。落座后不可仰面抱颈，两腿微颤，摆弄手指；进餐时身体不要贴靠餐桌，将头伸到桌内。合适的做法是身体距桌边一拳的距离；开席前不要乱动桌上事先摆好的餐具，不要玩弄筷子，敲打餐具；不要来回挪动椅子，干扰他人。不要随意脱下上衣、摘下领带、挽起袖子，以免给人以粗鲁的印象；如果天气很热，主人请宾客宽衣，则可将上衣挂在椅背上；男士不要穿背心赴宴，女士就座后不要撩动裙子，免失庄重。席间不要频频起立、离座、头枕椅背打哈欠、伸懒腰、揉眼睛、搔头发。不要随意点火抽烟，更不能无礼地对着别人吐烟圈。

三、中餐进餐礼仪

（一）正确使用餐具

公务宴请中使用的餐具比较多，其中包括个人餐具和公共餐具。个人餐具主要有餐盘、小碗、汤匙、长柄勺、筷架、调料盅等，一般应事先按照宾客的人数进行摆放。公共餐具主要有公用勺和公用筷等，可依宴请的具体情况做出相应的准备。

餐盘放在个人餐位距桌边最近处，主要用于盛放菜点和鱼刺、骨头等，小碗专做盛放汤、羹等类菜肴之用，可端起使用，通常放于席位的左侧，汤匙与小碗配套用于舀汤、喝汤。使用时通常以右手三个手指，食指在上，大拇指和中指在下，捏住勺把尾部，喝完之后一般放于小碗内或者单独放于勺垫上。在餐桌上，千万不要越座取拿食品或调料盅等物。

一般的中餐宴会均为共餐制，大家围坐，共食同一盘菜肴，在宴会中若为他人布菜，从卫生和礼貌出发，必须使用公用筷、勺，不可用自己用过的筷、勺为其他宾客夹菜。

在使用餐具时，最好不要让其相撞发出响声；用过的餐具应在原来的位置放好，不要总拿在手里。

（二）取菜的礼仪

每道菜上桌，一般要待主人或同桌中身份地位较高者动手后再去取食。动作要轻快、平稳，不要碰倒杯盘，溅及他人。

取菜时，不能把筷子在盘内翻来翻去，只能在自己这一端取菜，而不能把筷子伸到菜盘别人的那一端；取菜时如偶尔有菜肴掉在桌上，不能把它重新放回盘中去，只能放在自己的餐盘中。

别人取菜时要主动避让，谨防“筷子打架”。一次取菜的量不宜过多，即使是自己喜欢的菜肴，也不要频频取用，更不能急于把菜堆放在自己的餐盘内。

餐桌上使用转盘时，应等菜肴转到自己面前时再去取食，不要站起来伸长手臂到别人面前去取菜。

（三）咀嚼时讲究形象

进食时，不可伸颈向前以口就食，而应以食就口；嘴里的食物不要塞得太多，应闭嘴咀嚼，细嚼慢咽，嘴里不要发出“叭叭”的响声；说话前要先咽下嘴中的食物，以免给人留下贪吃的印象。

（四）喝汤注意礼节

在全桌共用一碗汤羹时，应先用汤盘内的大汤勺，从靠近自己的这侧将汤羹盛至自己的汤碗内，再用自己的汤匙舀着喝。盛汤时要避免“海底捞月”的不雅举止。

以匙喝汤，应在匙的内侧，仅沾唇边，而不能在匙的顶端。喝汤时不要用嘴啜吸，以免发出声响。如汤太热，切勿用嘴去吹，可以汤匙轻轻搅动，待稍凉后再喝。

四、进餐中的其他礼仪

（一）宴请活动重在交流

席间进餐要与其他宾客相互谦让，不能光顾自己埋头闷吃，而应注意对邻座的礼让和对长者及女士的照顾。在为别人夹菜时，一定要使用公用筷、勺。值得注意的是在宴请活动进餐过程中的交流比进餐本身重要得多。

（二）鱼刺、骨头及不洁食物的处理

在进餐中，对鱼刺、骨头、果核之类的东西，不要直接吐在桌面上，更不要随意吐在地上，而应以毛巾或餐巾掩面，从口中取出，放在自己的餐盘内。

（三）打喷嚏、咳嗽要掩口

席间如要打喷嚏或咳嗽，应掉头向后，用自己的毛巾或手绢掩住口鼻，避免发生过大的声音或口沫四溅。千万不要面向桌面及他人。

（四）擦嘴和剔牙

用餐结束别忘了擦嘴，擦嘴可用餐巾或餐巾纸，切记桌上的餐巾不能用来擦脸。席间，餐后剔牙要注意用手遮挡，不可当众仰面张口，也不要边走边剔，更不能咀嚼牙签。

（五）关于吸烟

在中式宴会中，一般在水果、甜汤上桌以后，西餐在喝过咖啡以后才可以抽烟。在此之前如想抽烟，应征得主人或身边女士的同意，至少说句“抱歉”，以示对他们的尊重。抽烟时烟灰、烟蒂等要放进烟灰缸，不要随意丢在地上。

随着社会文明程度的进步和人们健康意识的提升，吸烟有害健康的意识已深入人心。公共场合禁烟已成潮流，即便在允许吸烟的公共场合，当众吞云吐雾也会被视为无礼，因此，在多数情况下，我们不提倡在公务宴请时吸烟。

（六）退席和告辞

正式宴会上，当上完最后一道菜，即将上水果时，服务人员都会礼貌地告诉主人“菜已上全”，提醒宴会即将结束。当吃完水果，主宾在主人的示意下便可最先离席。宴会中，待大家都放下筷子，主人示意散席，众宾客方可离去。此时再贪杯狂饮、拖延不散，或余兴未尽迟迟不起，都是对主人的失礼，也是对其他宾客的不敬。会严重损害自己的个人形象，破坏宴会的气氛。

宴会结束时，客人应热情与主人话别，感谢主人的盛情款待，同时也应向其他客人道别。道别时不要拉着主人的手说个没完，免得妨碍主人为其他客人送行。如主人有礼物馈赠，应表示感谢，并将礼物收下，既不能毫无反应，也不能过于推辞。

案例7－8

用餐座次

古人云“民以食为天”，而在“食”中又以“坐”为先。《史记》中已有描述：“项王、项伯东向坐；亚父南向坐，亚父者，范增也；沛公北向坐；张良西向侍。”寥寥几笔却勾画出了安排席位主宾尊幼的古礼。这是因为中餐上菜时多以顺时针为上菜方向，居右者因此比居左者优先受到照顾。

主要遵循以下原则：(1) 中座为尊。三人一同就餐时，居中坐者在位次上要高于在其两侧就座之人。(2) 面门为上。倘若用餐时，有人面对正门而坐，有人背对正门而坐，依照礼仪惯例则应以面对正门者为上座，以背对正门者为下座。(3) 观景为佳。在一些高档餐厅用餐时，其室内外往往有优美的景致或高雅的演出供用餐者观赏，此时应以观赏角度最佳处为上座。

（资料来源：王华．金融服务礼仪［M］．北京：高等教育出版社，2015：195－196.）

子任务3-3　西餐宴会礼仪

【知识准备】

西餐的“西”是西方的意思，一般指欧洲各国；“餐”就是饮食菜肴。我们通常所说的西餐主要包括西欧国家的饮食菜肴，当然同时还包括东欧各国、地中海沿岸等国和拉丁美洲一些国家如墨西哥等国的菜肴。而东南亚各国的菜肴一般统称为东南亚菜，但也有独立为一种菜系的，如印度菜。西餐一般以刀、叉为餐具，以面包为主食，多以长形桌台为台形。西餐的主要特点是主料突出，形色美观，口味鲜美，营养丰富，供应方便等。西餐大致可分为法式、英式、意式、俄式、地中海式等多种不同风格的菜肴。

【知识准备】

随着社会的发展，东西方的文化交流日益成为一种普遍现象，西方的一些生活方式已逐渐被东方人所接受，用西餐招待客人也开始在许多地方流行起来。但西餐毕竟不同于中餐，就西式宴会而言，其餐具、酒具的使用，上菜的顺序，菜肴的进食方法等礼仪，与中式宴会有许多不同之处。因此，了解西式宴会的主客礼仪，懂得西餐宴请基本程序也是非常必要的。

一、出席西餐宴会的基本礼仪

（一）请柬的书面回复

正式的西式宴请都是以非常正规的请柬邀请客人的，无论参加与否，都应书面回复，否则将是严重的失礼行为。一般应在收到请柬后的第一天内回复，回帖应保持请柬的原有格式。

（二）注重仪表

在西方，赴宴非常讲究仪表，女士不化妆即赴宴往往被看做失礼的行为，男士也须在着装及仪表上做必要的准备。

比较正式的西式宴会，一般都在请柬上直接注明着装的要求。男士出席宴会的晚礼服主要有小礼服或燕尾服，并配以一双黑色的丝袜和皮鞋，现代西方礼仪也有从简的趋势，一般男士赴宴着西服正装即可；女士的晚礼服一般为低胸或露背的连衣裙，并配一副较长的手套，脚上要穿一双与服装相称的高跟鞋和长筒丝袜，一般要戴一副耳环和一条项链，从简的做法是着裙装即可。

（三）遵约守时

西式宴会对赴会的时间要求严格，必须按照预定时间赴会，既不能迟到，也不能到得过早。以提前15分钟左右到达为好。

（四）与主人握手

到达赴宴地点后，一般只需与相迎的主人握手，但应注意如主人携配偶出席宴请活动，一定要与女主人先握手后，再与男主人相握。握手时男性客人必须摘下手套，女性客人则可不必。

（五）依序入席

正式宴会，桌上一般都有来宾的席位卡，赴会者找到自己的席位后可直接入座，有时服务人员会询问来宾的姓名，由其引领到位。在一般性宴会或多桌宴会，有时对来宾没有明确安排座次，赴宴者应注意在合适的位置就座，不明情况时可询问接待人员，不能随意乱坐。按西方习惯，方桌近门口的一端是女主人位与女主人位相对的一端是男主人位，女主人位右侧是男主宾位而男主人右侧为女主宾位，这些位置都不能随意乱坐。

（六）女主人是宴会的主角

在西餐宴会中，女主人自始至终是宴会的真正主人，当女主人从座位站起来迎候迟到的客人时，已经坐定的男宾也必须陪同站起来；每一道菜上桌时，经女主人打招呼客人才能进食。

（七）不宜中途退席

参加宴会的客人，如有特殊事情必须离席，应向同桌人说一声“对不起，我离开一会儿”。退席时，要向本席的主要客人告辞，向在场的其他客人点头致意后方可离去。

二、餐巾使用的方法

餐巾又称“口布”，是进餐时的保洁用品。餐毕时，可以用来擦手和嘴上的油渍，餐巾纸是其代用品。在西餐宴会中对餐巾的使用有许多约定俗成的规矩。

一般在西餐宴会上，主人拿起餐巾是准备进餐的信号。客人入座后不要自行取拿餐巾，要待主人拿起餐巾后，客人才能随后跟着拿起餐巾，否则就会失礼。餐巾应铺放在正确位置上。家庭日常进餐，餐巾可以塞在领口；但在出席宴会时，餐巾必须铺放在大腿上，较大的餐巾，通常只打开一半对折摊开使用。临时离席时应将餐巾折好放在椅子上，如放在桌子上则是不再继续用餐的表示。也不应随意将餐巾揉成一团，装入腰包或口袋里。入座后，不能用餐巾或餐巾纸擦自己的餐具或当抹布抹桌子，否则就会被视为对主人或服务人员的不信任和侮辱。餐毕要将餐巾放在自己餐具的左侧，不必刻意折叠整齐。

三、餐具的使用方法

东方人进餐时的主要工具是筷子，而西方人进餐时则要用刀、叉、匙，各式西餐餐具的用法，也是西餐礼仪的重要组成部分。

（一）西餐餐具的摆放

西餐一般使用方台、长方台，有时也用圆台。西餐用餐一般都采用分餐制，摆台也分便餐摆台和宴会摆台两种，不过无论是哪一种，其刀叉摆放的方法及位置都大致相同。放在每个人面前的是食盘或汤盘，盘居中，左边放叉、右边放刀，刀叉数目与菜的道数相当。先用餐具放外侧，后用餐具放内侧。一般是左手拿叉，右手拿刀。在桌子上摆放刀叉，一般最多不能超过三副。三道菜以上的套餐，必须在摆放的刀叉用完后，随新上的菜肴再放置新的刀叉。盘子上方放匙，小匙吃冷饮，大匙喝汤用。再上方为酒杯，从左到右排成一排，顺序由小到大分别用于各类酒水的饮用。面包碟放在匙的左侧，匙的右侧放黄油碟，碟内备有专用的小刀。

在西餐中，对特殊菜肴的餐具搭配是相对固定的：如食用法式田螺，则左侧放田螺夹；如食用浓味炖鱼，应摆鱼刀、鱼叉和汤勺；用爱尔兰炖肉，要摆主菜刀、主叉和汤勺，等等。

（二）刀叉的用法

在西餐进餐中，刀叉使用有一个原则，那就是先用摆在外面的刀叉。每上一道菜，便用一副相应的餐具。使用后放在盘子里，如果不懂，可以照主人的样子去做。切肉时，可以按自己喜欢的方式去做，一般是用左手拿叉按住肉块，右手用刀切割。握刀的方法是用右手食指压在刀背上，其余手指握住刀把。一般美国人换以右手拿叉，英国人仍以左手拿叉。使用鱼刀同握笔差不多，即以大拇指和食指压住刀把，中指协助食指切割鱼肉。

刀叉有不同规格，按照用途不同而决定其尺寸的大小也有区别。吃肉时，不管是否要用刀切，都要使用大号的刀。吃沙拉、甜食或一些开胃小菜时，要用中号刀、叉。

美国人食用肉类有时先用刀把肉切成块状，然后用叉子送进口中；而欧洲人一般是边切边吃。如使用某道菜不需要用刀，也可用右手握叉，例如，在吃意大利面条时，只是用一把叉，不需要其他餐具，此时可以右手来握叉。如果没有大块的肉要切，例如素食盘，只是不用切的蔬菜和副食，此时也可以用右手握叉来进餐。

如果临时离座，还想继续用餐，要把刀叉分放，并呈八字形。用餐毕可把刀叉放成两条平行线的样子，刀叉柄向右。此时即便盘里还有东西，服务员也会明白你已经用完餐了，会在适当的时候把盘子收走。

忌讳用自己的餐具为他人夹菜、舀汤或选取其他食物。吃西餐时，每个人都有自己的餐具，如果是合餐，每个人都可从大盘里取用的话，那么一定有备用的公用叉或勺供大家使用。

在餐桌上进餐，享用美食的同时，彼此的交流是必需的。但手里拿刀叉时切勿手舞足蹈地谈论。发言或交谈时，应将刀叉放在盘子里才合乎礼仪。也不可将刀叉竖起来握在手中，放肆地大笑或高声喧哗，这会让人感到胆战心惊，实际上这种危险的举动的确对人、对己都是一种威胁。进餐过程中绝不可用刀子取食入口，这样做既不安全又很失礼。

案例 7－9

吃相不雅影响生意

某国际贸易有限公司的小张过了三个月试用期后，大家基本上对他还是挺满意的。之后，正逢一个挺大的项目紧跟而来，公司里人手有点紧，于是项目部李经理想让他锻炼锻炼，见见大客户，也好上手快一点。虽然这一举动有点冒险，但通过几个月的观察考核，项目部李经理当时还是相信小张可以做好的。没想到，一顿饭的工夫，李经理就发现这次让小张跟着他见客户真是冒失之举了。平时小张还挺注意形象的，每天来上班干干净净，做事情稳稳妥妥，遇到紧急关头也没有气急败坏，可是关键时刻却失了足。那天去见重要客户，去了一家很高级的西餐厅，其实是李经理他们经常去的地方，但是对于小张来说可能是第一次经历这样高级的场所。大家点的都是牛排之类的西餐，李经理猜想小张大概也没接受过什么正规的西餐礼仪的培训，除饭桌上使用刀叉很笨拙之外，吃相也越来越难看。本身和客户吃饭，主要目的是联络感情、拉拢生意，又不是真让你去大饱口福的。后来，不知道是不是他吃相的关系，客户给该国际贸易有限公司下的订单少了将近30%。尽管不能完全说是小张的原因，但是这样的手下带出去真的叫领导有些尴尬。无论如何，在进入社会之前，商务礼仪还是多多少少应该了解一下的。

小张作为职场新人，第一次陪客户吃饭，且吃的是西餐，西餐中最重要的就是刀叉的使用，如果第一次吃西餐，又不熟悉西餐的礼仪，最要紧的就是后下手，也就是先看别人的举止，看别人怎么吃，怎样使用刀叉。结果这位老兄把一次陪客户的宴请当成了自己的一次高档享受，笨拙的刀叉使用，不雅的吃相，给公司形象丢了分，影响了公司的生意。

（资料来源：http：//wenku. baidu. com/view/43a6d4c55fbfc77da269b14f. html。）

四、吃西餐应注意的礼仪细节

吃西餐的礼仪规范有些与吃中餐是相似的，但又不尽相同。具体表现为：

1. 在餐桌上就座时，人要端庄，背部要贴住椅背，将餐巾放在膝上，不可将随身携带的物品，如皮包等放在餐桌上；不可在桌前化妆、擦鼻涕、咳嗽、打嗝、打喷嚏等。在西方，进餐时有以上动作，应立即向同桌的人道歉。

2. 西餐桌上应与同桌人轻松交谈，但要注意，嘴里含有食物时不能同别人讲话，进餐时同别人讲话要放下刀叉；通常说话前或者喝酒前要用餐巾擦一下嘴。

3. 如果不慎把餐具掉在地上，不要马上俯身去捡，应留给服务人员去处理，你只需再要一套干净的餐具。当发现菜肴或杯子中有脏物时，应悄悄告诉服务人员，让其拿走重换一份。换菜盘和餐具也是如此。

4. 喝汤时要用汤匙，不能直接用嘴唇去喝，更不应发出不雅的声音。喝咖啡同样不能用嘴啜，也不要用匙舀着喝，小匙是用来搅拌咖啡、使糖溶化的。咖啡应端起来直接喝，若咖啡太热，可用匙轻搅，不能用嘴去吹。

5. 不能用面包来擦拭菜盘；正式宴会上不能把饼干泡在汤里吃；用过的盘子不能推到一旁，应请服务员帮忙撤下。

案例 7 – 10

中西餐差异

中西餐观念的差异：中国的饮食用料复杂考究，制作方法复杂，口味、菜式多种多样。西方以欧美为代表，主食以面粉为主，原料也较为丰富，制作方法较中国简单，但同时也十分注重口味。西方饮食以营养为最高准则，中国五味调和的烹调术旨在追求美味，强调养生、减肥，从而追求清淡少油，强调烹调过程中保持原有的营养成分。

中西方饮食方式、餐具及礼仪的不同：在中国，任何一个宴席，不管什么目的，都只会一种形式，就是大家团团围坐，共享一席。筵席要用圆桌，这就从形式上造成了一种团结、礼貌、共趣的气氛。虽然存在卫生问题，但它符合我们民族“大团圆”的普遍心态，便于集体的情感交流，因而至今难以改革。在餐具方面，差异就更明显。中国人使用的是筷子、汤匙，吃饭也用碗盛；而西方人则是盘子盛食物，用刀叉即切即吃，喝汤则有专门的汤匙。筷子与刀叉作为东西方最具代表性的两种餐具，影响了东西方不同的生活方式，代表着不同的两种智慧。

中西方饮食性质的差异：饮食观念的不同，使西方饮食倾向于科学、理性，中国饮食倾向于艺术、感性。西方饮食习俗的着重点是原始饮食实用性的延伸；而中国饮食习俗中对味的偏重，就把饮食推向了艺术的殿堂。从这两种饮食观可以看出，西方饮食日趋规范化，中国饮食随意性较大。

中西方饮食文化差异是明显的，而且各有长处。随着经济全球化及信息交流的加快，中西方饮食文化将在碰撞中不断融合，在融合中互补。现在的中餐已开始注重食物的营养性、健康性和烹饪的科学性；西餐也开始向中餐的色、香、味、意、形的境界发展。中西方餐饮文化将在交流中共同发展。

（资料来源：根据《饮食文化》、39 健康网社区资料整理。）

【综合实训】

上海某公司王经理欲同东北某公司建立业务代理关系，东北公司经理非常重视这一机会，王经理到达后，东北公司经理设宴招待。

参加宴会的人除东北公司经理、副经理之外，还有主管部门的负责人，共十位。人们热情寒暄后，宴会开始了。王经理见服务员手拿一瓶茅台酒欲为自己斟酒，便主动解释自己从来不喝白酒，要求喝点啤酒，但主人却热情地说："为我们两家的合作，您远道而来，无论如何先喝点白酒。"说话间，白酒已倒入王经理杯中。主人端起酒杯致祝酒词，并提议为能荣幸结识王经理干杯，于是带头一饮而尽，接下来人人模仿。王经理只用嘴唇沾了沾酒杯，并再次抱歉地说自己的确不能喝白酒。王经理的白酒未饮下，主人仿佛面子上过不去，一直劝让，盛情难却，王经理只好强饮第一杯，然而有了第一杯，接下来便是第二杯。

王经理提议酒已经喝下，大家对合作一事，谈谈各自的看法。主人却言："难得与王经理见面，先敬酒再谈工作。"于是又带头给王经理敬酒，接下来在座的都群起效仿，尽管王经理再三推脱，无奈经不起左一个理由，右一个理由的强劝，王经理又是连饮几杯。

王经理感到自己承受不住了，提出结束宴会，此刻大家却正喝在兴头上，接下来又是一番盛情，王经理终于醉倒了。待王经理醒来时，发现自己躺在医院病床上，时间已经是第二天傍晚了。

次日早晨，当主人再次来到医院看望王经理时，护士告诉他，王经理一大早出院回上海了。

问题：

1. 思考一下王经理为什么回上海了。

2. 面对这样的环境，如果你是主人，应该怎样做？

思考与练习

1. 简述在公务迎送中有哪些注意事项。
2. 商务谈判礼仪的原则有哪些？
3. 简述谈判语言的艺术。
4. 在中餐进餐中需注意哪些礼仪？
5. 吃西餐应注意的礼仪细节有哪些？

项目八 金融服务岗位业务活动礼仪规范

【案例导入】

近日，某论坛里一名网友发帖："真是倒霉，去某银行汇款，1 万元里面居然有 1 张百元假钞，银行直接没收了，没收假钞咱没啥意见，但银行的做法让我很气愤，查出假钞后，我提出让我看下，工作人员居然不肯，隔着厚厚的双层钢化玻璃给我看，我又不是神眼，怎么看哦，我说你敲上章让我看总行吧？他还是不同意，直接开了张单子让我签字，心中那个郁闷啊。咱也是受害者，又不是制造贩卖假钞的贩子，咱的钱掰开也是有血有汗的。"从跟帖情况看，网民对银行如何没收假币还挺关注。那么，银行的正确做法到底是怎样的呢？

收缴的假币不能再交给持有人

中国人民银行舟山市中心支行货币金银科相关工作人员在接受记者采访时介绍，按照金融法规和中国人民银行的有关规定，银行发现或收到假币时应当按照下列程序和方法处理，即应共同确认，并必须当着客户的面在假币上加盖假币戳记印章，同时开具统一格式的"假人民币没收收据"给客户，并将所收假币登记造册，妥善保管。人民银行以外的其他银行对没收的假币，还应定期上缴中国人民银行当地分支行。

如果客户有异议，可凭此回执向人民银行提出申诉。在此过程中，银行从业人员在客户要求下有义务向客户介绍相关识别假币的方法，并在隔着玻璃的情况下将客户所持有的假币给客户鉴别。收缴的不能再予以持有人，以防假币重新流入社会。

银行微笑服务会让客户少点抱怨

记者拿一张同事夜间打的时找回的 50 元假钞，准备去银行体验一下被发现假钞后的流程。

记者走进某商业银行，取号排队等候。当轮到记者的号时，拿出事先准备好的一叠中间夹了那张 50 元假钞的现金交给柜员。点钞机"啪啪"点着突然就发出"嘀嘀"的叫声，柜员取出了那张记者故意放在其中的 50 元假钞，看了一下后，叫来了当天值班的大堂经理，两人同时确认后，告诉记者"这张是假币，银行要没收"，于是在那张假币上盖下了假币戳记印章，同时开了张"假人民币没收收据"。

与那位网友遇到的情况不同的是，整个过程中柜台工作人员一直都是微笑服务的，在记者提出要确认一下时，柜台工作人员举起 50 元假钞贴在玻璃窗上，并简单地指出这张假币的特征。

（资料来源：《现代金报》，2010－07－15。）

分析：

由上述案例我们不由感叹，如果那位网友遇到的银行工作人员也是这样微笑服务的话，就不会有那么多抱怨。人们赚点血汗钱不容易，辛苦存了笔钱，却发现其中有假币，本身心情就已经极差，如果这时银行工作人员还板着张脸，客户的情绪就可能被激化，所以金融服务岗位的工作人员一定要注意金融服务岗位业务活动礼仪规范。

【学习目标】

◎ **能力目标**

1. 能够掌握储蓄业务办理规范。
2. 能够掌握委托业务办理规范。
3. 能够掌握银行卡业务办理规范。
4. 能够掌握存单（存折）挂失业务办理规范。
5. 能够掌握假钞没收业务办理规范。
6. 能够掌握大堂咨询业务办理规范。
7. 能够掌握个人汇款业务办理规范。

◎ **知识目标**

1. 掌握金融行业工作人员岗位礼仪。
2. 掌握金融服务行业岗位礼仪的基本要求。
3. 掌握金融服务行业岗位礼仪的岗位业务操作规范。

◎ **素质目标**

1. 作为金融服务行业人员掌握金融服务岗位业务礼仪规范。
2. 作为金融服务行业人员掌握金融服务岗位业务操作规范。

任务1　金融服务岗位岗前准备

【工作任务】

子任务1－1：金融行业工作人员岗位礼仪

子任务1－2：金融服务行业岗位礼仪的基本要求和岗位业务操作规范

子任务1－1　金融行业工作人员岗位礼仪

【知识准备】

随着行业、企业之间竞争的加剧，行业、企业之间的竞争越来越表现为员工素质之间的竞争，金融服务行业员工必须不断提升自身素质，掌握相关的岗位礼仪，最大限度地发挥自己的才能和技巧，才能在市场竞争中站稳脚跟并赢得竞争的胜利。金融行业的工作是平凡的，每天都在重复同一业务流程，在平凡的岗位上，只有每个员工从自身做起才能铸就金融事业的辉煌。

一、岗位礼仪的概念

岗位礼仪是指金融行业工作人员在岗前准备、柜台服务、客户接待、纠纷处理等履行岗位职责时以约定俗成的、规范的程序和方式来表现的律己敬人的完整行为，具体包括仪容、仪表、仪态和言行等方面。

金融行业的岗位按与客户接触的程度来分主要有三大类：一是临柜岗位，此类岗位接触的客户最多，每天所有的营业时间几乎都是与客户打交道；二是客户经理岗位，经常与客户打交道，但不是所有的营业时间；三是内部管理岗位，很少与客户打交道。所以，对于金融行业，最需要、也最有意义的岗位礼仪是临柜礼仪。它是一种服务礼仪，又因为它是员工在临柜服务或营业过程中表现的礼仪行为，所以也称柜面服务礼仪或营业礼仪。

服务是金融行业永恒的主题。在金融企业高度同质化的今天，唯有服务品质能凸显一家金融企业的比较优势，打造优秀的服务品质已成为现代金融企业求生存、谋发展的最基本手段。优秀的服务品质主要取决于文明得体的服务礼仪、安全健全的服务功能、快捷的服务效率和优美舒适的服务环境等。岗位礼仪是金融企业展示给客户的“第一印象”，所以提升服务水平应首先从岗位礼仪开始。

二、岗位礼仪的特点

（一）职业性

金融业是与钱打交道的行业，经营的是货币信用，有着非常广泛的客户群体，属于服务行业。服务的无形性决定了金融行业特别注重行业形象的塑造和展示，这种形象的特点是安全、稳健、实力、诚信和亲和。岗位礼仪也必须体现金融行业工作人员的庄重、严谨、自信和可亲、可信的职业素养。

（二）规范性

礼仪是约定俗成的行为规范。礼仪只有规范统一，有标准可依，有制度约束，才能成为全体员工的共同行为，才能体现金融行业的整体形象。如果员工各喊各的号，各唱各的调，再有“礼仪”也是低层次的，难以得到社会和广大客户的认可。

（三）个性化

客户需求的多样性、客户个体的差异性决定了岗位礼仪应有个性化的内容。只有因人制宜，“因你而变”，灵活运用，不断创新，岗位礼仪才有生命力。如果不问服务对象的个体差异，千篇一律，千人一面，必然导致礼仪的僵化和庸俗。

（四）完整性

岗位礼仪是多种礼仪的整合，个人容貌、神态、语言和举止等都必须纳入礼仪管理的范畴。客户服务是一个过程，强调过程中的每一个环节都应体现礼仪的光芒。礼仪是公众产品，每人都应享受，而不能欺老愚幼，嫌贫爱富。岗位礼仪应覆盖并渗透到服务的全方位、全过程。

三、岗位礼仪的作用

得体自然的金融行业工作人员形象，规范的岗位礼仪对于现代金融企业提升服务水平、展示窗口形象、增强竞争力具有十分重要的意义，其作用主要表现为以下几方面。

（一）规范工作人员行为，提升人生品位

礼仪是现代社会人际交往的“润滑剂”，并不只有金融行业工作人员要讲礼仪，现代人为人处世同样需要礼仪。良好的礼仪习惯是人生的财富，能使人终身受益，金融行业的员工如果具备了良好的礼仪修养，不仅能为自己的职业生涯增添光彩，也可通过言传身教影响下一代，为后人享用。

（二）展示窗口形象，弘扬先进文化

临柜是金融行业的窗口，员工的柜面表现能反映出金融行业的管理水平、文化底蕴，能体现员工的精神面貌、职业素养，是金融行业的形象体现。因此金融行业员工的举手投足、言语谈吐、穿着打扮，都代表着金融行业的外在形象和内在管理。构建先进的服务文化，首先从讲究礼仪开始。

（三）满足客户需求，体现精神文明

礼仪是社会文明的标志，社会越进步，人们对“礼”与“仪”的要求越高。礼仪的本质就是尊重人，愉悦人。讲究礼仪不仅是广大客户对服务行业的基本需求，也是金融行业职业道德的起码要求，更是现代人的必备素质。

（四）提升服务质量，促进产品营销

礼仪是服务的包装，能使服务更加美丽。礼仪是沟通的“名片”，营销的助推器。彬彬有礼、温文尔雅、仪表端庄的工作人员往往会给客户留下良好的第一印象，从而提高营销的成功率和服务质量。

【综合实训】

这几天，某银行储蓄所主任连续接到客户的投诉，反映开办业务的窗口少，自动柜员机又老出毛病，造成营业厅滞留大量客户，不少客户怨声载道。储蓄所主任就让新来的员工小刘在营业厅观察客户接受服务时排队时间有多长等服务中存在的问题，以此来研究储蓄所工作改进的方法。

要求：

1. 如果你是小刘，请对观察的结果进行分析并提出改进的建议和意见。

2. 在模拟实训室，以小组为单位进行模拟现场操作练习。

提示：

1. 充分发挥柜台服务中各类人员的作用，如大堂服务人员、个人客户经理、保安等的咨询、协助、维护工作，减轻柜员的工作压力。

2. 银行柜台服务的管理具有很强的综合性，做好柜面服务的内部管理，可以减少业务销售时可能出现的礼仪服务、系统交易操作服务中存在的问题。

子任务1-2 金融服务行业岗位礼仪的基本要求和岗位业务操作规范

【知识准备】

一、金融服务行业岗位礼仪的基本要求

注重礼仪是出于对客户的尊重和友好。金融行业工作人员的岗位礼仪是职业服务礼

仪的一种具体表现形式，是金融行业工作人员对客户主动服务、热情服务、周到服务、礼貌服务的外在表现，能使客户在精神上得到愉悦和享受，从而使服务增值、产品增色、形象增光。作为一名金融行业服务岗位的工作人员，必须明确并掌握金融服务行业岗位业务活动开展中礼仪服务的各方面具体化的基本要求。

（一）主动热情

主动，就是要服务在客户开口之前。一个简单的主动问候包含着自信和期待：我准备好了，我有能力为您提供很好的服务；也意味着有更强的情感在投入。金融行业有了礼仪规范和工作标准，只能说是有了为达到一流服务而应具备的基础条件，并不等于就有了一流的服务。金融服务行业人员只有把自己的情感投入到一招一式、一人一事的服务中去，才能使自己的礼仪行为更具有人情味，更富有特色，让客户倍感亲切，从中体会到金融企业较高的服务水准。

热情，是指金融行业工作人员出于对自己从事的职业有明确的认识，对客户的心理有深切的理解，因而发自内心、满腔热情地向客户提供良好服务。工作服务中多表现为精神饱满、热情好客、动作迅速、满面春风。

（二）周到细致

周到，是指在服务工作的内容和项目上，做到全方位、全过程，处处方便客户、体贴客户，千方百计帮客户排忧解难。这些服务工作是实质性的、客户能直接感受到。周到还体现在不但能做到、做好共性规范的服务工作，还能做到、做好特色服务。在当前金融业竞争日益激烈的情况下，对金融机构而言，最根本、最有效、最持久的竞争手段，就是通过向客户提供竞争对手无法学到或短期内无法仿效的、客户需要的、金融机构可以长期坚持下去并能促进盈利的服务。

周到还要求有更为灵活的服务。金融行业的规章制度和服务规范，只是解决了服务的技术标准和大致的行为规范问题。而金融服务的对象却是千差万别的活生生的人。一流的服务不应仅仅把客户当成流水线上的半成品，一成不变地照搬规范，而应是在规范的基础上创造性地、灵活地处置各种意外情况，尽量满足客户突发而至的各种需求，从而在客户心目中留下深刻的印象。

周到还体现在细致入微上。细节决定成败，客户到金融机构办事，寻求的不只是办理业务本身，还希望享受到金融机构优美的环境、方便的设施以及金融服务人员的声声提醒和殷切服务。这就要求金融机构能从客户的角度出发考虑问题，根据他们的不同需要提供有针对性的服务。

（三）诚信、热心、细心、耐心待人

与人为善，礼貌待人，是岗位礼仪的起码要求。举止源自内心，金融服务岗位礼仪强调要体现“四心”，即诚心、热心、细心和耐心。

1. 诚心。诚恳待人，想客户所想，急客户所急，虚心听取意见，不断改进工作。如果因为金融机构方面的原因，增加了客户等候的时间，就应该主动向客户道歉；在迎送客户、向客户道歉以及听取客户意见时，都应该主动起立，以体现诚恳和尊重的态度；在递出单证或现金时，应有礼貌地用双手递到客户手里，不扔不摔，成捆的现金不便直接递到客户手中时．也应有礼貌地向客户示意。这都体现了一个“诚”字。

2. 热心。需要发扬“一团火”精神．主动热情地为客户服务。金融机构开办业务种类繁多，特点各异，应根据客户的具体情况，主动热情地进行介绍，当好客户的参谋。

如果客户要求办理的业务不属于自己经办，就要明确告知客户经办此项业务的人员、地点或电话，不要随口说声“到前面”或者“那边去问”。

热心还体现在对待客户一视同仁上，做到对生人熟人一样亲切，存款取款一样热情，金额大小一样欢迎。

3. 细心。要在细微处见精神，处处体现周到、细致、关心的态度。比如为客户提供纸笔、印泥、老花镜、装钞袋等一些服务用具，发现储户的存折破损，主动予以粘贴或更换等。另外，柜员在办理业务时，还应该有足够的警惕性，及时识别假币、假票据等，防止金融诈骗活动的发生，保证银行资产的安全，避免客户的资金损失。

4. 耐心。耐心是指办理业务不怕麻烦，执行规章制度做好解释。金融业务种类和服务项目繁多，服务对象广泛，在柜面服务时也会遇到很多复杂情况，对有不同要求的客户，应诚恳热情、耐心细致地满足其合理要求。金融机构的各种规章制度，是为保障业务顺利进行、维护客户和金融机构双方的合法权益，应严格执行。在执行的过程中应该注意向客户做好宣传解释，即使发生纠纷，也要以克制、忍让、冷静耐心的态度来对待，做到“得理也让人”。

（四）微笑永恒

至真至诚的微笑，付诸于我们的行动便成了可触可摸的服务，也是金融行业工作人员每天最具体、最实在的工作。服务从微笑开始。

微笑是世界上最美好的表情。亲切、温馨的微笑，可以有效地缩短双方的距离，创造良好的心理氛围。要笑得好，并不容易。面对不是亲密的人，笑得过火，显得不稳重；硬挤出淡淡的笑，又给人虚伪的感觉，显得机械、呆板、冷漠，不过例行公事罢了。微笑要发自内心、亲切自然。微笑也可以训练，金融行业的岗位礼仪特别强调微笑的重要性，临柜服务人员更应注重微笑礼仪，服务人员对着镜子练微笑，并不是新鲜事。但是，更为重要的是心理的调适以及对职业的认同。如果我们的员工有“客户是上帝”的观念，如果对别人都能以兄弟姐妹般来相待，如果人人都有一种良好的心态，那么，面容上就不难保持发自内心的微笑。

（五）语言文明

好言一句三冬暖，恶语伤人六月寒。语言，是人们交流思想感情的重要工具。不同的语言、语气有着不同的效果。柜面服务时，应该讲究语言艺术，做到亲切、准确、得体。

金融行业工作人员岗位礼仪在语言上的要求有以下几方面。

1. 亲切。亲切就是要和颜悦色，诚挚热情，面带微笑。使用好“十字”文明用语（请、您好、谢谢、对不起、再见）。让笑意写在脸上，尊称不离口，请字在前头，以微笑和亲切的语言铺设起金融机构和客户之间感情的桥梁。

2. 准确。准确就是要口齿清楚，语言表达既通俗易懂，又合乎规范。对客户不应使用金融机构内部术语，比如我们把支票、凭条等银行内部传递处理的凭证都统称为传票，要是对客户也这样说，就会让人家弄不明白了。既要注意语言的通俗易懂，也要避免使用不规范的语言，比如询问客户存定期还是活期说成是“要死的还是活的”，就容易产生误会，甚至出现争执。

3. 得体。得体就是要根据不同的对象和不同的场合，采取恰当的表达方式。针对不同的对象采用相应的尊称；对某些比较敏感的问题更要注意分寸。当然，在客户与我们有较密切的关系或者有问题需要我们帮助解决时，在不引起客户反感的前提下，也可以直接询问。这都需要根据情况灵活掌握。

语言文明还应注意做到“八个不”。

1. 不信口开河。有些话不该说，有些话不宜在公开场合说，有些话不能用某种方式说，避开一些不适当的内容、形式，要比随心所欲地信口开河好。

2. 不议论别人。议论别人的短处绝不能显示自己的高明，有好的建议找对方当面去说，在公众场合对别人说三道四只能暴露自己的短处。将道听途说来的闲话在交际场合散布出去，可能会给自己带来麻烦。

3. 不阿谀奉承。尊重别人的意见，但不是盲从。可以适度称赞对方，但不能肉麻吹捧，特别是对上级领导，在交际场合更不宜毕恭毕敬地说些奉承话。对晚辈或地位比你低的，请勿用轻视、冷淡的口吻说话。

4. 不出言不逊。恶语中伤、斥责、讥讽对方，不会起到良好的效果。

5. 不泄露机密。将该保密的事泄露于人，同将隐私暗示于人一样不对。企图以任何手段炫耀自己、贬低别人，反而会给人以品格低下的感觉。

6. 不窃窃私语。凑到某个人耳边说话，容易引起别人反感。确有私事要说，不如请他跟你到旁边再谈。撇开众人，只跟一部分人交谈，也说明你不善于与大家打交道。

7. 不使用方言。在场的人有不懂外语、方言的，就避免用这种语言交谈。

8. 不分散注意力。谈话双方须互相正视、互相倾听，不能东张西望或兼做其他事情，如玩弄指甲、摆弄衣服、搔痒痒、抓头皮、打哈欠、伸懒腰、不等人说完话视线和注意力就转向他方等，既不礼貌，也使自身显得缺乏修养。

二、金融服务岗位业务操作规范

（一）上岗前业务准备要求

上班必须提前 15 分钟到岗，按规定做好上岗各项准备工作，包括打扫卫生；开启监控设备，更换录像带；开启电子屏；整理并添置宣传资料及各类凭条；更换摆好当日临柜人员工号牌等。员工接库箱后，必须立即进入营业场内各自工作岗位，打开终端，有序摆好桌面营业用品，更换、调整好业务章、日戳等。

（二）岗位纪律

每位员工都必须遵守劳动纪律，不得迟到、早退。上岗时要精力集中，不得擅自离岗、串岗，因事需离岗时，应在柜口摆放暂停营业的牌子以提示客户。办理业务过程中不准中断业务去接听电话；工作时不准大声喧哗，保持环境安静；严防泄密，尊重客户意愿，维护客户利益，严守客户秘密。

（三）办理业务准则

总的要求是：忠于职守，遵章守纪；优质服务，诚信待客；服从分配，团结协作；廉洁奉公，不谋私利；敬业爱岗，乐于奉献；敢与内部不良现象作斗争，尽心尽责维护整体利益和全行（公司）形象。具体应做到准、快、好三项标准。

1. 准。熟知业务知识，熟练操作技能，熟悉规章制度，办理步骤要准确，让客户业务办理一次成功。

2. 快。坚持按照临柜操作程序和先外后内的原则，办理业务要快捷，减少客户等候时间。

3. 好。服务态度要热情，对待客户要诚恳，解答提问要耐心，咨询回话要准确。做到想客户所想，急客户所急。办理业务时，不准抛掷卡、钱和单证；不顶撞、刁难、冷落、讽刺客户；不推脱、拖延、拒绝办理业务；不准压票、随意退票和无理拒付。柜面发生纠纷时，要善解人意，得理让人；如一时无法解决，应及时报请单位领导处理。

此外还要注意“五优先，七一样，六有声”。五优先，即老弱病残优先；儿童孕妇优先；申请挂失优先；对外业务优先；急用款项优先。七一样，即大小客户，存多存少一样对待；存款、取款、借款、还款一样热情；生人、熟人、新老客户一样周到；时间早晚、业务忙闲一样耐心；表扬、批评一样诚恳；新钞、旧钞、主辅币一样办理；自营业务、代理业务一样认真。六有声，即客户临近柜面时有亲切的迎客声，如“您好”“请问您办理什么业务”等。客户询问时有应答声，客户询问时应认真听清问题，属办理范围的及时办理，属查问的应该迅速查询后答复，属他人办理的要介绍到位。办理业务过程中有关照声，遇到正在办理业务时有另一客户到柜，不能起立接业务时要有关照，如“请稍等”；办好业务双手交接时要有关照声，如取款的，在向客户交接现金时应提示本金多少、利息多少、共多少，清点一下；遇客户不懂业务或客户有差错时，耐心指导，使用“您的凭条某某项填写有误，请重填一下”等语言予以纠正。遇到电脑故障或内部差错而引起客户有意见或不满意时要有歉意声，要和气解释，使用“对不起”“请稍候”“马上办理”等语言稳定客户情绪。遇到客户表扬时要有谢意声，应以“没关系”“不客气”等语言致谢。客户离柜时要有送客声，如“慢走”“欢迎再来”等。

（四）安全防范

员工应树立安全防范意识，严格遵守安全防范制度。随时关注营业场所的安全状况，边门必须上锁，报警器、灭火器保持良好；自卫武器应放置在随手可取的位置；严禁非本单位人员进入营业场所内；营业终了，现金、重要空白凭证、印章、机证、有价单证、账（簿）、卡等应全部入库，电器、电脑设备应及时关闭。

三、开展岗位服务规范化的原则

临柜岗位是展示金融行业形象和员工风貌最主要的窗口，时刻面对着形形色色的客户，工作难点多，情况变化多，要搞好规范化服务必须掌握以下原则。

（一）客户第一

客户包括自然人客户和法人客户。要以客户为中心，按照客户是否满意为标准，整合金融企业的所有服务要素，组织服务规范化的活动。

（二）信誉第一

老百姓为什么要把家庭财富交给银行打理，无非就是看中了银行的信誉。从某种意义上说，银行经营的就是信誉。组织服务规范化活动的目的，就是更好地为客户服务，从而提升企业的美誉度。

（三）效率第一

强调服务的效用性，单位时间的成功率。客户来银行不是来享受礼仪的，也不是来感受规范的，而获取某种效用的员工的礼仪再标准，态度再亲切，环境再优美，如若不能提供有效用的服务，不能实现它的主要目标，那么这一切努力都等于零。在“时间就是金钱的”今天，对大多数客户来说，效率比什么都重要。

（四）安全第一

安全服务对于高风险的金融企业尤为重要。临柜服务中的安全，主要是指财务安全和人身安全。规范化服务措施的制定和落实要服从安全经营。反过来，临柜员工，要不折不扣地执行有关规章制度和操作程序，落实技术防范措施，使经营安全有保障。

四、岗位服务规范化的注意事项

1. 要把客户当作自己的父母、兄弟姐妹、好友一样对待，发自内心地为他们服务。语言应亲切、柔和，动作要自然、到位，眼睛要凝视客户，面带微笑，始终以良好的仪态、饱满的精神出现在客户面前，让客户体会到如沐春风般的感受。

2. 不能用“连这你都不知道”的眼神对待客户。始终牢记，我们没有权利要求客户知道这或知道那，我们所拥有的权利是始终为客户提供所需信息和了解信息的渠道。

3. 不要只对客户说“这是规定”。如果一味强调规定，会让客户觉得你是在用规定来搪塞他，甚至压他，导致不必要的纠纷。

4. 不能在旁边有客户和来客时只顾自己说笑。在客户面前，不要把手插在口袋里。不得抖腿、斜站、前后左右摇摆和左顾右盼，也要不要对客户皱眉头，也不应该一边接待客户，一边把茶杯、热水袋抱在手里。

5. 不要说“不知道”，应该说“对不起，这个我不是很清楚，我来帮您问一下，请稍等一会儿”。如果实在有急事儿，应该向他表示歉意，为他再找另一位同事解决问题。

6. 因人制宜，量体裁衣。为最大限度地满足客户的需求，需要临柜人员针对不同客户的特点提供相应的服务和不同的接待技巧，让每位客户都感到银行安全、可信并受到尊重。

7. 维护客户利益，站在客户的立场，为他们出谋划策，当好理财参谋，减少不必要的损失。仔细告知办理业务需要准备的有关资料及注意事项，以免客户不必要的往返。

【综合实训】

作为银行的一名工作人员，在正式走上工作岗位之前，应掌握相应的服务技能和服务礼仪，在心理上和行动上做好上岗前的准备。而环境和工作规范是展示银行形象的重要方面，工作人员到岗开始营业前应做好银行临柜服务的各项准备工作。

要求：

1. 按规定做好上岗前的准备工作，包括打扫卫生，整理并添置宣传资料及各类凭条，更换摆好当日临柜人员工号牌等，有序摆好桌面营业用品，更换、调整好业务章、日戳等。

2. 调整好心态，从面部表情、迎候语言、动作举止等方面加以体现，对待客户应精神抖擞，面带微笑，让客户有贴心的感觉。

3. 六人一组，在柜台练习，相互观摩，相互分析和讨论。

提示：

服务是一个过程，具有不可逆性，是“一次性”消费。练习时要求服务人员一定要将准备工作按规定程序进行作业，准确到位。

任务2　金融服务岗位业务服务规范

【工作任务】

子任务2－1：储蓄业务办理规范
子任务2－2：委托业务办理规范
子任务2－3：银行卡业务办理规范
子任务2－4：存单（存折）挂失业务办理规范
子任务2－5：假钞没收业务办理规范
子任务2－6：大堂咨询业务和个人汇款业务办理规范
子任务2－7：金融服务行业其他岗位行为规范

子任务2－1　储蓄业务办理规范

【知识准备】

一、储蓄业务开展过程中需要注意的问题

1. 客户在办理储蓄业务时如有疑问，柜员应耐心详细地为其解释清楚。

2. 面对客户提出的一些与制度不相符的要求，我们在坚持原则的前提下，要本着“一切为客户”的理念，向客户解释清楚为什么要这样做，并为给客户带来的不便表示适当的歉意。

3. 遇到客户提出无关紧要的要求，但又不违反制度，这时就应顺着他的意愿去办，切不可不屑一顾。

4. 钱款要与客户当面点清。

5. 对大小客户应一视同仁，对所有客户都要热情周到。

二、办理一般储蓄存款服务的流程

办理一般储蓄存款服务的流程如表8－1所示。

表 8 - 1　　一般储蓄存款服务操作流程

客户	柜面人员
客户临柜	• 迎客礼仪，确认业务品种 • 收取客户凭证，款项，确认存款金额 • 审核凭证 • 读取存折磁条信息 • 执行存款的电脑交易
客户输入密码	• 打印
客户签字确认	• 审核签字，撕回单 • 收款，机器清点 • 递送客户资料
客户离柜	• 服务操作流程结束

在银行业柜面服务操作的层面上，我们应该更多地关注服务操作流程的建设，它完全贯穿了整个银行服务过程，并与客户有完整的接触及互动过程，能最大限度地展示银行服务的形象、效率、服务语言等，同时也能反映客户对银行服务质量的感知和评价。

案例 8 - 1

储蓄付款业务活动

柜员：（起立，欠身，微笑，目光注视对方眼睛）您好！请问您办理什么业务？

客户：我要取钱（递上存单）。

柜员：好的（看存单）。噢，您这张存单还有一个月就要到期了，提前支取按中国人民银行规定，利息是按活期计算的，要损失好多钱呢！

客户：我家现在有急用，还是取出来吧！

柜员：如果您有急用，我可以向您推荐小额质押贷款业务。您这张存单是 1 万元，可以贷到 9000 元钱，只要付一个月的贷款利息，比您现在取出来合算多了，您看怎么样？

客户：算了算了，我还是取出来好。

柜员：那好，请问您身份证带了吗？

客户：哎呀，我没带。怎么，取自己的钱，还要身份证吗？

柜员：真对不起，因为您是提前支取，按规定需要本人身份证。

客户：帮帮忙，我是从好远的地方跑过来的，给我取一下吧。

柜员：真抱歉，提前支取一定要有身份证的。希望能得到您的理解和合作。

客户：请相信我，这真是我的存单。

柜员：对不起，这样做不是不信任您，而是为了维护您的利益。您想万一有人拿了您的存单前来冒领，支取时又不需要本人身份证，这不是给您造成损失吗？

客户：这倒是，那就按规定办吧。

柜员：真不好意思，让您白跑一趟了。再见！

（过一会儿）

柜员：您好！

客户（和之前的客户是同一个人）：小姐，我要取钱。

柜员：好的。请问您身份证带了吗？

客户：带了。

柜员：（双手接下身份证）请稍等。（坐下，验证）请先放好。（双手送还身份证，办业务）请您输一下密码。您的密码输入有误，请您重输一遍，最后按一下确认键。

客户：啊呀，我按错了键。

柜员：没关系，请按一下删除键，重新再来一次。可以了。（办完业务后起立）

好了，您的税后利息是七十二元六角，本息一共是一万零七十二元六角，这是利息清单，请您清点核对一下。

客户：（复点）对的，谢谢。

柜员：不客气，欢迎您下次再来。

（资料来源：王华．金融职业礼仪［M］．杭州：浙江大学出版社，2010.）

案例 8－2

储蓄存款业务活动

柜员：（起立）您好！请问您要办理什么业务？

客户小姐，我要存钱（递上钱与凭条）。

柜员：好的（双手接过）。请问您存多少钱？

客户：5 万元。

柜员：请稍等。（坐下，点钞后）是五万元，定期一年吗，不转存？

客户：是的。

柜员：（起立）请出示您的身份证。（双手接过后）请稍等。（坐下办理业务）请您输入密码。（起立）已经存好了，请您核对一下。（双手递上存单、身份证）

客户：对的，谢谢！

柜员：不客气。欢迎您下次再来。

（资料来源：王华．金融职业礼仪［M］．杭州：浙江大学出版社，2010.）

子任务 2－2　委托业务办理规范

【知识准备】

一、办理委托业务活动的注意事项

1. 这类业务因涉及内容较多，应向客户简明扼要地介绍办理过程中的所有要素，不要让客户无谓地往返。

2. 对一些关键要素必要时可重复征询、核实，以求办理时就使客户清楚他的权益和义务，减少因交代不清而造成客户误解，以致日后发生不快的可能。

3. 耐心回答客户提问，理解专业人员为客户解释是义务，也是一种荣耀。

4. 对容易疏漏的问题，应主动提醒，如“账户要保持一定的金额，以便扣款成功”等。

二、办理委托业务的流程

办理委托业务的流程如表 8－2 所示。

表 8－2　　委托业务操作流程

客户	柜面人员
客户临柜	• 迎客礼仪，确认客户办理何种委托业务
办理现金委托业务	• 收取客户款项，缴费单或缴费账号 • 确认客户缴费金额 • 执行缴费的电脑交易 • 打印客户缴费收据 • 递交客户缴费收据
客户签字确认	• 审核签字，撕回单 • 递送客户找零和代收业务收据
客户离柜	• 服务操作流程结束

案例 8－3

办理现金缴费委托业务活动实例

柜员：（见客户走近，欠身起立）您好！请问办理什么业务？

客户：我想缴煤气费，刚搬进新房子，不知道怎样缴。

柜员：好的。缴煤气费可以办银行存折或银行卡，这样每月自动扣款，您不必每月都要跑银行，也可以用现金缴费，不知您愿意用哪种方法？

客户：我还是用现金缴吧。

柜员：好的。请问您带煤气费单子了吗？

客户：带了，给你，这是钱。

柜员：（双手接过）这里是 300 元。（办理业务后，将代收付业务收据和找零交给客户）请拿好，这是收据，这是找您的钱，请您核对。

客户：不错的，谢谢！

柜员：不客气，再见！

（资料来源：王华．金融职业礼仪［M］．杭州：浙江大学出版社，2010.）

子任务 2 –3　银行卡业务办理规范

【知识准备】

一、办理银行卡业务活动的注意事项

1. 应向客户简明扼要地说清楚办理过程中需要客户准备的所有材料，不要让客户无谓地往返。

2. 对一些关键的要素必要时可重复询问、证实，以求办理时就使客户清楚自己的权益和义务，减少今后发生不快的可能。

3. 对客户容易疏漏的问题，要主动提醒，如“某某卡不要和密码袋放在一起”，从而体现服务礼仪中的关照。

二、银行卡业务办理流程

办理银行卡业务的流程如表 8 –3 所示。

表 8 –3　银行卡业务办理操作流程

客户	柜面人员
客户临柜	• 迎客礼仪，确认客户办理何种业务
办理银行卡业务	• 确认客户是办理借记卡还是可以透支的贷记卡
办理借记卡	• 请客户出示身份证 • 请客户填写开卡申请表 • 复印客户身份证
客户递交填写后的开卡申请表	• 审核申请表 • 办理开卡业务 • 请客户支付 10 元开卡费，存入一定的现金
客户递交现金	• 存入银行卡中 • 返还存款凭条和申请表回执 • 递交客户办好的银行卡 • 提醒客户在银行卡背面签名并修改银行卡密码
客户离柜	• 服务操作流程结束

案例 8 –4

银行卡业务办理实例

柜员：(欠身起立) 您好，请问办什么业务?

客户：我想办一张银行卡。

柜员：好的。请问您带身份证了吗？是办可以透支的贷记卡？还是不能透支的普

通卡？

客户：带了。办张普通卡吧。

柜员：好的。请您先填一张办卡的申请表。（稍后，双手接过客户的申请表看一遍）办卡，需要存入一定的现金并付10元钱的开卡费。

客户：给，这是510元钱。（递上钱、存款凭条和申请表）

柜员：（双手接过）这里一共是510元，请稍等一下。（坐下办业务后起立）请您在申请表和开户表上签上您的名字。（客户签好后）谢谢。还有请您在这张卡的背面也签上您的名字。

客户：是这样吗？

柜员：对的，这样就可以了。好了，您的手续办完了，您的初始密码是六个8，这是您的身份证和手续费收据，请拿好。为了您的资金安全，请及时修改密码并注意保密。

客户：请问怎样修改密码？

柜员：您可以在我这里修改密码，也可以到自动取款机上，根据提示自己修改密码。

客户：好的。谢谢啊。

柜员：不客气。再见！

客户：再见！

（资料来源：王华．金融职业礼仪［M］．杭州：浙江大学出版社，2010.）

子任务2-4　存单（存折）挂失业务办理规范

【知识准备】

一、办理存单（存折）挂失业务活动开展的注意事项

1. 针对此类情况因客户往往比较着急，即使他们有过激的言行，也应本着体谅、理解的态度善待他们。

2. 如因挂失对客户的利益有着直接的影响，应详细、清楚地把有关要素都交代明确。

3. 要注意加快语言和动作的节奏，使客户感到您在尽力为他分忧，切忌漠不关心，慢慢吞吞。

二、办理存单（存折）挂失业务活动的步骤

客户的储蓄存单、存折、印鉴如不慎遗失、被盗或密码遗忘，客户应立即到原存款行办理书面挂失手续。

挂失时客户应持本人身份证件（身份证、护照等）并提供账户、户名、开户时间、金额、币种、期限等有关存款内容，经银行审核无误后即可办理挂失。

如客户不能亲自前往银行，可委托他人代办挂失，同时提供代办人身份证件。密码

挂失不准代办。

客户如有客观原因不能及时或亲自到银行办理挂失，可先口头、信函或电话请求临时挂失，然后在5日内到开户行办理正式挂失手续，否则挂失不再有效。

如在上机联网储蓄所开立的活期存折，可在任何一个联网储蓄所办理临时挂失手续，正式书面挂失则需到开户行办理。

案例8－5

办理存单（存折）挂失活动实例

柜员：（欠身起立）您好！

客户：（急促地）我的一份贵行定期存单不见了，这是我的账号。

柜员：（双手接过账号纸单，目光急人所急）噢，请别着急。我这就帮您办理挂失手续。请把您的身份证给我看一下。因为您的存单不是本所开的，我先给您办理口头挂失手续，请稍等一下。请问您存单上的地址是留哪里的？

客户：就是我身份证上的地址。

柜员：（办完手续后，起立双手递上挂失单和身份证）请核对。

客户：（接过）是不是我办了这个挂失后，就不会被人冒领了？

柜员：对，我现在帮您办理的是临时止付手续，正式挂失手续请您5天内到开户行办理，去的时候，请不要忘了带上您的身份证。如果您有事要请人代办，请不要忘了带上代办人的身份证。

客户：好的。谢谢！

柜员：不客气，再见！

客户：再见！

（资料来源：王华．金融职业礼仪［M］．杭州：浙江大学出版社，2010.）

子任务2－5　假钞没收业务办理规范

【知识准备】

一、没收假钞业务活动开展的注意事项

1. 理解。对客户而言，假钞被没收意味着一笔损失，要体谅他们此时的不满甚至愤怒，对他们表示出足够的理解和同情。千万不要因为客户的喧哗而提高自己的嗓门。

2. 虽然没收假钞是按规定办事，但切不可凭“规定”一句话简单了事，因为客户也是受害者。我们要在坚持原则的基础上，尽可能地做好解释工作。

3. 应主动教给客户识别假钞的知识，使他们增强反假能力，以免再次上当，体现关心。

二、教会客户如何甄别假币

真钞纸张都是专门制造的，所用的原料和造纸技术都与普通纸不同，纸张坚韧耐磨，挺度好。为了防伪，在造纸过程中还采用一些办法使纸张具有某些特征，如水印纹，纸张内放有彩色纤维及安全线等，这就明显地区别于其他纸张。假钞用纸是普通纸，不结实，挺度差，长期使用易断裂，一般不具有真钞纸的防伪特征，即使有的伪钞仿制了这些特征，也是可以看出来的。

真钞的油墨都是由专门的研究和生产部门在保密情况下调制的，色泽纯正美观，具有很好的印刷适应性。在油墨的调制中还加有某些物质，比如：加入磁性介质材料，成为磁性油墨（美钞正面凹印部位黑色油墨就是磁性油墨）；含有荧光物质，成为荧光油墨（港元钞票局部位置上就是采用荧光油墨）等。真钞的印刷一般是采用凹印与胶印相结合的方法，票面上主要图案、面额数字等部位多用凹印。有手工刻版和机器刻版，印制的图像墨层厚，有较强的光泽，线条精细，层次分明，凹印部位的油墨用手摸有凸起感。假钞一般都是通过照相制版胶印的（平版印刷），不具有真钞雕刻凹版印刷的特点，线纹油墨不凸起，手感平滑。纸币真伪的识别通常采用直观对比（眼看、手摸、耳听）和仪器检测相结合的方法，即通常所说的一看、二摸、三听、四测。

（一）眼看

眼看即用眼睛仔细地观察票面的颜色、图案、花纹、水印、安全线等外观情况。

1. 人民币的图案颜色协调，图案、人像层次丰富，富有立体感，人物表情传神，色调柔和、亮丽。

2. 票面中的水印，立体感强，层次分明，灰度清晰。把人民币迎光照看，10 元以上人民币可在水印窗处看到人头像或花卉水印，5 元纸币是满版古币水印。

3. 安全线牢固地与纸张黏合在一起，并有特殊的防伪标记。第四套人民币 1990 年版 50 元、100 元钞票在币面右侧有一条清晰的直线。假币的安全线或是用浅色油墨印成，模糊不清，或是手工夹入一条银色塑料线，容易在币纸边缘发现未经剪齐的银白色线头。第五套人民币的安全线上有微缩文字，假币仿造的文字不清晰，线条容易抽出。

4. 对印图案完整、准确，对接线对接完好，无留白或空隙。

5. 各种线条粗细均匀，直线、斜线、波纹线明晰、光洁。

（二）手摸

手摸即依靠手指触摸钞票的感觉来分辨人民币的真伪。人民币是采用特种原料，由印钞专用纸张印制，其厚薄均匀、坚挺、有韧性，且票面上的行名、盲文、国徽、主景图案毛泽东头像、面额数字、背面主景图案一般采用凹版印刷工艺，用手轻轻触摸，有凹凸感，手感与摸普通纸感觉不一样，较新钞票用手指划过，有明显阻力。目前收缴到的假币是用胶版印刷的，平滑、无凹凸感。

（三）耳听

耳听即通过抖动使钞票发出声响，根据声音来辨别人民币真伪。人民币是用特制纸张印制而成的，具有挺括、耐折、不易撕裂等特点，手持钞票用力抖动、手指轻弹或两手一张一弛轻轻对称拉动钞票，均能发出清脆、响亮的声音。假币纸张发软，偏薄，声音发闷，不耐揉折。

（四）仪器检测

仪器检测即借助一些简单的工具和专用仪器进行钞票真伪识别的方法。如借助放大镜来观察票面线条的清晰度和胶印、凹印缩微文字。用简单仪器进行荧光检测，一是检测纸张有无荧光反应，人民币纸张未经荧光漂白，在荧光灯下无荧光反应，纸张发暗。假币纸张多经过漂白，在荧光灯下有明显荧光反应，纸张发白发亮。二是人民币有一到两处荧光文字，呈淡黄色，假人民币的荧光文字色泽不正，呈惨白色。用磁性检测仪检测黑色横号码的磁性。

需要指出的是，在钞票真伪识别过程中，不能仅凭一点或几点可疑就草率判别真伪，还要考虑到钞票流通中受到的诸多因素影响，进行综合分析。钞票在流通过程中，随着时间的推移，票面会出现磨损，甚至会受到一些化学物质等的污染，从而造成钞票水印不够清晰，钞票凹印的凹凸感不明显。如钞票碰到强热辐射颜色会改变，遇到酸、碱、有机溶剂、油污等污染，会造成正面光变面额数字失去光变效果，票面的有色、无色荧光图案和纸张中的无色荧光纤维的荧光反应减弱；如钞票被洗衣粉等浸泡后，钞票纸会有荧光反应等。

三、如客户对银行没收假币有异议应如何处理

如客户对银行没收的假币有异议的话，可建议客户向人民银行申请复议。

根据《中国人民银行假币收缴、鉴定管理办法》有关规定，如果假币被银行没收，持有人拥有两项权利：

1. 如果你对被收缴的货币真伪有异议，可以在 3 个工作日内向中国人民银行当地分支机构或中国人民银行授权的当地鉴定机构申请鉴定。该项鉴定服务免费。

2. 如果你对假币收缴的程序有异议，可以在 60 个工作日内向人民银行当地分支机构申请行政复议或依法提起行政诉讼。

案例 8 -6

没收假钞活动实例

柜员：（欠身起立）您好。请问要办理什么业务？

客户：存钱。

柜员：好的，请问要存多少？

客户：3000 元。

柜员：好的。（双手接过）请稍等，（点钞，发现有问题，在点钞机上重点，点钞机发出叫声）先生，真是对不起，您这里有一张是假币（出示假币，并当着客户的面对假钞盖专用章）。

客户：（嗓门提高）不可能，绝对不可能，这是我单位刚刚发的年终奖，怎么会有假钞呢？

柜员：真对不起，您看一下，这张纸比较薄，而且没有凹凸感，水印也比较模糊，如果您真的不信，我可以用仪器再帮您测试一下。

客户：真不可思议。

柜员：（仪器声响）请听一下，这张确实是张假钞。

客户：真倒霉，气死我了，那你还给我。

柜员：对不起，根据中国人民银行规定，发现假钞是一定要没收的，希望您能够理解我们。我给您开一张没收假钞的收据。

客户：那也没办法。

柜员：请问，接下来您是存2900元，还是3000元呢？

客户：存3000元吧。

柜员：请再给我100元。（双手接过钱，办业务）好了，您的钱存好了，请您核对一下，这张是假钞的收据，请拿好。再见！

（资料来源：王华．金融职业礼仪［M］．杭州：浙江大学出版社，2010.）

子任务2－6　大堂咨询业务和个人汇款业务办理规范

【知识准备】

一、大堂咨询的责任和工作要求

1. 咨询的责任之一是眼视八方，及时发现并帮助那些需要帮助但尚未提出或羞于开口的客户。老年人、小孩、孕妇都是需要帮助的，而对残疾人则要注意分寸，要在适当的地方以适当的方式关注他，并在他确实需要时帮助他，以维护他的自尊心。

2. 咨询的责任还有维护营业场所内的秩序，做好保洁工作，疏导客户等，尤其是疏导客户。当柜台上人头攒动时，就应该根据经验和同事的工作情况，主动分流客户，并对他们表示歉意。如果发现客户在柜口有问不完的问题，咨询人员也有责任帮助同事解答他的问题，为柜台上减轻压力。

3. 咨询员在营业场所内，一定要微笑，切忌板着脸。因为一位咨询员的冷若冰霜，可能会使柜台内几位同事的微笑努力都化为乌有。

案例8－7

大堂咨询活动实例

大堂经理：您好，欢迎光临。

客户：谢谢。

大堂经理：请问，您有什么事需要帮忙吗？

客户：我来看看我的工资到没到。

大堂经理：请问您的存折带了吗？

客户：带了。

大堂经理：那我领您去办一下补登折好吗？

客户：好的，谢谢。（来到营业柜口）

大堂经理：小王，请给这位大妈补登一下存折吧。

小王：好的，请稍等。（双手接过存折，电脑操作）请您输入密码。（客户输入密码）您的工资已经来了，一共是5800元，请看一下。

客户：对的，谢谢，谢谢！

小王：不客气，欢迎下次再来，请走好。

二、协助客户办理个人汇款业务

银行工作人员需要耐心、详细地为客户解释汇款业务中的注意事项。目前，银行的汇款方式有数种，工作人员应运用掌握的银行知识为客户做好参谋，维护客户利益，让客户既省钱又方便，使汇款安全快捷到达目的账户。

子任务2－7　金融服务行业其他岗位行为规范

【知识准备】

一、树立为一线工作人员服务的意识

1. 二线为一线服务，为自己的同事服务，同样要热心周到，否则，面向一线的服务可能受阻，继而影响到客户的情绪。

2. 不要以制度等冠冕堂皇的理由，拒绝同事的求助；同样，除非有绝对的把握，否则也不要在常规之外另辟蹊径，更不要出违反制度的歪点子。

3. 对临柜一线的求助，始终要以友好、认真、负责的态度给予答复。对能够立即解决的要立即解决，对一时不能解决的，要给出承诺。

案例8－8

后台为业务一线服务活动实例

员工甲：（电话）您好，某行某某支行电脑部。

员工乙：（电话）您好，我是支行理财中心专柜，我这里的电脑出故障了。

员工甲：（电话）请问是一台电脑，还是所有电脑都有问题了？

员工乙：（电话）是一台电脑，您能不能过来看一下。

员工甲：（电话）好的。请稍等，我马上测试一下。（放下电话，到旁边一台电脑测试后拿起电话）您好，电脑的通信是好的，可能是接口有问题了。我马上派人维修，再见。（放下电话，对对面的小王）小王，你马上到理财中心专柜去一下。那里有台电脑估计是接口出了问题。

员工丙：好的，我马上就去（拎起工具袋起身）。

二、客户经理业务活动开展行为规范

客户经理是展示银行形象的流动窗口，因此一举一动都要显得落落大方，文明优

雅。穿着整洁、得体。如穿行服，则应严格遵守穿行服的规定；如不穿行服，也应穿职业装。可以有适当的时尚装扮，但不能太惹眼。过于随便的休闲服饰也不能穿，如砖头鞋、紧身衣等。夏天，女士要注意衣着的质地、厚薄和长短。客户经理前去拜访客户应注意：

1. 事先与客户约定时间。
2. 无论门开着还是关着，进房间都要敲门。
3. 进出时要尽量和在场的每个人打招呼。
4. 要遵守该单位安全保卫规定，如进大门时要登记。
5. 递、接名片用双手。

三、其他管理接待岗位业务活动开展的行为规范

1. 客人来访时，起立、让座、倒茶、交谈、送客“五步曲”是不可少的，而更重要的是，要为他们营造一个良好的交流氛围，每位工作人员为来访的客人让个道，微笑一下，都是良好氛围的一部分。

2. 如果客人要找的人不在，别的同事要像办自己的事一样积极为他联系。不要漫不经心，事不关己。我们每个人都有义务让来到银行的客人感到满意。

案例 8－9

客人来访实例

客人：（敲门）请问李明在吗？

员工：请进，请问您是……

客人：我是某某公司的小王。

员工：噢，李明去会计部了，您先请坐。（倒茶）请喝茶，我帮您先联系一下。（打电话）您好，请问李明在您那吗？

会计部员工：在的，您稍等（叫李明来接电话）。

员工：小李吗，办公室有位某某公司的王先生找你，请你马上过来一趟好吗？

员工李明：好的，谢谢您，我马上就回去。

员工：王先生，小李马上过来，我还有点事情，请您稍等一下。

客人：没事，您忙。

李明：（热情地）王先生，您好，不好意思，让您久等了。要不我们去会客室坐一下。

客人：好的。

李明：这是您的茶吧，我给您带过去。

（办公室其他员工欠身，目送）

（过一会儿，商谈结束，送客）

客人：那好，这事就麻烦您了。

李明：没关系，请放心好了。

客人：那我先走了。

李明：我送送您。（为客人按电梯）有空经常来坐坐。

客人：好的。（电梯开门）那麻烦您了，再见。

李明：不客气，再见。

（资料来源：王华．金融职业礼仪［M］．杭州：浙江大学出版社，2010.）

案例8－10

询问款项是否到账活动实例

员工：您好，某行某某支行某某分理处。

客户：我是某某公司的，请问一下最近我公司一笔200万元的货款是否到账？

员工：噢，您是李会计吧？我帮您查一下，请稍等。（打开电脑查询）对不起，贵公司最近没有资金入账，请问对方是在哪家银行开户？什么时候汇出的？

客户：是在北京农行吧，就这几天汇出的。

员工：请不要着急，因为不是同一家银行，款项需转划后才能到我行。这样好不好，张会计，款到后我们立即通知您。

客户：谢谢。

员工：不客气，再见。

（资料来源：王华．金融职业礼仪［M］．杭州：浙江大学出版社，2010.）

案例8－11

电话找人实例

员工：（电话铃响两下后，拿起话筒）您好，某行某某支行客户部。

客户：请问张宇在吗？

员工：请您稍等，我去看一下。对不起，张宇外出了，请问您有什么急事吗，或者有什么事需要我转告吗？

客户：好的，谢谢，请他回来后给我回个电话。

员工：那您的电话号码是多少？

客户：我单位的电话号码是31333333。

员工：31333333，（写下）对吗？他回来后我一定通知他。

客户：谢谢。

员工：不客气，再见。

（资料来源：王华．金融职业礼仪［M］．杭州：浙江大学出版社，2010.）

四、大堂经警保安岗位业务活动开展的行为规范

对客户来说，只要是在金融机构里的工作人员，就应该懂得相关业务。作为大堂值班经警，尽力为他们解答问题是应该的，但也不要太勉强，有时不妨把客户介绍到大堂咨询那儿去，由咨询人员为他们提供真正的专业服务。

经警保安值班时，切记不要把手插在裤袋或皮带里走来走去。接听无线步话机时，

不要在大厅里，而应在相对隐蔽的地方，一方面可以保密，另一方面也是出于维护营业场所秩序的需要。金融行业的每位工作人员都有责任从自己做起，从一点一滴做起，提高自身的服务技术和服务水平，为把自己所在的企业建成一家发展高速度、经营高质量、效益高增长、队伍高素质、形象高品位的现代金融企业而不懈努力。

【综合实训】

某天早上 9:30 左右，银行大厅内客户比较多，都坐着等待叫号。这时一位客户径直急匆匆地来到 5 号柜台前。

问题：5 号柜台的柜员、大堂经理和保安等应该用什么语言和手势接待这位客户和办理业务呢?

提示：

1. 银行的临柜服务是金融服务的主流业务，学习临柜服务的岗位礼仪规范是非常必要的。

2. 对“站相应、笑相问、双手接、快速办、双手递、热情送”的每一细节都需要细细体验，灵活运用，练习到位，营造一个无可挑剔的“真实瞬间。”

思考与练习

1. 简述岗位礼仪的特点和作用。
2. 金融服务行业岗位业务活动开展中礼仪服务各方面的基本要求有哪些?
3. 语言文明应注意做到哪“八个不”?
4. 金融服务岗位业务操作要遵循哪些规范?
5. 储蓄业务开展过程中需要注意哪些事项?
6. 办理委托业务活动开展的注意事项有哪些?
7. 办理银行卡业务活动开展的注意事项有哪些?
8. 办理存单（存折）挂失业务活动开展的注意事项有哪些?
9. 没收假钞业务活动开展的注意事项有哪些?
10. 简述大堂咨询的责任和工作要求。

项目九 涉外服务礼仪

【案例导入】“女士优先”应如何体现

在一个秋高气爽的日子里，某宾馆迎宾员小贺，穿着一身剪裁得体的新制服，第一次独立地走上了迎宾员的岗位。一辆白色高级轿车向饭店驶来，司机熟练而准确地将车停靠在饭店豪华大转门的雨棚下。小贺看到后排坐着两位男士，前排副驾驶座上坐着一位身材较高的外国女宾。小贺想通常后排座为上座，一般凡有身份的人都是在后排右座就座。前排副驾驶座通常是翻译或秘书的位置。于是，他以规范、标准的姿势一步上前，目视客人，礼貌亲切地问候，以优雅的姿态和职业性的动作，先为后排右座的客人打开车门，做好护顶。关好车门后，小贺迅速地走向前门，准备以同样的礼仪迎接那位女宾下车。整套动作麻利而规范，一气呵成。没想到那位女宾满脸不悦，使小贺茫然不知所措。优先为重要客人提供服务是饭店服务程序的常规，这位女宾为什么不悦？难道小贺做错了吗？

分析：

尊重妇女在西方被简洁地归纳为“女士优先”，其核心内容就是在社交场合中，男士要照顾、礼让女士，并且体现在每一处有男士和女士的场所。比如上车下车，都应礼让女士，并主动予以关照，必要时给予适当的帮助。

这个案例中迎宾员小贺应该先为女士打开车门，不管这位女士是女秘书还是女随从，都应体现国际上通行的“女士优先”的做法。因为这不是工作的场所，没有身份地位的高低，在这里只有男士和女士，女士更需要别人的照顾。

【学习目标】

◎ 能力目标

1. 掌握亚洲部分国家的礼俗习惯。
2. 掌握美洲部分国家的礼俗习惯。
3. 掌握欧洲部分国家的礼俗习惯。
4. 掌握大洋洲部分国家的礼俗习惯。
5. 掌握非洲部分国家的礼俗习惯。

◎ 知识目标

1. 了解涉外礼仪的发展和重要性。
2. 掌握涉外交往的主要原则和注意事项。
3. 掌握接待境外客户的礼仪。

4. 了解部分国家国旗的悬挂方式及礼仪规范。

◎ 素质目标

1. 通过熟练掌握涉外服务礼仪，塑造良好的自我形象，提升金融服务企业形象和服务的质量。

2. 通过熟练掌握涉外地区及部分国家的礼俗习惯，更好地为外宾客户服务，为外宾客户办理金融业务增加愉悦感，提高金融企业服务品质。

任务1 涉外礼仪通则

【工作任务】

子任务1-1：涉外礼仪的发展、重要性和涉外交往的主要原则

子任务1-2：接待境外客户礼仪和部分国家国旗的悬挂方式及礼仪规范。

子任务1-1 涉外礼仪的发展、重要性和涉外交往的主要原则

【知识准备】

随着我国国际交往的不断扩大，金融系统国际交往活动也将越来越多。在涉外交往活动时，维护国家、单位以及自身形象，得到外国友人的尊重，首先必须遵守涉外礼仪，这是外事人员赢得其交往对象好感与尊重的重要条件。

涉外礼仪是在世界各国长期的交往活动中形成、发展和完善的，是国际公认的规范性的做法，即人们在对外的活动交往中用于维护自身形象，向交往对象表示尊敬与友好的约定俗成的习惯做法。因此，在对外活动中必须高度重视、掌握涉外交往礼仪，遵守涉外交往礼仪，这既是对交往对象的尊重，也是体现自身的文化素养和修养，有利于我国的对外开放，有利于展现中国礼仪之邦的风貌。每一位从事涉外工作的金融员工，不仅有必要了解、掌握涉外礼仪，而且还必须在实际工作中认真遵守、应用涉外礼仪通则。不然的话，往往会使自己的努力前功尽弃。

一、涉外礼仪的发展和重要性

礼仪的英文是etiquette，这个词源于法文，原意为卷标，是对人举止行为的规范。另外，英文中courtesy、politeness、manners也有礼仪的意思。据说涉外礼仪源于中古世纪的欧洲，而礼仪是英国宫廷中的产物，而后又传到美国，在第二次世界大战之后才传到世界各地。礼貌是人与人之间在接触交往中，相互表示尊敬与友好的行为规范。它体现一个国家、一个民族的风俗与道德规范。礼节则是人们在日常生活中，特别是在交际场合中，相互问候、致意、祝愿、慰问以及给予必要的协助与照料的惯用形式。礼节是礼貌的具体体现。在国际交往中，我们除了继承和发扬我国礼仪之邦的优良传统外，还应尊重各国、各民族的风俗习惯，了解它们不同的礼节、礼貌，从而使我们在对外活动中真正做到不卑不亢，以礼相待。涉外礼仪就是在对外交往或涉外工作中不断总结，用于维护自己和国家形象，并向国外友人表示尊重、友好、礼貌的各种礼节、仪式。它是

在长期的国际交往中逐步形成的国际通用的礼仪规范，是一门综合性和应用性很强的学科。由于国际礼节和社会习俗的互动，涉外礼仪是很复杂的。

今日的涉外礼仪经过长期的使用已更人性化、合理化了，已成为大家约定俗成的一种行为规范。不过，礼仪并不是一成不变的，不同的文化及不同的时代可能有不同的礼仪准则。虽然不可能对各国传统的礼仪都了如指掌，但我们只要掌握礼仪的要点，配合入乡随俗的基本原则，相信就可以“有礼走遍天下”了。

在现代文明社会，讲究礼仪，实非小事。以正确的礼仪待人接物，不仅反映了现实生活中每个人的道德修养和个性特征，而且是一个国家、一个民族精神文明质量的综合性的具体表现。在日益扩大的社会交往中，得体的礼仪能够使个人生活充满信任、友爱和快乐，使民族精神焕发出永恒的青春魅力。涉外礼仪在人们的交往过程中具有重要作用。首先，它可以沟通人与人之间的感情，感受人格的尊严，增强人们的尊严感；其次，它有助于发展我国人民同世界各国、各地区人民的友谊；再次，它有利于我国的对外开放，有利于中国礼仪之邦的风貌；最后，健康、必要的礼仪可以赢得人们的尊敬和爱戴，广交朋友，避免隔阂和怨恨。如果一个人在日常生活中，彬彬有礼，待人接物恰如其分，就必定受到人们的尊重。

中华文明古国，一向有礼仪之邦的美称。如今国际交往频繁，在对外事务中，仪态大方，彬彬有礼，举止庄重，不卑不亢，足以表现我们泱泱大国国民的精神风貌。同时，真诚、得体的礼仪，也日益成为我们扩大开放，增进友谊，促成合作的重要方法和手段。随着我国改革力度的不断加大，对外交往不断增加，尤其我国已经进入世贸、亚太等国际组织，金融员工有更多的机会走出国门，到金融业高度发达的国家和地区进行访问和学习。在参访和学习过程中，以什么样的方式、方法和国外同行接触、交流，就显得尤为重要。

因而，学习和运用基础礼仪知识，加强个人涉外礼仪知识的学习，促进和运用涉外礼仪，弘扬民族文化，传播现代文明，塑造良好的个人形象及组织形象，促进社会主义文明建设，并使金融行业员工在个人礼仪和涉外礼仪学习和运用的基础上，不断学习外事礼仪方面的知识，为今后从事涉外工作奠定良好的基础。

二、学习涉外礼仪的注意事项

在涉外礼仪交往中要注意内外有别、外外有别。

（一）内外有别

内外有别，指的是在运用涉外礼仪时，对待本国人与对待外国人可有所不同。

（二）外外有别

外外有别，是指不同的国家有不同的文化、不同的习惯，因而有不同的做法。比如在时间观念上，相对而言德国人、日本人非常严谨，而有些民族相对较为宽松一些。

三、涉外交往礼仪的主要原则

涉外交往礼仪的原则，是根据礼仪通则与涉外交往活动实践，从整体上加以概括和总结、对涉外交往具有普遍指导意义的规范性要求。

（一）不卑不亢，互相尊重

中国人待人接物一般讲求含蓄和委婉，多采用中庸之道，而西方人因其性情比较外向直率，待人接物一般喜欢直来直去，讲究实事求是。因此在涉外交往中，我们金融行业员工不仅要热情友好，还要把握好分寸，给对方以亲切、友好、自然、大方的印象。热情过度，就会给人一种卑躬屈膝、低三下四的感觉，有损国格；热情不够，又可能给人留下自大轻狂、放肆傲慢的印象。所以在涉外交往中，要本着互相尊重的原则，尊重别人就是尊重自己，要敢于和善于正面表达自己的感情，在言行举止方面做到不卑不亢、从容得体，充分显示出中华民族应有的礼仪素养。

（二）平等相待，礼尚往来

人与人之间，公司与公司之间，国家与国家之间应该多接触、多了解、多沟通，平等相待才能达到互相理解，互相信任，从而建立起稳定、良好、和谐的关系。在涉外交往过程中，我们应该特别注意对任何交往对象都要一视同仁，给予平等的对待，不能有大国小国，贫国富国之分，更不能厚此薄彼。因为大家在人格和国格上都是平等的。

中国人一向热情好客，崇尚礼仪。《礼记·曲礼》："礼尚往来，往而不来非礼也，来而不往亦非礼也。"如果只是单方面的热情，另一方反应冷淡，唯我独尊，甚至冷嘲热讽，都是非常失礼的表现，严重的可能会导致双方断交，产生敌对情绪。

（三）主随客便，入乡随俗

在对外交往过程中，作为主人，理应热情款待远方来客，彬彬有礼，讲究规格，但不能把我们的意志强加给客人而不顾他人的感受。当发现我们提供的接待方式不适应客人时，应马上进行调整，可适当采用对方习惯的礼节、礼仪方式，目的是要让对方感到舒服自在，有"宾至如归"的感觉，这样才能表达出主人对客人的体贴和尊重。

当我们作为客人时，则不能一味地我行我素，给主人增添麻烦，或让主人无所适从。而应客随主便，做到"入乡随俗"，这才是真正有修养的表现，也只有这样，才能成为受欢迎的客人。

案例 9 –1

并不美味的西餐

做水产生意的张先生出国访友，晚上，朋友请他在一家西餐厅就餐。餐厅环境优美，服务员着装整洁、漂亮，一切看起来都那么令人满意。很快，酒菜送了上来。也许张先生太饿了，他端起汤用嘴吹吹，便"咕咚咕咚"喝起来。吃肉类食物时，张先生学别人的样子，用手握着刀叉，使劲切割食物，刀叉摩擦发出阵阵刺耳的声响，然后将食物大块大块地送入口中，嘴里嚼东西的声音清晰可闻，一副狼吞虎咽的样子。周围的人用异样的眼光看着他，朋友脸上十分尴尬，显得局促不安。餐后，服务员殷切致意，朋友付给服务员小费，张先生大声阻止，并拦着朋友不让其付小费，说没有这种说法，上他这吃饭已经是关照他了，朋友被他气得拂袖而去。

（资料来源：杨眉．现代商务礼仪［M］．大连：东北财经大学出版社，2009.）

（四）尊重礼仪，尊重国格

涉外交往中一定要尊重各国风俗习惯和宗教信仰。不尊重客人，是最大的失礼。涉外人员要不断学习，不断积累知识，在交往中才能得心应手地处理各种问题。例如，伊斯兰教徒不吃猪肉，也忌谈猪，连猪革制品也要回避；有些佛教徒忌吃荤；印度教徒把牛当神，绝不吃牛肉等。如对这些风俗习惯不了解，就容易做出使对方感到失礼的事。要尊重交往对象所在国的特殊礼仪与习俗。

（五）遵守时间，讲究信用

各国人士在交往中都很看重“言必信，行必果”。西方人常常把信誉、商誉和荣誉连在一起来评价一个人，所以我们在对外交往中，言行一定要谨慎，表态要慎重，切不可信口开河，作不负责任的承诺。我们必须认真而严格地遵守承诺，做到言而有信。如果言而无信，有约不守，不仅是对对方的不尊重，更是缺乏文明素养的表现，损害的也不仅是个人的形象，而是国家的形象。

参加各种涉外活动，一定要按时到达，不能提前过多，更不能迟迟不到。如果不能赴约，必须事先通知对方。如确实因某种原因迟到了，也要表达歉意。不遵守时间，无故失约，在国际交往中是尤其失礼的行为。

（六）尊重妇女，女士优先

尊重妇女在西方显得特别突出，“女士优先”起源于西方社会，特别是法国、英国等对古典礼仪比较推崇的国家，后来因为英国、法国在国际舞台上处于主角的位置，在外交场所影响巨大，所以“女士优先”逐渐演化为国际交往礼仪，成了国际社会公认的一条重要的礼仪原则，它主要用于成年的异性进行社交活动之时。“女士优先”的含义是在一切社交场合，每一名成年男子都有义务主动而自觉地以自己的实际行动去尊重女士、照顾女士、体谅女士、保护女士并且想方设法、尽心尽力地为女士排忧解难。倘若因为男士的不慎而使女士陷入尴尬、困难的处境，则意味着男士的失礼。男士们唯有奉行“女士优先”，才会被人们看做是有教养的绅士。反之，在人们眼里则会成为莽夫粗汉。

在国际礼仪中，涉及“女士优先”原则的时候，我们要注意两个方面的问题。首先，应从态度上重视“女士优先”原则。在西方国家的社交场合或公共场所，男士应经常为女士着想，照顾、帮助女士。比如：人们在上下车、上下楼梯、进出电梯等，总要让女士先行；下车时，则要为女士先打开车门；进出车门、大门时，主动帮助她们开门、关门；在旅途中，对同行的女士，男士应帮助提携较重的物品；在介绍时，先把男士介绍给女士，先把友人介绍给母亲；与女士同行，男士应走在靠外的一侧，女士则走在里侧、安全的一侧；参加社交集会时，先到的男士应站起来迎接女士；同桌用餐时，男士也应主动帮助女士入座、离座。西方人有一种形象的说法：“除女士的手提包不要帮忙拎以外，男士可帮助女士做任何事情。”其次，要明白“女士优先”这个原则特定的适用范围。“女士优先”是个社交原则，但并不是意味着不计时间、不计地点、不计环境普遍适用的原则。关键是看谁用，什么时候用，在什么地方用。工作的时候，无论中国，还是外国，讲求的是男女平等，讲究的是职务高低，不分老幼，不看男女。只有在公众社交场合才分男女，体现“女士优先”，如宴会、舞会、音乐会、朋友 Party、熟人聚会这样的场合。

（七）遵守秩序，爱护环境

公共场所是公有公用之活动场所，是人与人发生交往和接触的地方，应该特别注意遵守正常的社会秩序。西方人在公共场所，几乎对每一件事都有先后顺序的概念，无论人多人少都要自觉排队。购物、买票、上车、就餐、进影剧院等，后到的人自然而然地站在队伍的最后面，否则，会遭到人们的鄙视。在一切公共场所、人群聚集的地方，都要互相尊重礼让，讲究礼仪，自觉遵守正常的秩序。另外，还应爱护环境。不要毁损自然环境，不要偷折偷采树枝、花卉，不要在公共设施、文物古迹、园林树木上乱写、乱刻、乱画。不要为拍照而攀爬雕塑、建筑、树木、践踏观景草坪。不要随地吐痰，不要乱扔废物，如果在观光浏览时吃了零食或集体进行了野餐、野炊，则应在进行完毕之后，自觉将废弃物收拾在一起，然后根据废物的物理性质分类投入金属、塑料及其他分类垃圾箱内，并对原地的环境卫生进行清理打扫。此外，在交往中还应爱护动物，不可虐待动物，因为在国外动物的地位往往是至高至尊的，虐待动物会与人的道德水准直接挂钩。

（八）尊重隐私，保护隐私

隐私，就是指出于个人尊严和其他某些方面的考虑，因而不愿意公开，不希望外人了解或打听的个人私密、私人事宜。在涉外交际中，人们普遍讲究尊重个人隐私，而且将尊重个人隐私与否，视做一个人在待人接物方面有没有教养，能不能尊重和体谅交际对象的重要标志之一。

在金融外事活动中贯彻尊重对方隐私的原则，主要是要求外事人员养成莫问隐私，保护隐私的习惯。与外方人士进行交往应酬时，做到九不问：不问收入、不问年龄、不问婚姻、不问工作、不问经历、不问健康、不问住处、不问信仰、不问生活习惯。

金融行业员工参与外事活动时，除了要做到莫问他人隐私外，还应努力做到不传播、不泄露隐私问题，保护隐私，只有在这两方面都做好了，才可以说是真正地懂得尊重隐私。就具体内容而言，要做到保护隐私，需要兼顾保护自己的个人隐私，保护我方人员的隐私，保护外方人员的隐私与保护其他人士的隐私。

子任务1-2　接待境外客户礼仪和部分国家国旗的悬挂方式及礼仪规范

【知识准备】

一、接待境外客户礼仪

接待境外客户礼仪指的是在商务接待过程中需要遵守、践行的一系列行为规范和国际惯例。在尊重来宾政治、宗教信仰、尊重来宾风俗忌讳的基础上，按照“有朋自远方来，不亦乐乎”的待客风格，努力使客户有宾至如归的感觉。

（一）掌握客户基本情况

了解客户，特别是了解重要客户的个人简况，如年龄、从事行业、专长、偏好、忌讳、著述、知名度及资产情况等。如果此前重要客户进行过访问，则在接待规格上要注意前后协调一致。了解客户来访的目的、来访的要求等，在力所能及的前提下，在接待中兼顾客户的特殊要求。

（二）制订具体工作计划

对重要客户的接待要制订工作日程和服务计划，如需领导亲自会谈、会见客户的预约时间和会谈主题安排，参加的人员安排和膳食安排等各项基本内容。

（三）展现东道主风采

招待重要境外客户用餐时，除了餐桌礼仪之外，应该尽可能地展示中国饮食文化的特色。优先考虑有中餐特色的菜肴，如大多数酒店都有的炸春卷、煮元宵、蒸饺子、狮子头、宫保鸡丁等，并不是什么美味佳肴，但因为具有鲜明的中国特色，所以受到很多外国人的推崇和喜爱。还有就是具有地域特色的菜肴，比如西安的羊肉泡馍、湖南的毛家红烧肉、上海的红烧狮子头、北京的涮羊肉，还有各省、市、地区的特色菜肴，用这些宴请境外客户，恐怕要比千篇一律的生猛海鲜更受好评。此外，各地很多餐馆都有自己的特色菜，上一份本地餐馆的特色菜，都是不错的选择，同样是中国饮食文化的展示。

招待境外重要客户用餐时，在餐桌上展示中国饮食文化的同时，一定要尊重外宾的饮食习惯。如英美国家的人通常不吃稀有动物、动物内脏、动物的头部和脚爪。穆斯林通常不吃猪肉，并且不喝酒。

（四）严守商业秘密

凡是不能对外公开的银行金融信息、市场资源、内部资料、正在实施和准备实施的金融计划以及今后的发展方向和目标等，都属于商业秘密，必须无条件地守口如瓶。

二、国旗的悬挂方式及礼仪规范

国旗是一个国家的标志，是国家主权和尊严的象征，也是民族精神的体现。在涉外活动中，我们往往通过悬挂国旗来表示对本国的热爱和对他国的尊重。但是，在国际交往中，悬挂国旗有一定的礼仪规范和要求。正确使用和悬挂国旗，不仅可以维护本国的形象和尊严，也是对他国表示友好和尊重的方式。

（一）悬挂国旗的常见场合

1. 按国际惯例，一国元首、政府首脑在他国领土上访问，在其住所以及交通工具上可以悬挂本国国旗（有的是元首旗）；东道国接待来访的外国元首、政府首脑时，在隆重的场合、贵宾下榻的宾馆、乘坐的汽车上可以悬挂对方（或双方）的国旗。

2. 一个国家的外交代表在派驻国境内有权在其办公处和官邸，以及交通工具上悬挂本国国旗。

3. 国际会议上，除会场悬挂与会国国旗外，各国政府代表团团长也可在住所或车辆上悬挂本国国旗。

4. 国际经济合作的重大项目奠基、开工、落成、开业以及其他重大庆典活动，可悬挂项目所在国和有关国家的国旗。

5. 举行国际体育比赛、展览会、博览会、经贸洽谈会以及其他经济、技术、文化等重大国际活动，通常也悬挂与会国国旗。

6. 举行正式签字仪式，在签字桌中间摆放签字双方的国旗。

（二）悬挂国旗的礼仪规范

国旗具有十分重要的象征意义，在涉外活动中，应严格遵循悬挂国旗的礼仪规范和要求。

1. 悬挂多国国旗。在联合国大会、国际会议、国际体育比赛的场合，往往要并列悬挂各国国旗。国旗排列顺序为表示各与会国主权平等，一般以东道国国旗为中心，其他各国按英文国名的首位字母的顺序，在东道国国旗左右两侧依次排列。由于是并列悬挂，各国的国旗长宽比例、面积大小应基本相等。

2. 悬挂两国国旗。两国国旗并挂，应遵守右为上、左为下原则，以旗正面为准，一般右挂客方国旗，左挂本国国旗；汽车上挂旗，驾驶员左手为主方，右手为客方；开座谈会时，主客双方分别在各自主谈人桌上用旗架悬挂本国国旗。

（三）悬挂国旗时应注意的问题

国旗不能倒挂，一些国家的国旗由于文字和图案的原因，也不能竖挂或反挂。有的国家明确规定，竖挂需另制旗，将图案转正，如朝鲜民主主义人民共和国国旗竖挂时，五角星的星尖要依然朝上。各国国旗图案、式样、颜色、比例均由本国宪法规定，不同国家的国旗如比例不同，同样尺寸制作，两面旗帜放在一起，也会显得大小不一。因此，并排悬挂不同比例的国旗时，应将其中一面略放大或缩小，使其显得大小一致。正式场合悬挂国旗宜以正面（即旗套在旗的右方）面向观众，不用反面，如果旗是挂在墙壁上，避免交叉挂和竖挂。

【综合实训】莫名其妙失去的机会

国内某家企业想要与德国一家公司合作，德方公司派主管人员来考察，该企业设宴宴请德方贵宾。通过实地考察德商对这家企业的项目很感兴趣，有投资意向。为了争取外资，企业的领导都出席了晚宴。宴会的菜肴极其丰富，宾主尽欢。席间外宾提出没有买到次日返回的机票，该企业领导当场表示有办法搞到。宴席结束后，根据当地习俗，他们没有将剩菜打包带走。第二天将费尽各种办法搞来的机票送到外宾的手中，可是如此卖力的公关并没有达到预期的目的，外宾反而取消了投资的打算，令该企业领导百思不解。

问题：请同学们结合上述案例回答涉外交往中要注意哪些原则。

提示：

很多外国企业家，尤其是靠自己努力奋斗才取得业绩的老板，一般不会欣赏如此大手大脚的宴请。他们会产生不信任感：这些人也会这样浪费掉我的钱。再有，企业费尽方法搞来机票，以为会让外宾相信该企业的能力，对方却认为该企业不遵守竞争规范，不值得信赖。

任务2　涉外地区及部分国家的礼俗习惯

【工作任务】

子任务2-1：亚洲部分国家的礼俗习惯

子任务2-2：美洲部分国家的礼俗习惯

子任务2-3：欧洲部分国家的礼俗习惯

子任务2-4：大洋洲部分国家的礼俗习惯

子任务2-5：非洲部分国家的礼俗习惯

子任务2-1　亚洲部分国家的礼俗习惯

【知识准备】

一、日本的礼俗习惯

日本位于东亚，东临太平洋，领土由北海道、本州、四国和九州4个大岛及其附近6800多个岛屿组成，通称日本列岛，国土面积37.7万平方公里。日语是日本的官方语言。日语比较复杂，日本是世界上唯一以日语为母语的国家。日本女性通常使用更深程度的敬语作为表达方式。日本素有重礼节、讲礼貌的传统风尚，孩子们从懂事时起，就开始接受严格的礼仪教育。日本青年走上社会后，还要根据《礼貌准则》接受岗前培训和礼仪训练。日本人的特点是勤劳、内向、讲信用、重礼节、爱面子、自尊心强、守信、遵守时间、集体荣誉感强。在日常交往中，日本人大多彬彬有礼，见面时，互相致意问候，礼貌语常用"拜托您了""请多关照"等用语。

（一）宗教

99%的日本人为大和民族，大多信奉神道教和佛教，少数人信奉基督教或天主教。日本人对宗教信仰的差异通常持有宽容的态度，他们还有可能同时信仰神道教和佛教，按照神道教仪式举行婚礼，而去世后，会按照佛教仪式举行葬礼。神道教是日本的本土宗教，神道教支持君主制政体。

（二）约会时间

日本人遵循准时、守时的原则。你在预约见面时应先了解日本人的作息时间，日本人办公的具体时间是9:00-17:00，但有许多人会在晚餐结束后，即晚上21:00或22:00再返回公司。日本人工作是非常勤奋的，人们通常一周只休息半天，一周的办公时间通常为48小时，一般加班不支付报酬。

日本人是比较重视节假日的，在节假日期间银行和公司停止办公，只有商店照常营业。因此，这时你安排工作的话，恐怕是很难开展业务的，你最好避开这个时间进行商务活动。

（三）社交习惯

以轻轻握手表示问候，是现代日本人通常使用的西方礼仪习俗。鞠躬则是日本人传统的问候方式，在鞠躬时应在将眼睛向下看，手心朝上，双手平放在大腿上。在向对方鞠躬表示问候时你鞠躬的程度应与对方相同，因为在日本，鞠躬程度表明你们之间的地位关系。

在日本，初次交往互递名片已是一种日常礼仪，但在递送名片时应注意细节。由于是进行国际交往，名片最好有一面是日文，在鞠躬或握手问候之后双手递交名片，或以右手递送自己的名片，左手同时去接对方的名片，并将印有日文的一面正朝向对方，以方便观看阅读，如果你在接到对方名片之后再低头去寻找自己的名片，会显得既仓促又失礼。接到名片后你应表现出很关注对方，认真阅读增加记忆，稍后再收起，妥善保管。不应把名片放在钱包内或裤子后面的口袋里，否则是失礼的行为。

日本人很少在自己家中款待商业伙伴，除非受到日本人的邀请，否则不要登门拜访。如有事拜访需事先约定并按时赴约，时间一般应避开清晨、深夜及用餐时间等，进门前应先按门铃并通报姓名，不要马上进屋，应先站于门口互相问候致意，然后脱鞋进屋。脱下的鞋整齐放好，鞋尖向着你进来走过的门的方向，这在日本是尤其重要的。主人未请客人宽衣，即使天气炎热，也不能随便脱衣，如需脱衣应先征得主人的同意。在日本人家中做客，不可参观主人的卧室，男士不可进入厨房，上厕所必须经过主人同意。进餐时，如果不清楚某种菜的吃法，应向主人请教。日本人以酒待客时，应由主人或侍者斟酒，他们认为让客人自己斟酒是失礼的，倒酒时，右手持壶，左手托壶底，壶嘴不能碰杯口。客人需用右手持杯，左手托杯底，接受斟酒为有礼，通常情况下，第一杯酒不能谢绝，第二杯酒可量力而行，即使谢绝也不会失礼。日本人习惯不主动向客人敬烟，即使桌上摆着烟想抽也应先向主人打招呼。送婚礼礼金应避免偶数，因为他们认为偶数是二的倍数容易导致夫妻分裂。你如果应邀到日本人家中做客，必须牢记这是无比的荣幸，对此应向主人表示感谢。

（四）馈赠礼品

在日本馈赠礼品很普遍，结婚、晋升、添子、生日、节日等都会赠送礼品。应根据受礼人的喜好选择礼品，日本人接收礼品与西方国家不同，在收到礼品时，一般不会马上打开，即使打开了，他们通常也会一言不发，这并不说明他们不喜欢你的礼物，因此在你接收礼品时也同样采取这样的表达方式即可。

（五）衣食习惯

在商务、政务活动中，日本人要穿西式服装。参加娱乐活动时可着便装。在举行婚礼、庆祝重要节日、接待重要客人或出席茶道、花道等活动时常穿和服，以示庄重尊敬。与日本人交往时，穿着不宜过分随便，因为他们认为衣着不整洁是没有教养的表现。

日本人的主食为大米，逢年过节和生日喜欢吃红豆饭。日本人早餐喜欢喝热牛奶，吃面包、稀饭，晚餐一般吃米饭，副食以蔬菜和鱼类为主。餐前餐后喜欢喝茶，特别喜喝绿茶。日本人爱吃鱼，鱼的吃法很多，但都要把鱼刺去掉，还有吃生鱼的习惯。日本人还爱吃面酱、酱菜、紫菜、酸梅等，爱喝我国的绍兴酒（热的）。他们吃凉菜时，喜欢在凉菜上撒少许芝麻、紫菜末、生姜丝等起调味、点缀作用，同时也作为这盘菜没有动过的标志。“日本料理”的特点是以鱼、虾、贝等海鲜为烹调原料，可热吃、冷吃、生吃和熟吃。方便食品有便当（盒饭）和寿司等。

（六）节日习俗

日本的“祭”和“节”之多，堪称世界第一。主要的祭祀节有 5 月 15 日的“葵祭”、7 月 17 日的“祇园祭”和 1 月 23 日的“时代祭”。

日本的重要节日有：新年（每年 1 月 1 日），庆祝方式与中国的春节差不多；成人节（每年 1 月 15 日），是满 20 岁青年的节日，女子过成人节时都穿民族服装“和服”；儿童节中有男孩子节和女孩子节之分，男孩子节（每年 5 月 5 日）旧称“端午节”，过法与我国端午节相似，女孩子节（每年 3 月 3 日又称“桃花节”“雏祭日”），凡有女孩子的家庭要陈设穿着民族服装的玩具女娃娃。樱花是日本的国花，因此还有樱花节（每年3月15日到4月15日），这时日本各地樱花盛开，无论男女老幼纷纷参加游园赏花活动，并饮酒跳舞。此外还有春分（每年3月20日左右）、天皇诞辰日（每年4月29日）、七夕（每年7月7日）、敬老节（每年9月15日）、体育节（每年10月10日）、文化节（每年11月3日）等节日。

（七）风俗禁忌

1. 语言忌。参加别人的婚礼时，忌说："完了""断绝"等词。与男士相谈时，忌问收入、物价等。与女士交谈时忌问年龄及婚配情况。对老年人忌用"年迈""老人"等字眼。与残疾人谈话时，忌说"残疾"之类的词语，应说"身体障碍者"，称盲人为"眼睛不自由的人"，称聋子为"耳朵不自由的人"，称哑巴为"嘴不自由的人"。

2. 数字忌。日本人忌讳"4"（与"死"发音同）、"6"（发音为"劳苦"）和"9"（发音与"苦"相似）。日本人喜欢奇数，不喜欢偶数，对数字"3""5""7"特别喜欢。在日本经商的人忌讳2月和8月，因为这是日本商人经营活动最冷清的月份。

3. 馈赠忌。赠送礼品时，忌赠送容易破损的陶瓷、玻璃制品；忌讳用梳子作为礼品。

4. 图案忌。对狐狸和獾的图案很反感，认为这两种动物图案是晦气、狡猾、贪婪的象征。菊花图案是皇族的象征，送人和礼品上不能使用这一图案。日本人喜欢仙鹤和乌龟，认为它们是长寿的象征。

5. 颜色忌。日本人忌讳的颜色是绿色，认为绿色是不祥的颜色，同时对黑白相间的颜色和紫色也不喜欢，喜爱红、白、蓝、黄、橙等颜色。

6. 筷子忌。忌舔筷；忌迷筷（执筷在餐桌上四处游寻食物）；忌移筷；忌扭筷；忌插筷（把筷子直插入饭菜中）；忌掏筷（在菜中央用筷子掏着吃）；忌跨筷（筷子跨放于碗中或盘上）；忌用筷剔牙等。

7. 邮票忌。忌倒贴邮票，倒贴邮票意味着与收信人绝交；折叠信纸时，忌将收信人的名字头朝下。

8. 合影忌。日本人有三人不合影的习俗，因为他们认为在中间被左右两人夹着是不幸的预兆，很不吉利。

二、韩国的礼俗习惯

韩国全称大韩民国，位于亚洲朝鲜半岛南部，东、南、西三面环海，面积约9.84万平方公里，约占朝鲜半岛面积的45%，具有璀璨的文化遗产和美丽的风光。韩国夏季雨多，气候湿润，经济发达。韩国的主要宗教是佛教，除此之外，一些韩国人也信奉儒教、天主教或天道教。韩语是韩国的官方语言。韩国的学校普及英语，因而在城市中的商务人士通常也能熟练地使用英语。

（一）约会时间

在韩国应准时出席社交活动，因为这是你展示国际商务形象的良好时机。韩国公司的办公时间是周一至周五的9:00－17:00；周六是9:00—13:00。你预约会面的最佳时间为上午10:00－11:00和下午14:00－15:00。

每年的7月中旬至8月中旬是韩国公司职员的度假时间，应尽量避开这个时间安排商务会面；当然在圣诞节或多数节假日期间也不是预约见面的好时机。

（二）社交习惯

韩国素有“东方礼仪之邦”之称，在东方文化和西方文化的交叉融合之下，把儒家思想作为一种宗教来信奉，形成了韩国独具特色的一些礼节。在韩国待人诚实谦和非常重要。韩国人非常尊敬长者，人群中首先问候长者，若是你与长者在门口相遇，必须给长者让路。他们很讨厌大声吵闹的粗鲁行为。

韩国人见面时，向对方微微鞠躬以示问候，有时也会目视对方以握手表示问候，如果左手支撑右手前臂则表示对对方的尊重。妇女一般情况下不与男子握手，以左手置于右手之上，表示尊敬。在家中小孩应向尊贵的客人行跪拜礼。

韩国人大多在咖啡屋款待客人，很少在家中招待客人。在一天中，晚上举行的宴请是最丰盛的餐宴，举行时间通常是18:00－20:00。

在韩国，成功构建商务往来的前提是建立与人相互尊敬的和谐关系，人际交往至关重要。应尽量争取机会认识对方，在韩国个人关系胜于公司关系，因为他们通常是一对一的会面，而参加商务会面的韩国人则会把你的提议报告介绍给整个公司。所以与人建立良好稳固的关系是至关重要的。

韩国人与外国人交往时，可能会问及一些私人问题，对此不必介意。在一般情况下，韩国人在称呼他人时爱用尊称和敬语，但很少会直接叫出对方的名字。要是交往对象拥有能够反映其社会地位的头衔，那么韩国人在称呼时一定会屡用不止。

在社交场合，韩国人特别是年青一代的韩国人，大部分都会讲英语，并且将此视为有教养、受过良好教育的标志之一。由于迄今为止仍对日本昔日的侵略占领耿耿于怀，韩国人对讲日语的人普遍没有好感。

（三）衣食习惯

在韩国从事商务活动宜穿西装。韩国人本民族的服装为高雅的长袍，女士则为轻盈的阔裙，服装颜色以白色为主，故有“白袍之国”之称。

韩国人的饮食，口味清淡，不喜欢油腻，以辣和酸为主要特点。韩国人以大米为主食，主要是米饭和冷面。爱吃牛肉、瘦猪肉、海味、狗肉和卷心菜等。泡菜是韩国的传统菜肴，“韩国烧烤”也很有特色。

韩国的饮料很多，韩国男子通常酒量不错，对烧酒、啤酒往往来者不拒。韩国妇女多不饮酒。韩国男子通常喜欢喝茶和咖啡。但是韩国人不喜欢喝稀粥和清汤，他们认为穷人才会如此。

韩国人在用餐时用筷子。近年来出于环保的考虑，韩国的餐馆往往只向用餐者提供铁筷子。关于筷子，韩国人的讲究是与长辈同桌就餐时不许先动筷子，不可用筷子对别人指指点点，在用餐完毕后要将筷子整齐地放在餐桌的桌面上。

在宴会上，韩国人一般不把菜夹到客人盘里，而由女服务员替客人夹菜，各道菜陆续端上，每道菜都须尝一尝才会使主人高兴。

应邀到韩国人家中做客，是非常荣幸的事，应脱鞋进入韩国人家中，摆放鞋子时，鞋尖不能指向建筑物。如果去庙宇则不可以背对着庙宇穿鞋。

下班后，韩国人通常会邀请你去酒吧或餐馆用餐，这是建立非正式人际关系和取得信任的重要途径。因此你不要拒绝邀请，也切勿携带配偶一起前往，并且在你离开韩国之前尽量回请对方。如果是去家中做客，出发前应提前打电话，离开时微微鞠躬以表感谢，在宴后可发一封致谢函给主人。同样，选择时间回请主人以同等规格的宴请。

（四）主要节日

韩国人的主要节日有：新年（每年1月1日）；民俗节（每年阴历五月初一）；独立纪念日（每年3月1日）；植树节（每年4月5日）；儿童节（每年5月5日）；佛诞日（每年阴历四月初八），释迦牟尼诞辰；显忠日（每年6月6日），追悼烈士；制宪日（每年7月17日），纪念宪法的制定；光复日（每年8月15日）；中秋节（每年阴历八月十五）；国军节（每年10月1日）；开天节（每年5月5日），纪念公元前2333年檀君始祖建国；文字节（每年10月9日），纪念朝鲜语的创建；圣诞节（每年12月25日）。

（五）风俗禁忌

韩国人非常强烈地以自己的国家为荣耀，并且国人以自己与众不同的历史、文化背景和语言而引以为豪。韩国人的民族自尊心很强，反对崇洋媚外，提倡使用国货。在韩国，着一身外国名牌服装的人，往往会被人看不起。韩国人对日本比较敏感，你在交往时应忌讳不要将日本的礼品馈赠韩国人，也不要提起你与日本人的个人关系。

在韩国，忌谈的话题有：政治腐败、经济危机、意识形态、南北分裂、韩美关系、韩日关系及日本之长等。

访问韩国最好不要在10月，因为10月的假日太多，圣诞节前后2周都不宜去访。

韩国人忌讳“4”这个数字，因在韩语中“4”与死的拼写和发音相同，所以韩国房子无4号，宴会无4桌，医院无4号病房，吃东西不吃4碗，喝酒绝对不喝4杯。

逢年过节，忌说不吉利的话，更不能生气、吵架。

商务交谈时忌做手势和面部表情，忌过于兴奋，回答问题忌长篇大论。

正月头三天不能杀生，不能扫地倒垃圾，寒食节忌生火，生肖相克者忌婚配。

在对其国家进行称呼时，不要将其称为“南朝鲜”或“朝鲜人”，而宜称“韩国”“韩国人”。

（六）馈赠礼品

商务场合赠送礼品的最佳礼物最好是印有公司标志而非个人产品的礼物。到韩国人家中拜访时，应准备礼品，包括进口咖啡、巧克力、水果、高丽参、本国工艺品、茶叶等。应双手赠予或接受礼品，不要当众打开礼品。

三、泰国的礼俗习惯

泰国正式名称是泰王国，自称孟泰，位于中南半岛中部，面积51.4万平方公里。在泰国有95%的人信仰小乘佛教，小乘佛教是佛教的早期形式。约有3%的人信仰伊斯兰教，有1%的人信仰基督教或其他教。佛教为泰国的国教，男子成年必须经过三个月至一年的僧侣生活，僧人穿黄衣，故有“黄衣之国”“千佛之国”“黄袍之国”的美称。泰国产象，尤以白象为吉祥的象征，敬之如神，故泰国又有“白象国”之称或称“大象之邦”。

（一）约会时间

守时、准时赴约是泰国人认为谦恭有礼的行为。泰国人在4月欢度泼水节，这个假期泰国所有的公司将停业一周。如果你需要商务拜访应提前一至两个月预约对方。

去泰国的最佳商务旅行时间是11月至第二年的3月。而在4月、5月，大多数的商务人员会去度假。

泰国办公时间通常是周一至周五的8:00－17:00。

（二）社交习惯

泰国人热情友好，很有涵养，总喜欢面带微笑，所以泰国被誉为“微笑的国度”。泰国商人处事小心谨慎，不喜欢冒险。泰国人民的礼仪大多沿用佛教礼仪，除了非常西化的场合，泰国人与人见面或告别时一般不握手，而是行合十礼：双手掌心相对，指尖向上放在胸前，行礼时双手抬得越高，表示态度越恭敬，但最好不超过双眼。地位较低者，与尊者见面时，应先行礼，唯独和尚不受拘束，与人见面只点头微笑致意。

与泰国商界人士的初次见面，有可能是在餐宴中，应掌握在用餐期间切勿讨论业务，因为他们只是为了在此更深刻地了解你。

在用餐时不要吃菜碟中的最后一块食品，因为在泰国吃最后一块食品是非常荣幸的。主人把最后一块食品夹给你时，第一次你应谢绝，第二次你便可接受并表示感谢。

（三）衣食习俗

泰国男子通常穿长裤衬衫，尤其是花衬衫很受欢迎，参加宴会时穿深色套装，女子穿裙子和宽大的短外套。所以访问泰国大金融公司或政府部门必须穿西装或讲究一点的T恤衫。无论男女，家居时通常穿拖鞋或赤脚。在颜色方面，紫色为寡妇在哀悼时所穿，黑色表示悲痛只在参加丧礼时穿。泰国男女青年都喜欢佩戴项链、戒指等首饰。

主食为稻米，副食主要是鱼和蔬菜。早餐多吃西餐，午餐和晚餐爱吃中餐，他们爱吃中国的广东菜和四川菜，喜欢吃辣椒而且越多越好。还喜食鱼露、味精，不爱吃牛肉及红烧食品，食物中不喜放糖。泰国人爱喝啤酒、苏打水和白兰地。喝咖啡和红茶时，爱吃蛋糕和干点心，饭后习惯吃苹果、鸭梨等，但不吃香蕉。

（四）节庆习俗

主要节日有：元旦（每年1月1日），又称佛历元旦，庆祝非常隆重；宋干节（每年4月13—15日），“宋干”在泰语中是“求雨”之意，每年气候干燥炎热、土地干旱、急需雨露滋润时，就举行“宋干”活动，因宋干节与缅甸的泼水节大同小异，故也称泼水节；水灯节，又称“佛光节”，于每年泰历12月15日（每年公历11月间）举行，它不仅是喜庆丰收、感谢河神的节日，也是青年男女追求爱情和祈求神佑的欢乐日子；春耕节，在泰历5月（每年公历6月）间举行，由泰国国王亲自主持。

（五）风俗禁忌

泰国人习惯于用颜色来表示不同日期：红色为星期天，周一至周六分别依次是黄色、粉红色、绿色、橙色、浅蓝色、紫红色。许多泰国人常会按照不同日期，穿着不同颜色的服装。

泰国人重视头部，认为头部是身体的最高部分，是神圣不可侵犯的。因此在泰国不要随意触摸别人的头部，会被认为是对他的蔑视与不恭；如果你打了小孩的头部，泰国人会认为孩子一定会生病，很不吉利。忌讳拿着东西超过别人的头顶。

在睡觉的时候头不能朝向西部，因为泰国人认为太阳落下去的西方象征着死亡。

他们会认为脚是低下的，所以严禁以脚踢别人、踩寺庙门槛（因为他们认为门槛下住着善神）、以脚踢门，并且严禁将脚伸到别人面前。

忌左手吃东西或交换物品，认为左手不洁。

就座时，忌跷腿，妇女就座时腿要并拢，否则被视为没有教养。

购佛饰时，严禁说“购买”，必须说“求祖”或“尊请”，以防亵渎神灵。

在宗教圣地，忌穿裸露的衣服，如背心、短裤等。

忌妇女与僧侣身体接触。

禁止抚摸寺庙中的佛像。

（六）馈赠礼品

在泰国比较受欢迎的礼品除你应邀赴宴时带的鲜花（记住万寿菊和康乃馨不能送，泰国人会联想到葬礼）、水果或蛋糕外，白兰地、香烟、胸针、女士用化妆品、香水等也是不错的选择。在你接受礼品时切记不应当众打开观看礼品。

案例 9－2

约翰逊访泰

20世纪60年代，美国总统约翰逊访问泰国。在受到泰国国王接见时，约翰逊竟毫无顾忌地跷起了二郎腿，脚尖正对着国王，而这种姿势，在泰国是视为侮辱的，因此引起泰国国王的不满。更为糟糕的是，约翰逊在告别时竟然用得克萨斯州的礼节紧紧拥抱了王后。在泰国，除了泰国国王外，任何人都不得触及王后，这就使泰国举国哗然。约翰逊的举动产生了不小的遗憾，也成了涉外交往中的典型笑话。

（资料来源：吴燕，贺湘辉．商务礼仪与口才实训［M］．广州：广东经济出版社，2008.）

四、印度的礼俗习惯

印度是全世界人口第二多的国家，位于亚洲南部印度次大陆。拥有12亿人口以上的印度，有上百种语言，但英文在印度广泛使用，官方语言是英语和印地语。印度各族人民自称“婆罗多”。“婆罗多”一词梵文的意思是月亮，是北印度的一个民族，它是美好事物的通称。印度居民多信印度教，其他多种宗教同时并存，如伊斯兰教、基督教、锡克教和佛教等。

（一）约会时间

印度人虽然并不能完全遵循准时这一原则，但印度人很欣赏准时的行为，你应知道这一点。印度的通信比较欠缺，你应提前一至两个月预约见面时间。印度办公时间为周一至周五的9:30－17:00（午餐1小时，一般是13:00－14:00）。印度政府办公时间为周一至周六的10:00－17:00。

印度宗教节日期间几乎无法开展业务，而印度宗教节日又不计其数，并且这些节日的日期每年都有改变，因此，你安排商务会面应避开这一时期。可在安排行程前首先向领事馆、大使馆和旅行社查询清楚。

（二）社交习惯

印度人见面问候的礼节通常是行合十礼，另外还有其他如问候长辈、教徒、少数民族的礼节，有“摸脚礼”“吻脚礼”“嗅礼”等。印度人进入庙堂或走进主人房间时，必须在门外先把鞋脱去，以示对神灵或主人的恭敬和虔诚。

1. 合十礼。亲友相见和告别，都要双手合十于胸前，并相互问候和致意。常用的问候语是“纳玛斯代（您好）”。当拜见尊长或参见神像时，必须郑重地双手合十，俯首站立片刻，以示崇高敬意。如果在公共场合受到众人热烈欢迎，客人必须长时间地行合十礼，并向众人点头致意。

2. 摸脚礼。印度教徒的一种敬长礼节。行礼的时候，一边双手合十向长辈问候“纳玛斯代（您好）”，一边弯下腰去摸一摸长辈的脚，以示敬仰之意。

3. 吻脚礼。印度教女教徒常用的一种传统礼节。在特定的情况下，如丈夫出远门之际，妻子往往先双手合十，然后弯下腰去吻对方的脚，以示最高敬意。

4. 嗅礼。流行于印度东南部地区一些少数民族的见面礼节。当宾主相见或亲朋久别重逢时，双手就把嘴和鼻子紧紧相贴在对方的脸上，并用力吸气，同时连声说：“嗅一嗅我！”

（三）衣食习俗

印度人的服饰很有特色。男士常包头（以布缠头），上身穿短袖衫，下身围裙，扎白腰带。女士穿传统民族服装“纱丽”。传统纱丽通常不用剪裁和缝制，绣有各种图案。现在纱丽往往要经过裁剪缝合，有的加上领口和袖口。印度人将首饰看做是趋吉辟邪的象征，妇女都佩戴很多饰物，除头饰外，常戴手镯、耳环，已婚妇女还戴鼻饰，结婚时戴上的项链更是时刻戴在脖子上。许多印度妇女在两眉之间用朱砂点上圆点，称为“贡姆贡姆”。在重大欢迎仪式上，主人不仅要向贵宾献花环，还要给客人点吉祥痣。印度妇女额头上的圆痣，有红色和紫黑色的痣。额痣不仅是印度妇女的一种装饰，还具有浓厚宗教色彩，也表示对神的虔诚。

印度人的主食是印度烙饼和咖喱大米饭，喜欢鸡鸭和鱼虾。印度人素食者很多，越是等级高，荤食者越少。无论做菜还是做饭，印度都离不开咖喱，不喜欢吃荤，但是注重烹调。印度人一般不喝酒，信奉锡克教的印度人严戒饮酒，有的邦是戒酒邦，有的邦每周规定“戒酒日”。印度人喜欢饮茶，其饮茶的方式别具一格，一般把茶斟入盘中，用舌头舔饮。

（四）节庆习俗

好利节：印度教纪念天黑的节日，每年2—3月间，成群结队的印度教教徒载歌载舞，跳跃篝火，并向路人撒红粉或红水，故又称“撒红节”。

打夫节：已婚妇女脸蒙面纱，手持竹棒，在村头寻找自己的丈夫痛打。然后不管谁的丈夫一概拥起乱打，发泄一年的怨愤之情。各地的打夫节日期不统一。晚上，遭受棒打的丈夫还要向妻子表示感谢。

除十节：每年5—6月间，印度教徒在恒河里沐浴，消除人的十罪，即秽语、谎言、诽谤、牢骚、盗窃、暗害、盲人、贪婪、邪恶、愚妄。在沐浴过程中，浴者口唱真言，渡水10次向恒河的神像礼拜。

十胜节：每年9—10月份一连10个晚上，印度人总要举办十胜节的庆典，颂扬

“保护之神”罗摩的英雄事迹，到第十天晚上是高潮，庆典活动是火烧十首妖王的模型，扮演罗摩的人弯弓射箭，用火箭射中魔王的模型并引起其弟弟、儿子的起火倾倒。

屠妖工：印历八月见不到月亮之后第十五天，即大约公历10月下旬或11月初，是印度的屠妖工，即印度教的新年。该节以点灯为庆，以火炬祭于繁荣与财富女神“拉丝蜜”。印度教徒捧着槟榔、槟榔叶去庙堂祭奉天神，各种庆祝仪式要持续5天。

（五）风俗禁忌

1. 忌杀牛和蛇。印度教徒敬牛如神，因此印度政府确定了保护牛的法令，禁止屠杀健壮的牛，特别是不准宰杀母牛。印度人不仅是忌食牛肉，而且忌用牛皮做的东西。印度教徒同样也崇拜蛇，他们视杀蛇为触犯神灵。孔雀也如“神牛”一样，不可伤害。

2. 深闺忌。在印度的北部和中部，印度教的妇女严禁抛头露面，严禁不戴面纱。在印度，男人不能和女人握手，在行双手合十礼或鞠躬礼时男人不能碰女人，如果男女关系很一般，则男人和女人不能单独谈话。

3. 口哨忌。在饭馆、商店等服务性的行业中，忌用吹口哨的方式招呼侍者。

4. 颜色忌。印度人忌白色，认为白色象征内心的悲哀，所以人们习惯用百合花作悼念品。黑色也被认为是不祥的颜色。

5. 照片忌。印度人不喜欢别人拿他们的照片，除非他们自愿。

6. 饮食忌。印度教徒忌讳众人在同一盘里进食，不吃别人接触过的东西。

7. 数字忌。印度人忌讳的数字是“1”“3”“7”，他们认为不吉利。

案例9－3

尊重客人的信仰

在一次印度官方代表团前来我国某城市进行友好访问时，为了表示我方的诚意，有关方面做了积极的准备，就连印度代表团下榻的饭店里，也专门换上了舒适的牛皮沙发。可是，在我方的外事官员事先进行例行检查时，这些崭新的牛皮沙发却被责令立即撤换掉。原来，印度人大多信仰印度教，而印度教是敬牛、爱牛、奉牛为神的，因此，无论如何都不应当请印度人坐牛皮沙发。这个事例表明，作为服务人员很有必要掌握一些宗教礼仪。

（资料来源：http：//wenku. baidu. com/view/61a91cc79ec3d5bbfd0a74ab. html。）

五、新加坡的礼俗习惯

新加坡是位于马六甲海峡的一个城市小国，面积为618平方公里。“新加”一词来自梵文，意为“狮子”，故新加坡又称“狮城”。由于新加坡面积很小，华侨又称其为“星洲”“星岛”。新加坡是个多民族国家，境内住着20多个民族的居民，主要有华人、马来人、印度人三大族。新加坡是非常干净的国家。新加坡法律非常严格，如禁止乱扔垃圾、禁止嚼口香糖、禁止吐痰，用完公共厕所后，一定要冲洗，没有冲洗将被罚款150美元等，均列入新加坡法律，并且不管本国人还是外国人一视同仁。新加坡有4种官方语言，包括马来语、英语、汉语和泰米尔语。英语则是政府、商业和教育等领域的语言。

（一）宗教

在新加坡没有国教，大多数本土马来人信奉伊斯兰教，也并非是所有的伊斯兰教徒都是马来人。在新加坡的中国人则大多信仰佛教、儒教、道教；其他还有伊斯兰教、基督教、印度教、索罗亚斯德教等宗教。

（二）约会时间

参加一切商务活动必须准时赴约，应提前两周预约见面时间。新加坡办公时间一般是周一至周五的9:00－17:00。但新加坡很多公司办公的时间是非常灵活的，有的公司通常在周六只在上午工作半天，有的工人可以在7:30－9:30到达公司。新加坡公司员工工作是非常勤奋努力的，更勤奋的往往是公司总裁，他们的工作时间要远远超过下属的工作时间。很多公司中午用餐的时间仅为1小时。

（三）社交习惯

在新加坡，社交关系往往决定能否建立成功的业务关系，应积极参与所有应邀的社交活动。

新加坡大致是由三大群体组成：中国人、马来人、印度人。他们各自都有自己的传统习惯。通常见面问候的方式是握手，但信仰伊斯兰教的男女不能有身体上的接触。假如男穆斯林被女士触摸则必须接受宗教仪式来净化自己，然后才能够祈祷。因此，女士不应主动伸手与马来裔男士握手，男士也不能伸手与马来裔女士握手。不过，如果马来人主动与你握手，你应欣然接受。鞠躬也是新加坡华裔传统的问候方式，同时还有行额手礼、合十礼等。

1. 敬长礼。新加坡人非常尊重长辈，他们通行的敬老准则是对父母和其他长辈，要用亲切的称呼；当父母或其他长辈讲话时，不要插嘴；父母或其他长辈呼唤时，要随叫随到。

2. 待邻礼。在日常生活中，新加坡人要自觉遵守《邻里礼貌守则》：见到邻居要互相问候；逢年过节要请邻居来访；帮助邻居照管房屋；使用公用电话或公用场所，要时时多为别人着想。

3. 微笑礼。新加坡人的礼貌口号是“真诚微笑”，人们处事待物总是伴以亲切的微笑。当因故对别人有所干扰时，当事人要微笑地说：“对不起，打扰您了。”即使交通警察对违章者罚款时，也是笑容可掬。

4. 店员礼。新加坡店员重视礼貌待客，将《店员礼貌守则》当做必备的职业道德。

（四）衣食习俗

新加坡华人的衣着很清爽。女士大多穿裙子，端庄大方。男士文职人员着装规范，一般是穿白衬衣、西装裤，打领带。

新加坡华人主食为米饭，副食是以甜味为主的闽粤风味菜肴，如炒鱼片、炒虾仁、油炸鱼等。传统的早餐是油条和豆浆，下午喜欢吃点心。新加坡人喜欢吃桃子、荔枝、梨等。华人每日以茶为主要饮料，客人光临时以茶待宾。春节之际，人们在清茶中佐以橄榄，谓之“元宝茶”，寓有“恭喜发财”的美意。

（五）节庆习俗

新加坡华人过春节相当隆重，也过元宵节、端午节、中秋节等。其他比较有特色的节日有大宝森节、食品节和国庆节。大宝森节（每年公历1月15日至2月15日）是印度教徒热烈庆祝的月圆节。许多信徒在节前斋戒，沐浴3天或7天，戒食肉类和鱼，戒酒。节日当天还在柏鲁马庙集合举行游行。食品节（每年4月17日）这天，新加坡各地各食品店都准备好多精美的食物，并以大减价来吸引客户。人们争相购买，以便馈赠亲朋。国庆节（8月9日）来临时，政府领导人要发表国庆公告，表彰在各行业作出贡献的杰出代表，全国各地举行隆重的庆祝仪式，同时在民间举办体育比赛、敬老活动和联欢会等。

（六）主要禁忌

1. 言辞忌。新加坡人忌讳说“恭喜发财”，因为他们认为这句话有教唆人发不义之财之嫌。

2. 长发忌。新加坡人对留胡须、蓄长发的男子极为厌恶，众多家长和学校严禁男青年蓄长发，许多公共场合标牌上明确写着“长发男子不受欢迎”。

3. 颜色和图案忌。新加坡人忌紫色和黑色，视紫色、黑色为不吉利。喜欢红色，认为红色为庄严、热烈、兴奋、勇敢和宽容的象征；喜欢蓝色和绿色。喜欢大象、红双喜、蝙蝠等图案，忌讳猪、乌龟的图案。

4. 数字忌。新加坡人对数字“7”最讨厌，应尽量避免使用，也不喜欢“4”“6”“13”“37”“69”，认为这些数字是消极的数字。

【综合实训】

20世纪80年代，中国的女排三连冠。一家对外的画报用女排姑娘的照片作封面，照片上的女排姑娘都穿着运动短裤。阿拉伯文版也用了，结果有些阿拉伯国家不许进口。

问题：请分析在和外宾相处时应如何尊重他人的宗教习俗。

提示：

伊斯兰教认为，男子从肚脐至膝盖，妇女从头至脚都是羞体，外人禁止观看别人羞体，违者犯禁。因此，穆斯林妇女除了穿不露羞体的衣服外，还必须戴盖头和面纱，这项规定至今在有些伊斯兰国家（如沙特阿拉伯、伊朗等）仍然施行。

子任务2-2　美洲部分国家的礼俗习惯

【知识准备】

一、美国的礼俗习惯

美国全称美利坚合众国，位于北美洲大陆南部，全国面积936.3万平方公里，是个有200多年历史的移民国家，既保留欧洲的一些风俗，又形成了自己的特色。居民中85%是白人，华侨50万人，30%的人信仰基督教，21%的人信仰天主教，此外还有犹太教徒、东正教徒、穆斯林和佛教徒等。英语是美国的官方语言，西班牙语是美国应用最广泛的第二语言。

（一）约会时间

美国人有着高度的守时、准时意识。在应邀会面时，应提前出发预留出足够的时间，以确保准时赴约；如果遇到突发事情而耽误，必须打电话通知对方。如果是应邀参加鸡尾酒会，你可以晚到一会儿，不需要提前打电话通知对方。

美国一周的工作时间为周一至周五的8:30或9:00－17:00或18:00，许多人都会加班工作。因此你必须提前预约拜访对象。

（二）社交习惯

美国人开朗乐观、自然随意、为人热忱，天性浪漫，好交朋友，并且凡事讲究实效，不搞形式主义，独立性和自信心特别强，追求新奇、爱好变革，他们总是“喜新厌旧”，不墨守成规。美国人注重礼仪但又不过分拘泥于礼仪。

通常初次见面的问候方式是微笑，并经常在微笑中同时点头，或者轻轻挥手口头问好。在商务场合洽谈业务时，双方则会紧紧握手表示问候，而轻轻地握手会被认为是软弱的表现。通常是男士等待女士先伸手之后再握手。

美国人无论男女老少一般都比较喜欢直呼其姓名以示亲热，不喜欢称官衔，乐于称学衔、职衔。如“博士”“教授”“律师”“法官”“医生”等，经常说“请原谅”等礼貌用语。

在美国，请客人吃顿饭喝杯酒，或到别墅去共度周末，被视为较普遍的“赠礼”形式，你只要对此表示感谢即可，不必再做其他报答。去美国人家中做客一般不必备厚礼，带些小礼品如鲜花、美酒、巧克力或工艺品即可，如果空手赴宴，则表示你将回请。

应邀一起吃饭时，要注意由谁付款，美国非常流行AA制聚餐。

（三）衣食习惯

美国人的衣着可以说是自由、严谨而分明。在日常生活中穿着随便，自由自在、无拘无束，全凭自己爱好，穿T恤衫也可以周游全世界，甚至穿着泳装也可以招摇过市，牛仔服最能反映美国人的特征。但是，在正式场合，美国人的衣着又非常严谨，如上班或从事商务目的活动时，男士都穿较深颜色、灰色或大红色。拜访美国人时，进门一定要脱下帽子和外套，美国人认为这是一种礼貌。美国人十分重视着装的细节，在室内依旧戴墨镜的人，往往会被美国人视做“见不得阳光的人”。

在饮食方面，美国人力求方便与快捷，通常爱用快餐、罐头或冷冻食品，代表性的食物是热狗、汉堡包。美国人的口味特点是咸中带甜，喜欢清淡，烹调方法以煎、烤、炸为主。菜的特点是生、冷、淡，就是热汤也不烫。一般不在厨房用调料，而把酱油、醋、盐、味精、胡椒粉等放在餐桌上，自选调味。美国人对所有带骨的肉类都尽量剔除骨头，如鸡鸭要去骨，鱼要斩头去尾，剔除骨刺，虾、蟹要去壳等。他们喜爱的肉食有糖醋鱼、咕噜肉、炸牛肉、炸牛排、烤鸡、炸仔鸡等。在素食方面喜欢吃青豆、菜心、豆苗、刀豆和蘑菇之类，喜欢吃我国北方的甜面酱，南方的耗油、海鲜酱等。

美国人一般不爱喝茶，爱喝冰水和矿泉水、可口可乐、啤酒等。他们把威士忌、白兰地等酒类当茶喝。喝饮料喜欢放冰块。餐前一般饮番茄汁、橙汁，吃饭时饮啤酒、葡萄水和汽水，饭后喝咖啡，一般不喝烈性酒。

（四）节庆习俗

圣诞节是大部分美国人重视的节日。感恩节，又叫火鸡节，是北美独有的节日，在每年11月的第四个星期四举行，感恩节是家人团聚、朋友相聚的全民性节日。另有国庆节（每年7月4日）、母亲节（每年5月的第二个星期日）、父亲节（每年6月的第三个星期日）、植树节（每年4月22日）、情人节（每年2月14日）等。

（五）风俗禁忌

美国人忌“13”和“3”，他们不喜欢“星期五”。忌用蝙蝠作图案的商品、包装品，因为他们认为这是凶神的象征。忌讳不带礼物就去亲友家赴宴，一般情况下送礼忌送太贵重的礼物，忌对妇女送香水、化妆品、衣物（可送头巾）、药品以及广告用品。通常可送巧克力、糖、文具、书籍等普通礼品。如果你应邀到美国人家中做客，一般可送葡萄酒、鲜花（若赠送鲜花应提前把花送到，以方便女主人在你到达之前有时间照料鲜花）。忌讳只穿睡衣出门和会客，忌养黑猫。忌一根火柴连点3支烟，忌走路踏出声响，忌谈个人私事，如年龄、婚姻、收入、宗教信仰等。

二、加拿大的礼俗习惯

加拿大在北美洲北部，东临大西洋，西临北冰洋，面积995.67万平方公里，素有“枫叶之国”的美称，居民中英裔占40.2%，法裔占26.7%，魁北克省最集中；土著人（印第安人、因纽特人、米堤人）占5%，多分布在北部地区。英语和法语为官方语言。居民主要信奉天主教和基督教。

（一）约会时间

在加拿大，如果你应邀出席社交晚宴时迟到15分钟是可以接受的，但是一切与业务有关的商务活动你都应守时、准时参加，不能迟到。在加拿大你要预约会面，一般上午是比较合适的。加拿大上班时间为周一至周五的9:00－17:00。

（二）社交习惯

加拿大与美国的问候方式基本相同，初次见面问候的方式也是微笑点头致意或以挥手和言语作为问候；在任何商务场合下介绍对方或问候时使用握手礼。讲法语的法裔加拿大人在好朋友和家人之间，有时也会拥抱和亲吻脸颊表示问候。

加拿大人热情朴实而友好，非常容易接近。在商务活动中他们非常注重礼仪，他们认为一个商界人士的礼貌修养反映的是他的阶层和种族背景。

加拿大人跟外人打交道时，只有在非常正式的情况下，才会对对方连姓带名一同加以称呼，并且彬彬有礼地冠以“先生”“小姐”“夫人”之类的尊称。在一般场合里，加拿大人在称呼别人时，往往喜欢直呼其名，而略去其姓。对于交往对象的头衔、学位、职务、加拿大人只有在官方活动中才会使用。

（三）衣食习惯

在参加社交应酬时，加拿大人循例都要认真地进行自我修饰，或是为此专门去一次美容院。男子必须提前理发、修面、穿西装，妇女们则无一例外地进行适当的化妆，并选戴一些首饰。饮食习惯与美国相似，喜爱牛肉、鱼、野味、蛋和各种蔬菜，口味清淡，不爱吃辣，偏重甜酸。早餐吃西餐，如牛奶、麦片粥、玉米片粥、烤面包等，菜肴很少用调料，而把调味品放在餐桌上自行添加。爱吃炸鱼虾、煎牛排、鸡鸭、糖醋鱼、咕噜肉等。就餐时喜爱喝各种水果汁、可口可乐、啤酒、金酒、葡萄酒、蜜酒、白兰地等。

（四）节庆习俗

主要节日有：国庆节（每年 7 月 1 日）。元旦（每年 1 月 1 日），人们将瑞雪作为吉祥的征兆，哈德逊湾的居民在新年期间，不但不铲平阻塞交通的积雪，还将雪堆积在住宅四周，筑成雪岭。他们认为，这样就可以防止妖魔鬼怪的侵入。枫糖节，加拿大盛产枫叶，其中以东南部的魁北克和安大略两省枫叶最多，每年三四月间，一年一度的“枫糖节”就开始了。上千个生产枫糖的农场装饰一新，披上节日盛装，吸引了无数的旅游者。在加拿大东南部港口城市魁北克，每年从 2 月份的第一个周末起还举行为期 10 天的冬季狂欢节，狂欢节规模盛大，活动内容丰富多彩。

（五）主要禁忌

加拿大人在禁忌上与欧洲有很多相同之处。“13”被视为“厄运”之数，“星期五”则是灾害的象征。黑色和紫色是甚为忌讳的颜色。忌食各种动物的内脏。鲜花是最普遍的礼物，但不要送百合花，因为那只在葬礼上使用。与加拿大人交谈时不要插嘴、打断对方的话或是强词夺理。不要处处将加拿大与美国连在一起进行比较，将加拿大视为美国的“小兄弟”，或是大讲美国的种种优点和长处。他们喜欢谈论本国的长处，忌谈个人私事。

三、墨西哥的礼俗习惯

墨西哥位于北美洲南部，北邻美国，南接危地马拉和伯利兹，东临墨西哥湾和加勒比海，西南濒太平洋，总面积为 199.2546 万平方公里，主要为印欧混血人种（占全国总人口的 90% 以上），其余为印第安人等，墨西哥人绝大多数信奉天主教，另有少数新教徒。

（一）社交习惯

墨西哥人十分注重礼节和言谈举止。他们在公共场合一般都表现得十分优雅，而且讲究礼貌和热情。他们无论对谁，总愿以笑脸相待，他们在赴约时，一般都不习惯准时到达，总愿迟到一刻钟或半小时。墨西哥人在社交场合最常见的礼节是微笑和行礼握手。墨西哥人与熟人、亲戚朋友或情侣人之间相见，一般都以亲吻和拥抱为礼节。

墨西哥人与亲友告别时，往往赠送一张弓、一支箭和几张象征神灵的剪纸，以表示敬意和祝福。传统观念认为：弓箭象征着征服大自然的力量，象征着食物与房子；剪纸象征着上帝保佑。

（二）衣食习惯

墨西哥人男子平时习惯戴一种宽大的大草帽，穿着长条式的方格衬衫，有的还穿紧身裤；妇女一般爱穿西服上衣和长裙。几乎人人都习惯披着彩色的披肩。他们认为这样搭配的穿着显得格外鲜艳和漂亮。

墨西哥的菜肴往往离不开仙人掌。在日常生活中，仙人掌的成熟果实多被当做解暑佳品，在各种宴会上与西瓜、菠萝等一样受欢迎。仙人掌茎是墨西哥的蔬菜之一，也是酿造饮料、制造糖及酒的重要原料。在墨西哥，人们往往以昆虫烹制菜肴。墨西哥人可吃的昆虫有 60 种，臭虫、蚂蚱等均在可吃之列。名菜“墨西哥鱼子酱”就是以蝇卵为原料做成的。

（三）节庆习俗

墨西哥人对各种节日的庆祝都表现出传统的印第安风俗和西班牙文化。例如：每年11月2日的亡人节，追忆和悼念死去的亲人，并按印第安人的习惯举行假面狂欢舞会。盛夏，墨西哥东部太平洋沿岸的渔民举行盛大的划船比赛和庆祝活动，以庆祝圣船节。每年3月21日为军事狂欢节，届时放鞭炮、鸣枪。其他还有玉米粽子节、乌切布瓜节等。

（四）主要忌讳

墨西哥人忌讳“13”“星期五”。他们忌讳相互不熟悉的男子之间的亲吻或吻手。忌讳送人黄色的花和红色的花，认为黄色意味着死亡，红色会给人带来晦气。他们忌讳蝙蝠的图案和艺术造型。他们忌讳紫色，认为紫色是一种不祥之色，因为只有棺材才涂这种颜色。

墨西哥人忌讳用中国人惯用的手势来比划小孩子的身高。因为用手心朝下，与地面平行的比划在小孩的头部的位置这一手势，在他们来说，只可用来表示动物的高度，否则他们会认为你在侮辱人。

四、巴西的礼俗习惯

巴西位于美洲南部东南端，东濒大西洋，现今主体民族是由葡萄牙人、意大利人、西班牙人同非洲人、约鲁巴人、豪萨人以及当地的印第安人长期混合而形成的巴西人。从传统上看，居民主要有白种人、黑白混血人、黑种人、黄种人和印第安人。天主教是全国占统治地位的宗教。

（一）礼貌礼节

巴西人在人际交往中大都活泼好动，幽默风趣，爱开玩笑。在与其交往时，心理上要有准备，切忌认为对方是嬉皮笑脸，不够正经。巴西人热情开朗，喜欢公开表露自己的内心情感。无论男女，在大街上相见要握手问好，热情拥抱，尤其是女性通常会脸贴脸，同时嘴里会发出亲吻声。

在社交场合，巴西人最常用的称呼是“先生”和“夫人”，用“先生”称呼成年男性，用“夫人”“女士”称呼已婚女性。关系熟悉的朋友相见，可以称呼姓名。巴西人喜欢他人称自己的职衔或学衔，在正式场合，可以用姓名、职衔、学衔加“先生”“夫人”或“小姐”称呼对方。

巴西人喜欢邀请朋友到家中做客。客人可以带上一束鲜花、一盒巧克力或一些糖果作为礼物。主人在接受礼物时，总要当着送礼者的面把礼物包装打开看看，然后向送礼人致谢，再收下礼物。巴西人的待客方式十分奇特。客人进门，主人要请客人喝杯浓咖啡，用一种名叫“咖啡基奥”的精致小杯一杯接一杯地喝，而且除饭后外，其余时间都是宾主站着喝，边喝边谈，亲切自然。到印第安人家中做客，主人要请来一位巫师向客人脸上吹风，驱散客人带来的疾病，接着由部落酋长致欢迎词，最后由女主人用树枝和唾液调成的红色或黑色的汁在客人脸颊上涂花纹。印第安人另一种迎宾礼是请客人洗澡，这是对客人最尊敬的礼节。

（二）衣食习惯

巴西的男子平时穿短裤和衬衫，但是上班或参加社交活动必须穿着正装。对于女士，在穿着上则没有严格的限制，她们通常喜欢穿色彩鲜艳的花裙。她们喜欢戴手镯，并在腰带上系上许多垂饰。

巴西的主要食物有玉米、大米、牛肉、猪肉、家禽、禽蛋、海味、各种蔬菜、水果等。一种名叫“丘拉期科”的烤肉是巴西的名菜，几乎家家会烤。巴西的黑人喜欢用豪萨米饭招待客人。这种饭用一种特殊的方法将玉米腌制好，撒上糖，煮熟后拌上干肉和调味品，清香可口。印第安人喜欢用野生动物招待客人，大到鹿、豹，小到蚂蚁、蜜蜂，味道鲜美。

（三）节庆习俗

狂欢节（每年 2 月中下旬）：巴西的里约热内卢每年此时都举行连续 3 天的传统狂欢节日。届时，全城处处装饰一新，主要街道两旁都搭起漂亮的牌楼和临时观礼台。节日中，无论昼夜，无论老少，人们都在欢乐的气氛之中跳着桑巴舞。每组歌舞及其表演的队伍还要选出“国王”和“王后”，将节日的气氛推向高潮。热烈多彩的狂欢节，每年吸引着大量的外国游客。

牺牲节：这是巴西沙万特人 5 年一次的传统节日。男子从 12 岁开始，5 年内必须生活在遥远的营地接受集训，5 年后，老年委员会确定牺牲节的日期，对青年进行“击水”“穿耳”“歌舞”“徒步”“唱歌”的考验。节目结束后，凡合格者，均为成人。

（四）主要忌讳

巴西人忌讳数字“13”。忌用拇指和食指连成圆圈，并将其余三指向上升天，形成“OK”的手势，认为这是一种极不文明的表示。他们忌吃奇形怪状的水产品和两栖动物肉制作的菜品，也不爱吃用牛油制作的点心。他们认为不可将手帕送给别人，因为手帕和眼泪联系在一起。他们忌讳紫色，因为紫色在巴西是死亡的象征。他们还忌讳棕黄色，认为这是凶丧之色。

子任务 2-3　欧洲部分国家的礼俗习惯

【知识准备】

一、英国的礼俗习惯

英国位于欧洲的西部，英国的正式名称是大不列颠及北爱尔兰联合王国，国土面积 24.41 万平方公里。联合王国有四个组成部分：英格兰、威尔士、苏格兰和北爱尔兰，都有自己各自独特的历史、文化和祖先语言，大多数居民信奉基督教，只有部分北爱尔兰地区居民信奉天主教。“英国”是中国人对大不列颠及北爱尔兰联合王国的称呼，来自“英格兰”一词。在国外“英国”这个称呼很少有人使用，大多使用正式称呼，有时也被称为“联合王国”“不列颠帝国”“英吉利”。“大不列颠”指的是英格兰、威尔士和英格兰所在的岛屿，其人口主要由英格兰人、苏格兰人和威尔士人组成。一般英国人不说“英格兰人”，而习惯说“不列颠人”，但“不列颠人”一词却不被威尔士人和英格兰人所喜欢。北爱尔兰与爱尔兰共和国共享一个岛屿，假如你称呼一个从爱尔兰来的人为“不列颠人”是非常错误的，也会被对方视为侮辱。英国官方语言是英语。在威尔士北部，也使用威尔士语。在英格兰和北爱尔兰，也通用盖尔语。

（一）约会时间

英国政府的办公时间为周一至周五9:00－17:00，中午13:00－14:00休息。

英国人遵守纪律，时间观念很强，赴约也十分准时。由于伦敦交通很糟糕，赴约时你一定要预留出大量时间。若请英国人吃饭你必须提前通知，不可以临时匆匆邀请。但如果英国人请你到家里赴宴，你可稍晚去一会儿，但不能早到，早到会被视为失礼。

（二）社交习惯

英国人的特点之一是他们在为人处世上较为谨慎和保守。任何时候都是彬彬有礼，讲究衣着，追求绅士风度和淑女风度，注重自我修养，强调容忍，不与他人做无谓的争论，很少发脾气。性格内向，不爱表露自己情感，他们庄重、含蓄、自谦、富有幽默感。与英国人谈话不要夸夸其谈，更不能指手画脚。英国人很讲究社会公德。

在英国握手是商务场合标准的问候方式，拜访别人家庭时也是以握手表示问候。英国人一般不像东欧人那样常常拥抱，他们认为在公共场合拥抱就是缺乏教养的表现。握手或交往时应注意礼仪规则和“女士优先”原则。“女士优先”在英国比其他国家突出，如走路要让女士在前，乘电梯要让女士先进，倒酒要先给女宾或女主人倒。

英国人比较喜欢别人称他们的世袭头衔或荣誉头衔，或以“阁下”“先生”“夫人”“小姐”来称呼。谈话时不要总称呼别人的名字，也不应使用商业头衔。

英国人服饰讲究保守和高品质，这一点很重要。在英国，男士不宜佩戴条纹领带，因为英国“军团”是条纹的，会被误认为模仿。女士的服饰也同样要求保守。

在英国，商业午餐经常在酒吧里举行，一般只是一顿便餐而已。假如与高级行政主管一起的午餐会，则会选择在最好的饭店或餐厅举行。晚餐时间一般为19:00－23:00，通常都在饭店举行。

（三）衣食习惯

英国人对衣着很讲究，他们往往“以貌取人”。他们崇尚“绅士”“淑女”之风，好讲派头，强调矜持庄重。上等家庭身穿燕尾服，戴礼帽，持手杖（文明棍）或雨伞，其他人大多穿三件套式西装。在苏格兰，男子还有一种民族服装：花格子短裙（基尔特），苏格兰属地的居民中，每当喜庆聚会时，男子们都穿上这种裙子载歌载舞。

英国人很讲究饮食和保养，英国菜世界驰名，其特点是清淡少油，量少而精，讲究花样。英国人每天吃四餐，即早餐、午餐、午后茶和晚餐。英国人喜清淡、酥香、鲜嫩的食物，不爱吃带黏汁和辣味的菜，爱吃牛羊肉、鸡、鸭、野味等。调味品放在餐桌上，任进餐者选用。英国人吃东西比较节制，所以他们认为狼吞虎咽或打饱嗝是失礼的行为。就餐时，讲究座次排列。他们每餐都吃水果，晚餐还喜欢喝咖啡，夏季爱吃各种果冻和冰激凌，冬天则爱吃蒸的布丁，他们进餐时，爱喝葡萄酒、香槟酒、冰过的威士忌等。

英国人爱喝茶，一般有固定时间，多半是大清早、每顿饭后、午茶时分和临睡前。英国人爱喝红茶，倒茶前，要先往杯子里倒入冷牛奶、加点糖，而不是先倒茶后倒奶。

（四）节庆习俗

英国除了宗教节日还有其他节日，在全国性的节日中，国庆和除夕之夜是最热闹的。英国国庆按历史惯例定在英王生日那天，除夕夜必须瓶中有酒，盘中有肉，象征来年富裕有余。丈夫在除夕还赠给妻子一笔钱，作为新的一年缝制衣物的针线钱，以表示在新的一年里能得到家庭温暖。在苏格兰，人们提一块煤炭去拜年，把煤块放在亲友家的炉子里，并说一些吉利话。

（五）风俗忌讳

英国的国歌是《天佑女王》；国花是玫瑰；国石是钻石；国鸟是知更鸟，英国人称它为“红胸鸲”，被视为“上帝之鸟”。

在英国忌送人百合花和菊花，英国人视这两种花为死亡的象征；忌讳“13”、“星期五”和“3”，数字“666”他们也十分忌讳；忌用同一根火柴或打火机为3个人点烟，他们相信这样做厄运一定会降临到抽第三支香烟的人身上；忌讳用大象、孔雀、猫头鹰等图案；忌讳与人交谈时双手放在口袋里或动手拍打别人、过度使用表情手势，或跷起“二郎腿”；忌握手、干杯或摆放餐具时，出现类似十字架的图案；不喜欢墨绿色和黑色的猫；喜欢的颜色是蓝色和白色；忌手背朝向向讲话对方，做“V”手势，这个动作表示蔑视对方，是一种怀有敌意的动作；忌过分表露喜、怒、哀、乐的感情，否则会使对方感到窘迫；忌用人像做商品装潢；把孔雀看做淫鸟、祸鸟，连孔雀开屏也被视为是自我吹嘘。

案例9－4

谦虚也有错的时候

一位英国老妇到中国游览观光，对接待她的导游小姐评价颇高，认为她服务态度好，语言水平也很高，便夸奖导游小姐说：“你的英语讲得好极了!”小姐马上回应说：“您过奖了，我的英语讲得不好。”英国老妇一听生气了：“英语是我的母语，难道我不知道英语该怎么说?”

老妇生气的原因无疑是导游小姐忽视东西方礼仪的差异所致。西方人讲究一是一，二是二，而东方人讲究的是谦虚，凡事不张扬。

（资料来源：http：//wenku. baidu. com/view/61a91cc79ec3d5bbfd0a74ab. html。）

二、法国的礼俗习惯

法国正式名称是法兰西共和国，位于欧洲大陆最西端，国土面积55.1万平方公里。法国在日耳曼话中原意为“自由的”，是世界闻名的“奶酪之国”。首都巴黎享有世界“花都”之美誉。法国居民大多信奉天主教，少部分信奉基督教、伊斯兰教和犹太教。法语是法国官方语言。法国人对自己的语言非常自豪，但也有许多法国商人会讲英语。

（一）约会时间

在时间观念上法国人是很随意的。尽管如此，不论是商务洽谈还是社交活动一定要提前约定并且要准时，但同时你也应做好他们可能姗姗来迟的思想准备。

在法国你预约会面的最佳时间是11:00左右或15:30。政府上班时间是8:30或9:00至18:30或19:00。午餐的时间是相对较长的，通常可持续两小时或更长。许多行政人员经常会在19:00或20:00才离开办公室。

法国的假期通常是选择夏季的7月和8月，因此，在8月几乎整个法国是停止营业的，你要洽谈业务应尽量避开这个时期。

（二）社交习惯

法国人浪漫热情而且爽朗、善于雄辩，爱开玩笑、幽默风趣，爱好自由因而纪律较差，不太喜欢集体行动，但有较强的民族自尊心和民族自豪感。

在法国几乎所有场合都要呈递名片，你在接、递名片时一定要恭敬对待，你的名片在印刷时最好翻译成法语。在介绍和交谈过程中要一直使用头衔来称呼对方，如“女士”“先生”“夫人”等。在商务场合习惯只称呼其姓氏或者姓与名兼称，不要用名字称呼对方，而对于关系非常密切者，可以直呼其爱称。

在人际交往中，法国人见面所采用的问候方式，主要有握手礼、拥抱礼和亲吻礼。而亲吻礼是在社交场合问候朋友时要彼此在对方的脸颊上左右交替互吻三四次，并在空中发出亲吻的声音，但不是真的亲吻在对方的脸上。

法国人很尊重妇女，在公共场所，大多数男子都会有礼貌地对待每一位相识或不相识的女士。女士走进房间时，男士要起立，男女一起看节目，女士坐中间，男士坐两边。当你和法国人交际时，即使他们的英语讲得很好，他们可能也会要求用法语进行交流，在这点上他们很少让步，除非他们是在国外，而且是对你有所求。

法国人不送或接受有明显广告标志的礼品，他们将香槟酒、白兰地、糖果、香水等视为好礼品，体现文化修养的书籍画册等礼品也深受欢迎。

（三）衣食习惯

法国人对服饰的讲究，在世界上都是最有名的，他们注重服饰的华丽和样式的更新。法国的女士也是世界上最爱打扮的人，女士们在参加社交活动时，一定要化妆并要佩戴首饰，她们认为化妆是对别人的尊重。佩戴饰品也应选择“真材实料”的首饰。法国的男士同样非常注重形象，衣着保守，品质一流，对发型和胡须的修饰都是相当看重的，这些已被视为法国男士应具备的基本教养。因此，在与法国人商务交往时你应舍得对品质好制作精良的服装进行投资。

法国的烹调技术和菜肴居欧洲之首，享有“食在法国”之美誉。法国菜的特点是鲜嫩，烹调用料讲究，制作细致，品种繁多。法国人讲究吃，口味喜欢肥嫩、鲜美、浓郁，不喜辣味，注重色、形的应用。法国人最喜欢吃蜗牛和青蛙腿，最名贵的菜是鹅肝。喜食猪、牛、羊肉、香肠、家禽、蛋类、鱼虾、蜗牛、牡蛎和新鲜蔬菜，喜欢水果和酥食点心。肉类不喜欢烧得太熟，菜肴的配料爱用大蒜、丁香、芹菜、胡萝卜和洋葱。

法国的干鲜奶酪世界闻名，它们是法国人午餐、晚餐必不可少的食品。法国人喜欢喝酒，法国盛产红葡萄酒、白葡萄酒、香槟和白兰地。喝葡萄酒是吃法餐的惯例，几乎餐餐都喝。但在餐前不喝烈性酒，餐后才适时喝些利口酒或白兰地。因此，法国人家家餐桌上都有白葡萄酒，但无劝酒的习惯，各人可根据自己喜好选择酒或饮料。

（四）节庆习俗

法国人过节有种风俗习惯，家中的酒瓶不能有剩酒，否则来年要交厄运，因此过新年（每年1月1日）时一个个都喝得醉醺醺的。法国人过其他节日也大量喝酒，如每年7月4日的国庆节（攻克巴士底狱纪念日）。万灵节（每年11月1日），也称诸圣瞻礼节，是法国祭奠先人及为国捐躯者的节日。他们还认为元旦这天的天气可以预兆新的一年光景。

（五）风俗忌讳

法国人忌讳将菊花、玫瑰、牡丹、杜鹃、水仙、金盏花和纸花送人；忌在公共场合嚼口香糖；忌讳的动物是仙鹤、孔雀、大象，认为仙鹤是淫妇的化身，孔雀是祸鸟，大象是笨汉的象征；忌讳核桃或核桃的图案，认为是不吉利的象征；忌墨绿色，因为墨绿色是纳粹的军服色，喜爱蓝色、白色、红色和粉红色；忌黄色的花，认为是不忠诚的象征；忌黑桃图案，认为不吉利；忌讳的数字是“13”“366”“星期五”，送花宜送单数，但忌“1”与“13”这两个数字；忌送香水给法国女人，在法国这就意味着求爱；忌刀、剑、刀叉、餐具为礼物，表示双方断绝关系；忌问对方家事和其他个人问题；在圣诞节及复活节前后两周不宜回访。

三、德国的礼俗习惯

德国的正式名称是德意志联邦共和国，位于欧洲的中部，总面积约为35.70万平方公里，全国总人口约8231万人。德国人口中95%是德意志人，此外，还有少量的吉普赛人、丹麦人和索布人等。德国素有“经济巨人”“欧洲的心脏”“出口大国”“运河之国”“啤酒之国”“香肠之国”等美称。德国的官方语言是德语，也有数种方言，但在德国99%的人都讲德语。德国的主要宗教是基督教和天主教，还有少量的犹太教徒和穆斯林。

（一）约会时间

德国人重视准时是世界有名的。因此，你在德国不论是商务还是社交场合，永远要按时出席约会。因为，在德国，假如你迟到两三分钟会被对方视为是一种侮辱，特别是当你的地位和级别比对方低的时候更应严格把握守时准时这一原则。

德国的政府上班时间是周一至周五的8:00或9:00－16:00或17:00。商务约会的最佳时间是11:00－13:00，或者15:00－17:00。你应注意的是，在商务约会之前，应预先了解对方是否有时间。在德国，许多人在7月、8月、12月期间会安排度长假，还有慕尼黑啤酒节和狂欢节等重大节日，都会使商务洽谈和工作无法获得进展，因此，你的约会应避开这些时间。

（二）社交习惯

德国人淳朴热情、乐于助人、重视信誉、严守契约，不善于表露自己的情感。德国人的特点是勤劳实干、注重感情、讲究信用、纪律严明、时间观念强，在待人接物方面严肃拘谨、诚实可靠、固执己见、缺乏通融性，爱清洁、喜音乐。

在社交场合的问候方式一般是握手致意，并且握手的力度要强一些，时间稍长一些。而亲朋好友见面多行拥抱礼。情侣、夫妻见面多行亲吻礼。如果有第三方在场，最好由第三方来介绍你，这样比你自我介绍效果更好。

德国人重视交往，也爱独处，被德国人邀请者可送一束鲜花给主人，鲜花中可附一张表示感谢的字条。德国人非常讲究清洁，注重衣冠整洁。在居住条件上，讲究设备豪华，且绝对清洁，无论是客厅，还是厨房，连厕所也同样一尘不染。

德国人特别重视礼节，恰当地称呼对方对于德国人而言尤为重要。德国人也很看重头衔，称呼最好加头衔，这里主要指的是职衔、军衔、学衔。通常不要直呼德国人的名字，除非他本人允许，否则应称其全称为宜。

（三）衣食习惯

德国人穿着打扮上的总体风格是庄重、朴素、整洁。他们不大容易接受过分前卫的服装，不喜欢穿着过分花哨的服装，并且对衣冠不整、服装不洁者表示难以忍受。德国人在正式场合露面时，必须穿戴整齐，衣着一般多为深色。在商务交往中，讲究男士穿三件套西服，女士穿裙式服装。德国人对发型较为重视，在德国，男士不宜剃光头，免得被人当做“新纳粹”分子。德国少女发式多为短发或披肩发，烫发的妇女多为已婚者。

德国人的饮食特点是，注重食物的含热量、维生素等营养成分。喜欢吃瘦猪肉、牛肉、鸡蛋、土豆、鸡鸭、野味，不喜欢吃鱼虾等海味，也不爱吃油腻、过辣的菜肴，口味喜清淡、酸甜。最爱吃猪肉，以猪肉做成的各种香肠，令德国人百吃不厌。一日三餐中，早餐比较简单，一般只吃面包、喝咖啡。午餐是他们的主餐，主食一般是面包、蛋糕，也吃面条和米饭。晚餐喜欢吃冷餐，并喜欢关掉电灯，只点几根小蜡烛，在幽淡的烛光里，人们边谈边饮酒。德国人特别爱喝啤酒，有“啤酒之国”的美誉，啤酒杯通常很大，一般情况下不碰杯，一旦碰杯，则需一口气将杯中酒喝光，他们人人都是海量。此外，德国人也很喜欢喝咖啡、红茶和矿泉水，也爱吃水果及各种甜点。

（四）节庆习俗

除传统的宗教节日外，啤酒节是德国巴伐利亚州首府慕尼黑的民间传统节日。每年9月最后一周到10月第一周持续半个月，热闹非凡。据报道。慕尼黑一地每届啤酒节要喝掉1000吨的啤酒。狂欢节，是德意志民族自古已有的传统节日。每年11月11日11时11分开始，要持续到来年复活节前40天为止，但它的最高潮是在最后一周。过完复活节前一周的星期四是妇女节，妇女们这一天不但可以坐市长的椅子，还可以拿着剪刀在大街上公然剪下男子的领带。元旦，也是德国人的重大节日。除夕之夜，男子喝酒打牌，将近零点时，纷纷跳到桌子和椅子上，就意味着“跳迎”新年，接着就扔棍子，表示辞岁。

（五）风俗禁忌

德国人忌讳百合、蔷薇花送人，百合、蔷薇表示悼亡，而玫瑰花也不宜轻易送人，送玫瑰花表示求爱；忌讳“13”“666”“星期五”数字；忌选择刀、剑、剪、餐刀、餐叉作礼品；忌用白色、黑色、褐色作礼品纸盒彩带包装；德国人对黑色、灰色比较喜欢，对于红色以及掺有红色或红黑相间之色，则不感兴趣；他们对于四个人交叉握手，或是在交际场合进行交叉谈话也比较反感，因为他们认为这是不礼貌的；在德国跟别人打招呼时，切勿身体立正，右手向上方伸直，掌心向外。这一姿势过去是纳粹行礼的方式，因此也应避免；与德国人交谈时，不宜涉及纳粹、宗教与党派之争；在公共场合窃窃私语或是大声讲话，德国人认为都是十分无礼的。

除西方人一般的禁忌外，德国人在颜色方面的禁忌较多，忌茶色、红色和深蓝色，忌吃核桃。服饰和其他商品包装上禁用纳粹符号。与德国人交谈时，不可将手插在口袋里，这样会被认为是无礼的表现。

四、意大利的礼俗习惯

意大利的正式名称是意大利共和国。位于欧洲的南部，总面积约30.13万平方公里。意大利的官方语言是意大利语。它也有许多种不同的方言，有许多商界人士都会讲英语。

在意大利基本上90%以上的意大利人信奉天主教。

（一）约会时间

严格遵守准时、守时的原则，在意大利也是一样。

意大利上班时间有地域之分，通常北部地区办公时间是周一至周五的8:30－12:45，15:00－18:30。周六上午也有公司照常上班。意大利中部和南部地区办公时间为周一至周五的8:30－12:45，16:30或17:00－19:30或20:00。你约会的时间最好是10:00－11:00或15:00。在约会时，意大利人往往会晚到几分钟，他们认为这是一种礼节和风度。

（二）社交习惯

意大利人在一般社交场合并不互换名片，在商务场合才互换名片。意大利人的名片通常是地位越重要的人，名片上的信息量越少。

在社交场合，意大利人大都以握手表示问候，握手时还应用另一只手握紧手臂。在亲朋好友之间多行拥抱礼、亲吻礼、举手礼。

在意大利不要直呼对方名字，意大利人的身份观念比较强。在人际交往中如果对方有值得尊敬的头衔，应再三对此提及，以示尊重。

意大利人历来对穿着讲究，他们认为，质量考究的服装既体现一个人的修养与见识，也是商界人士成功的标志。

（三）风俗忌讳

忌讳以菊花送人，菊花表示丧葬之事，玫瑰花表示求爱，也不宜随便送人；忌讳送胸针、手绢、小刀等物品，他们认为这些东西属于难过悲情之物；忌讳紫色和仕女图案、十字图案；忌讳的数字是“3”、“13”、“666”和“星期五”；忌讳谈论宗教、政治和第二次世界大战等话题。

（四）馈赠礼品

意大利人习惯送礼，一些精致典雅的物品都是送礼的最佳选择，如送女士单数的鲜花，还有巧克力、葡萄酒、工艺品、书画、名著等。但一定要确保质量。意大利人讲究送礼要当面呈给女主人。

案例9－5

一次失败的礼物

国内某家专门接待外国游客的旅行社，有一次准备在接待来华的意大利游客时送每人一件小礼品。于是，该旅行社订购制作了一批纯丝手帕，是杭州制作的，还是名厂名产，每个手帕上绣着花草图案，十分美观大方。手帕装在特制的纸盒内，盒上又有旅行社社徽，显得是很像样的小礼品。中国丝织品闻名于世，料想会受到客人的喜欢。旅游接待人员带着盒装的纯丝手帕，到机场迎接来自意大利的游客。欢迎词致得热情、得体。在车上他代表旅行社赠送给每位游客两盒包装甚好的手帕，作为礼品。没想到车上一片哗然，议论纷纷，游客显出很不高兴的样子。特别是一位夫人，大声叫喊，表现得极为气愤，还有些伤感。旅游接待人员心慌了，好心好意送人家礼物，不但得不到感谢，还出现这般景象。中国人总以为送礼人不怪，这些外国人为什么怪起来了？

其实，在意大利和西方一些国家有这样的习俗：亲朋好友相聚一段时间告别时才送手帕，取意为“擦掉惜别的眼泪”。在本案例中，意大利游客兴冲冲地刚刚踏上盼望已久的中国大地，准备开始愉快的旅行，你就让人家“擦掉离别的眼泪”，人家当然不高兴，自然议论纷纷。那位大声叫喊而又气愤的夫人，是因为她所得到的手帕上面还绣着菊花图案。菊花在中国是高雅的花卉，但在意大利则是祭奠亡灵的。人家怎能不愤怒呢？本案例告诉我们，旅游接待与交际场合，要了解并尊重外国人的风俗习惯，这样做既对他们表示尊重，又不失礼节。

子任务 2－4　大洋洲部分国家的礼俗习惯

【知识准备】

一、澳大利亚的礼俗习惯

澳大利亚正式名称为澳大利亚联邦，位于南半球，地处太平洋西南部和印度洋之间，由大陆部分及塔斯马亚岛组成，面积 770.4 万平方公里。澳大利亚是世界上人口额度最低的国家，95% 的居民是英国及其他欧洲国家移民的后裔。素有“牧羊之国”“骑在羊背上的国家”“坐在矿车上的国家”“淘金圣地”等美称。澳大利亚的主要宗教是基督教，全国居民之中约 98% 的人都是基督徒。英语是澳大利亚的官方语言，95% 的人口讲英语。但澳大利亚人讲英语口音比较奇特，它的语法和拼写通常是美式英语和英式英语的混合体。澳大利亚 76% 的人口是基督教徒，其他主要宗教还有圣公会、罗马天主教、犹太教、伊斯兰教和佛教。

（一）约会时间

澳大利亚商界人士通常事先约定时间谈论商务，在赴约时一定要准时出席。通常上班时间为周一至周五的 9:00－17:00，周六 9:00 至中午。每年 12 月至次年 2 月是澳大利亚的旅游高峰季节，这个时期很多人都在度假。因此，你拜访的最佳时间是 3 月至 11 月。

（二）社交习惯

澳大利亚人质朴、开朗、热情，人情味很浓，强调友善与公平，重视人道主义，乐于同他人进行交往，爱交朋友，爱同陌生人打招呼、聊天。爱请别人到自己家里做客。

追求享乐，把参加各种娱乐活动、体育活动看成是生活中最重要的内容。

与澳大利亚的男士们相处，感情不能过于外露，大多数男人不喜欢紧紧拥抱和握住双肩之类的动作。澳大利亚是一个讲求平等的社会，不喜欢以命令的口气指使别人。

澳大利亚人在会议和商务场合多使用握手礼，在社交应酬中也使用拥抱礼、鞠躬礼和合十礼等。女性通常不握手，见面打招呼的时候经常使用面颊轻吻礼。

澳大利亚人大都名在前，姓在后。称呼一般是姓加先生、小姐或太太之类，熟人之间可称小名。

（三）衣食习惯

男子多穿西服，打领带，在正式场合打黑色领结。达尔文服是流行于达尔文市的一种简便服装。妇女一年中大部分时间都穿裙子，在社交场合则套上西装上衣。无论男女都喜欢穿牛仔裤，他们认为穿牛仔裤方便、自如。土著居民往往赤身裸体，或在腰间扎一条围巾，有些地方的土著人讲究些，把围巾披在身上。他们的装饰品丰富多彩。

澳大利亚人饮食上以吃英式西餐为主，其口味清淡，不喜油腻。就餐时调味品放在桌上，客人根据自己的口味选择。澳大利亚的食品素以丰盛和量大而著称，对动物蛋白质的需要量更大。他们爱喝牛奶，喜食牛肉、猪肉，以及鸡、鸭、蛋、乳制品及新鲜蔬菜等。他们喜喝啤酒，对咖啡很感兴趣。

（四）节庆习俗

澳大利亚的节日主要有新年（每年1月1日）、国庆节（每年12月26日）、幸运星期五（每年4月17日）、复活节（每年4月20日）、恩沙克日（军人节，每年4月25日）、女王诞辰（每年6月8日）、赛马墨尔本杯大奖举行日（每年11月的第一个星期二）、圣诞节（每年12月25日）、节礼日（每年12月26日）。圣诞节时，当欧美各国一派冰雪景象时，澳大利亚却是盛夏，因此商店橱窗里特意装扮的冰雪及圣诞老人与满街的夏装形成鲜明对照，成为澳大利亚圣诞节的特色。圣诞节晚，人们带着饮料到森林里举行“正别居”野餐，吃饱喝足后，就跳起“迪斯科”或“袋鼠舞”直到深夜，然后在森林中露宿，迎接圣诞老人的到来。

（五）风俗忌讳

澳大利亚人最喜爱的动物是国鸟琴鸟和袋鼠。最不喜欢的动物是兔子，他们认为兔子是不吉利的，如果碰到兔子可能是厄运的预兆。

澳大利亚人不喜欢的日期和数字是“星期五”、“13”和“666”。忌“外国人”这一称呼，也很反感跷拇指的手势，认为是粗鲁无礼的表现。

与澳大利亚人交谈时，多谈旅行、体育运动及到澳大利亚的见闻，忌谈种族、宗教、个人私生活等问题。

澳大利亚人不喜欢将本国与英国处处联系在一起。

澳大利亚人对于公共场合的噪声极其厌恶。在公共场所大声喧哗者，尤其是门外高声喊人的人，他们最看不起。

在社交场合忌讳打哈欠、伸懒腰等动作。忌过分客套和做作。

（六）馈赠礼品

在商务场合澳大利亚人通常不送礼物。但如果你受邀到澳大利亚人家赴宴，不妨带一些如葡萄酒、巧克力、鲜花或带本国特色有插图的书籍等礼品，主人是很欢迎的。

二、新西兰的礼俗习惯

新西兰位于太平洋西南部，面积26.8万平方公里，人口364万人，其中86%是英国移民的后裔，9%是毛利人，5%是其他民族。首都惠灵顿，国歌为《上帝保护新西兰》，国花为银蕨，货币名称为新元。英语是新西兰官方语言。毛利人习惯讲的本民族语言毛利语也是通用的官方语言。新西兰的主要宗教是基督教、天主教和英国国教等，其信徒约占全国人口的70%。

（一）约会时间

新西兰人不管是行政办公还是社交场合一定是守时、准时的。新西兰的办公时间：星期一至星期五是8:00－17:00，星期六是9:00－12:30。

新西兰12月和1月是炎热的夏季，很多人会去度假，因此拜访的最佳时间是2月至5月、10月和11月。

（二）社交习惯

新西兰人非常友好并且彬彬有礼，待人亲切。在称呼上一般直呼其名比较受欢迎，如果称呼官衔往往令人侧目。

与外人相见时，新西兰人所行见面礼主要有以下三种。其一，握手礼。这是新西兰人所用最多的见面礼节，但和妇女相见时，必须要等对方先伸出手来再握手。其二，鞠躬礼。新西兰人在向尊长行礼时通常行鞠躬礼。他们行鞠躬礼时具体做法十分独特：与中国人鞠躬时低头弯腰所不同的是，新西兰人鞠躬时是抬着头、挺着胸的。其三，是注目礼。路遇他人，包括不相识者时，新西兰人往往会向对方行注目礼，即面含微笑目视对方，同时问候对方："你好！"对于与自己身份相同的人，在称呼姓氏时应冠以"先生"、"夫人"或"小姐"；但熟人间可直呼对方名字，这样更为亲切。除使用握手礼、鞠躬礼、注目礼外，毛利人还经常使用传统礼节"碰鼻礼"。

（三）衣食习惯

新西兰人在商务场合的着装比较保守，注重服饰的品质，通常男士多穿深色西装，打领带，女士着套裙。在交际应酬时女士着盛装或连衣裙，并且化妆。

新西兰人的饮食口味较为清淡，副食品有羊肉、野味、鹿肉、龙虾、三文鱼等。新西兰素有"美食天堂"之誉。也喜欢吃西餐，特别爱喝啤酒。

（四）节庆习俗

新年：每年1月1—2日；威坦哲日（国庆）：每年2月6日；复活节：每年4月14—17日；澳新军团日：每年4月25日；女王生日：每年6月第一个星期一；劳动节：每年10月最后一个星期一；圣诞节：每年12月25日；节礼日：每年12月26日等。

（五）风俗忌讳

由于新西兰人受信仰宗教的影响，故也有西方人通常的忌讳。新西兰人做人比较严肃寡言，并且很讲绅士风度。当众闲聊、剔牙、吃东西、喝饮料、嚼口香糖、抓头皮、紧腰带，均被新西兰人看做不文明的行为。对其国内种族问题以及将新西兰视为澳大利亚的一部分，他们则更为反感。新西兰人忌讳的日期和数字是"星期五""13""666"。因此，在与新西兰人约会时应尽量避免13日和星期五。新西兰人喜爱动物，特别钟爱狗和几维鸟，非常忌讳吃狗肉。

子任务2-5　非洲部分国家的礼俗习惯

【知识准备】

一、埃及的礼俗习惯

埃及正式名称叫做阿拉伯埃及共和国。位于中东地区，地跨亚、非两大洲，大部分国土位于非洲的东北部，一小部分领土——西奈半岛位于亚洲西南角。北濒地中海，东临红海，面积为100.2万平方公里。大部分居民信仰伊斯兰教，穆斯林占全国总人口的92%，另外还有400多万科普物人信仰基督教。埃及的官方语言是阿拉伯语。几乎所有的埃及人都讲阿拉伯语，但大多数与外国打交道的商务人员能说英语和法语。

（一）约会时间

埃及人的时间观念并不强，可能会迟到，甚至根本就不出现。但你应该努力做到准时、守时。特别是首都开罗，是全世界交通最堵塞的城市之一，因此你应预留足够的时间以确保准时赴约。

在埃及，星期五是穆斯林的圣日，所以星期五是不办理业务的。大多数人星期四也不上班。因此，埃及的上班时间是周六至周三。伊斯兰教历九月是“斋月”，在“斋月”，商场、银行、政府的工作时间会被中断。

为缓解开罗交通拥挤的状况，上班的时间是不同的：政府上班时间是8:00－14:00；企业上班时间夏季是8:00－14:00；冬季是9:00－13:00；17:00－19:00。

（二）社交习惯

在人际交往中，埃及人问候的方式主要使用握手礼，某些场合也使用拥抱礼或亲吻礼。亲密的朋友相逢，总是先握手，再亲吻对方的脸颊，然后手拉手互致问候，除年龄、收入、妻女等个人隐私外，几乎当时能想到的都要问候一遍，问候时间长达数分钟甚至十几分钟。

埃及人非常好客，尤其是对远道而来的朋友会显得非常高兴，一再表示欢迎。到埃及人家里，要预约并准时赴约，尽量避开“斋月”期间和晚六点以后到埃及人家里；女主人不接待陌生男客，客人不可打听或问候女主人；宾主交谈时，要全神贯注、相互正视；客人不能随便与女性交谈，尤其不得与戴面纱的女子搭话，因为男女间存在明显的界限。

到埃及人家里做客，应记住主人为你上的茶水一定要喝完，如果杯中留有一些茶水，就触犯了埃及人的禁忌，主人会非常不高兴。如果在主人家中用餐，一定要尽量多用一些，主人会很开心，但是一定要记住不能把盘中食物全部吃光，应留下一点点食物，表示你已经吃饱。

在埃及一定要养成付小费的习惯，因为在工作和许多种服务中都要求付小费，这一点埃及人很重视，并且将小费作为日常收入的重要组成部分。

（三）衣食习惯

埃及人的传统服装是大袍。大袍衣袖宽大，袍长至脚，男子多穿白色大袍，女子则多穿黑色大袍。

埃及人的主食是阿拉伯大饼、面包、炒米饭，副食是牛羊肉、鸡、鱼、蛋、蔬菜等，有特色的菜有烤全羊、烤羊肉串、脆炸大虾、咖喱牛肉、尼罗河鲫鱼、鸽子、火鸡等。柠檬汁和葱头是餐桌上必不可少的调味品。埃及人喜欢甜食，喜欢喝咖啡与茶。在开罗的街头，咖啡摊和甜食摊比比皆是。埃及人有在咖啡摊上进午餐的习惯，甜食小摊主要经营糕米团、油炸馅饼等甜食。

（四）节庆习俗

莎姆纳西节：每年 4 月中旬的莎姆纳西节，人们身着盛装汇集于尼罗河畔或金字塔下，迎接埃及夏天的来临，以欢快的歌声迎接和风。然后，人们到公园、广场或田野，在椰枣林荫下享用野餐。许多地方的青年人头戴彩帽，手持纸风车，在民族乐曲的伴奏下歌舞不止。一些头蓄长发、身穿阿拉伯袍、手击小鼓的民间艺人边唱边舞，大展才艺。

泛滥节：每年尼罗河河水泛滥时，埃及人都举行盛大的庆祝活动。以感谢河水的恩泽。每年泛滥节的庆典由两次大型活动构成：第一次在 6 月 17 日或 18 日，此时尼罗河开始泛绿，预示着泛滥将临，于是人们庆祝，俗称“落泪夜”；第二次是在 8 月，此时尼罗河汹涌如潮，人们再一次举行欢庆。节日期间，广大民众汇集在河畔，祭司将河神的木像放于河岸，然后高颂祷词，以祈吉祥。在悠扬的乐曲声中，人们载歌载舞。

（五）风俗忌讳

阿拉伯国家忌讳用左手吃东西、打手势。坐下后脚尖脚底不能指向他人，如果指向他人是极不礼貌的行为。埃及人忌吃猪肉、狗肉、龟、整条鱼和带刺的鱼，忌吃动物血液及内脏。忌讳的数字是“13”。忌讳的颜色是黑色和白色。喜欢的数字是“5”和“7”，认为“5”和“7”代表着完美和吉祥。喜欢的动物是仙鹤，认为仙鹤是喜庆与长寿的象征。

针忌。每天下午 3 点到 5 点是严禁买针和卖针的时间，许多人在夜间忌做针线活，认为倘若违忌，必给母亲带来灾难。在农村，女子严禁借针，阿拉伯女子以“丰腴”为美，所以当女子被骂为“你简直像根针”时，她将认为是极大地侮辱。

食物忌。去埃及人家做客，忌讳不把茶水喝完，他们认为客人不喝完茶水预示着主人的女儿找不到婆家。

（六）馈赠礼品

如果到埃及人家里做客，最佳的礼物是巧克力、烘烤食品、指南针、小电器等。一定要记住用右手收受礼品，不能用左手。

二、南非的礼俗习惯

南非地处南半球，有“彩虹之国”之美誉，位于非洲大陆的最南端，陆地面积为 121.9 万平方公里，相当于荷兰、比利时、意大利、法国和德国五国面积之和，其东、南、西三面被印度洋和大西洋环抱，北面与纳米比亚、博茨瓦纳、津巴布韦、莫桑比克和斯威士兰接壤。南非有黑人、白人、有色人和亚洲人四大种族。黑人主要有祖鲁、科萨、斯威士、茨瓦纳、北索托、南索托等部族，主要使用班图语。白人主要是荷兰血统的阿非利上卡人和英国血统的白人。亚洲人主要是印度人和华人。白人、大多数有色人和大部分黑人信奉基督新教或天主教；亚洲人约60%信奉印度教，20%信奉伊斯兰教；部分黑人信奉原始宗教。南非是一个中等收入的发展中国家，资源丰富，财经、法律、通信、能源、交通业发达，拥有完备的硬件基础设施和股票交易市场。南非是世界矿产最丰富国家之一，主要矿产有金、铬、钻石、白金四种，生产量均占世界第一位。不过南非混乱的治安问题一直饱受诟病，艾滋病问题也非常严重。

（一）社交习惯

南非人很少外出旅游，因此，一年四季均可造访。

南非社交礼仪可以概括为“黑白分明，英式为主”。所谓“黑白分明”是指受到种族、宗教、习俗的制约，南非的黑人和白人所遵从的社交礼仪不同；“英式为主”是指在很长的一段历史时期内，白人掌握南非政权，白人的社交礼仪特别是英国式社交礼仪广泛地流行于南非社会。

目前而论，在社交场合，南非人所采用的普遍见面礼节是握手礼，他们对交往对象的称呼则主要是“先生”、“小姐”或“夫人”。在黑人部族中，尤其是广大农村，南非黑人往往会表现出与社会主流不同的风格。比如，他们习惯以鸵鸟毛或孔雀毛赠予贵宾，客人此刻得体的做法是将这些珍贵的羽毛插在自己的帽子上或头发上。

（二）衣食习惯

在城市之中，南非人的穿着打扮基本西化了。大凡正式场合，他们都讲究着装端庄、严谨。因此进行官方交往或商务交往时，最好穿样式保守、色彩偏深的套装或裙装，不然就会被对方视做失礼。南非黑人通常还有穿着本民族服装的习惯。不同部族的黑人，在着装上往往会有自己不同的特色。当地黑人以加工皮革以及用它们制作衣服而著名。他们有一种被称做“卡罗斯”的斗篷和外套，这种服装一般是用羚羊皮制成。南非的印度人服装仍保持着传统的东方本色。

南非当地白人平日以吃西餐为主，经常吃牛肉、鸡肉、鸡蛋和面包，爱喝咖啡与红茶。黑人喜欢吃牛肉、羊肉，主食是玉米、薯类、豆类。不喜生食，爱吃熟食。南非著名的饮料是如宝茶。黑人部族主要食用面食、奶和肉食。有的部族喜欢用玉米或高粱煮稀饭，用牛奶制奶油、做奶渣。他们还喜欢饮一种用高粱酿制出的风味啤酒。

在南非黑人家做客，主人一般送上刚挤出的牛奶或羊奶，有时是自制的啤酒。客人一定要多喝，最好一饮而尽。

（三）节庆习俗

南非人在庆祝新年时，要先围成半圆形，集体进行长达几小时的祈祷；待月亮升上中天，部落首领便头顶南瓜，徐徐起舞，依次掠过屏息以待的人群，祝福每个人来年顺利。南非黑人一般不承认白人的宗教节日和传统节日，只有不定期举行的宗教仪式庆典及纪念活动，如部落酋长继承仪式、婚丧嫁娶仪式、建房仪式等。

（四）习俗忌讳

信仰基督教的南非人，忌讳数字13和星期五；南非黑人非常敬仰自己的祖先，他们特别忌讳外人对自己的祖先言行失敬。在南非，有关种族肤色的界限规定极其严格，忌讳随便谈论当地的种族政策。

跟南非人交谈，有四个话题不宜涉及：不要为白人评功摆好；不要评论不同黑人部族或派别之间的关系及矛盾；不要非议黑人的古老习惯；不要为对方生了男孩表示祝贺。

大多数人会以为非洲人可以统称为 African，其实 African 的称呼有特定对象，事实上在非洲尤其是在南非，随便称非洲黑人为 African 可犯了严重的错误。在非洲，所谓 African 并非泛指所有非洲人，而是指特定的一群人，那就是南非共和国荷裔白人。因此，那些非洲土著碰到别人称他们为 African，就露骨地表示厌恶。

非洲人普遍认为相机对准某物，拍下镜头，某物的“精气”就给吸收殆尽，此事自是非同小可。人、房屋、家畜一律不准拍摄。如想拍摄，之前最好向对方先打个招呼，获得同意之后再行动，以免被投石、被吊或挨一顿揍。

在南非、埃塞俄比亚等非洲国家还有个迷信，那就是有人瞪看你时，被瞪看的人不是灾祸必至，就是死神要找上他。在这些国家，跟当地人交谈或碰面的时候，可不能目不转睛地瞪着对方，这么做，对方一定大感不悦。

有趣的是，在非洲，握手时如果握得有气无力，表示虚情假意，毫无诚心，被称为是“礼貌不周”，他们会生气的。他们认为，用力的程度跟对方好意的程度是成正比的，最好握得他们叫痛。

【综合实训】入国要问忌讳

焦雪梅是一名白领丽人，她机敏漂亮，待人热情，工作出色。有一回，焦小姐所在的公司派她和几名同事一道，前往东南亚某国洽谈业务。可是，平时向来处事稳重、举止大方的焦小姐，在访问那个国家期间，竟然由于行为不慎，而招惹了一场不大不小的麻烦。事情的经过是这样的：焦小姐和她的同事一抵达目的地，就受到了东道主的热烈欢迎，在随之为他们特意举行的欢迎宴会上，主人亲自为每一位来自中国的嘉宾递上一杯当地特产的饮料，以示敬意。轮到主人向焦小姐递送饮料之时，一直是“左撇子”的焦小姐不假思索，自然而然地抬起自己的左手去接饮料，见此情景，主人却神色骤变，重重地将饮料放回桌上，扬长而去。

问题：

1. 根据案例讨论焦小姐为什么会惹恼那位主人，如果你是焦小姐应如何做？
2. 在与外宾交往前应做好哪些准备？

提示：

原来，在那个国家里，人们的左右手有着明显的分工。正规情况下，右手被视为“尊贵之手”，可用于进餐、递送物品以及向别人行礼。而左手则被视为“不洁之手”，用左手递接物品，或是与人接触、施礼，在该国被人们公认为是一种蓄意侮辱。焦小姐在这次交往中违规犯忌，说到底是由于她不了解交往国的习俗所致。

（资料来源：http：//wenku. baidu. com/view/61a91cc79ec3d5bbfd0a74ab. html。）

思考与练习

1. 简述涉外交往要遵循哪些礼仪原则。
2. 接待境外客户要注意哪些礼仪？
3. 简述悬挂国旗的场合需要注意哪些原则。

4. 可以送韩国客户日本产的礼品吗？在与韩国人进行交往时需要注意哪些风情礼仪？

5. 举例说明在与美国人交往时要注意哪些礼俗习惯。

6. 举例说明在与英国人交往时要注意哪些礼俗习惯。

7. 举例说明在与澳大利亚人交往时要注意哪些礼俗习惯。

8. 举例说明在与南非人交往时要注意哪些习俗禁忌。

参考文献

[1] 张琳．银行礼仪［M］．北京：中国金融出版社，2009.

[2] 王华．金融职业礼仪［M］．北京：中国金融出版社，2010.

[3] 王幸福，罗迪．银行礼仪［M］．北京：中国金融出版社，2000.

[4] 田文燕，张震浩．客户服务的艺术［M］．北京：中国金融出版社，2006.

[5] 徐敬泽．银行窗口服务礼仪［M］．厦门：鹭江出版社，2009.

[6] 赵永生．大学生礼仪［M］．北京：冶金工业出版社，2008.

[7] 钱立安．金融职业形体礼仪［M］．北京：中国金融出版社，2009.

[8] 陈文敬，邢天才．金融商务礼仪［M］．北京：经济日报出版社，2010.

[10] 刘逸新．礼仪指南［M］．北京：中国纺织出版社，2004.

[12] 杜明汉．营销礼仪［M］．北京：电子工业出版社，2007.

[13] 金正昆．商务礼仪［M］．北京：北京大学出版社，2005.

[14] 麻美英．现代服务礼仪［M］．杭州：浙江大学出版社，2005.

[16] 邹翊燕，丁永玲．现代服务礼仪［M］．武汉：武汉大学出版社，2007.

[17] 张锡东．社交礼仪［M］．北京：清华大学出版社，2009.